JN457676

PACKT PUBLISHING

Anil Mahtani, Luis Sánchez, Enrique Fernández, Aaron Martinez 저 김종욱 역

ROS로 효과적인 로봇 프로그래밍하기

Third Edition

ROS의 최신 버전인 ROS Kinetic을 사용하여 ROS 개념을
의하고 ROS를 사용하여 대화형 프로젝트를 작성하도록 안내

홍릉과학출판사

저자 서문

이 책은 로봇 산업의 수많은 연구그룹 및 회사에서 요즘 사용하고 있는 로봇 운영 체제 프레임워크인 ROS에 대한 포괄적인 리뷰를 여러분에게 제공한다. 더 중요한 것은 ROS가 로봇 공학의 비전문가 및 학생들을 위한 용이한 진입점이기도 하다는 사실이다. 이 책은 ROS의 설치 과정을 안내 할 것이며, 곧바로 기본 도구를 사용하고 프레임워크의 다른 요소를 이해할 것이다.

이 책의 내용은 특별한 장치 없이도 따라서 할 수 있으며, 각 장에는 자신의 컴퓨터에서 실행할 수 있는 일련의 소스 코드 예제 및 튜토리얼이 제공된다. 이 책에서는 이것만 따라 하면 된다.

그러나 여러분이 실제 세계와 알고리즘을 연결할 수 있도록 하드웨어 작업 방법도 보여준다. 아마추어 사용자가 사용할 수 있는 장치를 선택하는 데 특별히 주의를 기울였지만, 동시에 로봇 연구에서 가장 일반적으로 사용되는 센서 또는 액추에이터 또한 다루었다.

마지막으로, ROS의 잠재력은 실제 또는 시뮬레이션 환경에서 전체 로봇과 작업 할 수 있는 능력으로 설명된다. Gazebo 시뮬레이터를 사용하여 자신 만의 로봇을 만들고 시뮬레이션과 통합하는 방법을 배우게 된다. 여기에서 컴퓨터 비전 또는 포인트 클라우드 분석을 사용하여 외부 세계를 인식하고, 강력한 네비게이션 스택을 사용하여 환경을 탐색하며, MoveIt! 패키지를 사용하여 주위와 상호작용하기 위해 로봇 팔을 제어 할 수 있는 것과 같이 로봇을 만드는 다양한 측면을 탐험 할 수 있다. 이 책이 끝날 즈음에 여러분이 로봇 시스템을 개발할 때 ROS가 제공하는 무한한 가능성을 철저하게 이해하는 것이 바로 우리의 보람이다.

이 책이 다루는 내용

제1장에서는 ROS가 잘 작동하도록 설치하기 위해 따라야하는 가장 쉬운 방법을 보여준다. 다른 플랫폼에 ROS를 설치하는 방법을 알게 될 것이고, 책의 나머지 장에서는 ROS Kinetic을 사용할 것이다. 이 장에서는 데비안 패키지로부터 설치하는 방법, 소스를 컴파일하는 방법, 그리고 가상 머신(virtual machine), 독커(Docker) 및 ARM CPU에 설치하는 방법에 대해 설명한다.

2장은 ROS 프레임 워크가 제공하는 개념 및 도구와 관련된다. 여러분에게 노드, 토픽, 서비스에 대해 소개하고 여러분은 사용 방법을 배우게 된다. 일련의 예제를 통해 노드를 디버그하고 주제를 통해 게시 된 메시지를 시각화하는 방법을 설명한다.

3장에서는 노드를 디버그하고 토픽과 함께 노드의 그래프를 통해 전달되는 정보를 시각화 할 수 있는 강력한 도구를 보여주기 위해 한 단계 더 나아간다. ROS는 노드 문제를 쉽게 진단 할 수 있게 해주는 로깅 API를 제공한다. 실제로 rqt_console 및 rqt_graph와 같은 강력한 그래픽 도구는 물론 rqt_plot 및 rviz와 같은 시각화 인터페이스도 제공한다. 마지막으로 이 장에서는 rosbag 및 rqt_bag를 사용하여 메시지를 기록하고 재생하는 방법에 대해 설명한다.

4장은 ROS에 자신의 로봇을 구현하기 위한 첫 번째 단계 중 하나로 구성된다. 여기에서 Gazebo 시뮬레이터를 사용하여 로봇을 처음부터 모델링하고 시뮬레이션으로 실행하는 방법을 보여준다. 여러분은 카메라와 레이저 거리 센서 같은 다양한 센서들을 시뮬레이션 한다. 이렇게 하면 나중에 ROS 및 다른 도구에서 제공하는 전체 네비게이션 스택을 사용할 수 있다.

5장은 ROS 네비게이션 스택과 관련된 두 장의 첫 번째 장이다. 이 장에서는 로봇을 네비게이션 스택과 함께 사용할 수 있도록 구성하는 방법에 대해 설명한다. 같은 방식으로 몇 가지 예와 함께 스택을 설명한다.

6장에서는 우리가 효과적으로 로봇이 자율주행 할 수 있게 하는 방법을 보여줌으로써 이전 장의 논의를 계속한다. 이 장에서는 Gazebo 시뮬레이터와 RViz를 사용하여 지도를 만들고 로봇의 위치를 측정하며 장애물 회피로 경로 계획을 수립 할 수 있게 하는 가상 환경을 만드는 ROS의 훌륭한 잠재력을 보여준다.

7장에서 소개되는 MoveIt!은 ROS에서 모바일 매니퓰레이션을 위한 도구들의 세트이다. 이 장에는 이 패키지를 설치하는 데 필요한 문서들이 수록되어 있다. 이 장에는 또한 잡기(grasping), 집어서 놓기(picking and placing), 또는 역기구학을 사용한 간단한 모션 계획과 같은 조작 작업을 위해 MoveIt!에 기반하여 로봇 팔로 수행하는 예제 데모가 포함되어 있다.

8장에서는 글자 그대로 ROS를 실제 세계와 연결하는 방법을 다룬다. 이 장에서는 거리측정 레이저, 서보 모터, 카메라, RGB-D 센서 및 GPS와 같이 ROS에서 지원하는 여러 공통 센서 및 액추에이터를 살펴본다. 추가적으로, 널리 알려진 Arduino 보드와 유사한 마이크로 컨트롤러와 함께 임베디드 시스템을 사용하는 방법을 설명한다.

9장에서는 카메라 및 컴퓨터 비전 작업에 대해 ROS에서 지원하는 것을 보여준다. 이 장에서는 FireWire 및 USB 카메라를 컴퓨터에 연결하고 이미지를 캡처할 수 있도록 이 장치들의 드라이버부터 시작한 다음에 ROS 보정(calibration) 도구를 사용하여 카메라를 보정한다. 이후에 이미지 파이프라인을 사용할 수 있는데, 상세히 설명되어 있다. 그런 다음 여러 가지 API를 사용하여 비전을 작성하고 OpenCV를 통합하는 방법을 살펴본다. 마지막으로 시각적 인 오도메트리 소프트웨어의 설치 및 사용법에 대해 설명한다.

10장은 ROS 노드에서 포인트 클라우드 라이브러리(PCL)를 사용하는 방법을 보여준다. 이 장에서는 PCL 코드조각(snippet)의 읽기 또는 쓰기와 이러한 메시지를 발행하거나 구독하는 데 필요한 변환과 같은 기본 유틸리티로부터 시작한다. 그런 다음 3차원 데이터를 처리하기 위해 노드가 다른 파이프라인을 만들고 PCL을 사용하여 다운 샘플링, 필터링 및 특징 탐색을 수행한다.

이 책을 위해 갖춰야 할 것

이 책은 거의 모든 사람들이 쉽게 따라할 수 있고, 함께 제공되는 소스 코드 예제를 실행할 수 있도록 작성되었다. 이를 위해 기본적으로 Linux 배포판이 있는 컴퓨터가 필요하다. 어떤 리눅스 배포판도 괜찮지만, Ubuntu 16.04 LTS 버전을 사용하는 것을 추천한다. 그런 다음 1장의 지침에 따라 설치된 ROS Kinetic을 사용하게 된다.

컴퓨터 하드웨어의 요구사항에 관해서는 일반적으로 모든 컴퓨터 또는 랩톱으로 충분하다. 그러나 Gazebo 시뮬레이터를 실행하려면 전용 그래픽 카드를 사용하는 것이 좋다. 또한 카메라와 Arduino 보드를 포함하여 여러 개의 센서와 액추에이터를 연결할 수 있도록 여러 개의 주변 장치를 갖는 것이 좋다.

이 책과 함께 제공되는 소스 코드로 저장소를 복제하려면 Git(git-core 데비안 패키지) 또한 필요하다. 마찬가지로 Bash 명령줄, GNU/Linux 도구와 일부 C/C++ 프로그래밍 기술에 대한 기본 지식이 있어야 한다.

이 책의 대상

이 책은 아마추어부터 전문가까지 모든 로봇 개발자를 대상으로 한다. 전체 로봇 시스템과 관련된 모든 측면을 다루며, ROS가 로봇을 자율적으로 만드는 작업에 실제 어떻게 도움이 되는지 보여준다. 로봇 공학을 배우고 ROS에 대해 들어 본 적이 있지만 한 번도 시도해 보지 않은 사람은 이 책에서 크고 작은 도움을 얻을 것이다. 또한 ROS 초보자는 이 프레임워크의 고급 개념과 도구를 배우게 된다. 실제로 일정 수준의 사용자도 특정 장에서 새로운 것을 배울 수 있다. 확실히 처음 세 장은 새로운 사용자를 위한 것이므로 이미 ROS를 사용하고 있는 사람들은 이 장들을 건너뛰고 나머지 장들로 바로 가도 된다.

약속

이 책에서는 다양한 종류의 정보를 구별하는 많은 텍스트 스타일을 보게 된다. 다음은 이러한 스타일의 예와 그 의미에 대한 설명이다.

텍스트, 데이터베이스 표 이름, 폴더 이름, 파일 이름, 파일 확장명, 경로 이름, 더미 URL, 사용자 입력 및 Twitter 핸들에 있는 코드 단어는 다음과 같이 표시된다.

"ROS를 사용하려면 rosdep 명령줄 도구를 먼저 설치하고 초기화해야 한다."

한 블록의 코드는 다음과 같이 정해진다.

```
#include <ros/ros.h>
#include <dynamic_reconfigure/server.h>
#include <chapter2_tutorials/chapter2Config.h>
```

코드 블록의 특정 부분에 주의를 기울이게 하고 싶은 경우 관련 줄 또는 항목을 다음과 같이 굵게 표시한다.

```
dynamic_reconfigure::Server<chapter2_tutorials::chapter2Config>::Call backType f;
    f = boost::bind(&callback, _1, _2);
```

모든 명령줄 입력이나 출력은 다음과 같이 작성된다.

```
$ sudo apt-get install python-rosdep
$ sudo rosdep init
$ rosdep update
```

새로운 용어와 중요한 단어는 New terms나 important words처럼 굵게 표시된다. 예를 들어 메뉴나 대화 상자에서 화면에 표시되는 단어는 텍스트에 다음과 같이 나타난다. "끝나면 시작 버튼을 클릭하여 가상 컴퓨터를 시작할 수 있다."

독자 피드백

독자의 의견은 언제나 환영한다. 이 책에 대한 여러분의 생각(좋아하는 것과 싫어하는 것)을 알려주기 바란다. 독자의 피드백은 최대한 활용할 수 있는 책을 저자들이 개발하는 데 큰 도움이 되므로 매우 중요하다.

일반적인 피드백을 보내려면 feedback@packtpub.com으로 전자 메일을 보내고 메시지 제목에 책의 제목을 언급하면 된다.

전문 지식이 있고, 책을 쓰거나 책의 내용에 기여하는 데 관심이 있는 주제가 있는 경우 저자 안내서(www.packtpub.com/authors)를 참조하기 바란다.

고객 지원

이제 여러분은 Packt 책의 자랑스러운 소유자이므로 구매를 최대한 활용할 수 있도록 여러 가지 방법을 제공한다.

예제 코드의 다운로드

구매한 모든 Packt 출판 서적에 대해서는 http://www.packtpub.com에서 여러분의 계정으로 코드 예제 파일을 다운로드 할 수 있다. 이 책을 다른 곳에서 구입 한 경우 http://www.packtpub.com/support를 방문하여 등록하면 직접 전자 메일로 예제 파일들을 보내 준다. 이 코드 파일은 https://github.com/rosbook/effective_robotics_ programming_with_ros에서 다운로드 할 수도 있다. 동일한 코드 파일은 https://github.com/PacktPublishing/Effective-Robotics-Programming-with-ROS에서도 얻을 수 있다.

이 책의 컬러 이미지 다운로드

이 책에서 사용 된 스크린 샷과 다이어그램의 컬러 이미지가 있는 PDF 파일 또한 제공한다. 컬러 이미지를 사용하면 출력 변경 사항을 보다 잘 이해할 수 있다. 이 파일은 https://www.packtpub.com/sites/default/files/downloads/Effective RoboticsProgrammingwithROSThirdEdition_ColorImages.pdf에서 다운로드 할 수 있다.

오탈자

콘텐츠의 정확성을 기하기 위해 모든 노력을 기울였지만 실수는 언제나 발생한다. 우리의 책 중 하나에서 (텍스트 또는 코드에서의) 실수를 발견한 경우 이를 알려주면 감사하게 생각한다. 그렇게 하면 다른 독자들이 낭패를 겪지 않고, 우리가 이 책의 후속 버전을 개선하는데 도움이 된다. 오탈자를 찾은 경우 http://www.packtpub.com/submit-errata를 방문하여 책을 선택하고 Errata Submission Form 링크를 클릭한 다음 정오표의 세부 정보를 입력하여 오탈자 보고를 부탁한다. 여러분의 오탈자가 확인되면 제출 내용이 승인되며 정오표는 웹 사이트에 업로드되거나 해당 제목의 정오표 섹션 아래에 있는 기존 정오표 목록에 추가된다.

이전에 제출된 정오표를 보려면 https://www.packtpub.com/books/content/support로 이동하여 검색 필드에 책의 이름을 입력하면 된다. 그러면 필요한 정보가 Errata 섹션에 나타난다.

불법 복제

인터넷상의 저작권 자료의 불법 복제는 모든 미디어에서 계속 발생하는 문제이다. Packt는 저작권과 라이센스의 보호를 매우 중요하게 생각한다. 인터넷상에서 어떤 형태로든 우리 저작물의 불법 복제물을 발견할 경우, 우리가 조치를 취할 수 있도록 위치 주소나 웹 사이트 이름을 즉시 알려주기 바란다.

저작권 침해가 의심되는 자료에 대한 링크를 copyright@packtpub.com으로 연락하면 감사하다.

저자를 보호하고 귀중한 콘텐츠를 제공할 수 있는 능력에 도움을 주셔서 감사드린다.

질문

이 책의 어떤 부분에라도 문제가 있는 경우 questions@packtpub.com으로 문의하기 바라며, 그 문제를 해결하기 위해 최선을 다할 것이다.

Contents

1장

ROS 시작하기

이 책의 첫 번째 장을 펼친 것을 환영하며, 이번 장에서는 로봇공학의 새로운 표준 소프트웨어 프레임워크인 ROS를 설치하는 방법을 배울 것이다. 이 책은 ROS Hydro 버전을 기반으로 한 Learning ROS for Robotics Programming(2판)을 업데이트한 것이다. 여러분은 센서와 장치들을 어떻게 사용하는지와 자동항법기술, 영상 인식 등의 새로운 함수들을 어떻게 추가할 수 있는지를 보여 주는 수많은 ROS의 예제와 소스코드를 이용함으로써 자신의 로봇을 쉽게 프로그래밍하고 제어할 수 있다. 오픈 소스 정신과, 최신 알고리즘을 개발하고 새로운 기능들을 제공하는 커뮤니티 덕분에 ROS는 나날이 발전하고 있다.

여러분은 이 책 전체에서 다음의 내용들을 배우게 될 것이다.

- Ubuntu의 호환가능한 버전에서 ROS Kinetic 프레임워크 설치하기
- ROS의 기본 연산
- 디버깅과 데이터 시각화
- ROS Kinetic 프레임워크를 이용한 자신의 로봇 프로그래밍
- 센서와 액추에이터, 장치들을 연결하여 자신의 로봇 만들기
- 시뮬레이터에서 사용하기 위한 3D 모델 만들기
- 로봇의 자율주행을 위해 네비게이션 스택 이용하기

이 장에서는 Ubuntu 환경에서 ROS Kinetic 풀 버전을 설치할 것이다. Ubuntu는 ROS를 완전히 지원하므로 Ubuntu로 설치할 것을 추천하며, 다른 OS에서는 아직 실험 중이다. 이 책에서 사용하는 Ubuntu 버전은 15.10(Wily Werewolf)이며, `http://releases.ubuntu.com/15.10/` 사이트에서 무료로 다운로드할 수 있다.

설치를 시작하기 전에 ROS의 기원과 역사에 대해 먼저 알아보자.

Robot Operating System(ROS)은 로봇공학 커뮤니티에서 널리 받아들여져서 사용되고 있는 프레임워크다. ROS의 철학은 코드를 조금만 수정하면 다른 로봇에서도 동작할 수 있는 소프트웨어 조각들을 만들자는 것이다. 이는 기본적으로 코드를 재사용할 수 있게 하고, 수많은 사용자와 플랫폼에서의 테스트를 거침으로써 코드의 품질을 향상시킨다. ROS는 Stanford AI 로봇 프

로젝트의 후원 하에 2007년에 **Stanford Artificial Intelligence Laboratory(SAIL)**에서 최초로 개발되었다. 2008년부터 Willow Garage 사에서 계속 개발했으며, 최근에 **Open Source Robotics Foundation(OSRF)**에서 새로운 특징(feature) 개발을 포함하여 ROS와 Gazebo 같은 파트너 프로젝트의 유지·보수를 감독하기 시작했다.

많은 연구 기관에서 하드웨어를 추가하고 코드를 공유하며 ROS 환경에서 개발하기 시작했다. 또한 많은 회사들도 그들의 제품이 ROS에서 사용될 수 있게 수정하기 시작했다. 아래 사진에서 ROS가 완전히 지원하는 플랫폼의 일부를 볼 수 있는데, 보통 이런 플랫폼들은 개발자들이 용이하게 작업을 시작할 수 있도록 많은 코드와 예제, 그리고 시뮬레이터들을 제공한다. 사진 왼쪽에 있는 세 대의 로봇은 코드가 배포된 휴머노이드로봇의 예를 나타낸다. 마지막 로봇은 Las Palmas de Gran Canaria 대학교에서 개발된 AUV(Autonomous Underwater Vehicle)이며 아직 코드가 배포되지는 않았다. 이 같은 예제 코드 들은 `http://wiki.ros.org/Robots` 사이트에 가면 많이 찾아볼 수 있다.

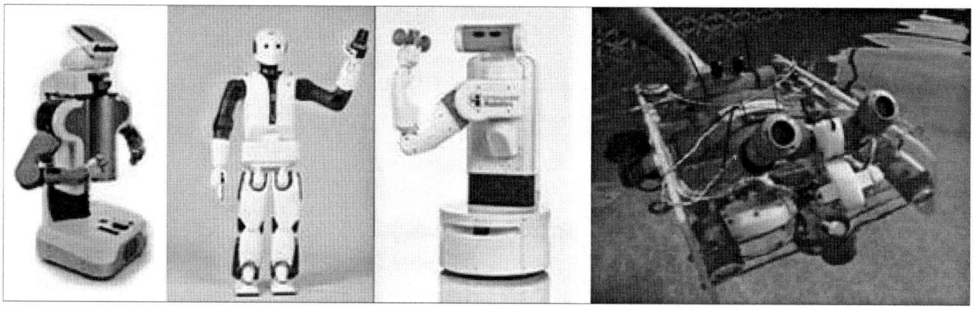

ROS는 로봇공학에서 사용되는 대부분의 센서와 액추에이터를 디바이스 드라이버처럼 지원한다. 게다가 어떤 회사들은 ROS와 공개된 하드웨어 덕분에 값싸고 쓰기 쉬운 센서들을 만들고 있는데, 존재하고 있는 많은 소프트웨어들을 무료로 이용할 수 있기 때문이다. 아두이노(Arduino) 보드가 좋은 예인데 저가의 전자회로 기판에 엔코더나 조도 센서, 온도 센서 등의 각종 센서를 쉽게 추가하고, 그 다음에 로봇 적용기술을 개발할 수 있도록 센서 측정값을 ROS에 공개할 수 있기 때문이다.

ROS는 하드웨어 추상화, ROS 제어를 이용한 저수준 장치제어, 공통적으로 사용되는 함수와 라이브러리의 구현, 프로세스들 사이의 메시지 전달, `catkin`과 `cmake`를 이용한 패키지 관리 등을 제공한다.

ROS는 중앙집중형 위상(centralized topology)의 그래프 아키텍처를 기반으로 하고 있는데, 이 안에 있는 노드에서 다른 노드들과 통신하기 위해 메시지를 주고받는 연산(processing)이 그래프 망(graph net) 위에서 일어난다. 노드는 센서로부터 데이터를 읽고, 액추에이터를 제어하고, 환경에서 지도작성 또는 자율주행을 위한 고수준의 복잡한 로봇 혹은 비전 알고리즘을 실행할 수 있는 모든 종류의 프로세스이다.

*-ros-pkg는 고수준 라이브러리를 쉽게 개발하기 위한 커뮤니티 저장소(repository)이다. 네비게이션 라이브러리와 rviz 시각화도구(visualizer)처럼 ROS와 자주 연동되는 많은 기능들이 이 저장소에서 개발된다. 이러한 라이브러리들은 ROS를 보다 쉽게 사용할 수 있게 하는 강력한 툴들을 제공한다. 이 중에서 시각화, 시뮬레이터, 디버깅 툴들이 이 라이브러리들이 제공해야 하는 가장 중요한 툴들이다. 다음 이미지는 이 툴들 중 **rviz**와 **rqt_plot**을 보인다. 가운데의 스크린화면은 rqt_plot으로서 일부 센서로부터 획득한 데이터들을 볼 수 있다. 나머지 두 스크린화면은 rviz로서 실제 로봇을 3차원으로 표현한 것을 볼 수 있다.

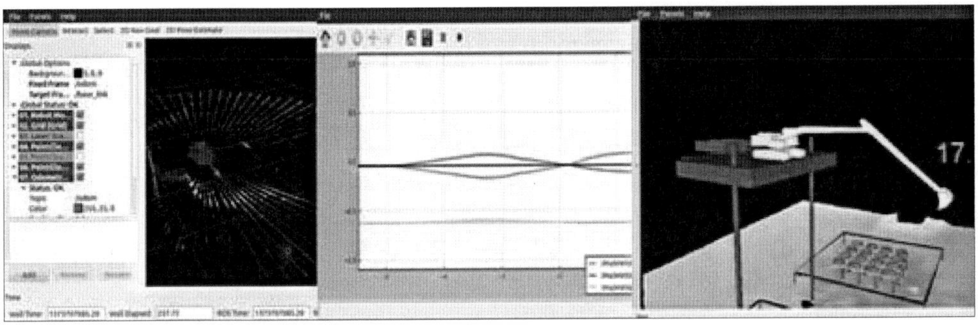

ROS는 **BSD(Berkeley Software Distribution)** 라이센스의 규약에 의해 배포되고 있는 오픈소스 소프트웨어이다. ROS는 연구와 상업적 용도에 무료로 사용할 수 있으며, ros-pkg가 사용된 패키지는 다양한 오픈소스 라이센스에 의해 허용되고 있다.

ROS를 이용하여 저장소에 있는 코드를 가져와서 개선하고 이를 다시 공유하는 것, 이것이 오픈소스 소프트웨어의 바탕을 이루는 철학이다.

ROS에는 다양한 버전이 있는데 이 책에서는 최근 버전인 Kinetic 버전을 사용한다. 이제 ROS Kinetic을 어떻게 설치하는지를 알려줄 것이다. 앞서 말했듯이 이 책에서 사용하는 운영체제는 Ubuntu이며 이 책 전체와 모든 튜토리얼에서 이를 사용할 것이다. 만약 다른 운영체제를 사용하면서 이 책의 내용을 따라서 하고 싶다면, Ubuntu 한 카피와 함께 가상장치(virtual machine)를 설치하는 것이 최선의 방법이다. 이 장의 끝부분에는 가상장치 안에서 ROS를 사용하기 위해 가상장치를 설치하는 방법 또는 ROS가 설치되어 있는 가상 장치를 다운로드하는 방법을 설명할 것이다.

여러분이 Ubuntu 이외의 운영체제에서 ROS를 설치하고 싶다면 http://wiki.ros.org/kinetic/Installation에 접속하여 다양한 운영체제별 안내서의 도움을 받아서 해보기를 권한다.

PC 설치

여러분에게 컴퓨터 한 대와 Ubuntu 15.10 한 카피가 있다고 하자. 여러분은 Linux의 기초 지식과, 터미널, vim, 폴더 생성 등과 명령 툴들을 알고 있을 필요가 있다. 이 툴들을 배우고 싶다면 인터넷을 통해 많은 관련 자료를 찾거나 해당 주제의 책들을 구해서 볼 수 있다.

저장소를 이용한 ROS Kinetic 설치하기

작년에 ROS 웹페이지는 새로운 디자인과 컨텐츠 편성을 통해 업데이트되었다. 아래에서 웹페이지의 스크린화면을 볼 수 있다.

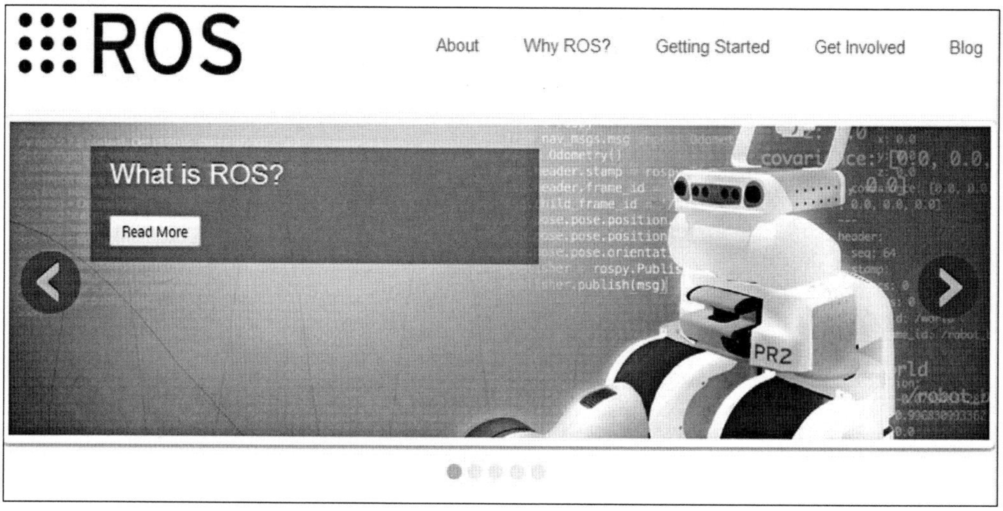

웹페이지의 메뉴에서 ROS에 관한 정보와 ROS가 여러분의 시스템에 적합한지에 관한 정보를 찾을 수 있다. 또한 블로그나 뉴스, 다른 특집등도 찾을 수 있다.

ROS 설치에 관한 안내서는 **Getting Started** 절 안의 **Install** 탭 아래에서 찾을 수 있다.

여러분이 고급 사용자이고 맞춤형 설치를 원하는 것이 아니라면, 저장소를 이용해서 ROS 시스템을 설치하기를 권한다. 반면에 여러분이 맞춤형으로 ROS를 설치하고 싶다면 소스 코드를 이용해서 설치하기 바란다. 저장소를 이용해서 ROS를 설치하기 위해 우리 시스템의 Ubuntu 저장소를 설정하는 것부터 시작하자.

Ubuntu 저장소 설정

이번 절에서는 여러분의 컴퓨터에 ROS Kinetic을 설치하는 단계를 배울 것이다. 이 과정은 공식적인 설치 페이지에 기반한 것인데 그 주소는 `http://wiki.ros.org/kinetic/Installation/Ubuntu`이다.

우리는 여러분이 Ubuntu 저장소가 무엇이며 이를 어떻게 관리하는지를 안다고 가정한다. 그렇지 않다면 `https://help.ubuntu.com/community/Repositories/Ubuntu` 사이트를 참고하기 바란다.

설치를 시작하기 전에 우리의 저장소 환경을 설정할 필요가 있다. 이를 위해 저장소는 **restricted, universe, multiverse**를 허용할 필요가 있다. 여러분의 Ubuntu가 이를 허용하는 지를 확인하려면, 아래 스크린화면에서 보인 것과 같이 데스크톱 왼쪽에 있는 메뉴 중에서 **Ubuntu Software Center**를 클릭하기 바란다.

Edit | Software Sources를 클릭하면 다음의 창을 보게 될 것이다. 다음 스크린화면과 같이 열거된 옵션들이 모두 선택되어 있는지 확인하기 바란다. 이 옵션들이 선택되어 있어야 이 단계에서 문제가 발생하지 않는다.

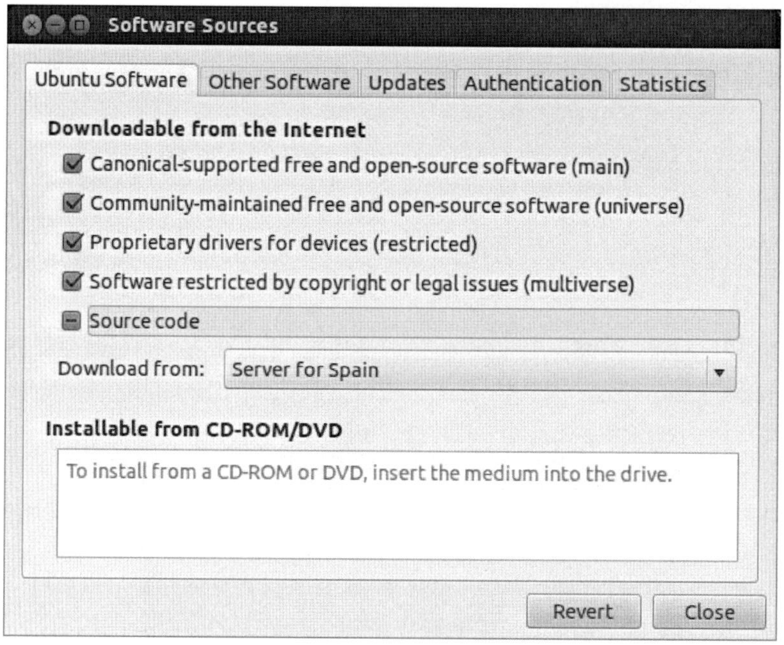

여러분의 source.list 파일 구성하기

이 단계에서 여러분이 사용할 Ubuntu 버전을 선택해야 한다. ROS는 다양한 버전의 운영체제에서 ROS Kinetic을 설치할 수 있다. 여러분은 어느 버전을 써도 되지만, 이 책에 있는 내용들을 따라가려면 15.10 버전이 적합하다. Kinetic은 Ubuntu 버전 중 Wily Werewolf (15.10)와 Xenial Xerus(16.04)에서 동작한다는 것을 기억하자. 저장소에 추가하기 위해 아래의 명령을 입력한다.

```
sudo sh -c 'echo "deb http://packages.ros.org/ros/ubuntu $(lsb_
release-cs) main" > /etc/apt/sources.list.d/ros-latest.list'
```

여러분이 정확한 저장소를 추가하고 나면, 여러분의 운영체제는 어디에서 프로그램을 다운로드 받아서 여러분의 시스템에 저장할지를 알게 된다.

Tip. 예제 코드 다운받기

코드 번들을 다운로드하는 자세한 단계는 이 책의 서문에 언급되어 있으니 읽어 보기 바란다. 이 책의 코드 번들은 Github의 https://github.com/rosbook/effective_robotics_programming_with_ros에 올려져 있다. 우리는 https://github.com/PacktPublishing/에서 구할 수 있는 풍부한 책과 비디오 카탈로그로부터 볼 수 있는 다른 코드 번들도 가지고 있다. 확인해 보기 바란다!

여러분의 키(key) 설정

이 단계에서는 코드의 출처가 정확하며 아무도 그 코드나 프로그램을 소유자 모르게 수정하지 않았음을 확인한다. 보통 여러분이 새로운 저장소를 추가할 때 그 저장소의 키를 추가해야 한다. 그러면 추가된 저장소는 여러분의 시스템이 신뢰하는 리스트에 등록된다.

```
$ wget http://packages.ros.org/ros.key -O - | sudo apt-key add -
```

이제 우리는 코드의 출처가 검증된 사이트이며 수정되지 않았음을 확신할 수 있다.

ROS 설치하기

이제 ROS를 설치할 준비가 되었다. 그러나 그 전에 ROS에 적합하지 않은 라이브러리와 소프트웨어 버전이 일으키는 문제를 피하기 위해 업데이트를 할 필요가 있다. 아래 명령을 입력하면 업데이트를 할 수 있다.

```
$ sudo apt-get update
```

ROS는 방대하기 때문에 때로는 여러분이 전혀 사용하지 않을 라이브러리와 프로그램들도 설치할 것이다. 보통 네 가지 옵션의 설치법이 있는데 최종 사용목적에 따라 정하면 된다. 예를 들어 여러분이 고급 사용자이면 여러분은 하드 디스크에 많은 공간을 차지하지 않게 로봇을 위한 기본 설치(basic installation)를 하면 된다. 이 책에서는 예제와 튜토리얼을 실습하기 위해 필요한 모든 것을 설치해야 하므로 전체 설치(full installation)를 선택하기를 권장한다.

여러분이 현재 설치하는 것이 rviz인지, 시뮬레이터인지, 네비게이션 등인지를 몰라도 문제가 되지 않는다. 여러분은 모든 것을 이후의 장에서 배울 것이다.

- (하드 디스크의 공간에 여유가 있을 때 추천하는) 가장 쉬운 설치 방법은 `desktop-full`이다. 이 옵션을 선택하면 ROS와 함께 rqt 도구들, (3차원용) rviz 시각화 도구, 다양한 일반 로봇 라이브러리들, (stage plan 같은) 2차원 시뮬레이터, (gazebo 같은) 3차원 시뮬레이터, (이동하고, 위치를 인식하고, 지도를 그리고, 팔을 제어하는) 네비게이션 스택, 그리고 비전이나 레이저 또는 RGBD 카메라를 이용하는 인지 라이브러리들이 모두 설치된다.

```
$ sudo apt-get install ros-kinetic-desktop-full
```

- 만약 디스크 공간이 충분하지 않거나 몇 개의 패키지만 설치하고자 한다면 `desktop`설치를 먼저 하기 바란다. 이렇게 하면 ROS와 함께 rqt 도구들, rviz, 일반적인 로봇 라이브러리들이 설치된다. 나머지 패키지들은 필요할 때 설치하면 되는데, `aptitude`를 사용하고 `ros-kinetic-*` 패키지를 다음 명령으로 검색하면 된다.

```
$ sudo apt-get install ros-kinetic-desktop
```

- 만약 기본 골격(bare bones)만 설치하고 싶다면, 로봇 자체 또는 화면이 없거나 **TTY**만 있는 컴퓨터에 추천하는 ROS-base를 설치하기 바란다. 이렇게 하면 빌드와 통신 라이브러리만 있고 GUI 도구들은 전혀 없는 ROS 패키지를 설치한다. **BeagleBone Black(BBB)**으로 우리는 아래의 옵션을 이용해서 시스템을 설치할 것이다.

```
$ sudo apt-get install ros-kinetic-ros-base
```

- 마지막으로, 여러분이 이전의 어떤 옵션을 선택했든 간에 여러분은 개별적인 또는 특정 ROS 패키지(패키지의 이름으로)를 다음과 같이 설치할 수 있다.

```
$ sudo apt-get install ros-kinetic-PACKAGE
```

rosdep 초기화

ROS를 사용하기 전에 `rosdep`을 설치할 필요가 있다. `rosdep` 명령줄 툴은 여러분이 컴파일하거나 설치하고자 하는 소스 코드의 시스템 의존성(system dependencies)을 설치하는 것을 도와준다. 이런 이유로 ROS의 핵심 구성요소에 의해 요구되고, 자동으로 설치된다. `rosdep`을 초기화하기 위해서 아래의 명령을 입력한다.

```
$ sudo rosdep init
$ rosdep update
```

환경 설정하기

축하한다! 여러분이 이 단계에 도달했다면 여러분의 시스템은 ROS의 설치 버전을 갖게 된 것이다! ROS의 사용을 시작하기 위해 시스템은 실행 파일이나 이진(binary) 파일이 있는 위치뿐만 아니라 다른 명령들도 알 필요가 있다. 이를 위해 여러분은 아래의 스크립트를 실행할 필요가 있다. 만약 다른 ROS 배포판의 버전도 함께 설치했다면 매번 필요로 하는 버전의 스크립트를 호출함으로써 두 가지 버전의 ROS로 작업을 할 수 있는데, 이 스크립트는 단순히 여러분의 환경을 설정하기 때문이다. 여기에서는 ROS Kinetic 버전에 대한 스크립트를 사용하는데, 다른 배포판으로 해 보고 싶으면 `kinetic`을 예를 들어 `indigo`나 `jade`로 바꾸면 된다.

```
$ source /opt/ros/kinetic/setup.bash
```

여러분이 `roscore`를 쉘에 입력하면 뭔가가 시작되는 것을 보게 된다. 이것이 여러분에게 ROS가 있는지, 그리고 제대로 설치되었는지를 확인하기 위한 가장 좋은 테스트이다.

여러분이 다른 터미널을 열었다면 여러분의 시스템에 설치된 ROS 패키지를 탐색하기 위해, 환경변수를 설정하는 `setup.bash`를 소싱(sourcing)한다. 이렇게 하지 않으면 `roscore`나 다른 ROS 명령어를 입력해도 실행되지 않을 것이다. 그 이유는 ROS가 설치된 경로 등을 포함하는 환경변수 뿐만 아니라 다른 패키지들과 새 코드를 적절히 컴파일하기 위한 추가적 경로를 설정하기 위해서는 이 스크립트가 다시 소싱되어야 하기 때문이다.

이 문제를 해결하는 것은 매우 간단한데, 여러분의 `.bashrc` 스크립트 파일의 끝부분에 위의 스크립트를 넣으면 된다. 이렇게 하면 새로운 쉘을 시작할 때 그 스크립트가 실행되고 환경이 자동으로 설정된다.

`.bashrc` 파일은 사용자의 홈 디렉토리(`/home/USERNAME/.bashrc`)안에 있다. 이 파일은 쉘 또는 터미널의 구성을 담고 있으며, 사용자가 터미널을 열 때마다 이 파일이 로드된다. 여러분은 이 방법을 이용해서 사용자의 편의를 위해 명령이나 구성을 추가할 수 있다. 이러한 이유로, 터미널을 열 때 마다 앞의 스크립트를 입력하는 것을 피하기 위해 `.bashrc` 파일의 마지막에 이 스크립트를 넣을 것이다. 아래의 명령으로 그렇게 할 수 있다.

```
$ echo "source /opt/ros/kinetic/setup.bash" >> ~/.bashrc
```

그 결과를 보기 위해서는 다음 명령을 이용해서 그 파일을 실행하거나, 현재 터미널을 닫고 다른 터미널을 열어야 한다.

```
$ source ~/.bashrc
```

어떤 사용자는 시스템에 하나 이상의 ROS 배포판을 설치해서 여러 개의 버전을 한 시스템에서 바꿔 가면서 사용하기를 원한다. 마지막에 호출되는 버전이 다른 버전의 환경 세트를 오버라이드(override)할 것이기 때문에, 여러분의 `~/.bashrc`는 현재 사용 중인 버전의 `setup.bash`를 소싱해야 한다. 그러므로 여러분이 동일한 시스템에 몇 개의 버전을 가지고 있으면 그들 사이에서 바꿔가며 사용할 필요가 있다.

예를 들어, 여러분의 `.bashrc` 파일에 아래 코드 줄들이 있을 수 있다.

```
...
source /opt/ros/indigo/setup.bash
source /opt/ros/jade/setup.bash
source /opt/ros/kinetic/setup.bash
...
```

이 경우 ROS Kinetic 버전이 실행될 것이다. 여러분이 실행 중인 버전이 파일의 마지막 줄에 있게 해야 한다. 또한 하나의 setup.bash를 소싱하는 것을 추천한다.

여러분이 터미널에서 사용되고 있는 버전을 확인하고 싶다면, `echo $ROS_DISTRO` 명령으로 쉽게 할 수 있다.

rosinstall 얻기

이제 우리가 할 다음 스텝은 단일 명령어로 다른 패키지를 설치하는데 도움을 주는 명령 툴을 설치하는 것이다. 이 툴은 Python을 기반으로 하지만 걱정할 필요는 없다. 그것을 사용하기 위해 Python을 알 필요는 없기 때문이다. 여러분은 이후의 장에서 이 툴을 사용하는 법을 배우게 될 것이다.

Ubuntu에서 이 툴을 설치하기 위해 다음 명령을 실행한다.

```
$ sudo apt-get install python-rosinstall
```

이게 전부다! 여러분의 시스템은 완전한 ROS 시스템을 갖게 되었다. 저자는 ROS를 새로 설치하는 것을 끝내면, 개인적으로 두 가지 테스트를 좋아하는데 `roscore`와 `turtlesim`이 모두 동작하는 지를 보는 것이다.

여러분도 똑같이 하고 싶다면, 다른 쉘들에 아래 명령들을 입력하면 된다.

```
$ roscore
$ rosrun turtlesim turtlesim_node
```

모두 잘 실행되었다면, 아래의 스크린화면을 보게 될 것이다.

VirtualBox와 Ubuntu 설치하기

VirtualBox는 서버와 데스크톱, 임베디드 시스템에서의 사용을 목적으로 x86 하드웨어를 위해 개발된 완전한 범용 가상화(virtualizer) 소프트웨어이다. VirtualBox는 무료이며 모든 메이저 운영체제와 모든 리눅스 버전을 지원한다.

만약 여러분 컴퓨터의 운영체제를 Ubuntu로 바꾸고 싶지 않다면, VirtualBox 같은 툴은 여러분의 컴퓨터에 아무런 변화도 주지 않으면서 새로운 운영체제를 가상으로 실행하는 것을 도와준다.

아래의 절에서 VirtualBox를 설치하는 방법과 Ubuntu를 새로 설치하는 방법을 보여줄 것이다. 이러한 가상 설치 후, 어떤 문제가 발생했을 때 여러분의 개발 장치를 다시 시작하기 위해서, 또는 장치에 있는 로봇에게 필요한 모든 환경설정 값들을 저장하기 위해 클린 설치(clean installation)가 있어야 한다.

VirtualBox 다운로드하기

첫 번째 스텝은 VirtualBox 설치 파일을 다운로드하는 것이다. 이 책을 쓰는 시점에서의 최신 버전은 4.3.12인데 여러분은 `http://download.virtualbox.org/virtualbox/4.3.12/`에서 다운로드할 수 있다. 만약 윈도우즈를 사용하고 있다면, 그 파일을 `http://download.virtualbox.org/virtualbox/4.3.12/VirtualBox-4.3.12-93733-Win.exe`에서 다운로드할 수 있다.

설치가 잘 되었다면, Ubuntu의 이미지 파일을 다운로드할 필요가 있는데, 이 튜토리얼에서는 `http://www.osboxes.org/ubuntu/`에서 찾을 수 있는 OSBOXES로부터 Ubuntu 15.10 한 카피를 사용할 것이다. 그 다음에 앞 절에서 설명한 동일한 안내를 따라서 ROS Kinetic을 간단히 설치할 것이다. 특히 Ubuntu 15.10 이미지 파일은 `http://sourceforge.net/projects/osboxes/files/vms/vbox/Ubuntu/15.10/Ubuntu_15.10-64bit.7z/download`에서 다운로드할 수 있다.

이로써 .7z 파일을 다운로드하고, Linux에서는 아래 명령으로 압축을 풀 수 있다.

```
$ 7z x Ubuntu_15.10-64bit.7z
```

만약 .7z 파일이 설치되어 있지 않다면, 아래 명령으로 설치할 수 있다.

```
$ sudo apt-get install p7zip-full
```

가상 머신 파일은 `Ubuntu 15.10 Wily (64bit).vdi` 라는 64비트 폴더 안에 들어갈 것이다.

가상 머신 생성하기

앞 절에서 다운로드한 파일로 새로운 가상 머신을 생성하는 것은 매우 간단한데, 다음의 단계들을 진행하면 된다. VirtualBox를 열고 **New**를 클릭한다. 우리는 이전에 설치된 `Ubuntu 15.10 Wily (64bit).vdi` 파일을 사용할 새로운 가상 머신을 생성할 것인데, 이 파일은 이미 설치된 Ubuntu 15.10의 하드 디스크 이미지이다. 아래의 스크린 샷에서 보는 것처럼 가상 머신의 이름과 타입, 버전을 정한다.

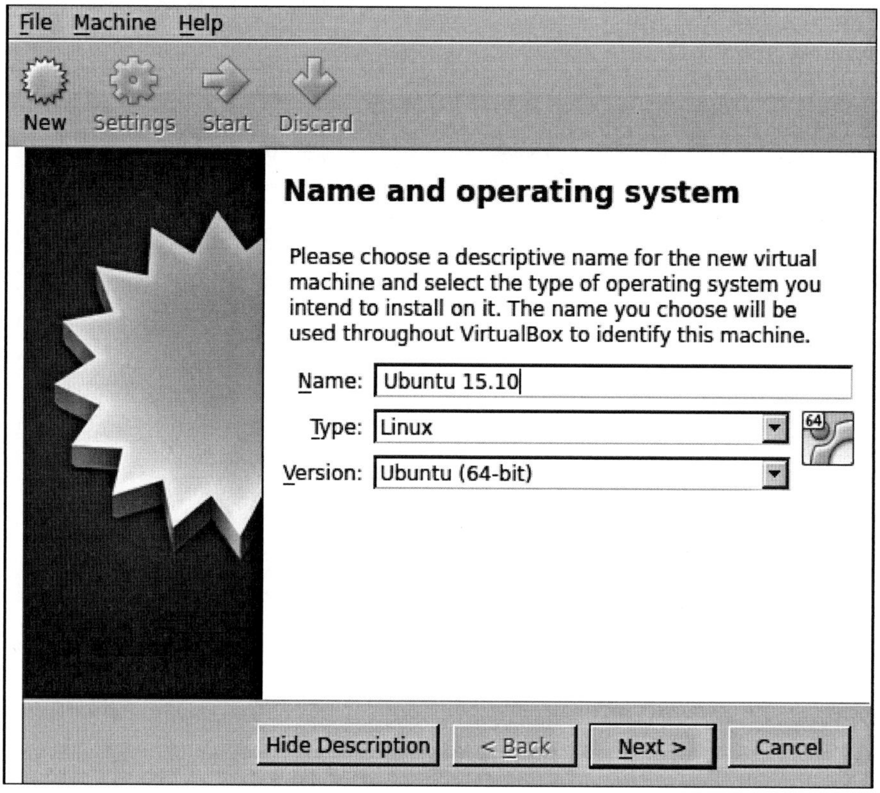

그 다음에 나타나는 창에서 여러분은 새로운 가상 머신의 파라미터를 설정할 수 있다. 기본설정은 그대로 두고 가상시스템의 이름만 바꾼다. 이 이름은 여러분이 현재의 가상 머신을 다른 것과 구별할 수 있게 한다. RAM에 대해서는 가능한 한 많이 쓰기를 추천하지만 8GB면 충분하다.

하드 드라이브에는 아래 스크린 샷에서 보듯이 앞에서 다운로드한 현재 가상 하드 드라이브 파일인 `Ubuntu 15.10 Wily (64bit).vdi`를 사용하면 된다.

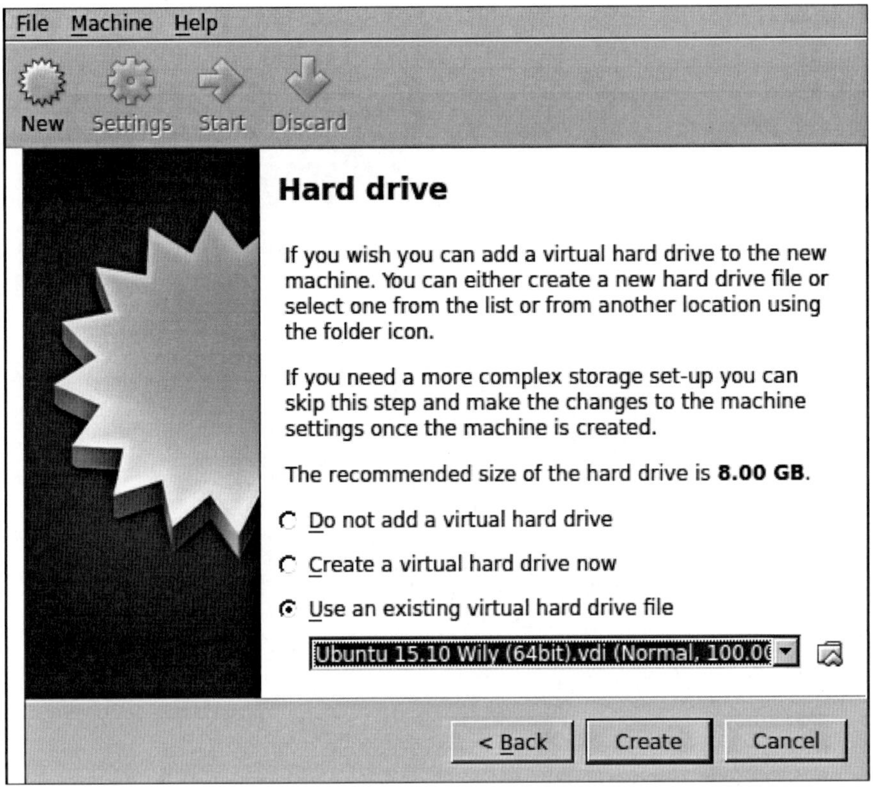

이 과정이 끝나면 **Start** 버튼을 눌러서 여러분의 가상 머신을 시작할 수 있다. 시작하기 전에 올바른 가상 머신을 선택하는 것을 기억하기 바란다. 우리의 경우 오직 하나만 있지만 여러분은 여러 개일 수 있다.

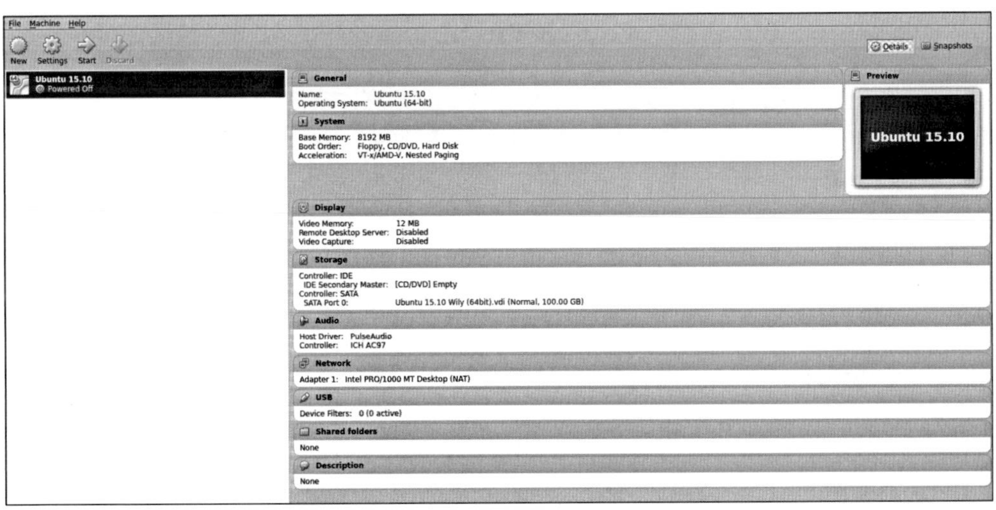

가상 머신이 시작되었다면, 여러분은 아래의 스크린 샷에서 보듯이 다른 창을 보게 된다. 이것은 ROS가 설치된 Ubuntu 15.10 OS이다(로그인을 위한 패스워드는 `osboxes.org`).

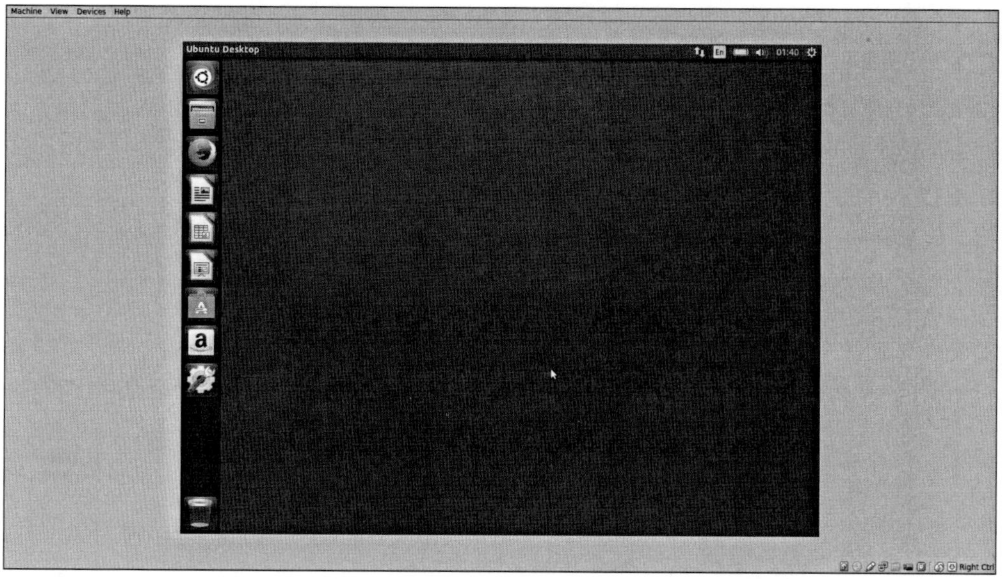

이 과정들을 마쳤다면, 앞 절에서 배운 단계들을 따라서 보통의 컴퓨터에서 하듯이 ROS Kinetic을 설치한다. 그러면 이 책과 함께 사용할 수 있는 ROS Kinetic 풀 카피를 가지게 된다. 여러분은 우리가 다룰 모든 예제와 스택들을 실행할 수 있다. 불행하게도 VirtualBox는 실제 하드웨어에서 실행될 때에는 문제가 많고, 4장에 있는 예제들에는 이 ROS Kinetic 카피를 사용할 수 없을 수도 있다.

Docker 이미지로부터 ROS 사용하기

Docker는 애플리케이션과 완전한 시스템들을 배포하는 것을 도와주는 오픈 플랫폼이다. 어떤 면에서 이것은 가상 머신과 비슷하지만 훨씬 빠르고 유연하다. `https://www.docker.com` 또는 `https://dockerproject.org`에서 보다 많은 정보를 얻을 수 있다.

Docker 설치하기

Ubuntu에서 Docker를 설치하기 위해서 여러분은 다음 코드를 실행하기만 하면 된다.

```
$ sudo apt-get install docker.io
```

ROS Docker 이미지와 컨테이너를 얻어서 사용하기

Docker 이미지는 이미 셋업된 가상 머신이나 시스템과 비슷하다. 이런 방법으로 이미지를 제공하는 서버가 있어서 사용자는 그것들을 다운로드하기만 하면 된다. 주 서버는 Docker hub이며 `https://hub.docker.com`에서 얻을 수 있다. 다른 시스템과 설정을 위해 Docker 이미지를 찾는 것이 가능하다. 우리의 경우 이미 사용 가능한 ROS Kinetic 이미지를 사용할 것이다. 모든 ROS Docker 이미지는 `https://hub.docker.com/_/ros/`에 있는 공식 ROS repo 이미지들에 열거되어 있다. ROS 컨테이너 이미지는 다음 명령으로 풀다운(pulled down)될 수 있다.

```
$ docker pull ros
```

여러분은 다음과 같은 에러를 볼 가능성도 있다.

```
~$ docker pull ros
FATA[0000] Post http:///var/run/docker.sock/v1.18/images/create?fromImage=ros%3
Alatest: dial unix /var/run/docker.sock: permission denied. Are you trying to c
onnect to a TLS-enabled daemon without TLS?
```

이 문제를 해결하려면 여러분의 시스템을 업데이트하거나 아래의 명령으로 여러분의 사용자를 docker 그룹에 추가해야 한다.

```
$ sudo usermod -a -G docker $(whoami)
```

그 결과 여러 개의 Docker 이미지가 동시에 다운로드되는 것을 볼 수 있고, 각 이미지의 해시(hash) 이름이 다르다. 이 작업을 할 때 특히 느린 네트워크에서는 시간이 많이 걸릴 것이다. 작업이 완료되면 여러분은 다음과 같은 화면을 볼 수 있다.

```
~$ docker pull ros
latest: Pulling from ros
808ef855e5b6: Pull complete
267903aa9bd1: Pull complete
d28d8a6a946d: Pull complete
ab035c88d533: Pull complete
0b409bfffca0: Pull complete
aa8ec2450c6b: Pull complete
fea18d173ca4: Pull complete
5c9bb5cbe512: Pull complete
ae87b758dd0d: Pull complete
9cadeb3affd3: Pull complete
9c28b2d84bd7: Pull complete
0c7cd879039b: Pull complete
e8530b0325b8: Pull complete
8ab2cb273ccb: Pull complete
c7411052df49: Pull complete
ec05b0e2ef74: Pull complete
c366f9bb95b3: Pull complete
e795c4487953: Pull complete
Digest: sha256:078fbd221da8a3126eff2e283655f5a58e0342de272e38ef94631a1017568b86
Status: Downloaded newer image for ros:latest
```

ROS Kinetic 배포판은 아래의 명령으로 해당 태그를 이용하여 풀다운될 수 있다.

```
$ docker pull ros:kinetic-robot
```

여러분은 모를 수도 있지만 이미지들과 컨테이너들은 Docker에 의해 기본적으로 `/var/lib/docker`에 저장된다.

컨테이너가 다운로드되었다면, 다음 명령을 통해 상호교환적으로 실행할 수 있다.

```
$ docker run -it ros
```

이는 Docker 컨테이너 안에 세션을 입력하는 것과 같다. 이 명령은 주 이미지에서 새 컨테이너를 만들 것이다. 그 안에 이미 설치된 ROS Kinetic과 함께 풀 Ubuntu 시스템이 있다. 우리는 보통의 시스템처럼 추가 패키지를 설치하고 ROS 노드를 실행할 수 있다. `docker ps -a`로 여러분은 모든 사용 가능한 컨테이너와 그로부터 얻게 되는 이미지를 체크할 수 있다.

ROS를 사용하려면 컨테이너 내부에 ROS 환경을 설정해야 한다. 즉, 다음 명령을 실행해야 한다.

```
$ source /opt/ros/kinetic/setup.bash
```

Docker 컨테이너는 `docker stop`을 사용하여 다른 터미널에서 중지할 수 있으며 `docker rm`을 사용하여 제거할 수도 있다. Docker를 사용하면 네트워크를 드러내기 위해 컨테이너를 설정하는 것뿐만 아니라 그 안으로 호스트 폴더를 볼륨으로 마운트할 수도 있다. 이 외에도 Docker는 Python API를 지원하며 기타 많은 기능을 제공한다.

이 모든 것은 `https://docs.docker.com`에 있는 공식 문서에서 찾을 수 있다. 그러나 원칙적으로 `docker run`으로 충분하며, Docker 컨테이너를 일반 시스템으로 그 이름을 사용하여 SSH를 실행할 수 있다. 우리는 다음 명령으로 실행 중인 컨테이너의 다른 터미널을 열 수도 있다(여기에서 `NAME`은 Docker 컨테이너의 이름이며, `docker ps -a`를 사용해서 찾을 수 있음).

```
$ docker exec -it NAME bash
```

또한 여러분은 `docker build`를 사용하여 자신만의 Docker 이미지를 만들고, `Dockerfile`에 무엇이 설치되어야 하는지를 지정할 수 있다. 여러분은 커뮤니티에 기여하거나 여러분의 작업 설정을 단순히 공유함으로써 `docker push`로 이들을 온라인으로 발행할 수 있다. 이 책에는 실행 가능한 Docker 이미지와 이를 빌드할 `Dockerfile`이 함께 제공되고, 여러분은 `Dockerfile`이 있는 폴더에서 docker 빌드를 실행하여 이것을 찾을 수 있다. 이 Docker 이미지는 기본적으로 책의 코드가 있는 ROS Kinetic 이미지의 확장이다. 다운로드 및 설치 지침은 나머지 코드와 함께 GitHub 저장소에 저장된다.

BeagleBone Black에서 ROS 설치하기

BeagleBone Black은 ARM 코어텍스 A8 프로세서를 기반으로 한 저가의 개발 플랫폼이다. 이 보드는 옹스트룀(**Ångström**)이라 불리는 리눅스 배포판으로 제작되었다. 옹스트룀은 리눅스 배포판을 임베디드 시스템용으로 단일화하기를 원하는 소규모 그룹에 의해 개발되었다. 이들은 안정적이면서도 사용자 친화적인 운영체제를 가지기 원했다.

Texas Instrument사는 범용 입출력(**general purpose input/output, GPIO**) 핀이 있는 온보드(on-board) 컴퓨터를 필요로 하는 커뮤니티를 위해 BeagleBone Black을 설계했다. BeagleBone Black 플랫폼은 원래의 BeagleBone을 발전시킨 것이다. 이 보드의 주된 특징은 1GHz의 속도와 512MB의 RAM을 가진 ARM 코어텍스 A8을 사용하고, 이더넷과 USB, HDMI를 연결할 수 있으며, 46핀 GPIO 핀의 헤더가 두 개 있다는 점이다.

이 GPIO는 디지털 입출력, ADC, PWM으로 설정될 수 있으며 통신 프로토콜은 I2C, SPI, 또는 UART로 설정 가능하다. 이 GPIO는 BeagleBone을 통해 중간 매체 없이 센서와 액추에이터 간에 통신하는 하나의 간편한 방법이다. 아래는 라벨이 붙은 BeagleBone의 이미지이다.

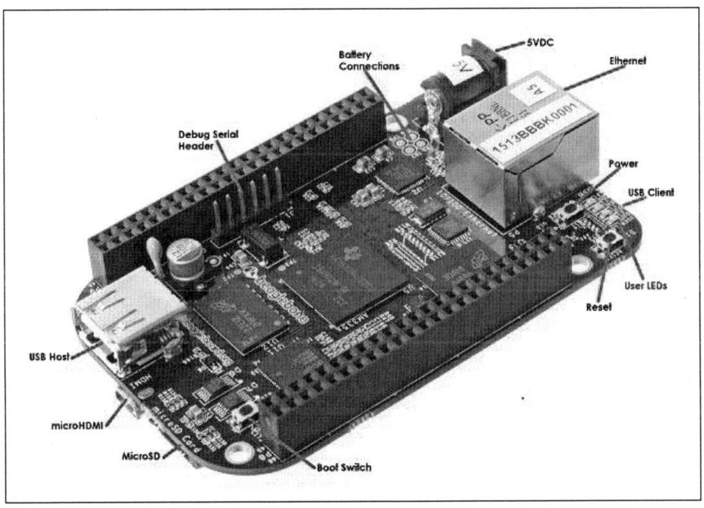

BeagleBone 보드가 출시되었을 때, ROS를 옹스트룀 배포판에 설치하는 것이 불가능했다. 이러한 이유로 BeagleBone에 Ubuntu 기반의 운영체제를 설치하는 것이 통용되었다. BeagleBone Black 및 ROS와 호환되는 Ubuntu ARM에는 몇 가지 버전이 있는데, 우리는 ROS로 작업을 하기 위해 플랫폼에 Ubuntu ARM 16.04 Xenial armhf의 이미지 파일을 사용할 것을 추천한다.

이제 옹스트룀 배포판을 위한 ROS 버전이 설치될 준비가 되었는데, 여러분은 `http://wiki.ros.org/kinetic/Installation/Angstrom`에 제시된 설치 단계를 따라 설치할 수 있다. 우리는 이렇게 하는 대신 ROS를 Ubuntu ARM에 설치하기로 했는데, 그 이유는 이 배포판들이 좀 더 공통적으로 사용되고 UDOO, ODROIDU3, ODROIDX2 또는 Gumstick 같은 다른 ARM 기반 보드에도 사용될 수 있기 때문이다.

ARM 기술은 스마트폰과 태블릿 같은 모바일 장치에 사용되어 큰 붐을 일으키고 있다. ARM cortex(코텍스)의 계산 성능의 증가와는 별도로, 높은 수준의 통합과 낮은 소비전력 덕분에 이 기술은 자율적인 로봇 시스템에 적합하다. 최근 몇 년 동안, 개발자를 위한 다수의 ARM 플랫폼들이 시장에 출시되었다. 그 중의 일부는 Raspberry PI나 Gumstick Overo처럼 BeagleBone Black과 유사한 특징을 가졌다. 추가적으로, 듀얼 코어 ARM Cortex A9을 장착한 Gumstick DuoVero처럼 보다 강력한 보드나 OdroidU3, OdroidX2 또는 UDOO 같은 쿼드코어 보드를 시중에서 살 수 있다.

전제 조건

ROS를 Beaglebone Black에 설치하기 전에 우리는 전제 조건들을 만족시켜야 한다. 이 책은 ROS에 초점이 맞춰져 있으므로, 자세히 들어가기 보다는 전제 조건들을 나열하기만 할 것이다. 여러분은 웹사이트, 포럼, 책에서 Beaglebone Black과 Ubuntu ARM에 관해 많은 유익한 정보들을 확인할 수 있다.

먼저, ROS와 호환이 되는 Ubuntu ARM 배포판을 설치해야 하므로, Ubuntu ARM의 이미지가 필요하다. 이를 위해 `wget`을 이용한 아래의 명령으로 Ubuntu 16.04 Xenial armhf를 얻을 수 있다.

```
$ wget https://rcn-ee.com/rootfs/2016-10-06/elinux/ubuntu-
16.04.1-console -armhf-2016-10-06.tar.xz
```

`https://rcn-ee.com/rootfs`에서 여러분은 더 새로운 버전을 찾을 수 있다. 이 버전은 `http://elinux.org/BeagleBoard`의 공식적 문서에서 언급된 것이다.

이미지가 다운로드되었다면, 다음 단계는 그것을 microSD 카드에 설치하는 것이다. 먼저, 다음 명령으로 이미지의 압축을 푼다.

```
$ tar xf ubuntu-16.04.1-console-armhf-2016-10-06.tar.xz
$ cd ubuntu-16.04.1-console-armhf-2016-10-06
```

용량이 2GB이거나 더 큰 microSD를 여러분 컴퓨터의 카드 리더에 꽂고 아래의 설치 스크립트로 Ubuntu 이미지를 설치한다.

```
$ sudo ./setup_sdcard.sh --mmc DEVICE --dtb BOARD
```

앞의 스크립트에서 `DEVICE`는 그 안에서 microSD가 시스템에 나타나는 장치이고(예를 들어 `/dev/sdb`), `BOARD`는 보드 이름이다. BeagleBone Black에 대해서 그것은 `beaglebone`이 될 것이다. 그래서 microSD가 /dev/mmcblk0에 있고 여러분이 BeagleBone Black을 사용한다고 가정하면, 그 명령은 다음과 같을 것이다.

```
$ sudo ./setup_sdcard.sh --mmc /dev/mmcblk0 --dtb beaglebone
```

여러분이 microSD에 할당된 장치를 모른다면, 다음 명령을 사용할 수 있다.

```
$ sudo ./setup_sdcard.sh --probe-mmc
```

우리의 플랫폼에 Ubuntu ARM이 있으므로, BeagleBone Black 네트워크 인터페이스는 네트워크 접속을 제공하기 위한 설정이 되어야 한다. 그러므로 여러분은 IP, DNS, 게이트웨이 등의 네트워크 세팅을 설정해야 한다.

이를 위한 가장 간단한 방법은 다른 컴퓨터에 SD카드를 꽂고 /etc/network/interfaces를 편집하는 것임을 기억하자.

다른 쉬운 방법은 이더넷 케이블을 사용하고 IP 어드레스를 얻기 위해 다음 명령으로 DHCP 클라이언트를 실행하는 것이다.

```
$ sudo dhclient eth0
```

이를 위해 여러분은 microSD로 BeagleBone Black를 부팅할 필요가 있다. 이렇게 하려면 DC 전원이나 USB 커넥터로 보드의 전원을 켜기 전에 **S2** 버튼을 계속 누르고 있어야 한다. 몇 분 후에 시스템은 로그인 프롬프트를 보여줄 것이다. 사용자는 ubuntu, 패스워드는 temppwd(기본 값)를 입력하여 로그인하고, 이더넷 케이블이 연결된 상태로 위에서 보인 DHCP 클라이언트 명령을 실행한다. 그러면 여러분은 아래 명령을 이용해서(inet addr: value를 볼 것) 할당된 IP 어드레스를 체크할 수 있다.

```
$ ifconfig eth0
```

우리의 구성에서 BeagleBone Black에 아래의 장치들(아래의 사진에서 보듯이)을 연결했다.

- 네트워크 셋업 시 스크린에서 터미널 프롬프트를 보기 위한 HDMI(microHDMI 어댑터와 함께) 케이블. 그 다음에 우리는 보드로 SSH를 실행할 수 있다.
- USB를 통해 연결된 키보드
- microUSB 커넥터를 통해 공급되는 전원
- 지금까지 설명한 바와 같이 인터넷에 접속하기 위한 이더넷 케이블

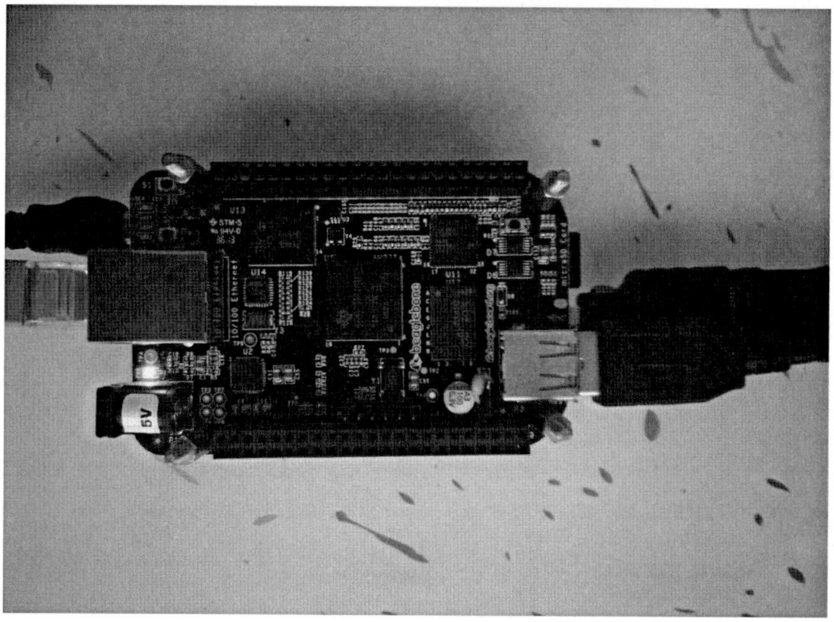

네트워크를 구성한 후에, ROS가 필요로 하는 패키지, 프로그램, 라이브러리 등을 설치해야 한다. 이제 네트워크가 연결되었으므로, IP 어드레스가 `192.168.1.6`이라고 할 때, 다음 명령으로 보드에 SSH를 실행할 수 있다.

```
$ ssh ubuntu@192.168.1.6
```

우리는 `http://wiki.ros.org/indigo/Installation/UbuntuARM`에 나오는 안내를 따를 것이지만 ROS kinetic에서 동작하기 위해 수정을 가해야 한다(웹에서는 여전히 indigo용이라는 사실에 주의하자). 첫 번째 단계는 우리가 ROS를 설치하기 위해 저장소의 소스를 세팅하는 것으로 구성되어 있다.

```
$ sudo vi /etc/apt/sources.list
```

그리고 소스에 restricted를 가하면 다음과 같은 결과를 볼 것이다.

```
deb http://ports.ubuntu.com/ubuntu-ports/ xenial main restricted
universe multiverse
#deb-src http://ports.ubuntu.com/ubuntu-ports/ xenial main
restricted
universe multiverse
deb http://ports.ubuntu.com/ubuntu-ports/ xenial-updates main
restricted universe multiverse
```

```
#deb-src http://ports.ubuntu.com/ubuntu-ports/ xenial-updates main
restricted universe multiverse
#Kernel source (repos.rcn-ee.com) :
https://github.com/RobertCNelson/
linux-stable-rcn-ee
#
#git clone https://github.com/RobertCNelson/linux-stable-rcn-ee
#cd ./linux-stable-rcn-ee
#git checkout `uname -r` -b tmp
#
deb [arch=armhf] http://repos.rcn-ee.com/ubuntu/ xenial main
#deb-src [arch=armhf] http://repos.rcn-ee.com/ubuntu/ xenial main
```

그 다음에 실행 중인 소스들을 업데이트한다.

```
$ sudo apt-get update
```

BeagleBone Black의 운영체제는 1~4GB인 microSD를 위해 세팅되었다. 우리가 ROS Kinetc 패키지의 큰 부분을 사용하기를 원하면 이 메모리 공간은 매우 제한되어 있다. 이 문제를 해결하기 위해, 우리는 더 큰 공간이 있는 SD 카드를 사용하고, 모든 가용 공간을 점유하기 위해 재분할(re-partitioning)로 파일 시스템을 확장할 수 있다.

그래서 우리가 좀 더 큰 메모리 공간을 가지고 일하기를 원한다면, BeagleBone Black 메모리 파일 시스템을 확장하는 것을 추천한다. 이 프로세스는 `http://elinux.org/Beagleboard:Expanding_File_System_Partition_On_A_microSD`에 더 자세히 설명되어 있다.

아래의 단계들은 일반적으로 불필요하지만, 특정 케이스에 필요할 경우를 대비하여 설명되었다. 여러분은 이 명령들을 따름으로써 계속 진행할 수 있다.

1. 우리는 슈퍼 유저(super user)가 될 필요가 있기 때문에 아래 명령과 패스워드를 입력한다.

```
$ sudo su
```

2. 우리의 SD 카드의 파티션을 살펴본다.

```
$ fdisk /dev/mmcblk0
```

3. `p`를 입력하면 SD 카드의 두 파티션을 보게 될 것이다.

```
$ p
```

4. 그 다음에 d를 입력하여 하나의 파티션을 삭제하고, 2를 입력하여 /dev/mmcblk0p2를 삭제하기 원한다는 것을 알려준다.

```
$ d
$ 2
```

5. n을 입력하면 새로운 파티션이 생성될 것인데, p를 입력하면 제1(primary) 파티션이 될 것이다. 우리는 새 파티션을 두 번째 파티션으로 지정하기 위해 2를 입력할 것이다.

```
$ n
$ p
$ 2
```

6. 모두 잘 되었다면 이러한 변화들을 저장하기 위해 w를 입력하거나, *Ctrl*+*Z*로 변화를 반영하지 않는다.

```
$ w
```

7. 모두 끝나면 보드를 재부팅해야 한다.

```
$ reboot
```

8. 재부팅이 끝나면 다시 한 번 슈퍼 유저가 된다.

```
$ sudo su
```

9. 마지막으로 운영체제의 메모리 파일 시스템을 확장하기 위해 아래의 명령을 실행한다.

```
$ resize2fs /dev/mmcblk0p2
```

이제 우리는 ROS를 설치할 준비가 되었다. 이 시점에서, ROS를 설치하는 과정은 이번 장의 앞에서 설명한 PC 설치의 경우와 매우 비슷하므로 익숙할 것이다. 주된 차이점은 BeagleBone Black에 ROS를 설치할 때 ROS 풀 데스크톱(full-desktop) 버전을 설치할 수 없다는 것이므로, 우리는 패키지 별로 설치해야 한다.

지역 장치와 source.list 파일 구성하기

이제 다음 명령으로 여러분의 지역 장치를 설치하는 것을 시작할 것이다.

```
$ sudo update-locale LANG=C LANGUAGE=C LC_ALL=C LC_MESSAGES=POSIX
```

그 다음으로 BeagleBone Black에 설치한 Ubuntu 버전에 따라 소스 리스트를 설정할 것이다. BeagleBone Black과 호환 가능한 Ubuntu 버전의 수는 제한되어 있으며, 동작되는 빌드는 Ubuntu ARM의 가장 인기 있는 버전인 Ubuntu 16.40 Xenial armhf에만 있다. Ubuntu armhf 저장소를 설치하기 위해 아래를 실행하자.

```
$ sudo sh -c 'echo "deb http://packages.ros.org/ros/ubuntu $(lsb_
release -cs) main" > /etc/apt/sources.list.d/ros-latest.list'
```

키 설정하기

앞에서 설명했듯이, 이 단계는 코드의 근원이 올바르고 소유자 모르게 아무도 코드나 프로그램을 수정하지 않았음을 검증하기 위해 필요하다.

```
$ sudo apt-key adv --keyserver hkp://ha.pool.sks-keyservers.net
--recvkey 0xB01FA116
```

ROS 패키지 설치하기

ROS 패키지를 설치하기 전에 여러분은 방금 추가된 ROS 저장소에서 모든 패키지들을 보기 위해 시스템을 업데이트해야 한다.

```
$ sudo apt-get update
```

이 부분의 설치는 BeagleBone Black과 약간 다르다. ROS에는 많은 라이브러리와 패키지가 있지만 그 모두가 ARM에서 완전히 컴파일되는 것은 아니다. 그래서 풀-데스크탑 설치를 하는 것은 불가능하다. 그러므로 ARM 플랫폼에서 잘 작동하도록 패키지 별로 설치하는 것을 추천한다.

여러분은 아래의 명령으로 ROS Bare Bones로 알려진 ROS-base를 설치하는 것을 해 볼 수 있다. ROS-base는 빌드와 통신 라이브러리와 함께 ROS 패키지를 설치하지만 GUI 툴(이 것이 뜨면 *ENTER (Y)*를 입력)은 포함하지 않는다.

```
$ sudo apt-get install ros-kinetic-ros-base
```

우리는 아래 명령을 사용하여 특정 ROS 패키지를 설치할 수 있다.

```
$ sudo apt-get install ros-kinetic-PACKAGE
```

여러분이 BeagleBone Black에서 사용할 수 있는 ROS 패키지를 찾기 원한다면 다음 명령을 실행하면 된다.

```
$ apt-cache search ros-kinetic
```

예를 들어, 다음은 ROS에서 실행되며 `apt-get install`을 사용해서 개별적으로 설치될 수 있는 기본 패키지들이다.

```
$ sudo apt-get install ros-kinetic-ros
$ sudo apt-get install ros-kinetic-roslaunch
$ sudo apt-get install ros-kinetic-rosparam
$ sudo apt-get install ros-kinetic-rosservice
```

이론적으로 모든 ROS 패키지들이 BeagleBone Black에서 지원되는 것은 아니지만, 우리는 실제적으로 PC에서 개발된 전체 프로젝트들을 BeagleBone Black용으로 변환할 수 있었다. 또한 우리는 많은 패키지들을 사용해 보았지만 rivz만은 설치할 수 없었으므로, 그 위에서 실행하지 않기를 권한다.

ROS를 위한 rosdep 초기화

`rosdep` 명령줄 툴은 ROS를 사용할 수 있기 전에 설치되고 초기화되어야 한다. 이 툴은 라이브러리를 쉽게 설치하고 여러분이 컴파일하기 원하는 소스에 대한 시스템 의존성을 해결하는 것을 가능케 한다. 그리고 이 툴은 ROS의 일부 코어 구성요소들을 실행하는데 필요하다. 아래의 명령줄을 사용하면 `rosdep`을 설치하고 초기화할 수 있다.

```
$ sudo apt-get install python-rosdep
$ sudo rosdep init
$ rosdep update
```

BeagleBone Black에서 환경 구성하기

이 단계에 도달했다면, 여러분은 BeagleBone Black에 ROS 설치를 완료한 것이므로 축하한다. ROS의 환경 변수는 여러분의 bash에 추가될 수 있으므로 쉘이 론칭할 때마다 그 값들이 추가될 것이다.

```
$ echo "source /opt/ros/kinetic/setup.bash" >> ~/.bashrc
$ source ~/.bashrc
```

우리 시스템에 하나 이상의 ROS 버전이 있다면 주의해야 한다. `bashrc` 셋업은 사용 중인 버전의 변수들만을 사용해야 한다.

우리가 현재 셸의 환경을 셋업하기 원한다면, 다음의 명령을 실행할 것이다.

```
$ source /opt/ros/kinetic/setup.bash
```

BeagleBone Black을 위한 rosinstall 얻기

`rosinstall`은 우리가 패키지를 쉽게 설치하도록 도와주는 ROS의 공통적인 명령줄 툴이다. 이는 Ubuntu에서 아래의 명령줄로 설치할 수 있다.

```
$ sudo apt-get install python-rosinstall
```

BeagleBone Black에서의 기본 ROS 예제

여러분은 기본 예제로서 BeagleBone Black 상의 터미널에서 다음과 같이 ROS core를 실행할 수 있다.

```
$ roscore
```

그리고 다른 터미널에서 포즈(pose) 메시지를 발행한다(`geometry_msgs/Pose` 다음에 Tab 키를 두 번 누르면 메시지 필드를 자동완성하고, 그 다음에 기본 값을 가지므로 변경해야 하는 것에 유의).

```
$ rostopic pub /dummy geometry_msgs/Pose
Position:
x: 1.0
y: 2.0
z: 3.0
Orientation:
x: 0.0
y: 0.0
z: 0.0
w: 1.0 -r 10
```

이제 같은 네트워크에 있는 여러분의 노트북에서 `ROS_MASTER_URI`가 BeagleBone Black을 가리키도록 설정할 수 있다(이 경우 IP는 192.168.1.6).

```
$ export ROS_MASTER_URI=http://192.168.1.6:11311
```

이제 여러분의 노트북에서 BeagleBone Black에서 발행한 포즈를 볼 수 있다.

```
$ rostopic echo -n1 /dummy
Position:
x: 1.0
y: 2.0
z: 3.0
Orientation:
x: 0.0
y: 0.0
z: 0.0
w: 1.0
---
```

여러분이 PoseStamped를 사용하면, rviz에서 포즈를 가시화할 수도 있다.

이 시점부터 `http://wiki.ros.org/BeagleBone`에서 여러 프로젝트를 확인할 수 있으며, Ubuntu 대신 옹스트룀 OS를 사용하는 다른 설치 옵션도 있지만 현재 ROS Kinetic을 지원하지는 않는다.

요약

이 장에서 우리는 Ubuntu 상에서 다양한 물리적 혹은 가상적 장치(PC, VirtualBox, 그리고 BeagleBone Black)에 ROS Kinetic을 설치했다. 이 단계를 통해 시스템에 설치된 ROS에 대한 작업을 시작하는 데 필요한 모든 것이 있으며, 여러분은 이 책의 예제를 연습할 수도 있다. 여러분은 소스코드를 이용해서 ROS를 설치하는 옵션 또한 가지고 있다. 이 옵션은 고급 사용자들을 위한 것이며 여러분은 apt 저장소로부터의 설치만을 사용할 것을 권한다. 왜냐하면 이 저장소는 좀 더 일반적이며 보통 오류나 문제를 야기하지 않기 때문이다.

ROS를 이리저리 다뤄보고 가상 머신에 설치하는 것은 좋은 생각이다. 그러다가 설치나 다른 작업에서 문제가 발생하면 여러분의 운영체제의 새 카피를 재설치하고 다시 시작할 수 있다.

일반적으로 가상 머신에서는 센서나 액추에이터 같은 실제 하드웨어에 접속할 수 없다. 어떤 경우에든 알고리즘을 테스트하는 목적으로 가상 머신을 사용할 수 있다.

2장

ROS의 구조와 개념

1장에서 ROS를 설치했으므로 "ROS 설치를 완료했으니 이제 무엇을 해야 할까?"라고 틀림없이 생각할 것이다. 이 장에서는 ROS의 구조와 ROS를 구성하는 요소들에 대해 배울 것이다. 또한 노드와 패키지를 생성하고, **Turtlesim**을 이용해서 ROS의 예제를 사용하게 될 것이다.

ROS의 구조는 다음과 같이 세 가지의 섹션 또는 레벨의 개념으로 설계되고 구분된다.

- 파일시스템 레벨
- 연산 그래프(Computation Graph) 레벨
- 커뮤니티 레벨

첫 번째 레벨은 **파일시스템 레벨**로서 ROS의 내부 구성, 폴더 구조, ROS가 동작하기 위해 필요한 최소한의 파일을 설명하기 위해 한 그룹의 개념들이 사용된다.

두 번째 레벨은 **연산 그래프 레벨**로서 프로세스와 시스템 간에 통신하는 곳이다. 이 섹션에서 우리는 ROS가 시스템을 구성하고, 모든 프로세스를 관리하며, 하나 이상의 컴퓨터에서 통신을 하는 등의 모든 개념과 시스템을 볼 것이다.

세 번째 레벨은 **커뮤니티 레벨**로서 여기에는 모든 개발자들이 자신의 지식과 알고리즘, 그리고 코드를 서로 공유하게 하는 도구와 개념들이 있다. 이 레벨은 상당히 중요한데, 대부분의 오픈소스 소프트웨어 프로젝트와 마찬가지로 역동적인 커뮤니티는 초심자가 복잡한 소프트웨어를 이해할 수 있는 능력을 키워줄 뿐만 아니라, 가장 공통적인 이슈들을 해결하기 때문에 커뮤니티 발전의 주요 성장 동인이 된다.

ROS 파일시스템 레벨 이해

여러분이 ROS에서 프로젝트를 개발하기 시작했다면 ROS 파일시스템은 가장 이해하기에 낯선 개념 중의 하나일 것이지만, 시간과 노력을 투자하면 독자들은 쉽게 이에 친숙해지고 프로젝트를 관리하는 데 있어서 그 가치와 의존성을 이해하게 될 것이다. ROS 파일시스템의 주된 목표는 프로젝트의 빌드 프로세스를 집중화하면서, 동시에 충분한 유연성과 효용성을 제공하여 그 의존성을 분산화하는 것이다.

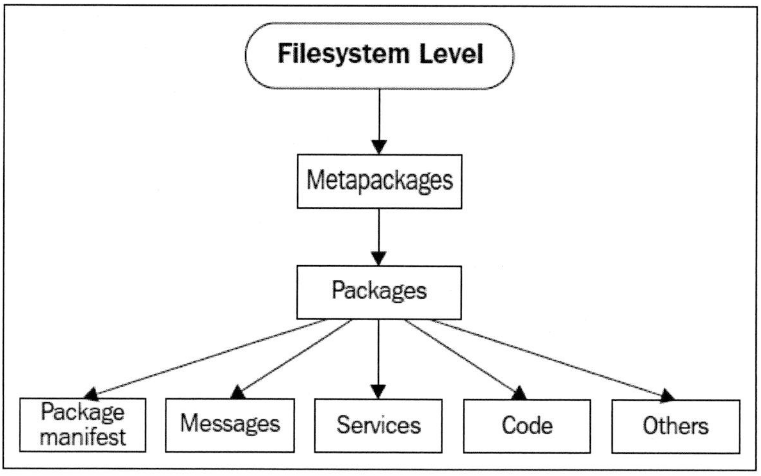

운영체제와 비슷하게 ROS 프로그램은 폴더로 나눠지며, 이 폴더에는 각자의 기능을 설명하는 다음과 같은 파일들이 있다.

- 패키지: ROS의 최소 레벨(atomic level)을 구성한다. 패키지는 ROS 안에서 프로그램을 생성하는 최소의 구조와 컨텐츠를 가진다. 패키지 안에는 ROS 런타임 프로세스(노드)들과 구성 파일 등이 있다.
- 패키지 매니페스트: 패키지 정보, 라이선스, 의존관계, 컴파일 플래그 등을 제공한다. 패키지 매니페스트는 `package.xml` 파일에 의해 관리된다.
- 메타패키지(Metapackage): 다수의 패키지를 하나의 그룹 안에 모으기를 원할 때 메타패키지를 사용한다. **ROS Fuerte**에서는 이렇게 패키지를 배열하는 방식을 스택(stack)이라고 불렀다. 이제 ROS의 단순성을 유지하기 위해 스택이 제거되었으며 메타패키지가 이 기능을 구현한다. ROS에는 이와 같은 메타패키지들이 많이 있으며 그 중의 하나가 네비게이션 스택이다.

- **메타패키지 매니페스트**: 메타패키지 매니페스트(`package.xml`)는 일반 패키지와 유사하지만 XML의 내보내기 태그(export tag)가 있다는 점이 다르다. 또한 그 구조에도 특정 제한이 있다.
- **메시지(msg) 타입**: 메시지는 한 프로세스가 다른 프로세스에 보내는 정보이다. ROS에는 다양한 표준 타입의 메시지들이 있다. 메시지에 대한 설명(description)은 `my_package/msg/MyMessageType.msg`에 저장되어 있다.
- **서비스(srv) 타입**: 서비스에 대한 설명은 `my_package/srv/MyServiceType.srv`에 저장되어 있으며, ROS의 각 프로세스에서 제공하는 서비스들을 위한 요청 및 응답 데이터 구조를 정의한다.

아래의 스크린 샷에서 turtlesim 패키지의 구성요소들을 볼 수 있다. 여러분이 보는 것은 코드, 영상, 론치 파일, 서비스와 메시지로 구성된 일련의 파일과 폴더들이다. 이 스크린 샷은 짧은 파일 리스트를 보여주도록 편집되었으며 실제 패키지는 더 길다는 점을 유념하자.

```
└── turtlesim
    ├── CHANGELOG.rst
    ├── CMakeLists.txt
    ├── images
    │   └── kinetic.png
    ├── include
    │   └── turtlesim
    ├── launch
    │   └── multisim.launch
    ├── msg
    │   ├── Color.msg
    │   └── Pose.msg
    ├── package.xml
    ├── src
    │   ├── turtle.cpp
    │   ├── turtle_frame.cpp
    │   ├── turtlesim
    │   └── turtlesim.cpp
    ├── srv
    │   ├── Kill.srv
    │   ├── SetPen.srv
    │   ├── Spawn.srv
    │   ├── TeleportAbsolute.srv
    │   └── TeleportRelative.srv
```

작업공간(workspace)

일반적 용어로서 작업공간은 패키지를 포함한다. 이 패키지에는 우리의 소스 파일과 환경이 들어 있고, 작업공간은 이 패키지를 컴파일하는 방법을 우리에게 제공한다. 작업공간은 여러분이 다양한 패키지를 동시에 컴파일하려고 할 때 편리하며, 우리가 개발한 것들을 집중화(centralize)하기에 좋은 곳이다.

전형적인 작업공간은 아래의 스크린화면에서 보는 것과 같다. 각 폴더는 아래와 같이 서로 다른 역할을 하는 다른 영역이다.

```
└── catkin_ws
    ├── build
    │   ├── catkin
    │   ├── catkin_generated
    │   ├── Makefile
    │   └── ...
    ├── devel
    │   ├── setup.zsh
    │   └── ...
    └── src
        ├── CMakeLists.txt -> /opt/ros/kinetic/share/catkin/cmake/toplevel.cmake
        └── ...
```

- **소스 공간**: 소스 공간(`src` 폴더)은 여러분의 패키지, 프로젝트, 복제(clone) 패키지 등을 넣는 곳이다. 이 영역의 파일 중에서 가장 중요한 파일은 `CMakeLists.txt`이다. `src` 폴더에는 이 파일이 있는데 그 이유는 여러분이 작업공간에서 패키지를 구성할 때 `cmake`에 의해 `src` 폴더가 컴파일되기 때문이다. 이 파일은 `catkin_init_workspace` 명령에 의해 생성된다.
- **빌드 공간**: `build` 폴더에는 `cmake`와 `catkin`이 우리의 패키지와 프로젝트에 대한 캐시 정보, 설정, 그리고 다른 매개 파일들을 보관한다.
- **개발(devel) 공간**: `devel` 폴더는 컴파일된 프로그램들을 보관한다. 이 폴더는 저장하는 과정 없이 프로그램을 테스트할 때 사용되며, 테스트가 끝나면 다른 개발자들과 공유하기 위해 그 패키지를 저장하거나 보낼 수 있다.

여러분이 `catkin`으로 패키지를 빌드하는 데 있어 두 가지 옵션이 있다. 첫 번째는 표준적인 `CMake` 작업순서를 따르는 것이다. 이렇게 할 때 다음 명령에서 보듯이 한 번에 하나의 패키지를 컴파일할 수 있다.

```
$ cmake packageToBuild/
$ make
```

모든 패키지를 컴파일하고 싶다면, 아래와 같이 `catkin_make` 명령 줄을 사용하면 된다.

```
$ cd workspace
$ catkin_make
```

두 명령 모두 ROS에서 설정한 빌드 공간 디렉터리에 실행 파일들을 빌드한다.

ROS의 재미있는 특성 중 하나는 겹쳐쓰기(overlay)이다. 여러분이 ROS 패키지의 한 예로서 Turtlesim을 사용하고 있을 때, 설치된 버전을 그대로 사용하거나, 여러분이 수정한 버전을 사용하기 위해 소스 파일을 다운로드하고 컴파일 할 수 있다.

ROS는 설치된 버전 대신 여러분이 패키지를 수정한 버전을 사용하는 것을 허용한다. 여러분이 설치된 패키지의 업그레이드 버전을 사용하고 있다면 이 정보는 무척 유용할 것이다. 지금은 이것의 유용성을 잘 모르겠지만, 다음 장에서 우리 자신의 플러그인을 만들기 위해 이러한 특성을 이용할 것이다.

패키지

우리가 패키지에 관해 논의할 때 통상적으로 파일과 폴더의 전형적인 구조를 언급한다. 패키지의 구조는 다음과 같다.

- `include/package_name/`: 이 디렉터리에는 여러분이 필요로 할 라이브러리의 헤더들이 있다.
- `msg/`: 여러분이 비표준화된 메시지를 개발한다면 이 디렉터리에 넣어야 한다.
- `scripts/`: Bash, Python 또는 다른 스크립트 언어에 있을 수 있는 실행가능 스크립트들이다.
- `src/`: 여러분이 작성한 프로그램의 소스 파일들이 있는 곳이다. 노드와 노드렛을 위한 폴더를 생성할 수 있으며 여러분이 원하는 대로 구성할 수 있다.
- `srv/`: 서비스(srv) 타입들을 나타낸다.
- `CMakeLists.txt`: CMake 빌드 파일이다.
- `package.xml`: 패키지 매니페스트이다.

패키지를 생성하고 수정하거나 이 패키지로 작업하기 위해 ROS는 보조적인 툴들을 제공하는데, 그 중의 일부는 아래와 같다.

- `rospack`: 시스템에서 패키지의 정보를 얻거나 패키지를 검색하는데 사용되는 명령이다.
- `catkin_create_pkg`: 새로운 패키지를 생성하려고 할 때 사용되는 명령이다.
- `catkin_make`: 작업공간을 컴파일하는 데 사용되는 명령이다.
- `rosdep`: 패키지의 시스템 의존관계를 설치하는데 사용되는 명령이다.
- `rqt_dep`: 이 명령은 패키지의 의존관계들을 그래프로 볼 수 있게 하는 명령이다. 패키지의 의존관계들을 그래프로 보고자 한다면 `rqt`에서 패키지 그래프로 불리는 플러그인을 사용할 수 있다. 패키지를 선택하면 그 의존관계를 볼 수 있다.

패키지와 그 폴더 및 파일들 간에 쉽게 이동할 수 있도록 ROS는 리눅스 명령어와 매우 유사한 명령어를 제공하는 rosbash라는 유용한 패키지를 제공한다. 다음은 몇몇 예이다.

- roscd: 디렉터리를 바꿀 때 사용되며 리눅스의 cd 명령어와 유사하다.
- rosed: 파일을 편집할 때 사용된다.
- roscp: 패키지로부터 파일을 복사할 때 사용된다.
- rosd: 패키지의 디렉터리들을 나열한다.
- rosls: 패키지의 파일들을 나열하며, 리눅스의 ls 명령어와 비슷하다.

패키지 안에는 package.xml 파일이 있어야 하는데, 이 파일은 패키지의 정보를 규정하는 데 사용된다. 만약 어떤 폴더에 이 파일이 있다면, 이 폴더는 패키지이거나 메타패키지일 확률이 매우 높다.

package.xml 파일을 열면 해당 패키지의 이름, 의존관계 등의 정보들을 보게 된다. 이 모든 것들은 패키지들의 설치와 배포를 쉽게 한다.

package.xml 파일에 사용되는 전형적인 두 개의 태그는 <build_depend>와 <run_depend>이다.

<build_depend> 태그는 현재 패키지를 설치하기 전에 어떤 패키지가 설치되어야 하는지를 보여준다. 그 이유는 새로운 패키지가 다른 패키지의 기능들을 사용할 수도 있기 때문이다.

<run_depend> 태그는 패키지의 코드를 실행하는 데 필요한 패키지들을 보여준다. 아래는 package.xml 파일의 일례를 스크린화면으로 찍은 것이다.

```
<?xml version="1.0"?>
<package>
  <name>example</name>
  <version>0.0.1</version>
  <description>
    this is a example.
  </description>
  <maintainer email="test@test.com">test</maintainer>
  <license>BSD</license>

  <url type="website">http://www.test.com</url>
  <author>test</author>

  <buildtool_depend>catkin</buildtool_depend>
  <build_depend>geometry_msgs</build_depend>

  <run_depend>geometry_msgs</run_depend>
</package>
```

메타패키지

이전에 보인 것처럼 메타패키지는 오직 하나의 파일만이 들어 있는 특별한 패키지인데, 이 파일은 package.xml이다. 이 패키지에는 src나 include 같은 다른 파일들은 없다.

메타패키지는 일반적으로 특징적 기능을 따라 그룹화된 다른 패키지들, 예를 들면 네비게이션 스택, ros_tutorials 등의 패키지들을 참조하는 데 사용된다.

특별한 이동 규칙들과 catkin을 이용해서 여러분의 스택들과 패키지들을 ROS Fuerte에서 Kinetic으로 변환할 수 있다. 이 규칙들은 http://wiki.ros.org/catkin/migrating_from_rosbuild에서 얻을 수 있다.

아래의 스크린화면에서 ros_tutorials 메타패키지에 있는 package.xml 파일의 내용을 볼 수 있다. 여기에서 <export> 태그와 <run_depend> 태그를 볼 수 있는데, 이 태그들은 아래 스크린화면에서 보듯이 패키지 매니페스트에 필요하다.

```
<?xml version="1.0"?>
<package>
  ...
  <buildtool_depend>catkin</buildtool_depend>
  ...
  <run_depend>roscpp_tutorials</run_depend>
  <run_depend>rospy_tutorials</run_depend>
  <run_depend>turtlesim</run_depend>
  ...
  <export>
    <metapackage/>
  </export>
  ...
</package>
```

만약에 ros_tutorials 메타패키지를 찾기 원한다면 아래의 명령어를 사용하면 된다.

```
$ rosstack find ros_tutorials
```

그 결과는 /opt/ros/kinetic/share/ros_tutorials 같은 경로가 될 것이다.

내부의 코드를 보기 원한다면, 아래 명령어 줄을 입력하면 된다.

```
$ vim /opt/ros/kinetic/ros_tutorials/package.xml
```

Kinetic은 스택이 아니라 메타패키지를 사용한다는 것을 기억할 필요가 있다. 그러나 rosstack find 명령줄로도 메타패키지를 찾을 수 있다.

메시지

ROS는 노드들이 발행하는 데이터 값들을 표현하기 위해 단순화된 메시지 설명 언어를 사용한다. 메시지 설명서를 통해 ROS는 이러한 타입의 메시지를 위한 정확한 소스코드를 다양한 프로그래밍 언어로 생성할 수 있다.

ROS에는 미리 정의된 메시지들이 많이 있지만, 만약 여러분이 새로운 메시지를 개발하면 그것은 여러분 패키지의 `msg/` 폴더에 저장될 것이다. 그 폴더 안에서 확장자가 `.msg`인 특정 파일들이 메시지를 정의한다.

메시지는 두 개의 기본적인 부분으로 구성되어야 하는데, 필드(field)와 상수(constant)이다. 필드는 메시지 안에서 전송되어야 하는 데이터 타입을 정의하는데, 예를 들면 `int32`, `float32`, `string`이거나 `type1`, `type2`와 같이 여러분이 만든 새로운 타입일 것이다. 상수는 필드의 이름을 정의한다.

msg 파일의 예는 다음과 같다.

```
int32 id
float32 vel
string name
```

ROS에는 아래 표의 리스트와 같이 많은 표준 타입의 메시지들이 있다.

기본 타입	직렬화(Serialization)	C++	Python
bool (1)	unsigned 8-bit int	uint8_t(2)	bool
int8	signed 8-bit int	int8_t	int
uint8	unsigned 8-bit int	uint8_t	int(3)
int16	signed 16-bit int	int16_t	int
uint16	unsigned 16-bit int	uint16_t	int
int32	signed 32-bit int	int32_t	int
uint32	unsigned 32-bit int	uint32_t	int
int64	signed 64-bit int	int64_t	long
uint64	unsigned 64-bit int	uint64_t	long
float32	32-bit IEEE float	float	float
float64	64-bit IEEE float	double	float
string	ascii string (4)	std::string	string
time	secs/nsecs signed 32-bit ints	ros::Time	rospy.Time
duration	secs/nsecs signed 32-bit ints	ros::Duration	rospy.Duration

ROS의 특별한 타입은 헤더 타입인데, 이는 시간과 프레임, 시퀀스 번호를 추가하는 데 사용된다. 이것은 여러분이 메시지에 숫자를 넣고, 누가 메시지를 보내는지 볼 수 있게 하고, ROS가 다루고 있으면서 사용자가 볼 수 있는 많은 함수들을 사용할 수 있게 한다.

ROS의 헤더 타입들은 다음 필드들을 포함한다.

```
uint32 seq
time stamp
string frame_id
```

아래의 명령어를 사용하면 헤더의 구조를 알 수 있다.

```
$ rosmsg show std_msgs/Header
```

헤더 타입 덕분에 시간기록(timestamp)과 로봇에서 발생하는 프레임들을 기록할 수 있는데, 그 내용들은 이후의 장에서 볼 것이다.

ROS에서는 메시지를 다루는 툴들이 있다. `rosmsg` 툴은 메시지 정의에 대한 정보를 출력하고 특정 메시지 타입을 사용하는 소스 파일을 찾아 준다.

적절한 툴을 이용하여 메시지를 생성하는 방법을 이후의 절들에서 보게 될 것이다.

서비스

ROS는 ROS 서비스 타입을 설명하는 간략화된 서비스 설명 언어를 사용하는데, 이 언어는 노드 간에 요청/응답이 가능하도록 ROS `msg` 포맷 상에서 빌드한다. 서비스 설명은 패키지의 하위 디렉토리인 `srv/` 안의 `.srv` 파일에 들어 있다.

서비스를 호출하기 위해서는 서비스 이름과 함께 패키지 이름을 사용할 필요가 있다. 예를 들어 여러분은 `sample_package1/srv/sample1.srv` 파일을 `sample_package1/sample1`으로 참조할 것이다.

ROS에는 서비스와 관련된 기능을 실행하게 하는 몇몇 도구들이 있다. `rossrv` 툴은 `.srv` 파일을 포함하는 서비스 설명과 패키지를 프린트하고, 서비스 타입을 사용하는 소스 파일을 찾게 해준다.

서비스를 생성하고 싶다면, ROS의 서비스 생성기(service generator)를 사용하면 된다. 이 툴들은 서비스의 초기 설정으로부터 코드를 생성한다. 여러분은 `CMakeLists.txt` 파일에 `gensrv()` 라인을 추가하기만 하면 된다.

이후의 절에서 자기만의 서비스를 생성하는 방법을 배우게 될 것이다.

ROS의 연산 그래프 레벨 이해

ROS는 모든 프로세스들이 연결되는 네트워크를 생성한다. 아래 그림에서 보듯이 시스템의 어떤 노드라도 이 네트워크에 연결되고, 다른 노드들과 상호작용하며, 노드들이 보내는 정보를 볼 수 있고, 네트워크에 데이터를 송신할 수 있다.

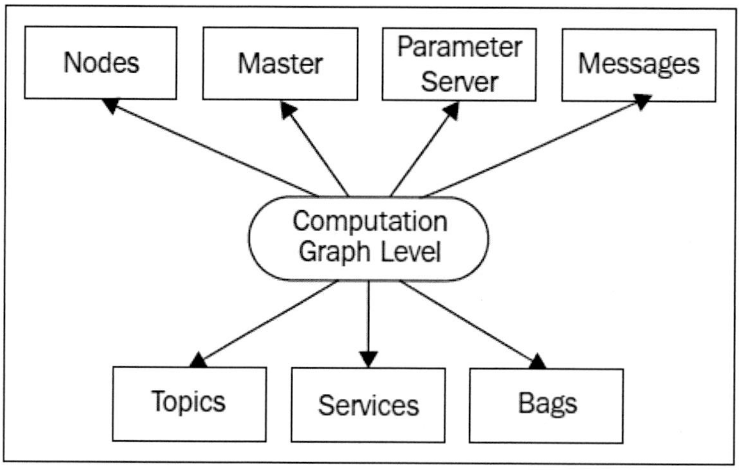

이 레벨의 기본적인 개념은 노드, 마스터, 파라미터 서버, 메시지, 서비스, 토픽, 그리고 bag인데, 이들은 아래에서 설명되는 각기 다른 방식으로 그래프에 데이터를 제공한다.

- 노드: 노드는 연산이 실행되는 프로세스들이다. 만약 여러분이 다른 노드들과 상호작용하는 프로세스를 가지고 싶다면, 이 프로세스를 이용해서 노드를 생성하고 이를 ROS 네트워크에 연결하면 된다. 종종 하나의 시스템이 다른 함수들을 제어하기 위해 많은 노드들을 가지게 된다. 여러분은 시스템에 대해 모든 기능을 가지고 있는 하나의 큰 노드보다는 단일한 함수를 제공하는 여러 개의 노드를 가지는 것이 더 낫다는 것을 알게 될 것이다. 노드는 `roscpp`나 `rospy` 같은 ROS 클라이언트 라이브러리를 이용해서 작성한다.
- 마스터: 마스터는 노드의 이름을 등록하는 것과 나머지 노드들의 룩업 서비스를 제공한다. 또한 마스터는 노드 간의 연결을 조성하기도 한다. 만약 시스템에 마스터가 없으면 여러분은 노드와 서비스, 메시지 등과 서로 통신을 할 수 없게 된다. 분산된 시스템에서는 하나의 컴퓨터에 마스터가 있으면 그 컴퓨터나 다른 컴퓨터에 있는 노드들을 실행할 수 있다.

- **파라미터 서버:** 파라미터 서버는 키(key)를 이용해서 데이터를 중앙의 위치에 저장할 수 있는 기능을 제공한다. 이 파라미터들을 이용하면 노드가 실행하는 동안에 노드를 설정하거나, 노드의 실행 파라미터들을 바꾸는 것이 가능하다.
- **메시지:** 노드는 메시지를 통해 서로 통신한다. 메시지는 다른 노드들에 정보를 보내는 데이터를 포함한다. ROS에는 많은 종류의 메시지가 있고, 표준 메시지를 이용해서 자신만의 메시지 타입을 개발할 수도 있다.
- **토픽:** 각 메시지는 ROS 네트워크가 경로를 찾을 수 있게 하는 하나의 이름을 가져야 한다. 어떤 노드가 데이터를 보내고 있을 때 우리는 그 노드가 토픽을 발행(publish)하고 있다고 한다. 노드들은 다른 노드에 단지 구독(subscribe)만을 함으로써 그 노드로부터 토픽을 수신할 수 있다. 하나의 노드는 특정 토픽을 발행하는 노드가 없다 하더라도 그 토픽을 구독할 수 있다. 이 때문에 우리는 소비로부터 공급을 분리할 수 있다. 토픽의 이름을 붙일 때는 동일한 이름을 가지는 토픽 간에 야기할 수 있는 문제나 혼돈을 피하기 위해 고유한 이름을 사용하는 것이 중요하다.
- **서비스:** 여러분이 토픽들을 발행할 때 데이터는 다대다(多對多)의 방식으로 전송된다. 그러나 하나의 노드로부터 어떤 요청이나 응답이 필요할 때 토픽으로는 그렇게 할 수 없다. 우리는 서비스를 통해 노드와 상호작용할 수 있다. 또한 서비스는 반드시 유일한 이름을 가져야 한다. 어떤 노드가 서비스를 가지면, ROS 클라이언트 라이브러리 덕분에 모든 노드들이 그 노드와 통신할 수 있다.
- **bag:** bag은 ROS 메시지 데이터를 저장하고 재생하기 위한 포맷이다. bag은 센서 데이터처럼 저장하기는 어렵지만 알고리즘을 개발하고 테스트하는데 필요한 데이터를 저장하는 중요한 메커니즘이다. 여러분이 복잡한 로봇으로 작업을 할 때면 bag을 많이 이용하게 될 것이다.

아래의 그림에서 이 레벨을 그래프로 표현한 것을 볼 수 있다. 이는 실제 상황에서 작업하는 실 로봇을 표현한다. 여러분은 그래프에서 노드들과 토픽들을 볼 수 있고, 어느 노드에 토픽이 구독되었는지를 볼 수 있다. 이 그래프에는 메시지, bag, 파라미터 서버, 서비스들은 표현되어 있지 않다. 다른 툴들이 이들을 시각화할 수 있어야 한다. 그래프를 생성하는데 사용되는 툴은 `rqt_graph`이며 **3장 시각화와 디버그 툴**에서 좀 더 배울 것이다.

이러한 개념들은 ros_comm 저장소에 구현되어 있다.

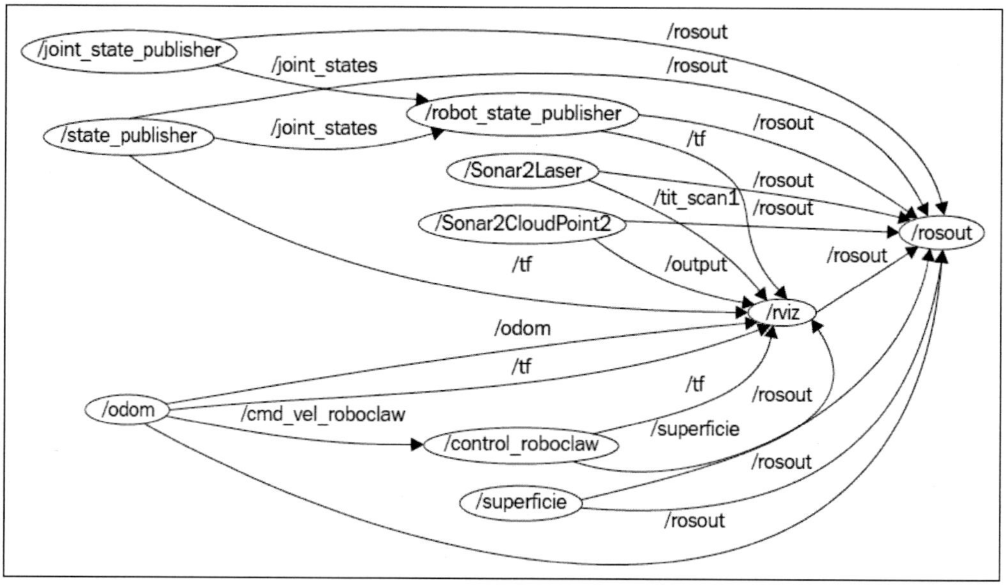

노드와 노드렛

노드는 토픽, 서비스 또는 파라미터 서버를 이용해서 다른 프로세스들과 통신할 수 있는 실행 파일이다. ROS에서 노드를 사용하면 시스템을 단순화하면서 장애에 대한 내성(fault tolerance)을 제공하고 코드와 기능들을 분리하는 역할을 한다.

ROS에는 노드렛(nodelet)이라고 불리는 다른 타입의 노드도 있다. 이 특별한 노드는 단일 프로세스에서 다수의 노드를 실행하기 위해 설계되었는데, 각 노드렛은 쓰레드(경량 프로세스)가 된다. 이 방법으로 우리는 노드 사이에서 ROS 네트워크를 사용하지 않고 다른 노드와의 통신을 허용한다. 이렇게 하면 노드들은 네트워크 오버로딩(overloading)을 사용하지 않고도 좀 더 효율적으로 통신을 할 수 있다. 노드렛은 전송되는 데이터의 양이 상당히 많은 카메라 시스템과 3D 센서들을 다룰 때 특별히 유용하다.

시스템에서 노드는 유일한 이름을 가지고 있어야 한다. 이 이름은 어떤 노드가 다른 노드와 통신할 때 그 이름을 이용함으로써 혼동하지 않게 한다. 어떤 노드는 roscpp나 rospy 같은 다른 종류의 라이브러리들을 사용하여 작성될 수 있는데 roscpp는 C++를, rospy는 Python을 위한 것이다. 이 책 전체에서 우리는 roscpp를 사용할 것이다.

ROS에는 rosnode처럼 노드를 관리하고 그 정보를 알려주는 툴들이 있다. rosnode 툴은 현재 실행 중인 노드의 리스트를 보여주는 예처럼 노드의 정보를 출력하는 명령줄 툴이다. rosnode가 지원하는 명령들은 다음과 같다.

- rosnode info NODE: 노드의 정보를 출력한다.
- rosnode kill NODE: 실행 중인 노드를 정지하거나 주어진 신호를 보낸다.
- rosnode list: 활성화된 노드를 열거한다.
- rosnode machine hostname: 특정 장치에서 실행 중인 노드를 열거하거나 장치들을 나열한다.
- rosnode ping NODE: 노드의 연결성을 테스트한다.
- rosnode cleanup: 연결할 수 없는 노드의 정보를 등록 정보에서 깨끗이 지운다.

이후의 절에서 여러분은 이 명령들을 사용하는 방법을 예제와 함께 배울 것이다.

ROS 노드의 강력한 특성은 노드의 동작을 시작하는 동안에도 파라미터를 바꿀 수 있다는 것이다. 이 특성으로 인해 노드 이름, 토픽 이름, 파라미터 이름을 바꿀 수 있다. 우리는 이 특성을 이용해서 노드를 다시 컴파일하지 않고 설정을 변경할 수 있는데, 이는 다른 씬(scene)에서 노드들을 사용하기 위함이다.

토픽 이름을 바꾸는 예는 다음과 같다.

```
$ rosrun book_tutorials tutorialX topic1:=/level1/topic1
```

이 명령은 토픽 이름을 topic1에서 /level1/topic1으로 바꿀 것이다. 지금 단계에서는 이를 이해하기 쉽지 않겠지만, 이후의 장에서 그 유용성을 잘 알게 될 것이다.

노드의 파라미터들을 바꾸기 위해 여러분은 토픽 이름을 바꾸는 것과 비슷하게 하면 된다. 이를 위해 다음과 같이 파라미터 이름에 밑줄(_)을 추가하면 된다.

```
$ rosrun book_tutorials tutorialX _param:=9.0
```

이 명령으로 param은 실수값 9.0으로 설정된다.

어떤 시스템에 예약된 이름은 사용할 수 없다는 것을 기억해야 하는데, 그 이름들은 다음과 같다.

- __name: 노드의 이름을 위해 특별히 예약된 키워드이다.
- __log: 노드의 로그 파일이 작성되어야 하는 위치를 지정하는 예약된 키워드이다.
- __ip와 __hostname: ROS_IP와 ROS_HOSTNAME을 대체한다.
- __master: ROS_MASTER_URI를 대체한다.
- __ns: ROS_NAMESPACE를 대체한다.

토픽

토픽은 노드가 데이터를 전송할 때 사용하는 버스이다. 토픽들은 노드 간의 직접적인 연결 없이도 전송될 수 있는데, 이는 데이터의 생산과 소비가 분리되는 것을 의미한다. 하나의 토픽은 다양한 구독자와 다양한 발행자를 가질 수 있지만, 다른 노드에서 동일한 토픽을 발행할 때 충돌이 일어날 수 있기 때문에 주의를 기울여야 한다.

각 토픽은 그를 발행하는데 사용된 ROS 메시지 타입에 의해 그 타입이 정해지며, 노드는 일치하는 타입의 메시지만 수신할 수 있다. 노드는 메시지 타입이 동일한 경우에만 토픽을 구독할 수 있다.

ROS의 토픽은 TCP/IP와 UDP를 이용해서 전송될 수 있다. TCP/IP 기반 전송을 **TCPROS**라고 하며, 지속적인 TCP/IP 연결을 사용한다. 이는 ROS에서 사용되는 기본 전송방법이다.

UDP 기반 전송을 **UDPROS**라고 하며, 지연시간이 짧고 손실이 많은 전송법이므로 원격조종(teleoperation) 같은 태스크에 가장 적합하다.

ROS에는 rostopic과 같이 토픽을 다루는 툴이 있다. 이는 명령줄 툴로서 토픽에 대한 정보를 얻게 하거나 네트워크에 데이터를 직접적으로 발행하는 역할을 한다. 이 툴에는 다음과 같은 파라미터들이 있다.

- `rostopic bw /topic`: 토픽에 의해 사용되는 밴드폭을 보여준다.
- `rostopic echo /topic`: 스크린에 메시지를 출력한다.
- `rostopic find message_type`: 원하는 타입의 토픽을 검색한다.
- `rostopic hz /topic`: 토픽의 발행률을 보여준다.
- `rostopic info /topic`: 토픽의 메시지 타입, 발행자, 구독자와 같은 토픽의 정보를 출력한다.
- `rostopic list`: 활성화된(active) 토픽에 관한 정보를 출력한다.
- `rostopic pub /topic type_args`: 토픽에 데이터를 발행한다. 이를 통해 우리는 어떤 토픽을 원하든 간에 명령줄에서 직접적으로 토픽 안에 데이터를 생성하고 발행할 수 있다.
- `rostopic type /topic`: 토픽 타입, 즉 토픽이 발행하는 메시지의 타입을 출력한다.

이후의 절에서 이들의 사용법을 배울 것이다.

서비스

여러분이 RPC 형식으로 노드와 통신하고 응답을 받을 필요가 있을 때, 토픽으로는 할 수 없고 서비스로 할 수 있다.

서비스는 사용자에 의해 개발되며, 표준 서비스는 노드를 위해 존재하지 않는다. 서비스의 소스 코드가 있는 파일은 `srv` 폴더에 저장된다.

토픽과 유사하게 서비스에는 `.srv` 파일의 패키지 리소스 이름인 관련 서비스 타입이 있다. 다른 ROS 파일시스템 기반 타입처럼 서비스 타입은 패키지 이름과 `.srv` 파일의 이름이다. 예를 들어, `chapter2_tutorials/srv/chapter2_srv1.srv` 파일은 `chapter2_tutorials/chapter2_srv1` 서비스 타입을 가지고 있다.

ROS에는 서비스 작업을 위한 두 가지 명령줄 툴이 있는데, `rossrv`와 `rosservice`이다. 우리는 `rossrv`로 서비스의 데이터 구조에 관한 정보를 볼 수 있는데, `rosmsg`와 사용법이 정확히 같다.

`rosservice`로 우리는 서비스를 열거하고 질의할 수 있다. 이를 지원하는 명령은 다음과 같다.

- `rosservice call /service args`: 제공된 인수로 서비스를 호출한다.
- `rosservice find msg-type`: 서비스 타입으로 서비스를 검색한다.
- `rosservice info /service`: 서비스에 관한 정보를 출력한다.
- `rosservice list`: 활성화된 서비스를 나열한다.
- `rosservice type /service`: 서비스 타입을 출력한다.
- `rosservice uri /service`: ROSRPC URI 서비스를 출력한다.

메시지

하나의 노드는 토픽에 연결된 메시지를 이용하여 다른 노드에게 정보를 발행한다. 이 메시지는 표준 타입 또는 사용자에 의해 개발된 타입을 사용하는 간단한 구조를 가지고 있다.

메시지 타입은 다음과 같은 작명 규칙을 따르는데, 패키지의 이름, 그 다음에 '/', 그리고 `.msg` 파일의 이름이다. 예를 들어, `std_msgs/msg/String.msg`는 `std_msgs/String` 메시지 타입을 가지고 있다.

ROS에는 메시지에 관한 정보를 얻기 위한 `rosmsg` 명령줄 툴이 있다. 이 툴에 허용된 파라미터는 다음과 같다.

- `rosmsg show`: 메시지의 필드를 보여준다.
- `rosmsg list`: 모든 메시지를 열거한다.
- `rosmsg package`: 패키지 안에 있는 모든 메시지를 열거한다.
- `rosmsg packages`: 그 메시지를 가진 모든 패키지를 열거한다.
- `rosmsg users`: 그 메시지 타입을 사용하는 코드 파일을 검색한다.
- `rosmsg md5`: 어떤 메시지의 MD5 합을 보여준다.

Bag

bag은 메시지, 토픽, 서비스, 그 외의 모든 정보를 저장하기 위해 ROS가 `.bag` 포맷으로 생성하는 파일이다. 어떤 상황이 발생했는지 인지하고, 이후에 이를 시각화하기 위해 이 데이터를 사용할 수 있으며, 데이터를 재생하고, 정지하고, 되감을 수 있고, 이로 인해 다른 연산들을 수행할 수 있다.

bag 파일은 동시에 동일한 데이터로 토픽을 보냄으로써 ROS에서 실제 세션인 것처럼 복제(reproduce)될 수 있다. 보통 우리의 알고리즘을 디버깅할 때 이 기능을 사용한다.

bag 파일을 사용하기 위해, ROS에는 다음의 툴들이 있다.

- `rosbag`: 기록하고, 재생하고, 다른 연산들을 수행하는 데 사용된다.
- `rqt_bag`: 그래픽 환경에서 데이터를 시각화하는 데 사용된다.
- `rostopic`: 노드에 보내진 토픽을 우리가 볼 수 있게 해준다.

ROS 마스터

ROS 마스터는 ROS 시스템의 나머지 노드들에게 이름 짓기와 등록 서비스를 제공한다. ROS 마스터는 서비스와 함께 토픽의 발행자와 구독자를 추적한다. 마스터의 역할은 개별적인 ROS 노드들이 서로의 위치를 찾게 하는 것이다. 이 노드들이 서로의 위치를 알고 나면 그들은 서로 간에 사용자간접속(peer-to-peer) 방식으로 통신을 한다. 여러분은 아래의 그래픽 예에서 하나의 토픽을 공시(advertise)하고, 토픽에 구독하고, 메시지를 발행하기 위해 ROS에서 수행하는 단계들을 다이어그램으로 볼 수 있다.

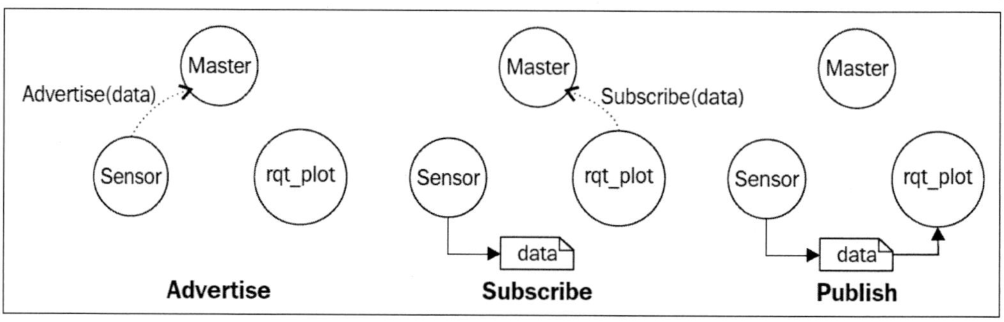

마스터는 또한 파라미터 서버도 제공한다. 마스터는 roscore 명령으로 가장 많이 실행되는데, 이 명령은 다른 필수적인 구성요소들과 함께 ROS 마스터를 로드한다.

파라미터 서버

파라미터 서버는 네트워크를 이용해서 접근할 수 있는, 공유된 다변수 사전이다. 노드는 파라미터 서버를 이용하여 실행 중에 파라미터를 저장하고 읽어올 수 있다.

파라미터 서버는 XMLRPC를 사용하여 구현되고 ROS 마스터 안에서 실행되는데, 이는 파라미터 서버의 API가 보통의 XMLRPC 라이브러리를 통해 접근할 수 있음을 의미한다. XMLRPC는 호출을 부호화하는 데 XML을 사용하며 HTTP를 전송 메커니즘으로 사용하는 **Remote Procedure Call(RPC)** 프로토콜이다.

파라미터 서버는 파라미터 값을 위해 다음을 포함하는 XMLRPC 데이터 타입을 사용한다.

- 32비트 정수
- 불리언(Boolean)
- 스트링
- 더블
- ISO8601 날짜
- 리스트(Lists)
- 64비트 기반 부호화 이진데이터

ROS는 파라미터 서버와 작업하기 위해 rosparam 툴을 가지고 있다. 이 툴에서 지원하는 파라미터는 다음과 같다.

- `rosparam list`: 서버의 모든 파라미터를 열거한다.
- `rosparam get parameter`: 파라미터의 값을 얻는다.
- `rosparam set parameter value`: 파라미터의 값을 정한다.
- `rosparam delete parameter`: 파라미터를 지운다.
- `rosparam dump file`: 파라미터 서버를 하나의 파일에 저장한다.
- `rosparam load file`: 파일을 (파라미터와 함께) 파라미터 서버에 로드한다.

ROS 커뮤니티 레벨 이해하기

ROS 커뮤니티 레벨이라는 개념은 별개의 커뮤니티들이 소프트웨어와 지식을 교환할 수 있게 하는 ROS 자원이다. 이 자원들은 다음을 포함한다.

- **배포판**: ROS 배포판은 여러분이 설치할 수 있는, 버전이 있는 메타패키지의 집합체(collection)이다. ROS 배포판은 리눅스 배포판과 비슷한 역할을 한다. 이들은 소프트웨어 집합체를 쉽게 설치하게 하고, 한 세트의 소프트웨어 전체에서 일관된 버전을 유지한다.
- **저장소(Repositories)**: ROS는 코드 저장소의 연합된 네트워크에 의존하는데, 여기에서 서로 다른 기관들이 그들만의 로봇 소프트웨어 구성요소들을 개발하고 공개할 수 있다.
- **ROS 위키(Wiki)**: ROS 위키는 ROS에 대한 정보를 작성하는 주요 포럼이다. 누구나 계정을 만들고, 그들만의 문서들로 기여하고, 교정이나 업데이트를 제공하고, 튜토리얼을 작성할 수 있다.
- **버그 티켓 시스템**: 여러분이 문제를 발견했거나 새로운 특징을 제안하기 원한다면, ROS에는 이를 위한 자원으로서 버그 티켓 시스템이 있다.
- **메일링 리스트**: ROS의 사용자 메일링 리스트는 ROS 소프트웨어에 대한 질문을 하는 포럼일 뿐만 아니라 ROS의 새 업데이트에 관한 기본적인 통신 채널이다.
- **ROS 대답**: 사용자는 이 자원을 이용해서 포럼에서 질문을 할 수 있다.
- **블로그**: 여러분은 규칙적인 업데이트, 사진, 그리고 뉴스를 `http://www.ros.org/news`에서 찾을 수 있다.

ROS 실습을 위한 튜토리얼

이제 여러분이 지금까지 배운 것을 실습해 보자. 이후의 절들에서 여러분은 패키지 생성하기, 노드 이용하기, 파라미터 서버 사용하기, 그리고 Turtlesim으로 시뮬레이션된 로봇 이동하기 등의 실습을 위한 예제들을 볼 것이다.

ROS 파일 시스템에서 경로 찾기

앞에서 설명했듯이, 우리에게는 파일시스템을 통해 찾아갈 수 있는 수많은 명령줄 툴들이 있다. 이중에서 가장 많이 사용되는 것들을 설명할 것이다.

우리 환경에서의 패키지와 스택의 정보(예를 들면 경로와 의존관계 등)를 얻으려면 rospack과 rosstack을 사용하면 된다. 반면에 이들의 내용물 열거뿐만 아니라 패키지와 스택을 통해 이동하려면 roscd와 rosls를 사용하면 된다.

예를 들어, turtlesim 패키지의 경로를 찾기 원한다면, 다음 명령을 사용해 보자.

```
$ rospack find turtlesim
```

그러면 다음의 결과을 얻을 것이다.

```
/opt/ros/kinetic/share/turtlesim
```

여러분이 시스템에 설치했던 메타패키지에도 똑같은 일이 일어난다. 이에 대한 예는 다음과 같다.

```
$ rosstack find ros_comm
```

여러분은 다음과 같이 ros_comm 메타패키지의 경로를 얻을 것이다.

```
/opt/ros/kinetic/share/ros_comm
```

패키지나 스택 안에 있는 파일들을 열거하기 위해 여러분은 다음 명령을 사용하면 된다.

```
$ rosls turtlesim
```

다음은 이 명령에 대한 결과이다.

```
cmake    images    srv       package.xml    msg
```

현재의 작업 디렉토리를 바꿔서 새 폴더로 이동하고 싶으면 다음과 같이 roscd를 사용하면 된다.

```
$ roscd turtlesim
$ pwd
```

그 결과 새로운 경로는 다음과 같을 것이다.

```
/opt/ros/kinetic/share/turtlesim
```

우리만의 작업공간 만들기

더 많은 예제를 진행하기 전에, 우리만의 작업공간을 생성할 필요가 있다. 이 책에서 사용할 모든 코드들이 이 작업공간에 있을 것이다.

ROS가 사용하는 작업공간을 보기 위해, 아래의 명령을 사용한다.

```
$ echo $ROS_PACKAGE_PATH
```

그러면 아래와 유사한 결과를 보게 된다.

```
/opt/ros/kinetic/share:/opt/ros/kinetic/stacks
```

우리가 생성할 폴더는 ~/dev/catkin_ws/src/ 안에 있다. 이 폴더를 추가하기 위해 다음의 명령을 사용한다.

```
$ mkdir -p ~/dev/catkin_ws/src
$ cd ~/dev/catkin_ws/src
$ catkin_init_workspace
```

우리가 작업공간 폴더를 생성하고 나면, 그 안에는 CMakeList.txt 외에는 어떤 패키지도 없다. 그 다음 단계는 작업공간을 빌드하는 것이다. 이를 위해, 우리는 다음의 명령을 사용한다.

```
$ cd ~/dev/catkin_ws
$ catkin_make
```

이제 여러분이 디렉토리에서 ls 명령어를 입력하면, 여러분은 이전의 명령으로 생성된 새로운 폴더들을 볼 수 있다. 이것이 build와 devel 폴더들이다.

작업공간의 구성을 끝내기 위해 다음 명령을 사용하자.

```
$ source devel/setup.bash
```

이 단계는 setup.bash 파일을 다시 로드하는 것이다. 여러분이 현재 쉘을 닫고 새로운 쉘을 열면 동일한 결과를 얻을 것이다. 여러분의 ~/.bashrc 파일의 끝에 이 명령줄이 있어야 하는데, 우리가 1장에서 이 명령줄을 사용했기 때문이다. 그렇지 않은 경우에 여러분은 다음 명령으로 이를 추가할 수 있다.

```
$ echo "source /opt/ros/kinetic/setup.bash" >> ~/.bashrc
```

ROS 패키지와 메타패키지 생성하기

앞에서 설명했듯이 여러분은 수작업으로 패키지를 만들 수 있다. 그러나 단조로운 일을 피하기 위해 우리는 catkin_create_package 명령줄 툴을 사용할 것이다.

다음 명령을 이용하여 최근에 초기화한 작업공간에서 새로운 패키지를 생성한다.

```
$ cd ~/dev/catkin_ws/src
$ catkin_create_pkg chapter2_tutorials std_msgs roscpp
```

이 명령의 포맷은 패키지 이름과 이 패키지가 가질 의존관계(이 경우 std_msgs와 roscpp)를 포함한다. 다음 명령줄에서 이를 볼 수 있다.

```
catkin_create_pkg [package_name] [dependency1] ... [dependencyN]
```

의존관계에는 다음의 항목들이 포함되어 있다.

- std_msgs: 근본적인(primitive) 데이터 타입과 multiarray 같은 다른 메시지 구조를 나타내는 공통 메시지 타입을 포함한다.
- roscpp: ROS를 C++로 구현한 코드이다. 이는 C++ 프로그래머들이 ROS 토픽, 서비스, 파라미터들과 빠르게 인터페이스를 할 수 있게 도와주는 클라이언트 라이브러리를 제공한다.

모든 파라미터들이 정확하다면, 출력은 다음과 같을 것이다.

```
Created file chapter2_tutorials/package.xml
Created file chapter2_tutorials/CMakeLists.txt
Created folder chapter2_tutorials/include/chapter2_tutorials
Created folder chapter2_tutorials/src
Successfully created files in /home/aaronmr/dev/catkin_ws/src/chapter2_tutorials. Please adjust the values in package.xml.
```

앞에서 보았듯이, 여러분은 rospack, roscd, 그리고 rosls 명령어들을 사용해서 새로운 패키지에 대한 정보를 불러올 수 있다. 다음은 수행 가능한 일부 연산을 보여준다.

- rospack profile: 이 명령은 여러분에게 ROS 시스템에 새로 추가된 패키지에 관한 정보를 알려준다. 이 명령은 어떤 패키지를 새로 설치한 이후에 유용하다.
- rospack find chapter2_tutorials: 경로를 찾는데 도움이 된다.
- rospack depends chapter2_tutorials: 패키지의 의존관계들을 볼 수 있게 도와준다.
- rosls chapter2_tutorials: 패키지의 내용물을 볼 수 있게 한다.
- roscd chapter2_tutorials: 패키지의 실제 경로를 바꾼다.

ROS 패키지 빌드하기

여러분이 패키지를 생성했고 코드가 준비되어 있다면, 이 패키지를 빌드할 필요가 있다. 패키지를 빌드할 때, 그 안에 포함되어 있는 코드가 컴파일된다. 여기에는 사용자가 추가한 코드뿐만 아니라 메시지와 서비스가 생성한 코드도 포함된다.

패키지를 빌드하기 위해 catkin_make 툴을 다음과 같이 사용할 것이다.

```
$ cd ~/dev/catkin_ws/

$ catkin_make
```

몇 초 후에, 다음과 비슷한 스크린화면을 보게 된다.

```
...
Base path: /home/aaronmr/dev/catkin_ws
Source space: /home/aaronmr/dev/catkin_ws/src
Build space: /home/aaronmr/dev/catkin_ws/build
Devel space: /home/aaronmr/dev/catkin_ws/devel
Install space: /home/aaronmr/dev/catkin_ws/install
...
-- BUILD_SHARED_LIBS is on
-- ~~~~~~~~~~~~~~~~~~~~~~~~~~~~~~~~~~~~~~~~~~~~~~~~~~~~
-- ~~  traversing 29 packages in topological order:
-- ~~  - chapter2_tutorials
...
-- ~~~~~~~~~~~~~~~~~~~~~~~~~~~~~~~~~~~~~~~~~~~~~~~~~~~~
-- +++ processing catkin package: 'chapter2_tutorials'
-- ==> add_subdirectory(chapter2_tutorials)
...
[100%] Built target .........
```

어떤 오류도 발생하지 않았다면 패키지는 컴파일된 것이다.

catkin_make 명령은 workspace 폴더에서 실행되어야 한다는 사실을 잊지 않기 바란다. 만약 다른 폴더에서 이렇게 하면 이 명령은 실행되지 않을 것이다. 이에 관한 예제는 다음 명령줄에서 제공된다.

```
$ roscd chapter2_tutorials/
$ catkin_make
```

여러분의 코드가 chapter2_tutorials 폴더에 있는데 catkin_make를 이용해서 패키지를 빌드하려고 하면 다음과 같은 오류가 발생할 것이다.

```
The specified base path "/home/your_user/dev/catkin_ws/src/chapter2_
tutorials" contains a CMakeLists.txt but "catkin_make" must be invoked
in the root of workspace
```

여러분이 catkin_ws 폴더에서 catkin_make를 실행하면 컴파일이 잘 될 것이다. 마지막으로, 아래 명령을 사용하면 catkin_make로 단일 패키지를 컴파일할 수 있다.

```
$ catkin_make --pkg <package name>
```

ROS 노드 구현하기

*노드와 노드렛*절에서 설명했듯이 노드들은 실행 가능한 프로그램이고, 빌드되고 나면 이 실행파일들은 devel 공간에 존재한다. 노드를 연습하고 배우기 위해 우리는 turtlesim이라 불리는 전형적인 패키지를 사용할 것이다.

만약 여러분이 데스크톱 설치(desktop installation)를 선택해서 설치했다면, `turtlesim` 패키지가 이미 설치되어 있을 것이다. 그렇지 않은 경우 다음 명령으로 설치하기 바란다.

```
$ sudo apt-get install ros-kinetic-ros-tutorials
```

이 튜토리얼을 시작하기 전에 터미널을 열고 다음 명령으로 `roscore`를 시작해야 한다.

```
$ roscore
```

노드에 관한 정보를 얻고자 한다면 `rosnode` 툴을 사용하자. 어느 파라미터가 사용이 허용되었는지를 보기 위해, 아래의 명령을 입력한다.

```
$ rosnode
```

아래 스크린화면에서 보듯이 여러분은 허용된 파라미터의 리스트를 볼 수 있게 된다.

```
rosnode is a command-line tool for printing information about ROS Nodes.

Commands:
	rosnode ping	test connectivity to node
	rosnode list	list active nodes
	rosnode info	print information about node
	rosnode machine list nodes running on a particular machine or list machines
	rosnode kill	kill a running node
	rosnode cleanup purge registration information of unreachable nodes

Type rosnode <command> -h for more detailed usage, e.g. 'rosnode ping -h'
```

여러분이 이 파라미터들을 사용하는 방법에 대해 보다 자세한 설명을 원한다면, 다음 명령을 사용하기 바란다.

```
$ rosnode <param> -h
```

지금 `roscore`가 실행 중이므로, 다음 명령을 이용하여 실행 중인 노드들에 대한 정보를 얻을 수 있다.

```
$ rosnode list
```

그 결과 여러분은 유일하게 실행 중인 노드가 `/rosout`인 것을 알게 될 것이다. 이것이 정상인데 이 노드는 `roscore`와 함께 론칭되기 때문이다.

우리는 `rosnode` 툴이 제공하는 여러 파라미터들을 이용하여 이 노드에 관한 모든 정보를 얻을 수 있다. 더 많은 정보를 얻기 위해 다음 명령들을 사용해 보자.

```
$ rosnode info
$ rosnode ping
$ rosnode machine
$ rosnode kill
$ rosnode cleanup
```

이제 다음 명령을 이용해서 `rosrun`으로 새 노드를 시작할 것이다.

```
$ rosrun turtlesim turtlesim_node
```

그러면 다음 스크린화면과 같이 가운데에 작은 거북이 한 마리가 있는 새로운 창이 나타나는 것을 보게 된다.

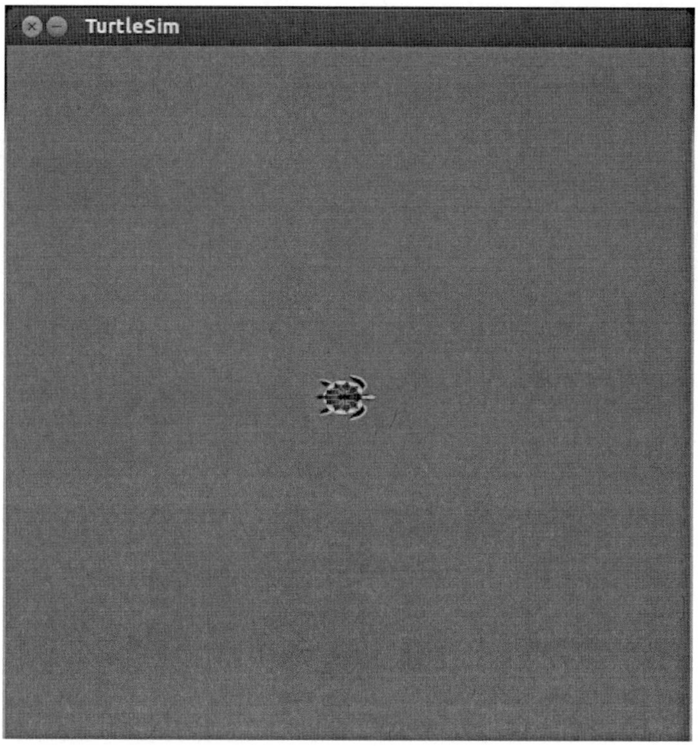

이제 노드의 리스트를 보면 `/turtlesim`이라는 이름의 새 노드를 볼 수 있다. 이 노드의 정보는 `rosnode info nameNode`를 이용하여 볼 수 있다.

여러분의 프로그램을 디버깅하는데 사용될 수 있는 많은 정보는 다음 명령으로 볼 수 있다.

```
$ rosnode info /turtlesim
```

이 명령줄은 아래의 정보를 출력한다.

```
--------------------------------------------------------------------------------
Node [/turtlesim]
Publications:
 * /turtle1/color_sensor [turtlesim/Color]
 * /rosout [rosgraph_msgs/Log]
 * /turtle1/pose [turtlesim/Pose]

Subscriptions:
 * /turtle1/cmd_vel [geometry_msgs/Twist]

Services:
 * /turtle1/teleport_absolute
 * /turtlesim/get_loggers
 * /turtlesim/set_logger_level
 * /reset
 * /spawn
 * /clear
 * /turtle1/set_pen
 * /turtle1/teleport_relative
 * /kill


contacting node http://daneel:38674/ ...
Pid: 3881
Connections:
 * topic: /rosout
    * to: /rosout
    * direction: outbound
    * transport: TCPROS
 * topic: /turtle1/cmd_vel
    * to: /teleop_turtle (http://daneel:44645/)
    * direction: inbound
    * transport: TCPROS
```

이 정보에서 우리는 이 노드가 가지는 `Publications`(*topics*), `Subscriptions`(*topics*), `Services`(*srv*)와 각각의 고유한 이름을 볼 수 있다.

이제, 토픽과 서비스를 이용하여 노드와 상호작용하는 방법을 알아보도록 하자.

토픽과 상호작용하는 방법 배우기

토픽과 상호작용하고 그 정보를 얻기 위해 우리에게는 `rostopic` 툴이 있다. 이 툴은 다음 파라미터들을 수용한다.

- `rostopic bw TOPIC`: 토픽에 의해 사용되는 대역폭(bandwidth)을 표시한다.
- `rostopic echo TOPIC`: 메시지를 스크린에 출력한다.
- `rostopic find TOPIC`: 토픽의 타입으로 토픽을 검색한다.
- `rostopic hz TOPIC`: 토픽의 발행률(publishing rate)을 표시한다.
- `rostopic info TOPIC`: 활동 중인 토픽들의 정보를 출력한다.

- `rostopic list`: 활동 중인 토픽들을 열거한다.
- `rostopic pubs TOPIC`: 토픽에 데이터를 발행한다.
- `rostopic type TOPIC`: 토픽의 타입을 출력한다.

여러분이 이 파라미터들에 대해 더 많은 정보를 보고 싶다면 다음과 같이 `-h`를 사용하기 바란다.

```
$ rostopic bw -h
```

pub 파라미터로 우리는 어떤 노드도 구독할 수 있는 토픽을 발행할 수 있다. 이때 토픽을 정확한 이름으로 발행하기만 하면 된다. 우리는 이 테스트를 이후에 할 것이고, 지금은 이런 작업을 할 노드를 다음과 같이 사용해 볼 것이다.

```
$ rosrun turtlesim turtle_teleop_key
```

다음 스크린화면에서 예시하듯이 우리는 이 노드를 이용해서 화살표 방향키로 거북이를 움직일 수 있다.

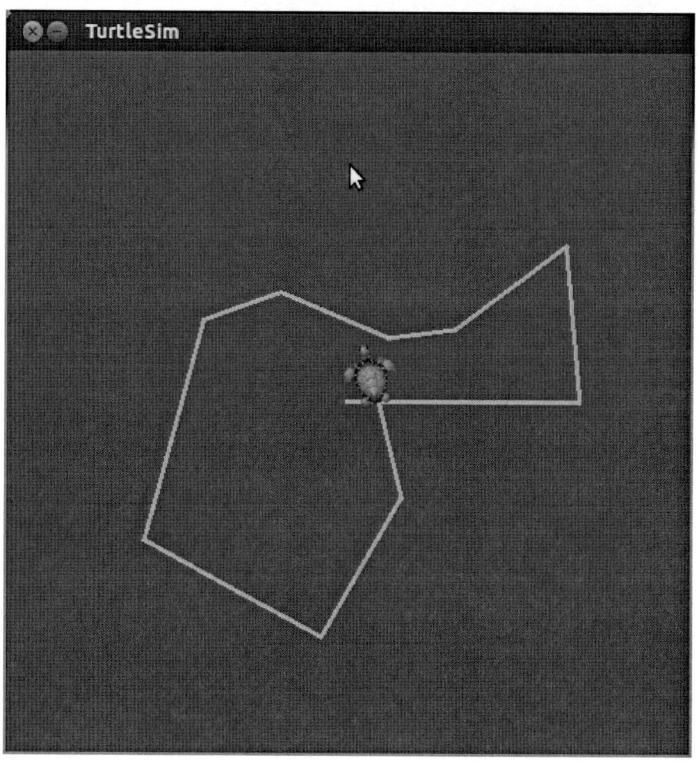

왜 거북이는 `turtle_teleop_key`가 실행될 때 움직일까?

rosnode가 /teleop_turtle 노드와 /turtlesim 노드에 대해 제공한 정보를 확인하면, 우리는 다음 코드를 통해 /teleop_turtle 노드의 Publications 부분에 /turtle1/cmd_vel [geometry_msgs/Twist]라는 이름의 토픽이 있고, /turtlesim 노드의 Subscriptions 부분에 /turtle1/cmd_vel [geometry_msgs/Twist]가 있다는 것을 알 수 있다.

```
$ rosnode info /teleop_turtle
```

```
--------------------------------------------------------------------------------
Node [/teleop_turtle]
Publications:
 * /turtle1/cmd_vel [geometry_msgs/Twist]
 * /rosout [rosgraph_msgs/Log]

Subscriptions: None

Services:
 * /teleop_turtle/get_loggers
 * /teleop_turtle/set_logger_level


contacting node http://daneel:44645/ ...
Pid: 4156
Connections:
 * topic: /rosout
    * to: /rosout
    * direction: outbound
    * transport: TCPROS
 * topic: /turtle1/cmd_vel
    * to: /turtlesim
    * direction: outbound
    * transport: TCPROS
```

이는 두 번째 노드가 구독할 수 있는 토픽을 첫 번째 노드가 발행하는 것을 의미한다. 다음 명령줄을 이용해서 발행되는 토픽의 리스트를 볼 수 있다.

```
$ rostopic list
```

그 출력은 다음과 같을 것이다.

```
/rosout
  /rosout_agg
/turtle1/color_sensor
/turtle1/cmd_vel
/turtle1/pose
```

echo 파라미터로 여러분은 노드가 보낸 정보를 볼 수 있다. 다음 명령줄을 실행하고 화살표 키를 사용하여 전송되는 데이터를 보자.

```
$ rostopic echo /turtle1/cmd_vel
```

여러분은 다음과 비슷한 결과를 보게 될 것이다.

```
---
linear:
x: 0.0
y: 0.0
z: 0.0
angular:
x: 0.0
y: 0.0
z: 2.0
---
```

다음 명령줄을 이용하여 토픽이 보낸 메시지의 타입을 볼 수 있다.

```
$ rostopic type /turtle1/cmd_vel
```

그러면 다음과 비슷한 결과를 볼 것이다.

```
Geometry_msgs/Twist
```

여러분이 메시지 필드를 보고 싶다면, 다음 명령으로 할 수 있다.

```
$ rosmsg show geometry_msgs/Twist
```

그 결과는 다음과 유사할 것이다.

```
geometry_msgs/Vector3 linear
  float64 x
  float64 y
  float64 z
geometry_msgs/Vector3 angular
  float64 x
  float64 y
  float64 z
```

이 툴들은 유용한데, 이 정보로 `rostopic pub [topic] [msg_type] [args]` 명령을 이용하여 토픽들을 발행할 수 있기 때문이다.

```
$ rostopic pub -r 1 /turtle1/cmd_vel geometry_msgs/Twist "linear:
x: 1.0
y: 0.0
z: 0.0
angular:
x: 0.0
y: 0.0
z: 1.0"
```

그 결과 여러분은 아래의 스크린화면처럼 거북이가 원을 그리는 것을 볼 것이다.

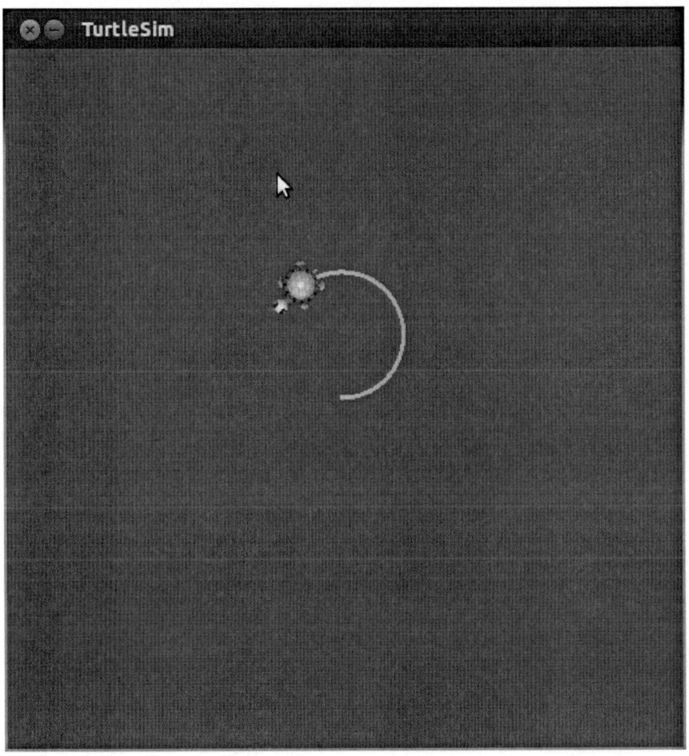

서비스 사용하는 법 배우기

서비스는 노드가 서로 통신할 수 있는 또 다른 방법이다. 서비스는 노드가 요청을 보내고 응답을 받는 것을 허용한다.

서비스로 상호작용하기 위해 우리가 사용할 툴은 `rosservice`라고 불린다. 이 명령에 대해 사용되는 파라미터는 다음과 같다.

- `rosservice args /service`: 서비스 인수를 출력한다.
- `rosservice call /service`: 제공된 인수로 서비스를 호출한다.
- `rosservice find msg-type`: 서비스 타입으로 서비스를 검색한다.
- `rosservice info /service`: 서비스에 관한 정보를 출력한다.
- `rosservice list`: 활동 중인 서비스를 열거한다.
- `rosservice type /service`: 서비스 타입을 출력한다.
- `rosservice uri /service`: ROSRPC URI 서비스를 출력한다.

우리는 다음 명령을 이용해서 `turtlesim` 노드를 위해 사용 가능한 서비스를 열거할 것이며, 만약 동작하지 않는다면 `roscore`를 실행하고 `turtlesim` 노드를 실행한다.

```
$ rosservice list
```

그러면 다음의 출력을 얻을 것이다.

```
/clear
/kill
/reset
/rosout/get_loggers
/rosout/set_logger_level
/spawn
/teleop_turtle/get_loggers
/teleop_turtle/set_logger_level
/turtle1/set_pen
/turtle1/teleport_absolute
/turtle1/teleport_relative
/turtlesim/get_loggers
/turtlesim/set_logger_level
```

여러분이 어떤 서비스(예를 들어 /clear 서비스)라도 그 타입을 보고 싶다면 다음 명령을 이용하면 된다.

```
$ rosservice type /clear
```

그 출력은 다음과 유사할 것이다.

```
std_srvs/Empty
```

서비스를 시작하기 위해 `rosservice call [service] [args]`를 사용한다. 여러분이 `/clear` 서비스를 시작하고자 한다면 다음 명령을 사용하자.

```
$ rosservice call /clear
```

그 결과 `turtlesim` 창에서 거북이의 움직임이 만든 선들이 지워지는 것을 볼 것이다.

이제 다른 서비스(예를 들어 `/spawn` 서비스)를 사용해 보자. 이 서비스는 다른 거북이를 다른 장소에 다른 각도로 만들 것이다. 이 작업을 시작하기 위해 아래 타입의 메시지들을 보자.

```
$ rosservice type /spawn | rossrv show
```

여러분은 아래와 유사한 결과를 볼 것이다.

```
float32 x
float32 y
float32 theta
string name
---
string name
```

다음 명령은 이전 명령과 동일하다. 왜 이 명령줄들이 동일한지를 알고 싶다면 *piping Linux*에 대해서 Google에서 검색하기 바란다.

```
$ rosservice type /spawn
```

그러면 다음과 비슷한 출력을 볼 것이다.

```
turtlesim/Spawn
```

다음 명령을 입력해 보자.

```
$ rossrv show turtlesim/Spawn
```

그 결과 다음과 비슷한 출력을 볼 것이다.

```
float32 x
float32 y
float32 theta
string name
---
string name
```

이 필드들을 이용해서 우리는 서비스를 시작하는 방법을 알고 있다. 우리는 새 거북이의 x축과 y축 위치, 방향(theta), 그리고 이름이 필요하다.

```
$ rosservice call /spawn 3 3 0.2 "new_turtle"
```

그러면 다음과 같은 결과를 얻게 된다.

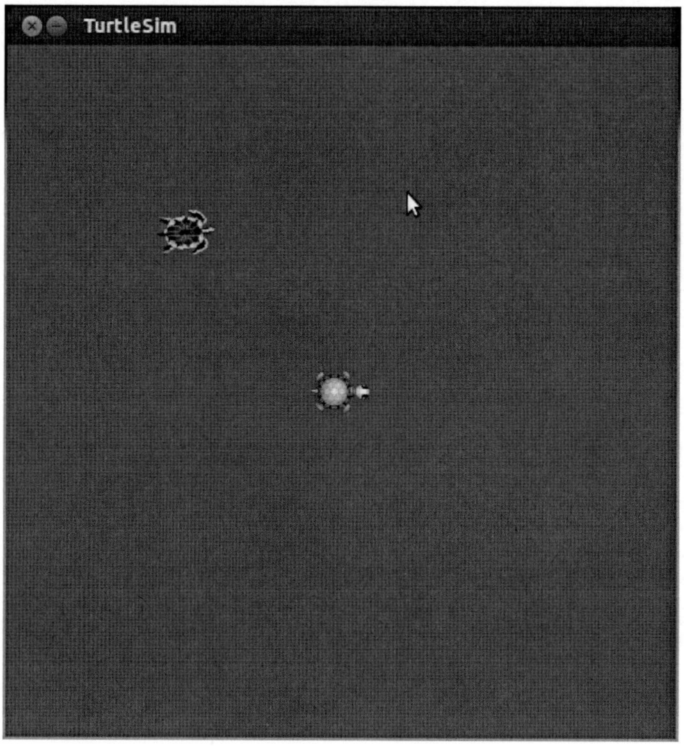

파라미터 서버 사용하기

파라미터 서버는 모든 노드가 접근 가능한 데이터를 저장하는 데 사용된다. ROS에는 파라미터 서버를 관리하는 rosparam이라는 툴이 있다. 이 툴에서 사용되는 파라미터는 다음과 같다.

- rosparam set parameter value: 파라미터를 정한다.
- rosparam get parameter: 파라미터를 얻는다.
- rosparam load file: 파일로부터 파라미터들을 읽어온다.
- rosparam dump file: 파라미터들을 파일로 저장한다.
- rosparam delete parameter: 파라미터를 지운다.
- rosparam list: 파라미터의 이름을 열거한다.

예를 들어, 모든 노드들이 사용하는 서버 파라미터를 다음 명령으로 볼 수 있다.

```
$ rosparam list
```

그 결과는 다음과 같다.

```
/background_b
/background_g
/background_r
/rosdistro
/roslaunch/uris/host_aaronmr_laptop__60878
/rosversion
/run_id
```

배경(background) 파라미터는 `turtlesim` 노드의 파라미터이다. 이 파라미터들은 처음에 파란 색으로 설정된 창의 색을 바꾼다. 그 값을 얻고 싶다면, 다음과 같이 `get` 파라미터를 사용하면 된다.

```
$ rosparam get /background_b
```

이 파라미터에 새로운 값을 정하려면 다음과 같이 set 파라미터를 사용하면 된다.

```
$ rosparam set /background_b 100
```

`rosparam`의 또다른 중요한 특징은 `dump` 파라미터이다. 이 파라미터로 여러분은 파라미터 서버의 내용을 저장하거나 로드할 수 있다.

파라미터 서버를 저장하려면, 다음과 같이 `rosparam dump [file_name]`을 사용한다.

```
$ rosparam dump save.yaml
```

파라미터 서버를 위한 새 데이터를 가진 파일을 로드하기 위해, 다음과 같이 `rosparam load [file_name][namespace]`를 이용한다.

```
$ rosparam load load.yaml namespace
```

노드 생성하기

이 절에서 우리는 두 노드를 만드는 것을 배울 것이다. 하나는 데이터를 발행하는 노드이고, 다른 하나는 이 데이터를 받는 노드이다. 이는 두 노드 간에 데이터를 다루고 이 데이터로 어떤 작업을 하기 위해 통신하는 기본적인 방식이다.

chapter2_tutorials/src/ 폴더로 이동해서 다음 명령을 사용하자.

```
$ roscd chapter2_tutorials/src/
```

먼저 example1_a.cpp와 example1_b.cpp라는 이름의 두 파일을 만든다. example1_a.cpp 파일은 이 노드 이름으로 데이터를 보낼 것이고, example1_b.cpp 파일은 쉘에서 그 데이터를 보여줄 것이다. example1_a.cpp 파일 안에 다음 코드를 복사하거나 저장소에서 그 파일을 다운로드하자.

```
#include "ros/ros.h"
#include "std_msgs/String.h"
#include <sstream>

int main(int argc, char **argv)
{
  ros::init(argc, argv, "example1_a");
  ros::NodeHandle n;
  ros::Publisher chatter_pub =
    n.advertise<std_msgs::String>("message", 1000);
  ros::Rate loop_rate(10);
  while (ros::ok())
  {
    std_msgs::String msg;
    std::stringstream ss;
    ss << " I am the example1_a node ";
    msg.data = ss.str();
    //ROS_INFO("%s", msg.data.c_str());
    chatter_pub.publish(msg);
    ros::spinOnce();
    loop_rate.sleep();
  }
  return 0;
}
```

앞의 코드에 대한 설명을 여기에서 하겠다. 이 코드에 포함되어야 할 헤더는 ros/ros.h, std_msgs/String.h, 그리고 sstream이다. 여기에서 ros/ros.h는 ROS로 노드를 사용하는데 필요한 모든 파일을 포함하고, std_msgs/String.h는 우리가 사용하려는 메시지의 타입을 나타내는 헤더를 포함한다.

```
#include "ros/ros.h"
#include "std_msgs/String.h"
#include <sstream>
```

이 지점에서 우리는 노드를 초기화하고 이름을 정한다. 이때 노드의 이름이 고유해야 함을 기억하자.

```
ros::init(argc, argv, "example1_a");
```

아래는 우리 프로세스의 핸들러인데, 우리 코드가 환경과 상호작용할 수 있게 해준다.

```
ros::NodeHandle n;
```

아래 코드는 발행자의 인스턴스를 만들고(instantiate) 마스터에 그 토픽의 이름과 타입을 알려준다. 토픽의 이름은 `message`이고, 두 번째 파라미터는 버퍼의 크기이다. 만약 토픽이 데이터를 빨리 발행하면, 버퍼는 적어도 1,000개의 메시지를 유지할 것이다.

```
ros::Publisher chatter_pub =
n.advertise<std_msgs::String> ("message", 1000);
```

다음 단계는 데이터를 보내는 주파수를 정하는 것인데, 이 경우 10Hz이다.

```
ros::Rate loop_rate(10);
```

`ros::ok()` 줄은 Ctrl+C 키가 눌러지거나 ROS가 모든 노드들을 중지하면 노드를 정지시킨다.

```
while (ros::ok())
{
```

아래 부분에서 데이터를 보내기 위해 올바른 타입의 메시지를 위한 변수를 생성했다.

```
std_msgs::String msg;
std::stringstream ss;
ss << " I am the example1_a node ";
msg.data = ss.str();
```

메시지를 전송함으로써 계속 진행하는데, 이 경우 그 의미는 이전에 정의된 발행자를 이용해서 메시지를 발행하는 것이다.

```
chatter_pub.publish(msg);
```

spinOnce 함수는 ROS 내부의 모든 이벤트와 구독된 토픽들로부터 읽어오기 같은 동작을 다루는 것에 관여한다. spinOnce는 사용자들이 반복(iteration)하는 사이에 동작을 수행할 수 있도록 ROS의 메인 루프에서 한 번만 반복을 수행한다. 이와 반대로 spin 함수는 메인 루프를 인터럽트 없이 실행한다.

```
ros::spinOnce();
```

마지막으로 10Hz 주파수를 얻기 위해 필요한 시간 동안 수면상태가 된다.

```
loop_rate.sleep();
```

이제 다른 노드를 생성해 보자. example1_b.cpp 파일 안에 다음 코드를 복사하거나 이 파일을 저장소에서 다운로드하자.

```
#include "ros/ros.h"
#include "std_msgs/String.h“

void chatterCallback(const std_msgs::String::ConstPtr& msg)
{
  ROS_INFO("I heard: [%s]", msg->data.c_str());
}

int main(int argc, char **argv)
{
  ros::init(argc, argv, "example1_b");
  ros::NodeHandle n;
  ros::Subscriber sub = n.subscribe("message", 1000,
     chatterCallback);
 ros::spin();
 return 0;
}
```

코드를 설명해 보자. 먼저 헤더와 토픽을 위해 사용할 메시지의 타입을 포함한다.

```
#include "ros/ros.h"
#include "std_msgs/String.h"
```

아래의 함수 타입은 콜백(callback)이고 동작(이 경우 String 메시지를 받음)에 대한 반응으로 발생한다. 이 함수 덕분에 데이터로 어떤 작업을 할 수 있는데, 이 경우 터미널에 메시지를 표시하는 것을 해보자.

```
void messageCallback(const std_msgs::String::ConstPtr& msg)
{
  ROS_INFO("I heard: [%s]", msg->data.c_str());
}
```

다음 코드로 구독자를 생성하고 message라는 이름을 가진 토픽을 청취하기 시작한다. 버퍼의 크기는 1000이고 메시지를 다루는 함수는 messageCallback이 될 것이다.

```
ros::Subscriber sub = n.subscribe("message", 1000,
messageCallback);
```

ros::spin() 명령줄은 노드가 토픽을 읽기 시작하고, 메시지가 도착하면 messageCallback이 호출되는 메인 루프이다. 사용자가 Ctrl+C 키를 누르면 이 노드는 루프를 빠져나오고 종료된다.

```
ros::spin();
```

노드 빌드하기

우리는 chapter2_tutorials 패키지를 사용하고 있기 때문에 CMakeLists.txt 파일을 편집할 것이다. 여러분은 즐겨 쓰는 에디터나 rosed 툴을 사용할 수 있다. 다음 명령은 Vim 에디터로 파일을 열 것이다.

```
$ rosed chapter2_tutorials CMakeLists.txt
```

파일의 끝부분에 다음 줄을 복사하자.

```
include_directories(
include
  ${catkin_INCLUDE_DIRS}
)

add_executable(chap2_example1_a src/example1_a.cpp)
add_executable(chap2_example1_b src/example1_b.cpp)

add_dependencies(chap2_example1_a
chapter2_tutorials_generate_messages_cpp)
```

```
add_dependencies(chap2_example1_b
chapter2_tutorials_generate_messages_cpp)

target_link_libraries(chap2_example1_a ${catkin_LIBRARIES})
target_link_libraries(chap2_example1_b ${catkin_LIBRARIES})
```

이제 패키지를 빌드하고 모든 노드들을 컴파일하기 위해 `catkin_make` 툴을 다음과 같이 사용하자.

```
$ cd ~/dev/catkin_ws/
$ catkin_make --pkg chapter2_tutorials
```

만약 ROS가 여러분의 컴퓨터에서 실행되지 않는다면, 다음 명령을 사용해야 한다.

```
$ roscore
```

다음과 같이 `rosnode list` 명령을 사용하여 ROS가 실행 중인지를 확인할 수 있다.

```
$ rosnode list
```

이제 두 노드들을 다른 쉘들에서 실행하자.

```
$ rosrun chapter2_tutorials example1_a

$ rosrun chapter2_tutorials example1_b
```

만약 쉘에서 `example1_b` 노드가 실행 중인지를 확인하면 다음과 비슷한 스크린화면을 보게 될 것이다.

```
...
[ INFO] [1403252419.452448698]: I heard: [ I am the example1_a node ]
[ INFO] [1403252419.552163326]: I heard: [ I am the example1_a node ]
[ INFO] [1403252419.653701929]: I heard: [ I am the example1_a node ]
[ INFO] [1403252419.752261663]: I heard: [ I am the example1_a node ]
[ INFO] [1403252419.854459847]: I heard: [ I am the example1_a node ]
...
```

여러분은 현재 일어나고 있는 모든 상황을 다음의 다이어그램에서 볼 수 있다. 여기에서 `example1_a` 노드가 `message` 토픽을 발행하는 것과 `example1_b` 노드가 그 토픽을 구독하는 것을 볼 수 있다.

여러분은 노드가 수행하는 것을 디버깅하고 보기 위해 `rosnode`와 `rostopic`을 사용할 수 있다. 다음 명령들을 사용해 보자.

```
$ rosnode list
$ rosnode info /example1_a
$ rosnode info /example1_b
$ rostopic list
$ rostopic info /message
$ rostopic type /message
$ rostopic bw /message
```

msg와 srv 파일들을 생성하기

이 절에서는 우리의 노드에 사용하기 위해 `msg`와 `srv` 파일을 생성하는 방법을 배울 것이다. 이 파일들에는 전송될 데이터의 타입에 대한 규정과 이 데이터의 값들이 있다. ROS는 우리의 노드에서 사용될 `msg`와 `srv` 파일을 구현하는 데 필요한 코드를 생성하기 위해 이 파일들을 사용할 것이다.

먼저 msg 파일부터 시작해 보자.

노드 빌드하기 절에서 사용된 예제에서 표준 타입 메시지로 두 노드들을 생성했다. 이제 우리는 ROS의 툴을 이용해서 맞춤형(custom) 메시지를 생성하는 방법을 배울 것이다.

먼저 우리의 `chapter2_tutorials` 패키지에서 새로운 `msg` 폴더를 생성하고, 새로운 `chapter2_msg1.msg` 파일을 만들고, 다음 줄들을 추가하자.

```
int32 A
int32 B
int32 C
```

이제 `package.xml`을 편집하고 `<build_depend>message_generation </build_depend>`와 `<exec_depend>message_runtime</exec_depend>` 줄에서 `<!-- -->`를 지우자.

그 다음에 `CMakeList.txt`를 편집하고 다음과 같이 `message_generation` 줄을 추가한다.

```
find_package(catkin REQUIRED COMPONENTS
roscpp
  std_msgs
  message_generation
)
```

코드에서 그 다음 줄을 찾고, 주석을 해제하고, 새로운 메시지들의 이름을 아래와 같이 추가한다.

```
## Generate messages in the 'msg' folder
add_message_files(
        FILES
        chapter2_msg1.msg
)

## Generate added messages and services with any dependencies
listed here
  generate_messages(
    DEPENDENCIES
    std_msgs
)
```

이제 다음 명령줄을 이용해서 컴파일할 수 있다.

```
$ cd ~/dev/catkin_ws/
$ catkin_make
```

모든 것이 잘 되었는지를 확인하기 위해 다음과 같이 rosmsg 명령을 사용할 수 있다.

```
$ rosmsg show chapter2_tutorials/chapter2_msg1
```

여러분이 chapter2_msg1.msg 파일에 있던 내용과 동일한 내용을 보게 되면, 모든 것이 잘 된 것이다.

이제 우리는 srv 파일을 생성할 것이다. chapter2_tutorials 폴더에 srv라는 이름의 새 폴더를 만들고, 새로운 chapter2_srv1.srv 파일을 만들어서 다음 줄을 추가한다.

```
int32 A
int32 B
int32 C
```

```
---
int32 sum
```

새로운 msg와 srv 파일들을 컴파일하기 위해 여러분은 package.xml과 CMakeLists.txt 파일에서 다음 줄들의 주석을 해제해야 한다. 이 줄들은 메시지와 서비스의 구성을 허용하고, ROS에게 무엇을 어떻게 빌드할 것인지를 알려준다.

무엇보다도 여러분의 chapter2_tutorials 패키지에서 package.xml 폴더를 다음의 명령으로 연다.

```
$ rosed chapter2_tutorials package.xml
```

그리고 다음 줄들을 찾아서 주석을 해제하자.

```
<build_depend>message_generation</build_depend>
<run_depend>message_runtime</run_depend>
```

다음 명령을 이용해서 CMakeLists.txt를 연다.

```
$ rosed chapter2_tutorials CMakeLists.txt
```

다음 줄들을 찾아서 주석을 해제하고, 정확한 데이터를 입력하여 완성한다.

```
catkin_package(
  CATKIN_DEPENDS message_runtime
)
```

여러분은 메시지를 생성하기 위해 find_package 부분에 message_generation 줄을 추가할 필요가 있다.

```
find_package(catkin REQUIRED COMPONENT
roscpp
  std_msgs
message_generation
)
```

add_message_files 부분에 메시지와 서비스 파일들의 이름을 다음과 같이 추가한다.

```
## Generate messages in the 'msg' folder
add_message_files(
    FILES
    chapter2_msg1.msg
```

```
)

## Generate services in the 'srv' folder
add_service_files(
   FILES
   chapter2_srv1.srv
)
```

메시지와 서비스 생성이 가능한지를 확인하기 위해 generate_messages 부분의 주석을 해제하자.

```
## Generate added messages and services with any dependencies
listed here
 generate_messages(
   DEPENDENCIES
   std_msgs
 )
```

여러분은 다음과 같이 rossrv 툴을 이용하여 모든 것이 잘 되었는지를 테스트할 수 있다.

```
$ rossrv show chapter2_tutorials/chapter2_srv1
```

여러분이 chapter2_srv1.srv 파일과 동일한 내용물을 본다면 모든 것이 잘 된 것이다.

새로운 srv와 msg 파일들 사용하기

먼저 우리는 서비스를 어떻게 생성하고 그것을 ROS에서 어떻게 사용하는지를 배울 것이다. 우리의 서비스는 세 숫자의 합을 계산하는 것이다. 이를 위해 서버와 클라이언트 두 노드가 필요하다.

chapter2_tutorials 패키지에서 두 개의 새로운 노드를 example2_a.cpp와 example2_b.cpp의 이름으로 생성한다. 이 파일들을 src 폴더에 넣는 것을 잊지 말자.

첫 번째 파일인 example2_a.cpp에 다음 코드를 넣자.

```
#include "ros/ros.h"
#include "chapter2_tutorials/chapter2_srv1.h"

bool add(chapter2_tutorials::chapter2_srv1::Request &req,
         chapter2_tutorials::chapter2_srv1::Response &res)
{
```

```
  res.sum = req.A + req.B + req.C;
  ROS_INFO("request: A=%ld, B=%ld, C=%ld", (int)req.A,
    (int)req.B, (int)req.C);
  ROS_INFO("sending back response: [%ld]", (int)res.sum);
  return true;
}

int main(int argc, char **argv)
{
  ros::init(argc, argv, "add_3_ints_server");
  ros::NodeHandle n;
  ros::ServiceServer service = n.advertiseService("add_3_ints",
    add);
  ROS_INFO("Ready to add 3 ints.");
  ros::spin();

  return 0;
}
```

코드를 하나씩 설명해 보자. 다음 줄들은 필요한 헤더와, 우리가 만든 srv 파일을 포함한다.

```
#include "ros/ros.h"
#include "chapter2_tutorials/chapter2_srv1.h"
```

다음 함수는 세 개의 변수들을 추가하고 다른 노드에 그 결과를 보낼 것이다.

```
bool add(chapter2_tutorials::chapter2_srv1::Request &req,
         chapter2_tutorials::chapter2_srv1::Response &res)
```

여기에서 서비스가 생성되고 ROS 전체에 공시된다.

```
ros::ServiceServer service = n.advertiseService("add_3_ints",
add);
```

두 번째 파일인 example2_b.cpp에 다음 코드를 추가하자.

```
#include "ros/ros.h"
#include "chapter2_tutorials/chapter2_srv1.h"
#include <cstdlib>
```

```
int main(int argc, char **argv)
{
  ros::init(argc, argv, "add_3_ints_client");
  if (argc != 4)
  {
    ROS_INFO("usage: add_3_ints_client A B C ");
    return 1;
  }

  ros::NodeHandle n;
  ros::ServiceClient client =
     n.serviceClient<chapter2_tutorials::chapter2_srv1>("add_3_ints");
  chapter2_tutorials::chapter2_srv1 srv;
  srv.request.A = atoll(argv[1]);
  srv.request.B = atoll(argv[2]);
  srv.request.C = atoll(argv[3]);
  if (client.call(srv))
  {
    ROS_INFO("Sum: %ld", (long int)srv.response.sum);
  }
  else
  {
    ROS_ERROR("Failed to call service add_3_ints");
    return 1;
  }
  return 0;
}
```

코드를 설명해 보자. 이 서비스를 위해 `add_3_ints`라는 이름으로 클라이언트를 생성한다.

```
ros::ServiceClient client =
n.serviceClient<chapter2_tutorials::chapter2_srv1>("add_3_ints");
```

여기에서 우리의 `srv` 요청 타입의 인스턴스를 생성하고, 보내질 값들을 모두 채운다. 여러분이 기억할지 모르겠지만, 메시지는 세 개의 필드를 가지고 있다.

```
chapter2_tutorials::chapter2_srv1 srv;
srv.request.A = atoll(argv[1]);
```

```
srv.request.B = atoll(argv[2]);
srv.request.C = atoll(argv[3]);
```

이 코드를 통해 서비스가 호출되고, 데이터가 전송된다. 모든 호출이 성공하면 call()은 true 값을 반환하고, 그렇지 않으면 call()은 false를 반환할 것이다.

```
if (client.call(srv))
```

새로운 노드를 빌드하기 위해 CMakeList.txt를 편집하고 다음 줄들을 추가한다.

```
add_executable(chap2_example2_a src/example2_a.cpp)
add_executable(chap2_example2_b src/example2_b.cpp)

add_dependencies(chap2_example2_a
chapter2_tutorials_generate_messages_cpp)
add_dependencies(chap2_example2_b
chapter2_tutorials_generate_messages_cpp)
target_link_libraries(chap2_example2_a ${catkin_LIBRARIES})
target_link_libraries(chap2_example2_b ${catkin_LIBRARIES})
```

이제 다음 명령을 실행한다.

```
$ cd ~/dev/catkin_ws
$ catkin_make
```

노드를 시작하기 위해, 다음 명령줄들을 실행한다.

```
$ rosrun chapter2_tutorials example2_a
$ rosrun chapter2_tutorials example2_b 1 2 3
```

그러면 아래와 비슷한 결과를 볼 것이다.

```
Node example2_a
[ INFO] [1355256113.014539262]: Ready to add 3 ints.
[ INFO] [1355256115.792442091]: request: A=1, B=2 C=3
[ INFO] [1355256115.792607196]: sending back response: [6]
Node example2_b
[ INFO] [1355256115.794134975]: Sum: 6
```

이제 우리가 만든 msg 파일로 노드를 만들 것이다. 예제는 똑같이 example1_a.cpp와 example1_b.cpp이지만, 메시지는 chapter2_msg1.msg라는 새 메시지이다.

다음 코드조각(code snippet)은 example3_a.cpp 파일에 있다.

```
#include "ros/ros.h"
#include "chapter2_tutorials/chapter2_msg1.h"
#include <sstream>

int main(int argc, char **argv)
{
  ros::init(argc, argv, "example3_a");
  ros::NodeHandle n;
  ros::Publisher pub =
    n.advertise<chapter2_tutorials::chapter2_msg1>("message",
    1000);
  ros::Rate loop_rate(10);
  while (ros::ok())
  {
    chapter2_tutorials::chapter2_msg1 msg;
    msg.A = 1;
    msg.B = 2;
    msg.C = 3;
    pub.publish(msg);
    ros::spinOnce();
    loop_rate.sleep();
  }
  return 0;
}
```

다음 코드조각은 example3_b.cpp 파일에 있다.

```
#include "ros/ros.h"
#include "chapter2_tutorials/chapter2_msg1.h"

void messageCallback(const
chapter2_tutorials::chapter2_msg1::ConstPtr& msg)
{
  ROS_INFO("I heard: [%d] [%d] [%d]", msg->A, msg->B, msg->C);
}
```

```
int main(int argc, char **argv)
{
  ros::init(argc, argv, "example3_b");
  ros::NodeHandle n;
  ros::Subscriber sub = n.subscribe("message", 1000,
    messageCallback);
  ros::spin();
  return 0;
}
```

양쪽 노드를 실행하면, 아래와 비슷한 결과를 얻게 될 것이다.

```
...
[ INFO] [1355270835.920368620]: I heard: [1] [2] [3]
[ INFO] [1355270836.020326372]: I heard: [1] [2] [3]
[ INFO] [1355270836.120367449]: I heard: [1] [2] [3]
[ INFO] [1355270836.220266466]: I heard: [1] [2] [3]
...
```

론치 파일

론치 파일은 하나 이상의 노드를 론치하기 위해 ROS에 있는 유용한 특징이다. 이 절들에서는 우리가 노드를 생성했으며, 이들을 다른 쉘에서 실행했다. 20개의 노드로 작업을 하며 각 노드를 각각의 쉘에서 실행하는 끔찍한 악몽을 상상해 보라!

우리는 론치 파일로 .launch 확장자를 가진 구성 파일을 동일한 쉘에서 론칭함으로써 그렇게 할 수 있다.

이 유틸리티를 실습하기 위해 다음과 같이 우리의 패키지 안에 새 폴더를 만들 것이다.

```
$ roscd chapter2_tutorials/
$ mkdir launch
$ cd launch
$ vim chapter2.launch
```

이제 다음 코드를 chapter2.launch 파일 안에 넣자.

```
<?xml version="1.0"?>
<launch>
  <node name ="example1_a" pkg="chapter2_tutorials"
```

```
    type="example1_a"/>
  <node name ="example1_b" pkg="chapter2_tutorials"
    type="example1_b"/>
</launch>
```

PR2나 Robonaut 같은 완전한 로봇을 제어하기 위해 여러분이 복잡한 코드를 짤 수도 있겠지만 이 파일은 간단하다. 둘 다 실제 로봇이며 ROS에서 시뮬레이션된다.

이 파일에는 launch 태그가 있는데, 이 태그 안에 node 태그를 볼 수 있다. node 태그는 패키지로부터 노드를 론치하는 데 사용된다. chapter2_tutorials 패키지로부터 example1_a 노드를 론치하는 것이 그 예가 된다.

이 론치 파일은 두 개의 노드를 실행하는데, 이 장의 처음 두 예제이다. 기억하겠지만 example1_a 노드가 example1_b 노드에 메시지를 보낸다. 이 파일을 론치하기 위해 여러분은 다음 명령을 사용할 수 있다.

```
$ roslaunch chapter2_tutorials chapter2.launch
```

그러면 화면에 다음 스크린화면과 비슷한 것을 보게 될 것이다.

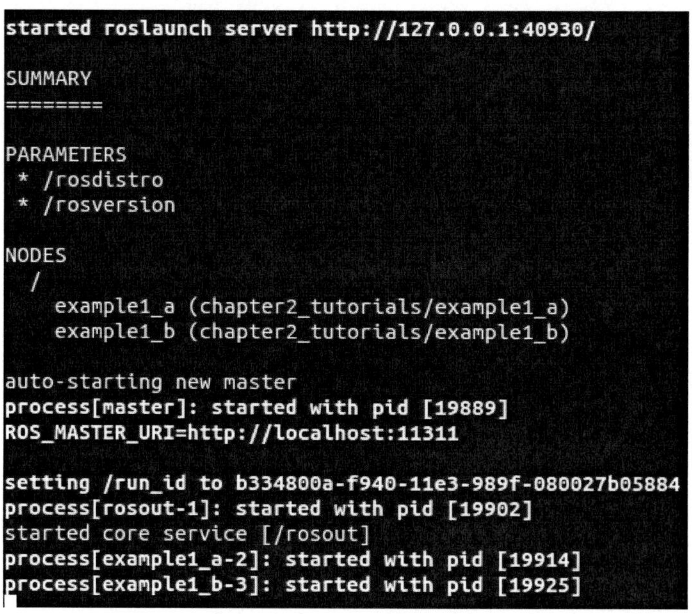

위의 스크린화면에 실행 중인 노드가 열거된 것을 볼 수 있다. 다음 명령어를 사용해도 실행 중인 노드들을 볼 수 있다.

```
$ rosnode list
```

그러면 여러분은 다음과 같이 열거된 세 개의 노드들을 볼 것이다.

```
/example1_a
/example1_b
/rosout
```

여러분이 론치 파일을 론칭할 때, roscore 명령 전에 그것을 실행할 필요는 없으며 roslaunch가 우리 대신 론치해 줄 것이다.

example1_b 노드가 다른 노드로부터 받은 메시지를 화면에 출력한다는 사실을 기억하자. 이 노드를 보면 아무것도 없을 것이다. 이는 example1_b가 ROS_INFO를 사용해서 메시지를 출력하기 때문이고, 쉘에서 하나의 노드를 실행할 때는 그것을 볼 수는 있지만, 론치 파일을 실행할 때는 볼 수 없기 때문이다.

이제 스크린에 출력된 메시지를 보기 위해 여러분은 rqt_console 유틸리티를 사용할 수 있다. 다음 장에서 이 유틸리티에 대해 좀 더 배울 것이다. 이제 다음 명령을 실행하자.

```
$ rqt_console
```

여러분은 example1_b가 보낸 메시지를 다음 스크린화면과 같이 보게 된다.

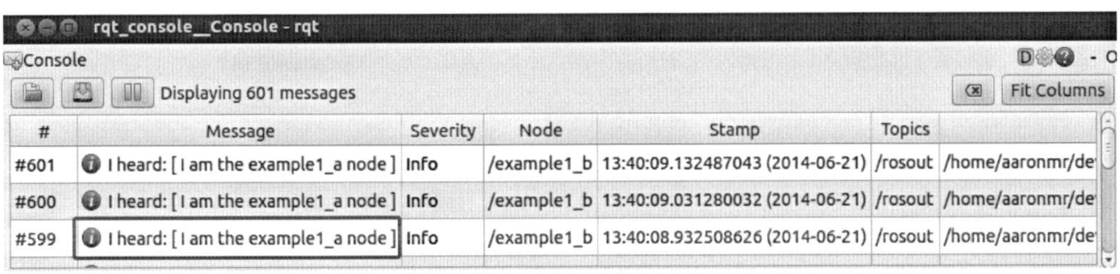

스크린화면의 각 줄에서 여러분은 메시지와 그것을 보낸 노드, 그 소스 파일의 경로를 볼 수 있다.

동적인 파라미터

ROS의 다른 유틸리티는 동적 재구성(Dynamic Reconfigure) 유틸리티이다. 보통 여러분이 새 노드를 프로그래밍할 때 여러분은 노드 안에서만 바뀔 수 있는 데이터로 변수를 초기화한다. 만약 여러분이 노드 바깥에서 이 변수들을 동적으로 바꾸고 싶다면, 여러분은 파라미터 서버와 서비스, 그리고 토픽들을 사용할 수 있다. 만약 여러분이 예를 들어 모터를 제어하기 위해 PID 노드로 작업을 하고 있다면, 여러분은 동적 재구성 유틸리티를 사용해야 한다.

이 절에서 여러분은 이러한 특징으로 어떻게 기본적인 노드를 구성하는지를 배울 것이다. 이를 위해 CMakeLists.txt와 package.xml 파일들에 필요한 줄들을 넣는다.

동적 재구성을 사용하기 위해 여러분은 구성 파일을 작성하고 여러분 패키지의 cfg 폴더에 이를 저장해야 한다. 다음의 명령으로 폴더와 새 파일을 만들자.

```
$ roscd chapter2_tutorials
$ mkdir cfg
$ vim chapter2.cfg
```

다음 코드를 chapter2.cfg 파일에 작성한다.

```
#!/usr/bin/env python
PACKAGE = "chapter2_tutorials"

from dynamic_reconfigure.parameter_generator_catkin import *

gen = ParameterGenerator()

gen.add("double_param", double_t, 0, "A double parameter", .1, 0, 1)
gen.add("str_param", str_t, 0, "A string parameter",
"Chapter2_dynamic_reconfigure")
gen.add("int_param", int_t, 0, "An Integer parameter", 1, 0, 100)
gen.add("bool_param", bool_t, 0, "A Boolean parameter", True)

size_enum = gen.enum([ gen.const("Low", int_t, 0, "Low is 0"),
gen.const("Medium", int_t, 1, "Medium is 1"),
gen.const("High", int_t, 2, "Hight is 2")],
                  "Select from the list")

gen.add("size", int_t, 0, "Select from the list", 1, 0, 3,
edit_method=size_enum)

exit(gen.generate(PACKAGE, "chapter2_tutorials", "chapter2_"))
```

위의 코드를 하나씩 설명해 보자. 아래 줄들은 ROS를 초기화하고 파라미터 생성자를 가져온다(import).

```
#!/usr/bin/env python
PACKAGE = "chapter2_tutorials"

from dynamic_reconfigure.parameter_generator_catkin import *
```

이 줄은 파라미터 생성자를 초기화하고, 그 덕분에 우리는 다음 줄들에 파라미터 추가를 시작할 수 있다.

```
gen = ParameterGenerator()
gen.add("double_param", double_t, 0, "A double parameter", .1, 0, 1)
gen.add("str_param", str_t, 0, "A string parameter",
"Chapter2_dynamic_reconfigure")
gen.add("int_param", int_t, 0, "An Integer parameter", 1, 0, 100)
gen.add("bool_param", bool_t, 0, "A Boolean parameter", True)
```

이 줄들은 다른 파라미터 타입들을 추가하고, 기본 값(default value)과 설명, 범위 등을 정한다. 이 파라미터는 다음 인수들을 가지고 있다.

```
gen.add(name, type, level, description, default, min, max)
```

- `name`: 파라미터 이름
- `type`: 저장된 값의 타입
- `level`: 콜백에 전달되는 비트마스크
- `description`: 파라미터의 간략한 설명
- `default`: 노드가 시작할 때의 기본 값
- `min`: 파라미터에 대한 최소값
- `max`: 파라미터에 대한 최대값

파라미터의 이름들은 고유해야 하고, 그 값들은 `min`과 `max` 값을 가지고 있으면서 범위 안에 있어야 한다.

```
exit(gen.generate(PACKAGE, "chapter2_tutorials", "chapter2_"))
```

마지막 줄은 필요한 파일들을 생성하고 프로그램을 종료한다. 여기에서 `.cfg` 파일이 Python으로 작성된 것에 주의하자. 이 책은 C++로 작성된 코드조각을 위한 것이지만 가끔씩 우리는 Python 코드조각을 사용할 것이다.

이 파일에 대한 허가(permission)를 바꿀 필요가 있는데, 이 파일은 ROS에 의해 실행되기 때문이다. 파일을 실행가능하게 하고 어떤 사용자도 실행할 수 있도록 다음과 같이 `chmod` 명령과 `a+x` 파라미터를 사용할 것이다.

```
$ chmod a+x cfg/chapter2.cfg
```

CMakeList.txt를 열고 다음 줄을 추가한다.

```
find_package(catkin REQUIRED COMPONENTS
roscpp
  std_msgs
  message_generation
  dynamic_reconfigure
)

generate_dynamic_reconfigure_options(
  cfg/chapter2.cfg
)

add_dependencies(example4 chapter2_tutorials_gencfg)
```

이제 동적 재구성을 기반으로 우리의 새 노드를 작성할 것이다. 여러분의 src 폴더에 다음과 같이 새 파일을 만들자.

```
$ roscd chapter2_tutorials
$ vim src/example4.cpp
```

파일 안에 다음의 코드조각을 작성한다.

```
#include <ros/ros.h>
#include <dynamic_reconfigure/server.h>
#include <chapter2_tutorials/chapter2Config.h>

void callback(chapter2_tutorials::chapter2Config &config,
uint32_t level) {
   ROS_INFO("Reconfigure Request: %d %f %s %s %d",
        config.int_param,
        config.double_param,
        config.str_param.c_str(),
        config.bool_param?"True":"False",
        config.size);
}
```

```
int main(int argc, char **argv) {
  ros::init(argc, argv, "example4_dynamic_reconfigure");
  dynamic_reconfigure::Server<chapter2_tutorials::chapter2Config>
  server;
  dynamic_reconfigure::Server<chapter2_tutorials::
  chapter2Config>::CallbackType f;

  f = boost::bind(&callback, _1, _2);
  server.setCallback(f);

  ros::spin();
  return 0;
}
```

코드를 설명하고 중요한 줄들을 살펴보자. 늘 그래왔듯이 이 줄들은 ROS, 파라미터 서버, 우리가 이전에 만든 config 파일을 위한 헤더들을 포함한다.

```
#include <ros/ros.h>
#include <dynamic_reconfigure/server.h>
#include <chapter2_tutorials/chapter2Config.h>
```

아래의 callback 함수는 파라미터에 대한 새로운 값들을 출력할 것이다. 파라미터에 접근하는 방법은 일례로 config.int_param이다. 파라미터의 이름은 여러분이 example2.cfg 파일에서 설정했던 것과 같아야 한다.

```
void callback(chapter2_tutorials::chapter2Config &config,
uint32_t level) {
  ROS_INFO("Reconfigure Request: %d %f %s %s %d",
        config.int_param,
        config.double_param,
        config.str_param.c_str(),
        config.bool_param?"True":"False",
        config.size);
}
```

계속해서, 서버는 우리가 chapter2_config 설정 파일을 전달한 줄에서 초기화된다.

```
dynamic_reconfigure::Server<chapter2_tutorials::chapter2Config>
server;
dynamic_reconfigure::Server<chapter2_tutorials::chapter2Config
>::   CallbackType f;

f = boost::bind(&callback, _1, _2);
server.setCallback(f);
```

이제 우리는 서버에 콜백 함수를 보낸다. 서버가 재구성 요청을 받으면 콜백함수를 부를 것이다.

코드에 대한 설명이 끝났으므로, `CMakeLists.txt` 파일에 다음과 같이 명령줄들을 넣을 필요가 있다.

```
add_executable(chap2_example4 src/example4.cpp)

add_dependencies(chap2_example4 chapter2_tutorials_gencfg)

target_link_libraries(chap2_example4 ${catkin_LIBRARIES})
```

이제 노드와 동적 재구성 GUI를 다음과 같이 컴파일하고 실행해야 한다.

```
$ roscore
$ rosrun chapter2_tutorials example4
$ rosrun rqt_reconfigure rqt_reconfigure
```

마지막 명령을 실행했다면, 여러분은 아래의 스크린화면에서 보는 것처럼 노드의 파라미터를 동적으로 수정할 수 있는 새로운 창을 볼 것이다.

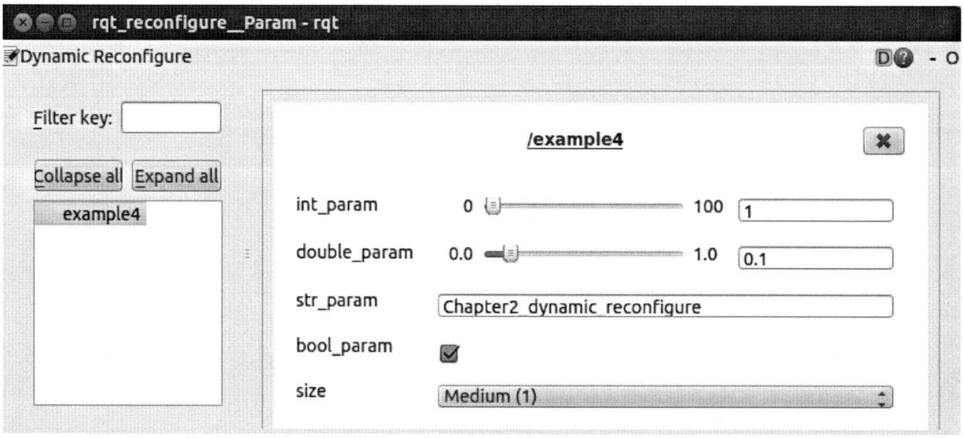

슬라이더와 체크박스 등으로 파라미터를 수정할 때마다 노드가 실행 중인 쉘에서 변화가 생기는 것을 볼 수 있을 것이다. 다음 스크린화면은 그 일례를 보여준다.

```
[ INFO] [1403367196.752115948]: Reconfigure Request: 20 0.800000 qwert True 1
[ INFO] [1403367196.942722848]: Reconfigure Request: 20 0.800000 qwerty True 1
[ INFO] [1403367196.973132691]: Reconfigure Request: 20 0.800000 qwerty True 1
[ INFO] [1403367197.183714401]: Reconfigure Request: 20 0.800000 qwertyu True 1
[ INFO] [1403367197.217819018]: Reconfigure Request: 20 0.800000 qwertyu True 1
[ INFO] [1403367203.160337570]: Reconfigure Request: 1 0.800000 qwertyu True 1
[ INFO] [1403367203.188864110]: Reconfigure Request: 1 0.800000 qwertyu True 1
```

동적 재설정 덕분에 훨씬 효율적이고 빠른 방법으로 여러분의 노드를 프로그래밍하고 테스트할 수 있다. 하드웨어와 함께 프로그램을 사용하는 것은 좋은 선택이며 다음 장들에서 그에 대해 좀 더 배울 것이다.

요약

이 장에서는 여러분에게 ROS의 구조와 그것이 어떻게 동작하는지에 대한 일반적인 정보를 제공했다. 여러분은 노드와 토픽, 서비스가 어떻게 상호작용하는지에 대한 개념과 툴, 샘플들을 보았다. 처음에는 이 모든 개념들이 복잡하고 별로 사용되지 않는 것처럼 보였겠지만, 이후의 장들에서 여러분은 그것들이 적용되는 것을 이해하기 시작할 것이다.

이 용어들과 튜토리얼을 연습하는 것이 유용한데, 이후의 장들에서 우리는 여러분이 이 모든 개념들과 사용법에 대해 잘 안다고 가정할 것이기 때문이다.

여러분이 어떤 것에 대한 의문이 있고 이 책에서 그 해답을 찾기 어렵다면 http://www.ros.org에서 ROS의 공식적인 리소스들을 사용할 수 있다. 또한 여러분은 http://answers.ros.org에서 ROS 커뮤니티에 문의할 수도 있다.

다음 장에서는 ROS 툴을 이용하여 데이터를 디버깅하고 시각화하는 방법에 대해 배울 것이다. 이것은 여러분이 문제를 발견하거나, ROS가 하고 있는 것이 올바른 지 확인하고, 그로부터 여러분이 예상하는 것을 더 잘 정의할 수 있도록 도와줄 것이다.

3장

시각화와 디버그 툴

ROS에는 사용자와 개발자들이 하드웨어와 소프트웨어 양쪽의 문제를 발견하고 해결하기 위해 코드를 시각화하고 디버그할 수 있게 하는 툴들이 상당히 많다. 여기에는 `log4cxx`와 같은 메시지 로깅 시스템, 진단 메시지, 시각화 및 검사 툴들이 있는데, 이들은 실행 중인 노드들이 어떻게 연결되어 있는지와 함께 이들에 대해 이해하기 쉬운 리스트를 제공한다.

이 장에서 우리는 ROS 노드를 GDB 디버거로 어떻게 디버깅하는지도 보여줄 것이다. 또한 메시지 로깅 API를 설명할 것이며, 어떻게 로깅 레벨을 선택할 것인가에 관해 조언할 것이다. 그 다음에 어떤 프로세스들이 동작하고 그들 사이에 어떤 정보가 교환되는지를 조사하기 위해 사용되는 ROS 툴 세트를 설명할 것이다. 예를 들어, 다음 그림은 어떤 시스템의 그래프를 시각화하는 툴을 보여주는데, 시스템에서 노드는 실행 중인 프로세스를 나타내고 가지(edge)는 통신 토픽을 통한 데이터의 흐름을 나타낸다. 이 툴의 이름은 `rqt_graph`이며, 이 경우 Gazebo 시뮬레이션에서 실행 중인 **REEM 로봇**의 노드와 토픽들을 보여준다.

여러분은 여기에서 팔과 상체, 머리에 대한 다수의 제어기, **MoveIt!** `move_group` 노드, 물건 잡기와 놓기의 행동 서버, 미리 저장된 행동에 대한 `play_motion` 노드들을 볼 수 있다. 다른 노드들은 `joint_states`를 발행하고, 로봇 제어기들을 복제(spawn)하며, 모바일 베이스를 움직이기 위해 조이 스틱을 제어한다.

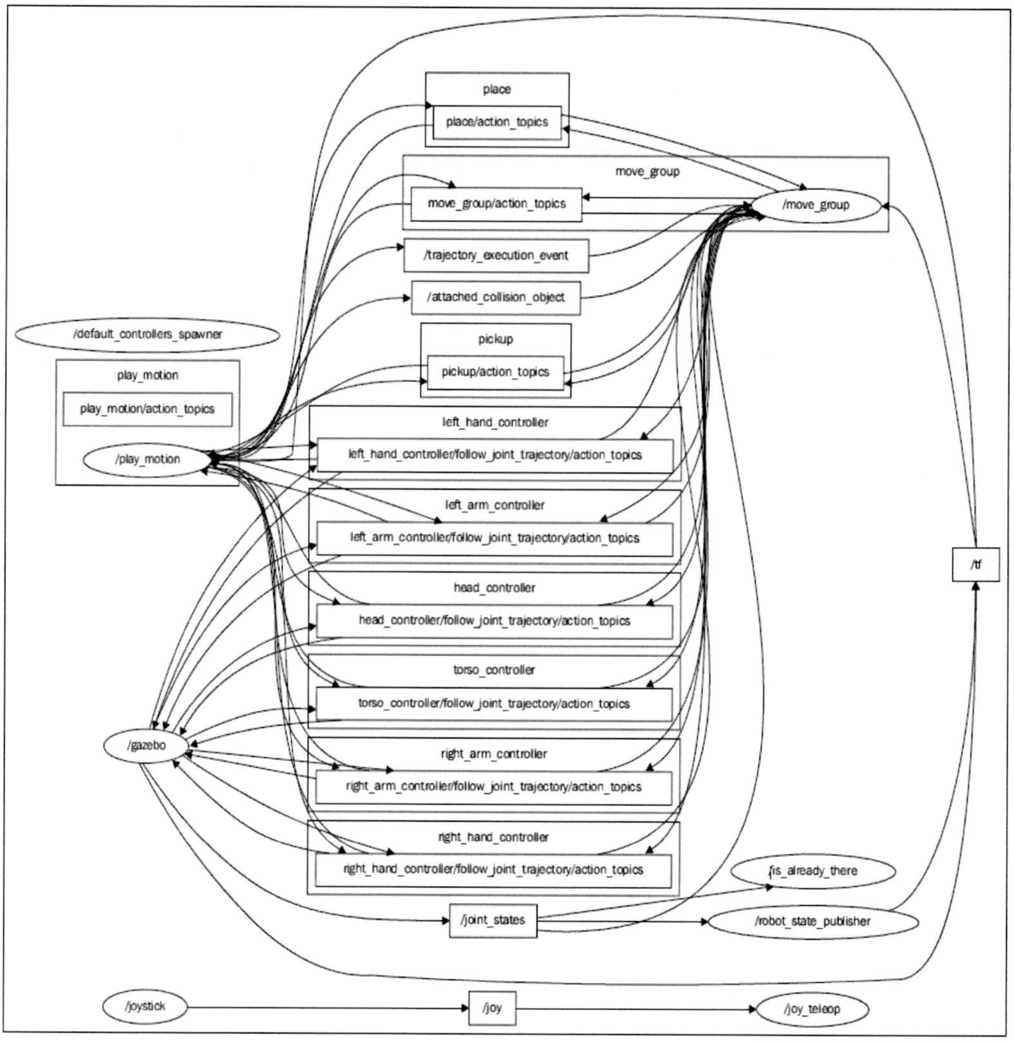

비슷한 방식으로, 이 장에서는 스칼라 데이터를 시간 축에서 그래프로 그리는 것, 비디오 스트림으로부터 이미지를 시각화하는 법, 잘 알려진 `rviz`(또는 `rqt_rviz`)를 이용해서 다음 스크린화면과 같이 다양한 타입의 데이터를 3차원에서 표현하는 방법을 보여줄 것이다.

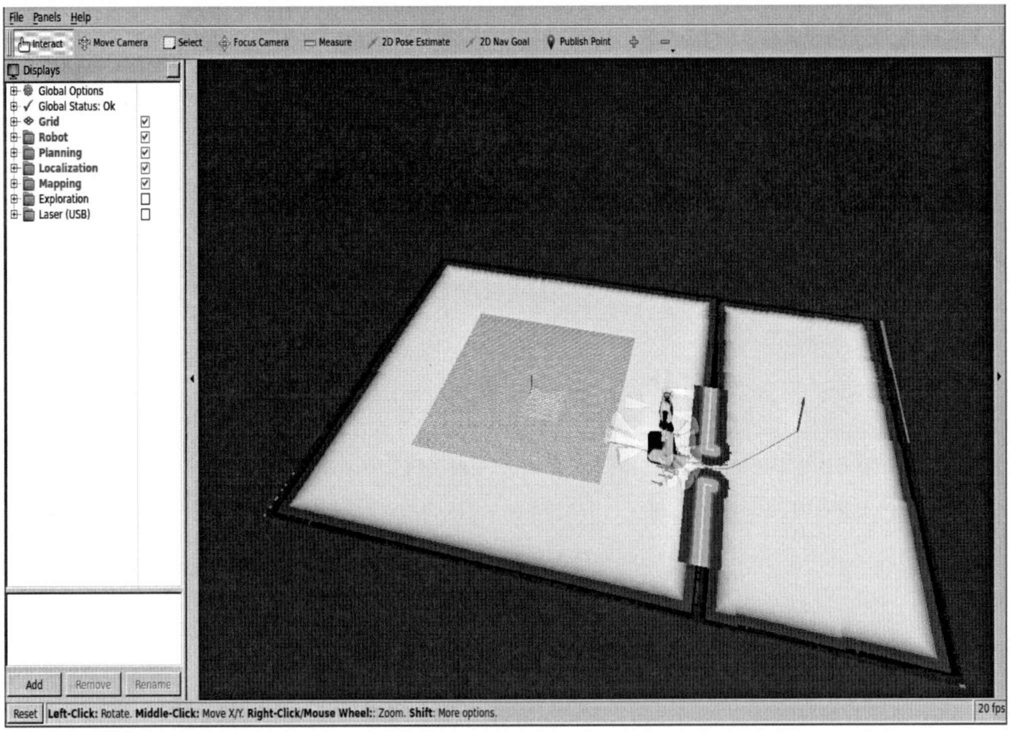

위의 스크린화면은 아래 명령으로 시뮬레이션 상에서 동작할 수 있는 REEM 로봇을 보여준다.

```
$ roslaunch reem_2dnav_gazebo reem_navigation.launch
```

이를 설치하기 전에, `http://wiki.ros.org/Robots/REEM`에서 제공되는 설명서를 잘 따라 하기 바란다. 이후의 절에서 우리는 시각화와 디버깅에 대한 내용들을 다룰 것인데, 여기에는 ROS에서 우리의 코드를 디버깅하기, 우리의 코드에서 엄격도(severity) 레벨, 이름, 컨디션, 쓰로틀링(throttling) 옵션 들을 다르게 부여하면서 로깅 메시지를 사용하는 방법 등이 있다. 여기에서 `rqt_logger_level`과 `rqt_console` 인터페이스를 설명할 것인데, 전자는 여러분이 노드의 엄격도 레벨을 설정할 수 있게 하고, 후자는 메시지를 시각화한다. 우리는 또한 실행되는 노드들, 그 노드들이 서로 간에 메시지를 전달하기 위해 사용하는 토픽, 서비스와 활동들, ROS 마스터 서버에서 선언된 파라미터들을 열거함으로써 ROS 시스템의 상태를 검사하는 법을 볼 것이다. 또한 유향 그래프(directed graph) 표현법으로 노드와 토픽을 보여주는 `rqt_graph`, 동적인 파라미터를 바꾸는 것을 가능하게 하는 `rqt_reconfigure`를 설명할 것이다. 또한 `rqt_plot`을 이용해서 어떻게 메시지로부터 스칼라 데이터를 그리는지에 관한 것과 `runtime_monitor`와 `robot_monitor` 인터페이스를 이용하여 어떻게 진단 정보를 시각화하는지에 대해 알아 볼 것이다.

스칼라가 아닌(non-scalar) 데이터들에 대해서는 rqt_image_view처럼 영상을 시각화하거나 rqt_rviz처럼 다수의 데이터를 3차원에 표현하는 ROS의 다른 rqt 툴들에 대해 설명할 것이다. 또한 마커와 상호작용 마커들을 시각화하는 방법과 프레임이 무엇이며 프레임이 ROS 메시지와 시각화 툴에 어떻게 접목되는지를 보여줄 것이다. 또한 **Transform Frame(tf)** 트리를 시각화하기 위해 rqt_tf_tree를 사용하는 방법과 시뮬레이션 또는 평가를 위해 어떻게 메시지를 저장하고 재생하는지에 관해 설명할 것이다. 그리고 rqt_bag 인터페이스도 다룰 것이다.

마지막으로, 다른 rqt_gui 인터페이스와 이를 하나의 GUI에서 어떻게 배열하는지에 관해서도 설명할 것이다.

대부분의 rqt 툴들은 터미널에 rqt_console처럼 그 이름을 입력하기만 하면 실행된다. 그러나 때로 이렇게 해서 실행되지 않을 때는 rosrun rqt_reconfigure rqt_reconfigure를 입력해야 하는데, 이렇게 하면 항상 실행된다. 여기에서 이름이 반복되는 것처럼 보이겠지만 사실은 앞의 것은 패키지 이름이고 뒤의 것은 노드 이름이다.

ROS 노드 디버깅하기

ROS 노드는 보통의 프로그램처럼 디버깅될 수 있다. 노드들은 운영 시스템에서 프로세스처럼 실행하며 PID를 가진다. 그러므로 여러분은 노드들을 gdb 같은 표준 툴들을 이용해서 디버깅할 수 있다. 유사한 방식으로 여러분은 memcheck를 사용해서 메모리 유출을 체크할 수 있고 callgrind를 사용해서 알고리즘의 성능을 프로파일링할 수 있다. 그러나 노드를 실행하기 위해서 아래와 같은 명령을 실행해야 한다는 것을 기억하자.

```
$ rosrun chapter3_tutorials example1
```

불행하게도 gdb를 이용해서 다음과 같은 간단한 방식으로 명령을 실행할 수는 없다.

```
$ gdb rosrun chapter3_tutorials example1
```

다음 절들에서 ROS 노드가 이 문제를 해결하기 위해 툴들을 어떻게 호출하는지를 설명할 것이다. 그 다음으로 문제를 진단하는 것을 간편하게 하기 위해 우리의 코드에 로깅 메시지를 추가하는 방법을 볼 것인데, 실제로 로깅 메시지를 사용하면 바이너리를 디버깅할 필요 없이 기본적인 문제들(기본적이지 않은 문제도)을 진단하는 것을 도와준다. 유사한 방식으로, 노드 간에 끊어진 연결을 쉽게 발견하게 하는 ROS 자기검사(introspection) 툴들에 대해 논의할 것이다. 비록 여기에서 우리는 상향식(bottom-up) 개관(overview)을 제공할 것이지만, 실제로 문제를 진단할 때에는 대부분 하향식(top-down) 접근법을 따를 것이다.

ROS 노드에 GDB 디버거 사용하기

C/C++ 노드를 gdb 디버거로 디버깅하기 위해서 우리는 노드 실행파일의 위치만 알고 있으면 된다. ROS Kinetic과 cakin 패키지를 이용하고 있다면 노드 실행파일은 작업공간 안에 있는 devel/lib/<package> 폴더 안에 위치한다. 예를 들어 chapter3_tutorials 패키지의 example1 노드를 gdb로 실행하고 싶다면 다음과 같이 작업공간 폴더(/home/<user>/book_ws)로부터 시작해야 한다.

```
$ cd devel/lib/chapter3_tutorials
```

여러분이 catkin_make install을 실행했다면, 아래의 코드를 이용해서 install/lib/chapter3_tutorials 디렉토리로 찾아가자.

```
$ cd install/lib/chapter3_tutorials
```

이제 다음 명령으로 노드 실행파일을 gdb 안에서 실행할 수 있다.

```
$ gdb example1
```

Tip.

노드를 시작하기 전에 반드시 roscore가 실행 중이어야 함을 기억하자. 그 이유는 마스터/서버가 실행되어야만 노드가 실행되기 때문이다.

roscore가 실행되고 있다면, R 키를 누르고 Enter 키를 누름으로써 여러분의 노드를 gdb에서 실행할 수 있다. 또한 L 키를 눌러서 연관된 소스 코드를 열거할 수 있으며, 중단점(breakpoint)이나 gdb가 제공하는 어떤 기능도 설정 가능하다. 모든 게 잘 되었다면 노드 실행 후에 gdb 터미널에서 다음의 출력을 보게 될 것이다.

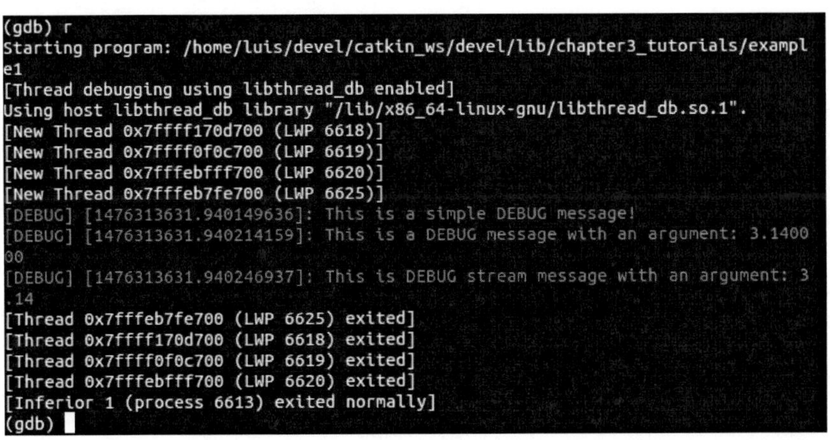

ROS 론칭 동안 GDB에 노드 추가하기

많은 경우 우리는 다음 예와 같이 노드의 시작을 처리하는 launch 파일을 가지고 있다.

```
<launch>
  <node pkg="chapter3_tutorials" type="example1"
  name="example1"/>
</launch>
```

이를 gdb에 붙이려면 다음과 같이 launch-prefix="xterm -e gdb --args"를 붙여야 한다.

```
<launch>
  <node pkg="chapter3_tutorials" type="example1"
  name="example1" launch-prefix="xterm -e gdb --args"/>
</launch>
```

비슷한 방식으로, 노드 출력이 터미널에 나타나기를 원하면 output="screen"을 추가하면 된다. 이 론치 접두어(prefix)를 쓰면 gdb에 추가된 노드를 위한 새로운 xterm 터미널이 생성된다. 필요하면 중단점을 설정하고, C 또는 R 키를 눌러서 노드를 실행하고 디버깅하기 바란다. 이렇게 간단한 작업 흐름에서 흔히 볼 수 있는 일반적인 용도 중 하나는 노드가 충돌하면 **backtrace(bt)**를 얻는 것이다.

ROS 론칭 동안 valgrind로 노드 프로파일링하기

추가적으로, 우리가 진단 툴에 노드를 추가하기 위해 동일한 속성을 사용할 수 있다. 예를 들어, memcheck를 이용해서 메모리 유출을 탐지하고 callgrind를 이용해서 프로파일링 분석을 수행하기 위해 valgrind(보다 많은 정보를 위해 http://valgrind.org를 방문해 보라)를 통해 프로그램을 실행할 수 있다. gdb에 추가하는 것과는 반대로, 우리는 xterm을 시작할 필요는 없다.

```
<launch>
  <node pkg="chapter3_tutorials" type="example1"
  name="example1" output="screen"
  launch-prefix="valgrind"/>
</launch>
```

ROS 노드에 core dump를 허용하기

ROS 노드는 실제로는 일반 실행파일이지만, 코어 덤프를 사용 가능하게 하는 교묘한 방법이 있으며 gdb 세션에서 나중에 사용될 수 있다. 무엇보다도 무제한의 코어 사이즈를 설정해야 하는데, 현재 사이즈의 값은 ulimit -c로 확인할 수 있다. 이 방법은 ROS 노드뿐만 아니라 다른 실행파일들도 필요로 한다는 사실을 기억하자.

```
$ ulimit -c unlimited
```

그런 다음 코어 덤프를 만들 수 있게 하기 위해 기본적으로 pid 프로세스를 사용하도록 코어 파일이름을 정해야 한다. 이렇게 하지 않으면 $ROS_HOME에 코어 덤프를 막는 core 디렉토리가 이미 있어서 코어 덤프를 막기 때문이다. 그러므로 적당한 이름과 $ROS_HOME/core.PID라는 경로로 코어 덤프를 생성하기 위해 다음과 같은 명령을 실행해야 한다.

```
$ echo 1 | sudo tee /proc/sys/kernel/core_uses_pid
```

메시지 로깅하기

프로그램이 하는 일을 나타내는 메시지를 포함하는 것은 좋은 습관이지만, 우리는 소프트웨어의 효율성과 산출물의 명확성을 손상시키지 않으면서 이를 수행해야 한다. ROS에서는 양쪽 특성을 모두 갖춘 API가 있는데, log4cxx(잘 알려진 log4j 로거 라이브러리의 한 포트)의 최상위에 만들어져 있다. 간단히 말해, 우리는 (메시지라는) 이름을 가질 수 있고 조건 또는 심지어 쓰로틀(throttle)에 의존하는 여러 수준의 메시지를 가질 수도 있다. 그 모두는 (심지어 컴파일 시에도) 현재의 상세표시 수준(verbosity level)에 의해 가려져 있으면 성능에 미치는 영향이 미미하다. 이 메시지들은 다른 ROS 툴들과 완벽하게 통합되어 실행 중인 모든 노드의 메시지들을 시각화하고 필터링한다.

로깅 메시지 출력하기

ROS에는 로깅 메시지를 출력하는 함수와 매크로가 상당히 많다. ROS는 다양한 레벨과 조건, STL 스트림, 쓰로틀링과 다른 특성들을 지원하는데, 이 절에서 그 내용들을 볼 것이다. 간단한 것부터 시작하기 위해, 정보를 담은 메시지는 다음의 C++ 코드로 출력된다는 것을 알 필요가 있다.

```
$ ROS_INFO("My INFO message.");
```

이 로깅 함수와 매크로에 접근하려면 아래의 헤더가 필요하다.

```
#include <ros/ros.h>
```

이는 다음의 헤더를 포함하는데 여기에는 로깅 API가 정의되어 있다.

```
#include <ros/console.h>
```

앞의 메시지로 프로그램을 실행하면 다음의 출력을 얻을 것이다.

```
[ INFO] [1356440230.837067170]: My INFO message.
```

모든 메시지는 레벨과 현재 타임스탬프(여러분의 결과와는 다를 것임)를 꺾은 괄호 안에 넣어 실제 메시지 앞에 출력된다. 이 타임스탬프는 epoch 시간이며 1970년 1월 1일 이후로부터 측정된 초와 나노초(nanosecond) 값이다. 이제 우리는 항상 줄을 바꿔서 메시지를 얻는다.

이 함수는 C의 printf 함수와 동일한 방식으로 파라미터를 다룬다. 예를 들어, 아래의 코드로 부동소수점 값인 val 변수에 있는 값을 출력할 수 있다.

```
float val = 1.23;
ROS_INFO("My INFO message with argument: %f", val);
```

C++ STL 스트림은 *_STREAM 함수에 의해서도 지원된다. 그러므로 이전 명령들은 스트림을 사용하여 다음 명령과 동등하다.

```
ROS_INFO_STREAM("My INFO message with argument: " << val);
```

여기에서 API가 cout/cerr, 파일 또는 둘 모두로 리디렉션하여 스트림을 처리했으므로 우리가 어떤 스트림도 지정하지 않았음을 참고하기 바란다.

디버깅 메시지 레벨 설정하기

ROS는 다음과 같은 로깅 레벨을 지원하는데, 아래로 갈수록 관련성(relevance)이 증가한다.

- DEBUG
- INFO
- WARN
- ERROR
- FATAL

이 레벨들은 메시지를 출력하는데 사용되는 함수의 일부이므로 다음 구문을 사용하여 간단하게 실험해 볼 수 있다.

```
ROS_<LEVEL>[_<OTHER>]
```

각 메시지는 다음과 같이 특정 색깔로 출력된다.

```
DEBUG: 녹색
INFO: 흰색
WARN: 노란색
ERROR: 붉은색
FATAL: 보라색
```

각 메시지 레벨은 각기 다른 목적에 사용되도록 정해졌다. 아래의 용도로 각 레벨을 사용하기를 권장한다.

- DEBUG: 디버깅할 때만 사용된다. 이 정보는 테스트 목적으로만 사용되기 때문에 배포된 응용프로그램에서 표시되면 안 된다.
- INFO: 중요한 단계나 노드가 하고 있는 것을 알려주는 표준 메시지이다.
- WARN: 이름이 알려주듯이 어떤 것이 잘못되었거나, 빠졌거나, 비정상적임을 경고하는 것에 사용된다. 하지만 응용프로그램은 상관없이 계속 실행될 수 있다.
- ERROR: 노드가 오류를 복구할 수도 있지만 그 오류를 나타내는데 사용되며, 노드의 행동에 관한 어떤 기대를 설정한다.
- FATAL: 대부분 노드가 작업을 계속할 수 없도록 하는 오류를 표시한다.

특정 노드의 디버깅 레벨 구성하기

기본적으로 ROS는 INFO 메시지나 그 이상 레벨의 메시지만 보여준다. ROS는 특정한 노드에서 출력하는 메시지를 필터링하기 위해 이 레벨을 사용한다. 이렇게 하는 데에는 여러 가지 방법이 있다. 그 중의 어떤 것은 컴파일 시에 설정되며, 어떤 메시지는 주어진 상세표시 수준 이하에서는 컴파일조차 되지 않는다. 다른 메시지는 설정 파일을 이용해서 실행 전에 레벨이 바뀔 수 있으며, 또한 rqt_console이나 rqt_logger_level 툴들을 이용해서 동적으로 레벨을 바꾸는 것도 가능하다.

우리의 소스 코드에서는 컴파일 시에 로깅 레벨을 설정하는 것이 가능하지만, 로깅 레벨을 변경하기 위해 소스 코드를 수정해야 하므로 일반적이지 않으며 권장되지 않는다.

그럼에도 불구하고 어떤 경우에는 주어진 레벨 아래에 있는 모든 로깅 함수의 오버헤드를 제거할 필요가 있다. 이 경우 해당 메시지는 코드에서 제거되고 단순히 사용이 중지되지 않기 때문에 나중에 볼 수 없게 된다. 이를 위해 우리는 ROSCONSOLE_MIN_SEVERITY를 최소 엄격성 레벨로 설정하거나, 어떤 메시지(심지어는 FATAL)라도 피하기 위해 none으로 설정해야 한다. 이 매크로들은 다음과 같다.

```
ROSCONSOLE_SEVERITY_DEBUG
ROSCONSOLE_SEVERITY_INFO
ROSCONSOLE_SEVERITY_WARN
ROSCONSOLE_SEVERITY_ERROR
ROSCONSOLE_SEVERITY_FATAL
ROSCONSOLE_SEVERITY_NONE
```

ROSCONSOLE_MIN_SEVERITY 매크로는 <ros/console.h>에 기본적으로 DEBUG 레벨로 정의되어 있다. 그러므로, 이것을 빌드된 인수(-D를 붙여서)로 전달하거나 모든 헤더 앞에 둔다. 예를 들어, 오직 ERROR(또는 그 이상의) 메시지만을 보고 싶으면 우리의 소스 코드에 다음을 추가하자.

```
#define ROSCONSOLE_MIN_SEVERITY ROSCONSOLE_SEVERITY_ERROR
```

다른 방법으로는 아래의 명령줄로 CMakeLists.txt에 있는 이 매크로를 설정함으로써 패키지 안에 있는 모든 노드에 이를 설정할 수 있다.

```
add_definitions(-DROSCONSOLE_MIN_SEVERITY
=ROSCONSOLE_SEVERITY_ERROR)
```

반면에 설정 파일에서 최소의 로깅 레벨을 정하는 조금 더 유연한 방법이 있다. config 폴더를 만들고 여기에 chapter3_tutorials.config와 같은 파일을 생성하여 이 파일에 다음 내용(이 파일은 DEBUG로 설정되어 있기 때문에 주어진 파일을 편집함)을 넣자.

```
log4j.logger.ros.chapter3_tutorials=ERROR
```

그 다음에 ROSCONSOLE_CONFIG_FILE 환경변수가 우리의 파일을 가리키게 해야 한다. 노드를 실행시키는 launch 파일에서도 이와 같이 할 수 있다. 그러므로 env(환경변수) 요소로 이와 같이 하기 위해 이전에 보인 launch 파일을 다음과 같이 확장할 것이다.

```
<launch>
  <!-- Logger config -->
  <env name="ROSCONSOLE_CONFIG_FILE"
  value="$(find
  chapter3_tutorials)/config/chapter3_tutorials.config"/>
```

```
  <!-- Example 1 -->
  <node pkg="chapter3_tutorials" type="example1"
  name="example1" output="screen"/>
</launch>
```

환경변수는 이전에 보인 구성파일을 가지고 있으며, 이는 각각 명명된 로거에 대한 로깅 레벨 설정을 포함하고 있다. 이 경우 패키지 이름을 로거의 이름으로 사용한다.

메시지에 이름 붙이기

기본적으로 ROS는 노드 로거에 몇 개의 이름을 할당한다. 지금까지 논의된 메시지는 노드의 이름에 따라 명명되었다. 복잡한 노드에서는 주어진 모듈이나 기능을 가진 메시지에 이름을 지어줄 수 있다. 아래와 같이 `ROS_<LEVEL>[_STREAM]_NAMED` 함수(`example2` 노드 참조)를 이용하면 이렇게 할 수 있다.

```
ROS_INFO_STREAM_NAMED(
  "named_msg",
  "My named INFO stream message; val = " << val
);
```

명명된 메시지로 우리는 구성파일을 이용하여 각 명명된 메시지의 상이한 초기 로깅 레벨을 정할 수 있고 나중에 그것들을 개별적으로 수정할 수 있다. 우리는 메시지의 이름을 사양서에 있는 패키지의 하위항목(children)으로 사용해야 한다. 예를 들어, `named_msg` 메시지를 위해 우리는 아래의 코드를 사용할 것이다.

```
log4j.logger.ros.chapter3_tutorials.named_msg=ERROR
```

조건적인 메시지와 필터링 된 메시지

조건적인 메시지들은 주어진 조건이 만족될 때만 출력된다. 이를 사용하기 위해 우리에게는 `ROS_<LEVEL>[_STREAM]_COND[_NAMED]` 함수가 있다. 주의할 점은 이 메시지들 또한 명명된 메시지일 수 있다는 것이다(보다 많은 예와 조합은 `example2` 노드를 참조하기 바란다).

```
ROS_INFO_STREAM_COND(
  val < 0.,
    "My conditional INFO stream message; val (" << val << ") < 0"
);
```

필터링된 메시지는 조건화된 메시지와 본질적으로 비슷하지만, ros::console:: FilterBase를 확장한 사용자 정의 필터를 규정할 수 있게 한다. 우리는 포맷이 ROS_<LEVEL>[_STREAM]_FILTER[_NAMED]인 매크로의 첫 번째 인수에 그러한 필터에 대한 포인터를 전달해야 한다. 아래의 예는 example2 노드로부터 가져온 것이다.

```
struct MyLowerFilter : public ros::console::FilterBase {
  MyLowerFilter( const double& val ) : value( val ) {}
  inline virtual bool isEnabled() { return value < 0.; }
  double value;
  };

MyLowerFilter filter_lower( val );

ROS_INFO_STREAM_FILTER(&filter_lower,
  "My filter INFO stream message; val (" << val << ") < 0"
);
```

once와 throttle, 그리고 다른 조합들의 메시지 보여주기

ROS에서는 메시지가 보여지는 횟수를 조절하는 것도 가능하다. ROS_<LEVEL>[_STREAM]_ONCE[_NAMED]를 쓰면 메시지를 한 번만 출력할 수 있다.

```
for( int i = 0; i < 10; ++i ) {
  ROS_INFO_STREAM_ONCE("My once INFO stream message; i = " << i);
}
```

example2 노드에 있는 위의 코드는 메시지를 한 번만 보여줄 것이다.

그러나 대개 일정한 빈도로 메시지를 보여주는 것이 더 낫다. 이를 위해 우리에게는 쓰로틀(throttle) 메시지가 있다. 이 메시지의 포맷은 once 메시지와 같지만, ONCE가 THROTTLE로 대체된다. 또한 여기에는 period라는 초 단위를 가진 첫 번째 인수가 있는데, 이 메시지는 매 period 초마다 출력된다.

```
for( int i = 0; i < 10; ++i ) {
  ROS_INFO_STREAM_THROTTLE(2,
    "My throttle INFO stream message; i = " << i);
  ros::Duration( 1 ).sleep();
}
```

마지막으로, 명명된 메시지, 조건적 메시지, once/throttle 메시지들은 사용 가능한 모든 레벨들과 함께 사용될 수 있다는 점을 주의하자.

또한 노드렛은 로깅 메시지 측면에서 지원을 받는다. 그들은 자신만의 이름공간을 가지므로, 한 노드렛의 메시지를 다른 노드렛의 메시지와 차별화하기 위해 특별한 이름을 가진다. 간단히 말해, 지금까지 설명된 모든 매크로가 유효하며, `ROS_*` 대신에 `NODELET_*`가 있다. 이 매크로들은 노드렛 내부에서만 컴파일된다. 또한, 노드렛들은 실행 중인 노드렛들의 이름으로 명명된 로거들을 구성하여 동작하는데, 이는 동일한 노드렛 매니저 안에서 실행 중인 같은 타입의 두 노드렛의 출력을 구분할 수 있게 한다. 또한 특정 타입의 모든 노드렛 대신 하나의 특정 노드렛을 디버그 레벨로 전환할 수 있다는 점에서 장점이 있다.

rqt_console과 rqt_logger_level을 사용하여 즉시 로깅 수준 수정

ROS에는 로깅 메시지를 다루는 일련의 툴들이 있다. ROS Kinetic에는 두 개의 분리된 GUI가 있는데, 노드나 명명된 로거의 로깅 레벨을 설정하는 `rqt_logger_level`과 로깅 메시지를 시각화하고 필터링하며 분석하는 `rqt_console`이다.

이를 테스트하기 위해 `example3`를 사용할 것이다. 로깅 메시지를 보기 위해 `roscore`와 `rqt_console`을 다음 명령으로 실행하자.

```
$ rosrun rqt_console rqt_console
```

그러면 다음의 창이 열린다.

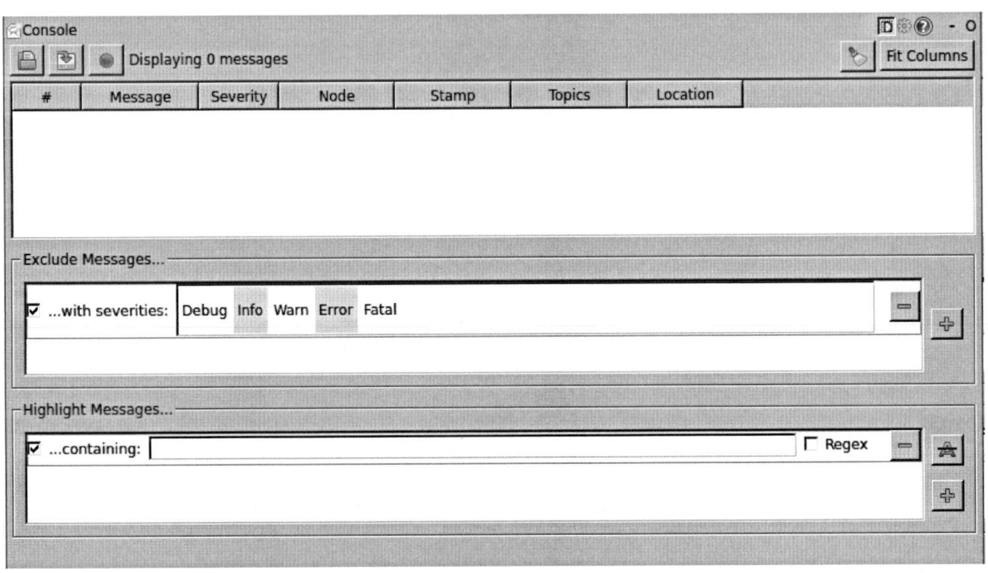

이제 다음 명령으로 노드를 실행하자.

```
$ rosrun chapter3_tutorials example3
```

그러면 아래의 스크린화면과 같은 로깅 메시지를 보기 시작할 것이다. 이때 roscore가 실행되고 있어야 하며, rqt_console의 기록(recording) 버튼을 눌러야 함을 잊지 말자.

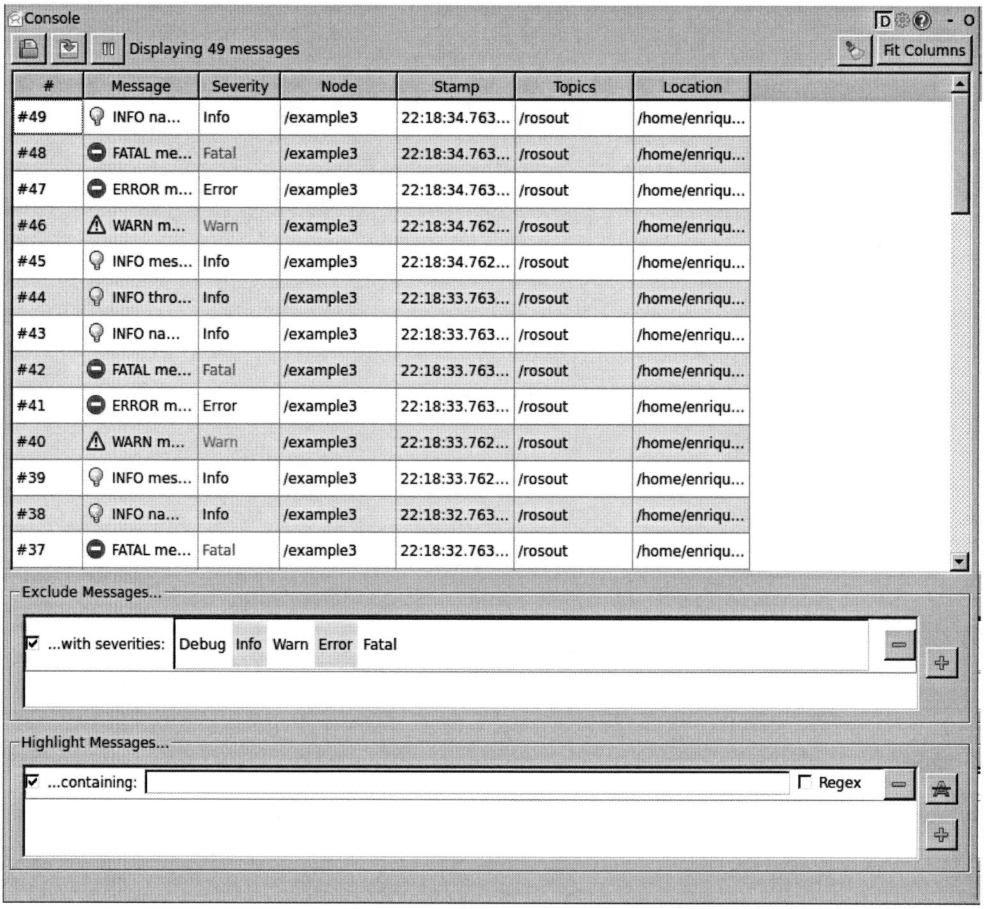

rqt_console에서 메시지들은 시간스탬프와 메시지 자신, 엄격성(severity) 레벨, 그 메시지를 만든 노드와 그 이외의 정보들로 구별된 열에 모두 표시된다. 만약 열들을 자동으로 맞추고 싶으면 **Resize columns** 버튼을 누르면 된다. 각 메시지를 더블 클릭하면 아래 스크린화면에서 보듯이 그 메시지를 생성한 코드 줄을 포함한 모든 정보들을 볼 수 있다.

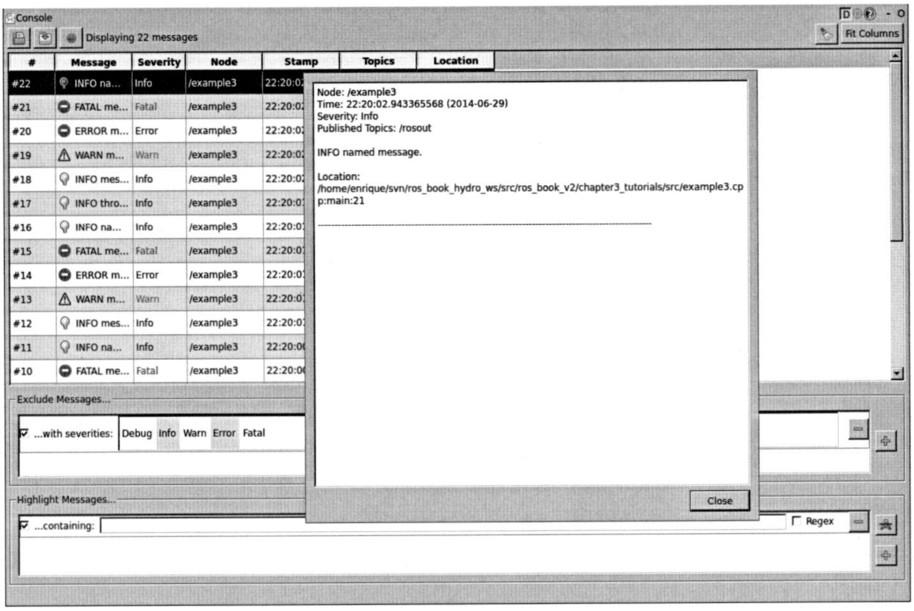

이 인터페이스에는 정지, 저장하기, 이전/저장된 로깅 메시지 불러오기 기능이 있다. 우리는 메시지 리스트를 지우거나 메시지들을 필터링할 수 있다. ROS Kinetic에서는 필터링된 메시지를 제외한 나머지 메시지들은 필터 규칙에 의존하는 특정 인터페이스를 가지고 있다. 예를 들어, 노드들은 하나의 규칙으로 필터링될 수 있는데, 이 규칙에서 우리는 배제하고 싶은 노드들을 선택한다. 또한 동일한 방식으로 필터를 강조할 수 있는데, 아래의 스크린화면과 같다.

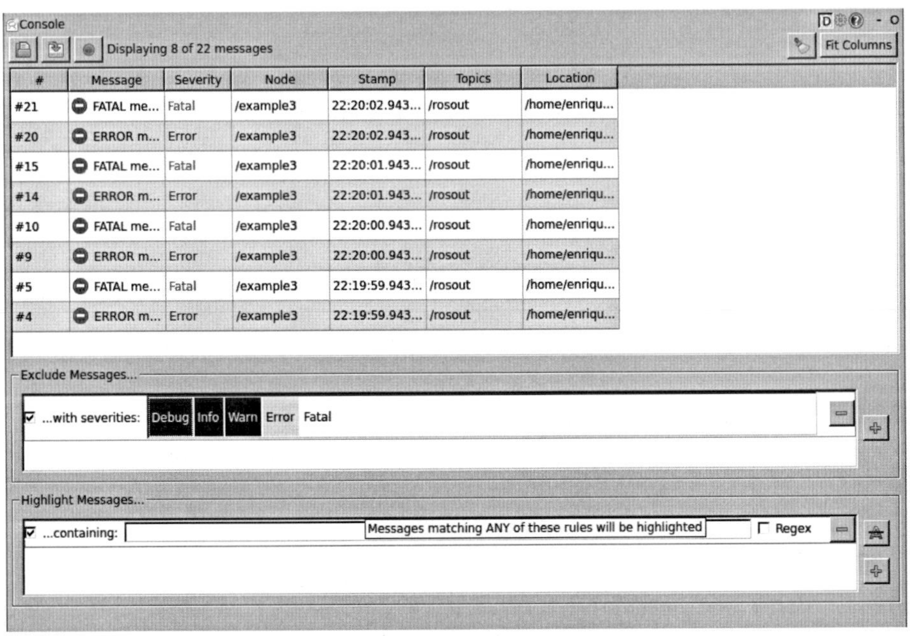

일례로 이전 이미지의 메시지들 중 엄격도가 ERROR나 FATAL과 다른 메시지들을 배제함으로써 메시지를 필터링할 수 있다.

로거의 엄격도를 정하기 위해, 다음 명령을 입력해야 한다.

```
$ rosrun rqt_logger_level rqt_logger_level
```

여기에서 우리는 노드, 명명된 로거, 엄격도 순으로 선택할 수 있다. 이렇게 수정하고 나면, 지정한 엄격도 이하의 새로운 메시지들은 `rqt_console`에 나타나지 않을 것이다.

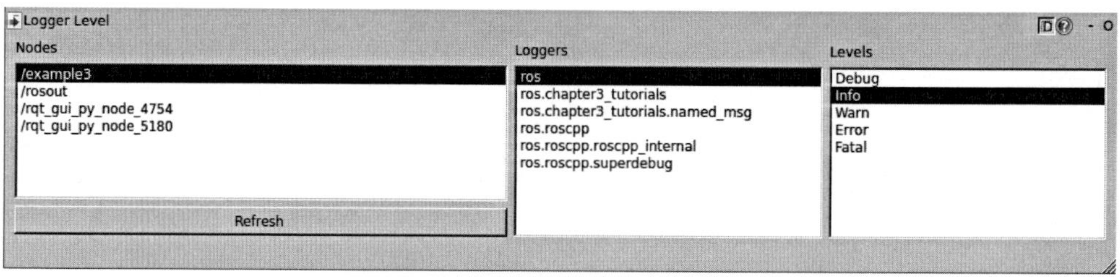

다음 스크린화면은 `example3` 노드의 명명된 로거인 `ros.chapter3_tutorials.named_msg`에 엄격도를 Debug로 정한 경우이다. 이 명명된 로거는 `*_NAMED` 로깅 함수에 의해 생성된다는 것을 기억하기 바란다.

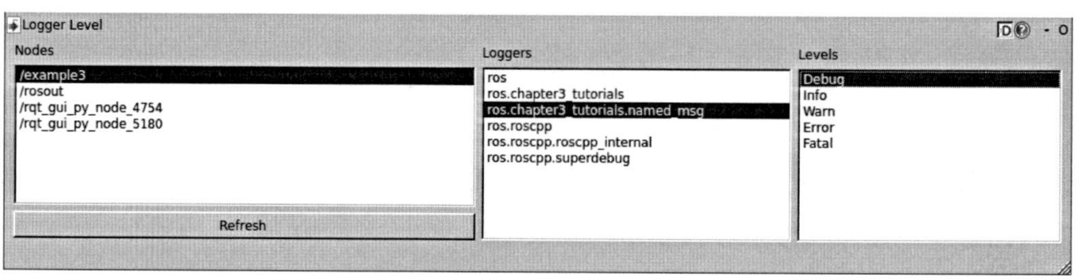

보다시피 모든 노드는 기본적으로 몇 개의 내부 로거들을 보유하고 있는데, 이들은 ROS 통신 API와 관계가 있다. 일반적으로 내부 로거들의 엄격도를 감소시켜서는 안된다.

시스템 조사하기

우리의 시스템이 동작하고 있을 때, 다수의 노드가 있고 이들 간에 메시지를 발행하는 많은 토픽들이 있을 것이다. 또한 활동(action)과 서비스를 제공하는 노드들도 있을 것이다. 규모가 큰 시스템에는 주어진 시간에 무엇이 실행되고 있는지를 볼 수 있게 하는 툴을 가지고 있는 것이 중요하다. ROS에는 이 용도로 CLI부터 GUI 애플리케이션까지 기본적이지만 강력한 툴들이 있다.

우리는 노드와 토픽, 서비스, 파라미터를 열거하면서 자기검사(introspection)의 가장 기본적인 단계로부터 시작할 것이다. 우리는 주어진 시간에 실행 중인 노드와 토픽과 사용 가능한 서비스의 리스트를 얻는 방법을 볼 것이다.

리스트 대상	명령
실행 중인 노드	rosnode list
모든 실행 노드의 토픽들	rostopic list
모든 실행 노드의 서비스들	rosservice list
서버의 파라미터들	rosparam list

2장으로 돌아가서 `rosmsg show`를 사용하여 이러한 명령들이 우리가 특정 항목뿐만 아니라 해당 필드에서 보낸 메시지 타입을 어떻게 얻게 하는지를 확인하는 것을 추천한다.

이 명령들 모두 `grep`과 같은 정규적인 배시 명령어와 결합하여 원하는 노드와 토픽, 서비스, 또는 파라미터들을 검색할 수 있다. 예를 들어, 아래 명령을 이용해서 액션 목표 토픽을 찾을 수 있다.

```
$ rostopic list | grep goal
```

`grep` 명령은 파일들의 리스트나 표준 출력에서 텍스트나 패턴을 검색한다.

추가적으로, ROS는 여러분이 토픽과 서비스로 이것저것을 해 볼 수 있도록 다수의 GUI를 제공한다. 먼저, `rqt_top`은 인터페이스에서 실행되는 노드를 보여주는데, 사용 중인 모든 노드와 자원을 신속하게 보여주는 **프로세스 표(table of process, ToP)**와 유사하다. 다음의 스크린화면은 일례로 네비게이션 스택이 실행 중인 REEM 시뮬레이션을 사용한 것을 보여준다.

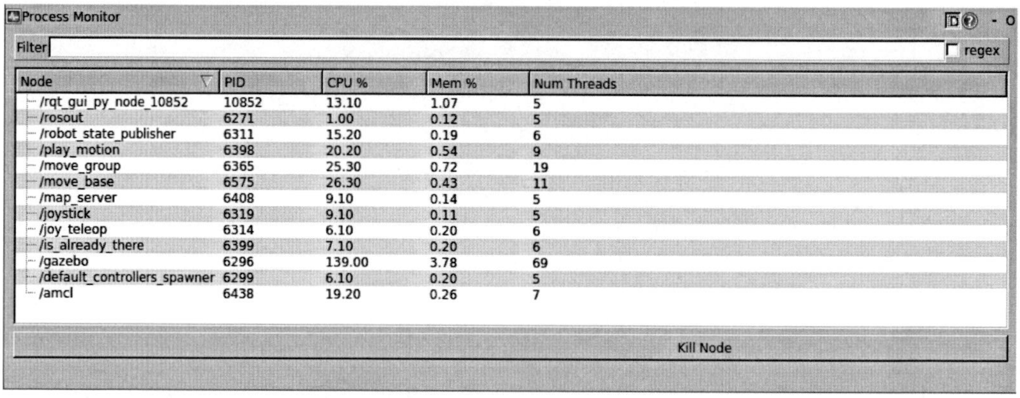

반면에 rqt_topic은 발행자, 구독자, 발행률, 발행된 메시지를 포함한 토픽의 디버깅 정보를 보여준다. 여러분은 메시지들의 대역폭과 주파수(Hz)를 해석하고 최근 발행된 메시지를 보기 위해, 메시지 필드 토픽을 볼 수 있고 구독하기 원하는 토픽을 선택할 수 있다. 이때 잠궈진(latched) 토픽은 대개 연속적으로 발행되지 않으므로 그에 관한 정보를 볼 수 없다는 것에 주의하자. 아래의 스크린화면은 앞의 내용을 보여준다.

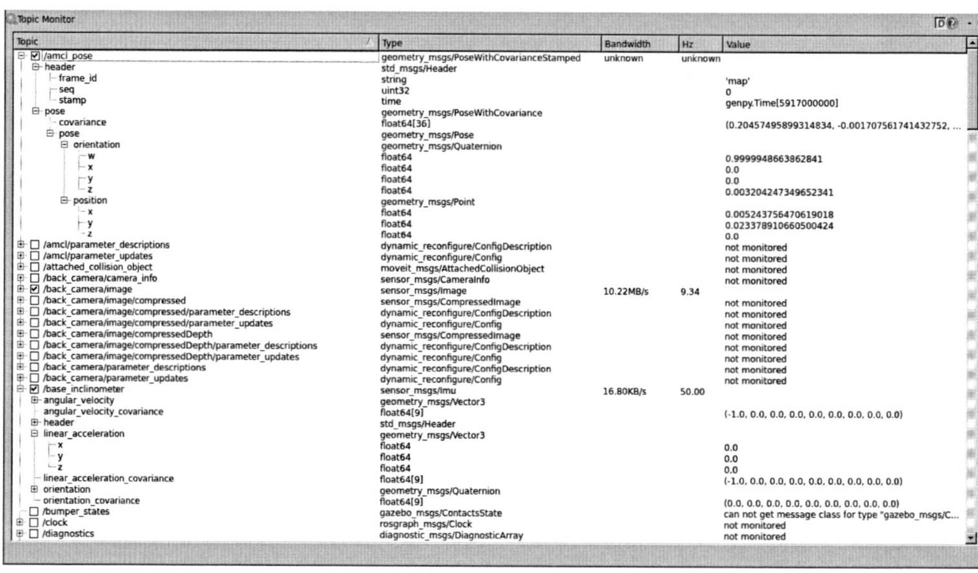

유사하게도 rqt_publisher로 복수 개의 rostopic pub 명령들의 인스턴스들을 하나의 인터페이스에서 다룰 수 있다. 또한 rqt_publisher는 발행된 메시지들과 고정된 값들에 대해 Python 명령어도 지원한다. 아래 스크린화면에서 발행되고 있는 두 예제 토픽들을 볼 수 있는데, rostopic echo <topic>을 사용하여 두 개의 다른 터미널에서 메시지를 보는 것이다.

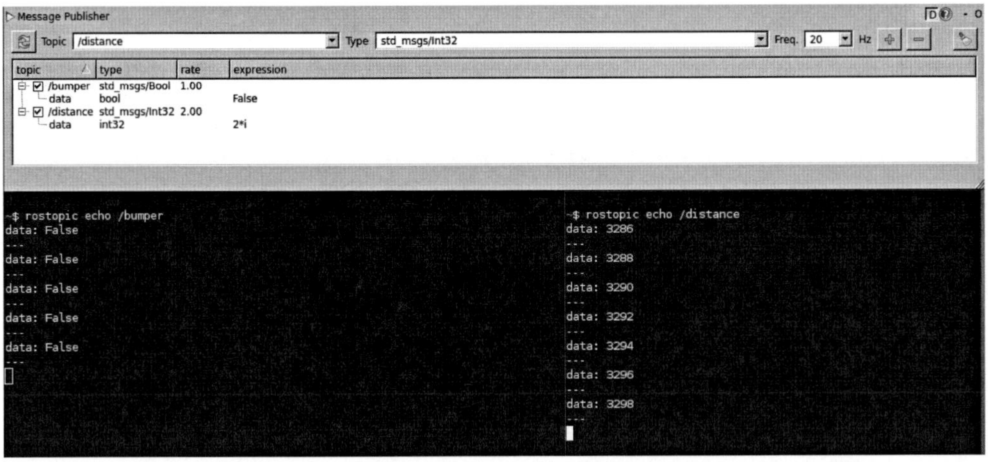

rqt_service_caller는 rosservice call 명령의 복수 인스턴스에 대해 동일한 작업을 수행하는 것에 주의하자. 다음 스크린화면에서 우리는 요청을 설정해야 하는 /move_base/NavfnROS/make_plan 서비스를 호출할 것이다. 빈 서비스의 경우 /amcl 노드의 /global_localization 서비스 때문에 이 작업은 필요하지 않다. **Call** 버튼을 클릭한 후에 응답 메시지가 표시될 것이다. 이 예에서는 네비게이션 스택이 실행되는 REEM 시뮬레이션을 사용했다.

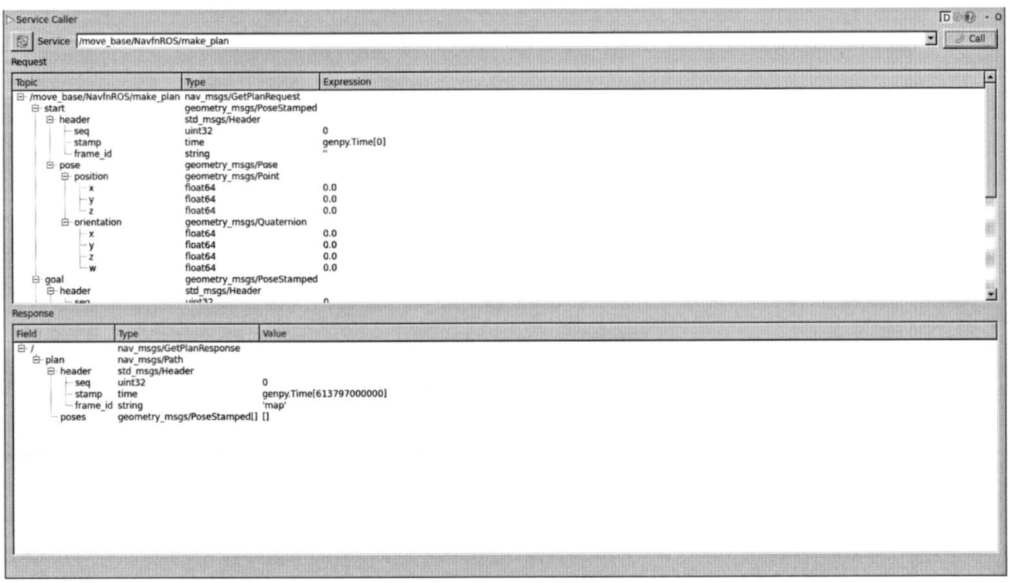

rqt_graph로 노드의 그래프를 온라인으로 조사하기

현재 ROS 세션의 상태는 실행 중인 노드를 그래프의 노드로, 이 노드 사이에서 토픽을 통한 발행자-구독자의 연결은 그래프의 가지로 표현된 유향 그래프로 나타낼 수 있다. 이 그래프는 다음과 같이 rqt_graph로 동적으로 그려질 수 있다.

```
$ rosrun rqt_graph rqt_graph
```

노드와 토픽, 서비스를 rqt_graph로 조사하는 방법을 예시하기 위해 다음 launch 파일로 example4와 example5 노드를 동시에 실행해 보자.

```
$ roslaunch chapter3_tutorials example4_5.launch
```

example4 노드는 두 개의 다른 토픽을 발행하고 서비스를 호출한다. 그동안 example5 노드는 이 토픽들을 구독하고 서비스 서버로 질의(query)를 요청하는 것에 참여하고 응답을 제공한다. 한 번 노드가 실행되면, 아래의 스크린화면과 같이 노드의 토폴로지(topology)를 얻게 된다.

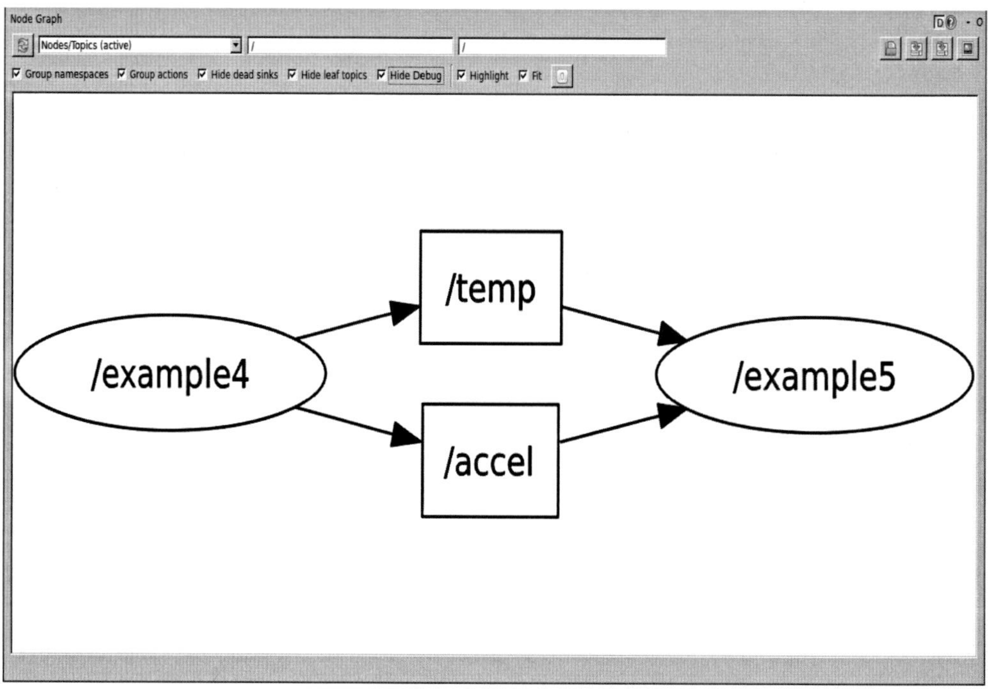

이 스크린화면에서 우리는 `example4` 노드와 `example5` 노드들이 `temp`와 `accel`이라는 토픽들로 연결된 것을 볼 수 있다. 앞에서 했던 것처럼, **Hide Debug**가 선택되었으므로 ROS 서버 노드 `rosout`과, 서버에 있는 진단용 수집기(diagnostic aggregator)를 위한 로깅 메시지를 발행하는 `rosout` 토픽을 볼 수 없다. 이 옵션의 선택을 취소하여 디버그 노드/토픽이 ROS 서버뿐만 아니라 `rqt_graph` 노드 자체도 볼 수 있도록 표시 할 수 있다(다음 스크린화면을 볼 것). 복잡한 시스템에서는 이러한 노드들을 숨기는 것이 그래프를 단순화하는데 도움이 된다. 또한 ROS Kinetic에서는 동일한 이름공간에 있는 노드들은 (예를 들어 그룹 이미지 파이프라인 노드로) 그룹화된다.

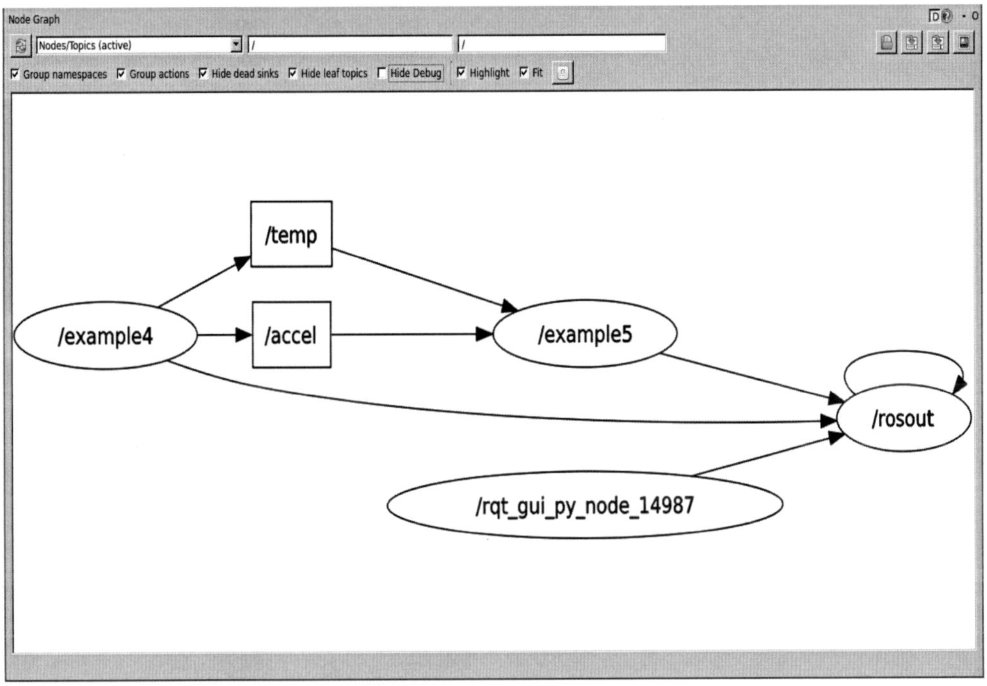

시스템에 어떤 문제가 있을 때, 해당 노드는 그 위에 마우스를 올려 놓을 때를 제외하고는 항상 붉은 색으로 나타난다. 그런 경우, **All Topics**를 선택하여 연결되어 있지 않은 토픽들을 보는 것이 유용하다. 이렇게 하면 대부분 노드 간의 연결을 끊는, 잘못된 철자의 토픽 이름을 보여준다.

다른 장치에서 노드를 실행할 때, `rqt_graph`는 그 노드의 연결을 나열하면서 그 노드가 하나의 장치에서 다른 장치로 서로를 볼 수 있는지를 보여주기 때문에 훌륭한 고수준 디버깅 기능을 보여준다.

마지막으로, 우리는 통계(statistics)를 작성하여 메시지의 빈도와 대역폭을 기록 빈도와 라인 폭과 함께 토픽 가장자리에 나타낼 수 있다. 우리는 이러한 정보를 사용하기 위해 rqt_graph를 실행하기 전에 다음과 같이 이 파라미터를 설정해야 한다.

```
$ rosparam set enable_statistics true
```

그러나 이것은 통계를 가능하게 하기 위해 우리가 해야 할 유일한 것은 아니다. 원하는 정보를 얻으려면 rqt_topic 유틸리티를 시작해야 하며 적절한 토픽에 체크 표시해야 한다. 관련 노드를 시작하기 전에 매개 변수를 활성화해야 할 수도 있음에 주의하자.

동적 파라미터 설정

어떤 노드가 동적 재설정 파라미터 서버를 구현하고 있다면, 우리는 rqt_reconfigure를 사용하여 그때그때 봐가면서 수정할 수 있다. 동적 재설정 파라미터를 여러 개의 파라미터로 구현하는 다음의 명령을 실행해 보자(패키지의 cfg 폴더에 있는 cfg 파일을 보라).

```
$ roslaunch chapter3_tutorials example6.launch
```

동적 재설정 서버가 실행되고 있을 때 아래 명령으로 GUI를 열어보자.

```
$ rosrun rqt_reconfigure rqt_reconfigure
```

왼쪽에 패널에서 example6 서버를 선택하면 여러분은 그 서버의 파라미터들을 볼 수 있는데, 직접 수정이 가능하다. 이러한 파라미터의 변화는 예제 소스 코드의 콜백 메소드 내에 있는 유효성 확인 코드를 실행함으로써 즉시 효력을 가진다. 이 예에서는 파라미터들이 바뀔 때마다(즉, 콜백 메소드가 실행될 때마다) 프린트된다. 아래의 스크린화면은 예상되는 결과이다.

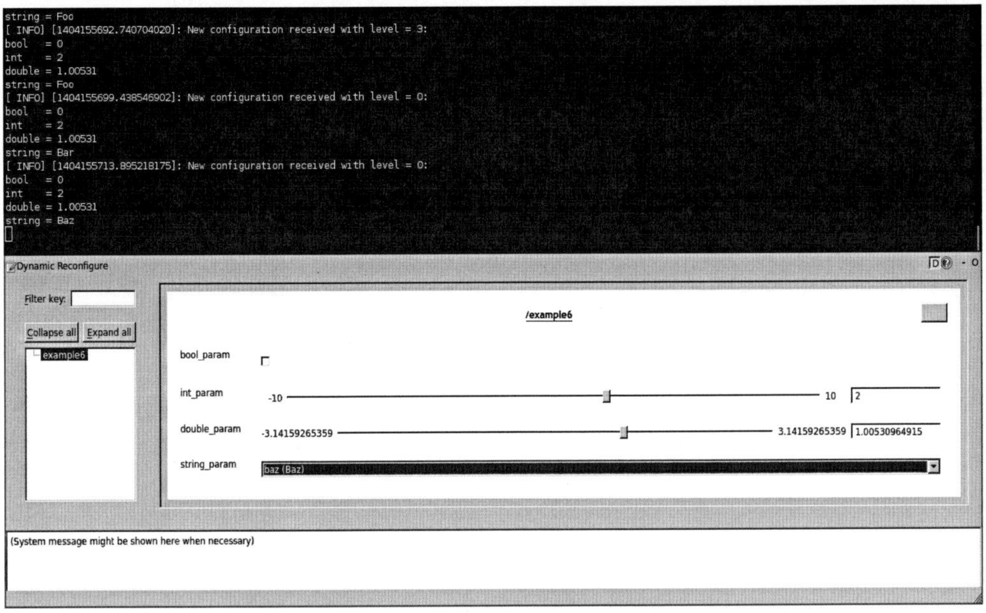

동적 파라미터들은 그때그때 수정하기 쉽도록 원래 드라이버를 위해 만들어졌다. 이러한 이유로, 몇몇 드라이버들은 이미 동적 파라미터들을 구현했다. 그렇기는 하지만, 다른 노드에 사용될 수도 있다. 이렇게 동적 파라미터를 구현한 드라이버의 예는 Hokuyo 레이저 거리측정기(laser rangefinder)를 위한 `hokuyo_node` 드라이버 또는 Firewire `camera1394` 드라이버이다. 사실 Firewire 카메라의 경우 일반적으로 드라이버가 프레임 속도(frame rate), 셔터 속도 및 밝기와 같은 센서의 구성 변수를 변경하는 것을 지원한다. Firewire 카메라의 ROS 드라이버(IEEE 1394a 또는 1394b)는 다음 명령으로 실행될 수 있다.

```
$ rosrun camera1394 camera1394_node
```

카메라가 실행되면 파라미터들을 `rqt_reconfigure`로 설정할 수 있는데, 다음 스크린화면과 유사한 것을 보게 될 것이다.

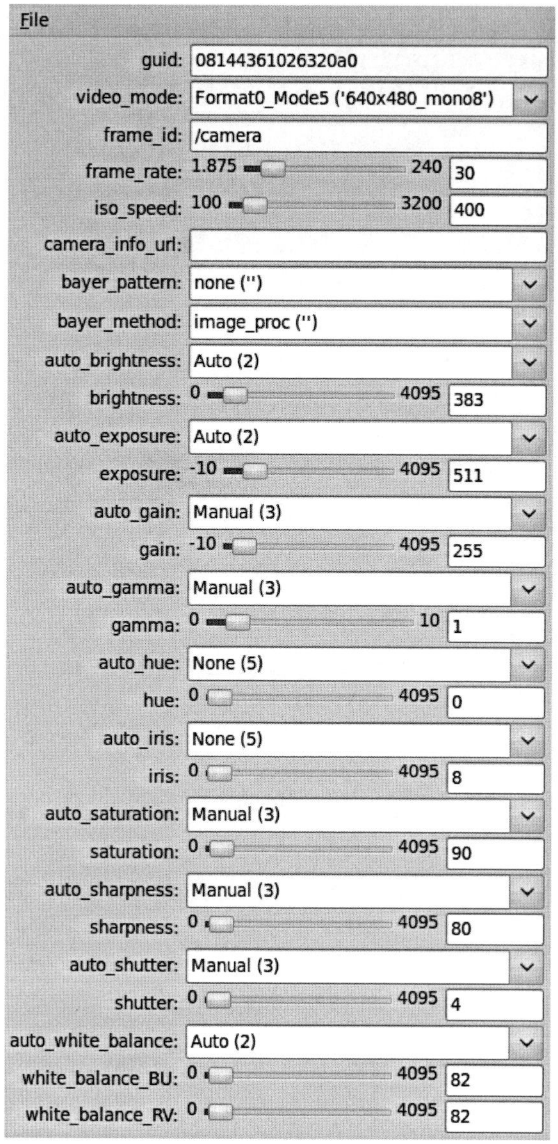

9장에서 카메라를 이용하는 방법을 다룰 것인데, 개발자 관점에서 이 파라미터들을 설명할 것이다.

예상외의 것을 다루기

ROS에는 패키지의 모든 요소들에 있는 잠재적인 문제들을 탐지할 수 있는 몇 가지 툴들이 있다. roscd를 이용해서 여러분이 분석하고자 하는 패키지로 이동한다. 그 다음에 roswtf를 실행한다. chapter3_tutorials에 대해서 우리는 다음의 결과를 얻었다. 여러분이 어떤 것을 실행했다면 ROS 그래프 또한 분석된다는 사실을 유의하자. roslaunch chapter3_tutorials example6.launch 명령을 실행하면 아래의 스크린화면과 유사한 출력을 얻게 된다.

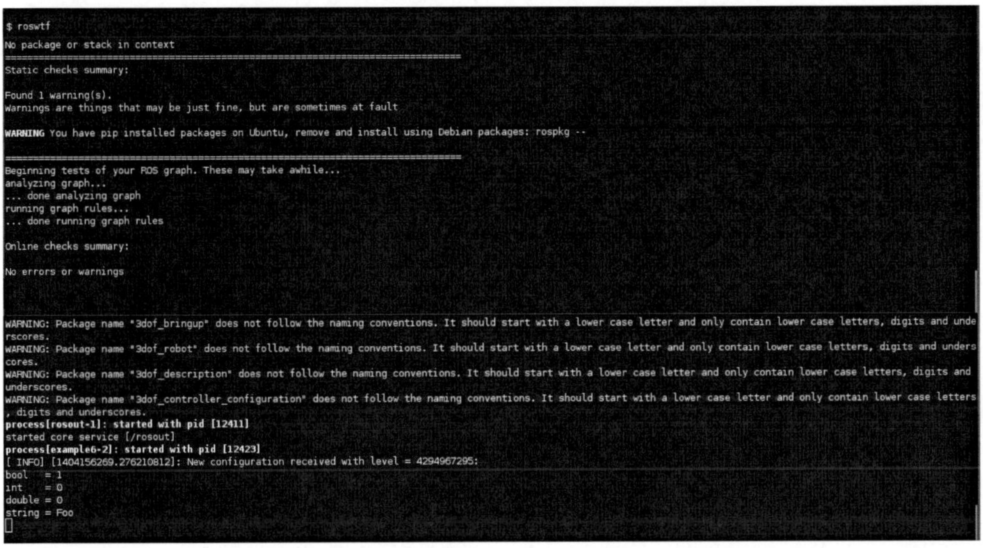

일반적으로 우리는 오류나 경고가 발생하지 않기를 기대하지만, 그렇다 하더라도 그 중의 일부는 해롭지 않다. 앞의 스크린화면에서 roswtf는 어떤 에러도 감지하지 않고 pip에 대한 경고만을 출력하는 것을 볼 수 있는데, 이는 시스템에 설치되어 있는 Python 코드와 함께 가끔 문제를 일으킨다. roswtf의 목적이 잠재적인 문제를 알리는 것임을 기억하고, 앞의 경우에서처럼 그 경고들이 실질적인 것인지 아니면 별 의미없는 것인지를 확인할 필요가 있다.

또 다른 유용한 툴은 catkin_lint인데 대부분 CMakeLists.txt와 package.xml 파일 안에 있으면서, catkin으로 오류를 진단하는 것을 도와준다. chapter3_tutorials에 대한 출력은 다음과 같다.

```
$ catkin_lint -W2 --pkg chapter3_tutorials
```

-W2를 사용하면 아래의 스크린화면에서 보는 것과 같이 대부분 무시해도 되는 경고를 보여준다.

```
$ catkin_lint -W2 --pkg chapter3_tutorials
chapter3_tutorials: notice: target name 'example6' might not be sufficiently unique
chapter3_tutorials: notice: target name 'example7' might not be sufficiently unique
chapter3_tutorials: notice: target name 'example4' might not be sufficiently unique
chapter3_tutorials: notice: target name 'example5' might not be sufficiently unique
chapter3_tutorials: notice: target name 'example2' might not be sufficiently unique
chapter3_tutorials: notice: target name 'example3' might not be sufficiently unique
chapter3_tutorials: notice: target name 'example1' might not be sufficiently unique
chapter3_tutorials: notice: target name 'example8' might not be sufficiently unique
chapter3_tutorials: CMakeLists.txt(83): notice: extra arguments in endforeach()
catkin_lint: checked 1 packages and found 9 problems
WARNING: Package name "3dof_bringup" does not follow the naming conventions. It should start with a lower case letter and only contain lower case letters, digits and unde
rscores.
WARNING: Package name "3dof_robot" does not follow the naming conventions. It should start with a lower case letter and only contain lower case letters, digits and unders
cores.
WARNING: Package name "3dof_description" does not follow the naming conventions. It should start with a lower case letter and only contain lower case letters, digits and
underscores.
WARNING: Package name "3dof_controller_configuration" does not follow the naming conventions. It should start with a lower case letter and only contain lower case letters
, digits and underscores.
process[rosout-1]: started with pid [12411]
started core service [/rosout]
process[example6-2]: started with pid [12423]
[ INFO] [1404156269.276210812]: New configuration received with level = 4294967295:
bool   = 1
int    = 0
double = 0
string = Foo
```

별도로 catkinlint를 설치해야 할 필요가 있는데, 이는 대개 python-catkin-lint 패키지에 포함되어 있다.

노드 진단을 시각화하기

ROS 노드는 diagnostics 토픽을 이용해서 진단 정보를 제공할 수 있다. 이를 위해 표준적인 방법으로 진단 정보를 발행하는 것을 도와주는 API가 있다. 이 정보는 diagnostic_msgs/DiagnosticStatus 메시지 타입을 따르는데, 이를 통해 우리는 레벨(OK, WARN, ERROR), 이름, 메시지, 하드웨어 ID, 그리고 key와 value 스트링들의 짝인 diagnostic_msgs/KeyValue 리스트를 명기할 수 있다.

흥미로운 부분은 이 진단 정보를 수집하고 시각화하는 도구와 함께 제공된다. 우리는 기본 레벨에서 rqt_runtime_monitor를 이용하여 diagnostics 토픽을 통해 직접적으로 발행된 정보를 시각화할 수 있다. 진단 토픽을 통해 정보를 발행하는 example7 노드와 진단 정보를 확인하게 하는 이 시각화 도구를 실행하자.

```
$ roslaunch chapter3_tutorials example7.launch
$ rosrun rqt_runtime_monitor rqt_runtime_monitor
```

이 명령어는 다음의 결과를 보여준다.

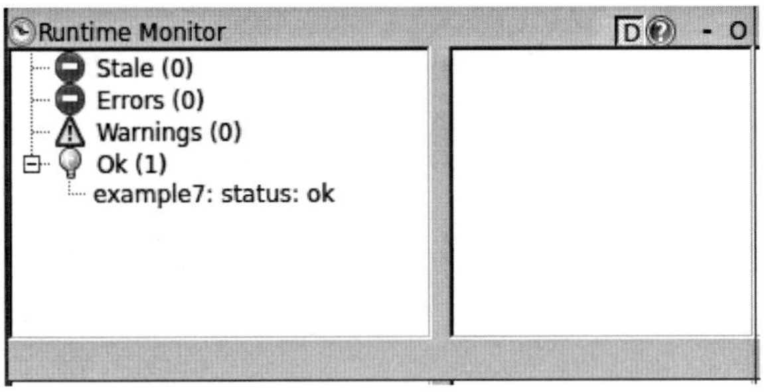

시스템의 규모가 클 때 우리는 diagnostic_aggregator를 이용해서 진단 정보를 취합할 수 있다. 이는 diagnostic 토픽 메시지를 처리 및 분류하고 diagnostics_agg에 그 메시지들을 다시 발행한다. 이렇게 취합된 진단 메시지들은 rqt_robot_monitor로 시각화될 수 있다. 진단적 수집기는 다음과 같은 구성파일(chapter3_tutorials에 있는 config/diagnostic_aggregator.yaml을 볼 것)로 설정되는데, 여기에서 우리는 다른 analyzers (이 경우에는 AnalyzerGroup)를 이용해서 다음과 같이 정의했다.

```
type: AnalyzerGroup
path: Sensors
analyzers:
status:
type: GenericAnalyzer
path: Status
startswith: example7
num_items: 1
```

앞의 코드에서 사용된 론치 파일은 이미 진단적인 aggregator_node를 이전 설정으로 실행하고 있으므로, 여러분은 아래의 명령을 실행할 수 있다.

```
$ rosrun rqt_robot_monitor rqt_robot_monitor
```

이제 다음 스크린화면과 같이 rqt_runtime_monitor를 시각화한 것과 rqt_robot_monitor를 시각화한 것을 서로 비교할 수 있다.

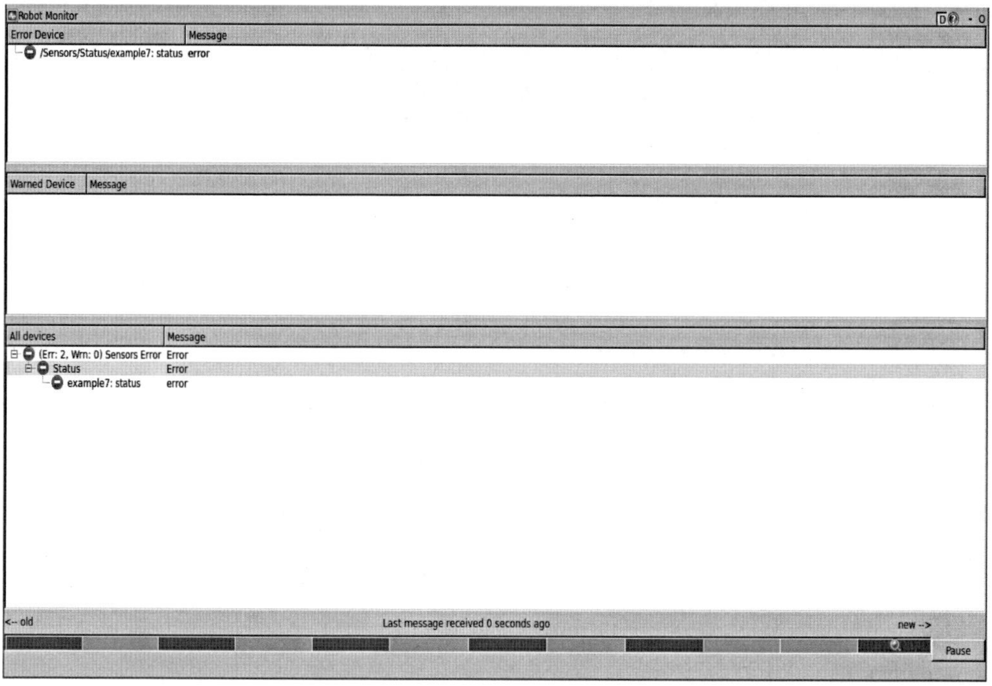

스칼라 데이터 그리기

스칼라 데이터는 ROS에서 이미 사용 가능한 포괄적인(generic) 툴들을 이용해서 쉽게 그릴 수 있다. 비 스칼라(non-scalar) 데이터도 그릴 수 있지만, 이 경우 각 스칼라 필드들이 따로 그려진다. 우리가 스칼라 데이터에 대해 얘기하는 것도 이런 이유인데, 대부분의 비 스칼라 구조 데이터들은 임기응변적인(ad hoc) 시각화 툴들로 좀 더 잘 표현되기 때문이다. 그 중의 일부를 우리가 볼 것인데, 예를 들자면 이미지와 자세, 방향/고도 등이다.

rqt_plot으로 시계열 그래프 생성하기

스칼라 데이터는 메시지의 타임스탬프에 의해 제공된 시간의 시계열(time series)로 그려질 수 있다. 그러면 *y*축에 스칼라 데이터를 표시할 수 있다. 이렇게 하는 툴이 바로 `rqt_plot`이다. 이 툴에는 강력한 인수(argument) 구문(syntax)이 있는데, 구조적 메시지의 다양한 필드들을 간단한 방법으로 규정할 수 있게 한다. 또한 GUI에서 토픽이나 필드들을 수작업으로 추가하거나 지울 수 있다.

rqt_plot이 실행되는 것을 보기 위해 example4 노드를 사용해야 하는데, 이 노드는 temp라는 스칼라 값과 accel이라는 벡터(비 스칼라)를 두 개의 다른 토픽으로 발행한다. 이 메시지들에 넣어진 값들은 합성되어 생성되었으므로 실제적인 의미는 없지만, 우리의 데이터 그리기 시연이라는 목적에 부합한다. 아래 명령을 이용해서 이 노드를 실행해 보자.

```
$ rosrun chapter3_tutorials example4
```

메시지를 그리기 위해 우리는 그 포맷을 알아야 하는데, 만약 모른다면 rosmg show <msg type>을 이용하자. 스칼라 데이터의 경우 실제 값을 가지고 있는 data 필드가 항상 있으므로, Int32 타입인 temp 토픽에 대해서는 아래의 명령을 실행할 것이다.

```
$ rosrun rqt_plot rqt_plot /temp/data
```

노드가 실행되면, 유입되는 메시지와 함께 시간이 지남에 따라 그래프가 바뀌는 것을 아래와 같이 볼 수 있다.

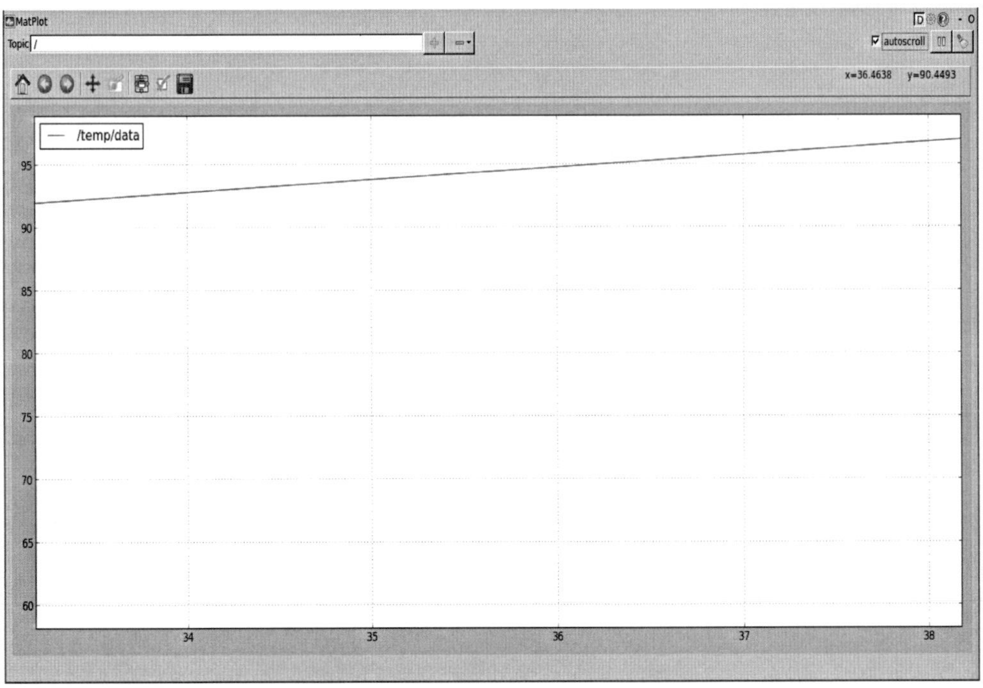

accel에 대해서 Vector3 메시지가 있는데(rostopic type / accel로 확인 가능), 하나의 그림에서 시각화할 수 있는 세 개의 필드를 보유하고 있다. Vector3 메시지에는 x, y, z 필드들이 있다. 우리는 필드를 콜론(:)으로 구분거나, 아래 명령에서처럼 보다 간결하게 지정할 수 있다.

```
$ rosrun rqt_plot rqt_plot /accel/x:y:z
```

그 결과 그림은 아래의 스크린화면에서 보는 것과 유사할 것이다.

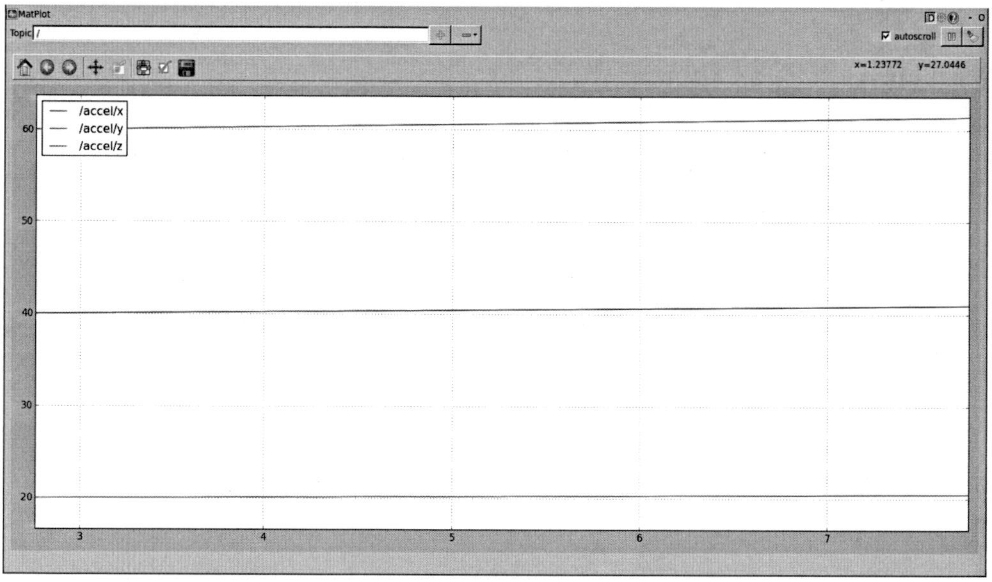

또한 우리는 분리된 축에 각 필드를 그릴 수도 있다. 그러나 rqt_plot은 이를 직접 지원하지는 않는다. 그 대신 아래의 명령과 이로부터 얻은 스크린화면에서 보인 것처럼 rqt_gui를 사용하고 수작업으로 이 그림들을 배치해야 한다.

```
$ rosrun rqt_gui rqt_gui
```

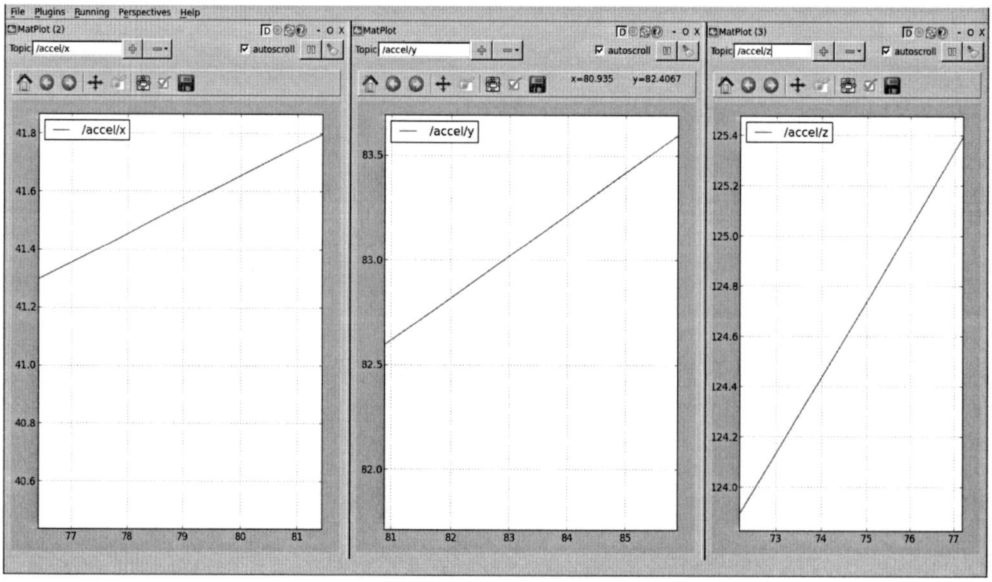

rqt_plot GUI는 세 개의 그리기 프론트엔드(frontend)를 지원한다. 우리는 좀 더 빠르고 더 많은 시계열 데이터들을 동시에 지원하는 QT 프론트엔드를 사용할 수 있다. 여러분은 다음과 같이 구성 버튼에서 이들을 접근하고 선택할 수 있다.

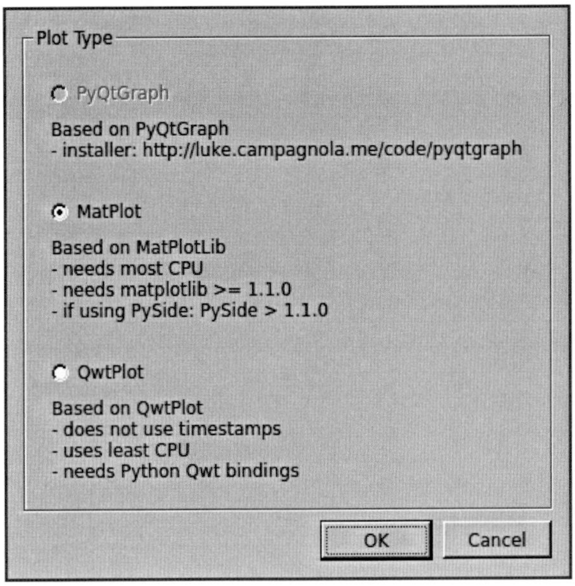

이미지 시각화

ROS에는 카메라로부터 나오는 이미지를 그때그때 보여주는 노드가 있다. 이는 복잡한 데이터를 가진 토픽의 한 예인데, 특별한 툴로 시각화하고 분석하는 것이 더 낫다. 이를 위해 노트북 컴퓨터의 웹캠(webcam)같은 카메라가 하나 필요하다. example8 노드는 OpenCV와 ROS 바인딩을 이용해서 cv::Mat 이미지들을 토픽에 발행될 수 있는 ROS Image 메시지로 변환해 주는 기본적인 카메라 캡처 프로그램을 구현한다. 이 노드는 /camera 토픽에 있는 카메라 프레임을 발행한다.

우리는 이렇게 하기 위해 다음과 같이 생성된 launch 파일로 노드를 실행할 것이다. 노드 내부에 있는 코드는 독자에게 새롭겠지만, 이후의 장들에서 ROS로 어떻게 카메라와 이미지를 다루는지를 배울 것이다. 그후에 이 노드로 돌아와 보면 이해가 잘 될 것이다.

```
$ roslaunch chapter3_tutorials example8.launch
```

노드가 실행되면 우리는 rostopic list 명령으로 토픽들을 나열할 수 있고, /camera 토픽이 여기에 있는 것을 볼 수 있다. 우리가 실질적으로 이미지를 캡처하고 있다는 것을 검증하는 직접적인 방법은 우리가 얼마의 주파수로 토픽에 있는 이미지를 받고 있는지를 rostopic hz /camera 명령으로 확인하는 것이다. 주파수는 30Hz의 영역 안에 있을 것이다. 아래 스크린화면이 이를 보여준다.

```
~$ rostopic hz /camera
subscribed to [/camera]
average rate: 10.728
        min: 0.084s max: 0.099s std dev: 0.00474s window: 10
average rate: 10.746
        min: 0.084s max: 0.099s std dev: 0.00441s window: 21
average rate: 10.725
        min: 0.084s max: 0.099s std dev: 0.00426s window: 31
average rate: 10.710
        min: 0.084s max: 0.100s std dev: 0.00409s window: 42
average rate: 10.702
        min: 0.084s max: 0.100s std dev: 0.00398s window: 53
```

단일 이미지 시각화

우리는 텍스트로 표시하기에는 너무나 크고 인간이 읽을 수 없는 이미지를 다루고 있기 때문에 rostopic echo /camera를 쓸 수가 없다. 그러므로 아래의 명령을 사용할 것이다.

```
$ rosrun image_view image_view image:=/camera
```

이는 image_view 노드인데, 주어진 토픽(image 인수)에 있는 이미지를 하나의 창에 보여준다. 이 방법으로 우리는 토픽에서 발행되는 모든 이미지와 프레임을 아주 간단하면서도 유연한 방식으로, 심지어는 네트워크에서도, 시각화할 수 있다. 여러분이 마우스의 오른쪽 버튼을 창에서 누르면 현재 프레임을 디스크에 저장할 수 있는데, 그 위치는 대부분 홈 디렉토리인 ~/.ros이다.

ROS Kinetic 또한 rqt_image_view를 가지고 있는데, 하나의 창에서 여러 이미지를 보여주는 것을 지원하지만 오른쪽 버튼을 클릭하여 이미지를 저장하는 것은 허용하지 않는다. 우리는 image_view에서 한 것처럼 다음과 같이 GUI에서 image 토픽을 수작업으로 선택할 수 있다.

```
$ rosrun rqt_image_view rqt_image_view
```

이 명령은 아래 스크린화면과 같은 결과를 출력한다.

ROS는 OpenCV 보정(calibration) API의 최상부에 빌드된 카메라 보정 인터페이스를 제공한다. 이 내용은 카메라를 어떻게 사용하는지를 설명하는 9장에서 다룰 것이다. 거기에서 ROS 이미지 파이프라인(`image_proc`과 `stereo_image_proc`)과 함께 단안(monocular) 카메라와 스테레오 카메라를 볼 것인데, 이미지 파이프라인은 카메라 영상의 왜곡을 교정(rectification)하는 것을 허용하고 포인트 클라우드를 얻기 위해 스테레오 이미지 쌍에 대한 깊이(depth) 이미지의 불일치(disparity)를 계산한다.

3차원 시각화

3차원 데이터를 제공하는 장치들은 스테레오 카메라, 3차원 레이저, 키넥트(Kinect) 센서 같은 것으로, 3차원 데이터는 대부분 포인트 클라우드(조직적이거나 배열된 형태 또는 그 외)의 형태이다. 그러므로 이런 타입의 데이터를 시각화하는 툴은 대단히 유용하다. ROS에는 `rviz`나 `rqt_rviz`가 있는데, 주변 환경의 센서 데이터를 표현하는 3차원 세계를 보여주는 OpenGL 인터페이스를 가지고 있으며, 측정된 데이터를 실제 값에 대해 정확한 위치에 그리기 위해 측정값을 읽는 센서의 프레임을 사용한다.

rqt_rviz를 이용하여 3차원 세계에서 데이터 시각화하기

`roscore`가 실행 중일 때 `rqt_rviz`를 다음 명령으로 실행하자(ROS Kinetic에서는 여전히 `rviz`가 유효하다).

```
$ rosrun rqt_rviz rqt_rviz
```

그 결과 아래 스크린화면과 같이 간단한 레이아웃을 가진 그래픽 인터페이스를 보게 될 것이다.

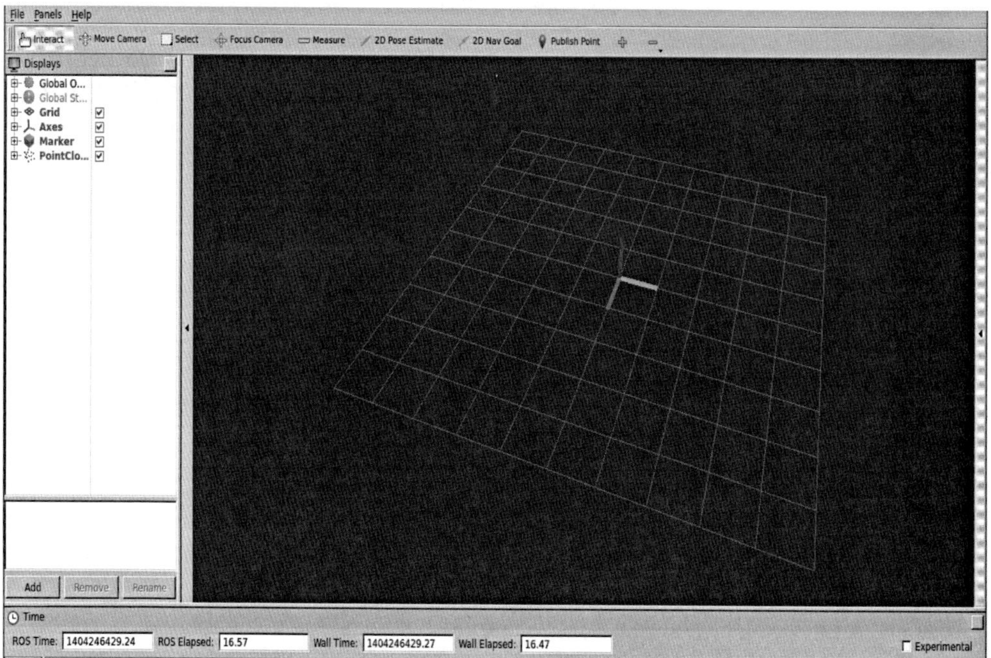

왼편에 Displays 패널이 있는데 여기에는 세계좌표계에 있는 서로 다른 요소들(중간에 보임)의 트리(tree) 리스트가 있으며, 이 경우 이미 로드되어 있는 요소들도 있다. 사실 이 레이아웃은 `config/example9.rviz` 파일에 저장되어 있으며, **File | Open Config** 메뉴로 읽어올 수 있다.

Displays 영역 밑에 **Add** 버튼이 있는데, 이를 이용하여 더 많은 요소들을 토픽이나 타입으로 추가할 수 있다. 또한 세계좌표계에서 다른 물체의 기준이 되는 고정 프레임을 만드는 기본적인 도구인 글로벌 옵션이 있음을 기억하자. 그 다음에 나머지 요소들에 대한 기준으로서 `Axes`와 `Grid`가 있다. 이 경우 `example9` 노드에 대해 `Marker`와 `PointCloud2`를 볼 것이다.

마지막으로, 상태바에서는 시간에 대한 정보를 표시하며, 오른쪽에는 메뉴들이 있다. `Tools` 속성으로 우리는 `2D Nav Goal`과 `2D Pose Estimate` 토픽 이름 같은 특정 플러그인 파라미터들을 설정할 수 있다. `Views` 메뉴는 다른 뷰 타입을 제공하는데, `Orbit`과 `TopDownOrtho`면 충분하다. 전자는 3차원 뷰를, 후자는 위에서 본 2차원 뷰를 보여준다. 다른 메뉴는 환경에서 선택된 요소들을 보여준다. 맨 위에는 현재 동작 모드(`Interact`, `Move Camera`, `Measure` 등)를 위한 메뉴 바와 특정 플러그인들이 있다.

이제 아래의 명령을 이용하여 `example9` 노드를 실행해 보자.

```
$ roslaunch chapter3_tutorials example9.launch
```

`rqt_rviz`에서 고정 프레임에 있는 마커의 `frame_id`인 `frame_marker`를 정한다. 그러면 붉은 육면체 마커가 움직이는 것을 아래 스크린화면에서처럼 보게 된다.

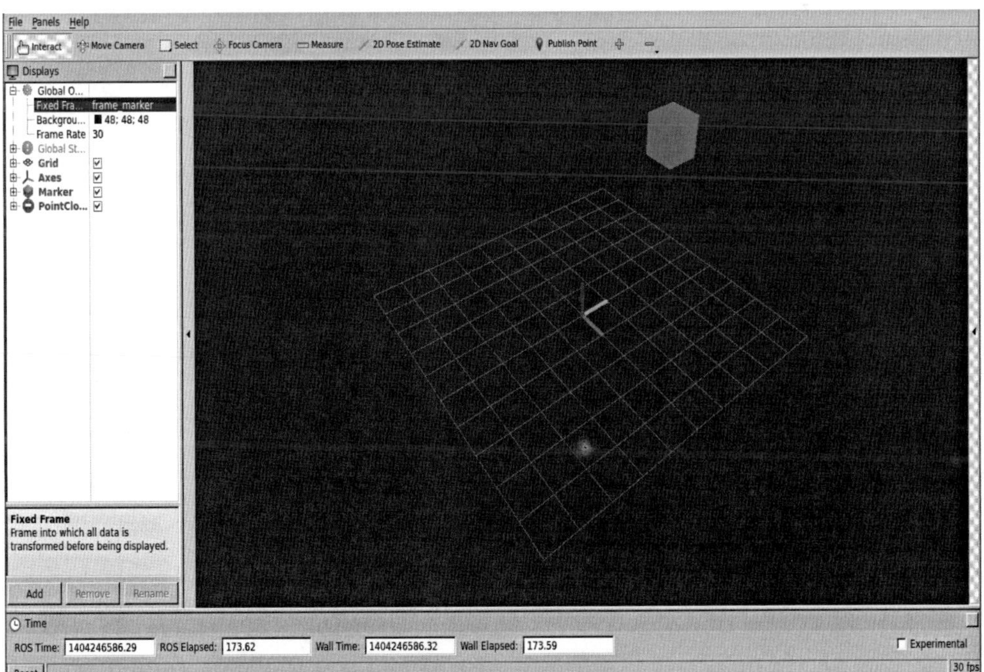

이와 유사하게, 우리가 **Fixed Frame**을 `frame_pc`로 설정하면, 아래 스크린화면에서 보는 것처럼 200 x 100 포인트들의 평면을 나타내는 포인트 클라우드를 보게 된다.

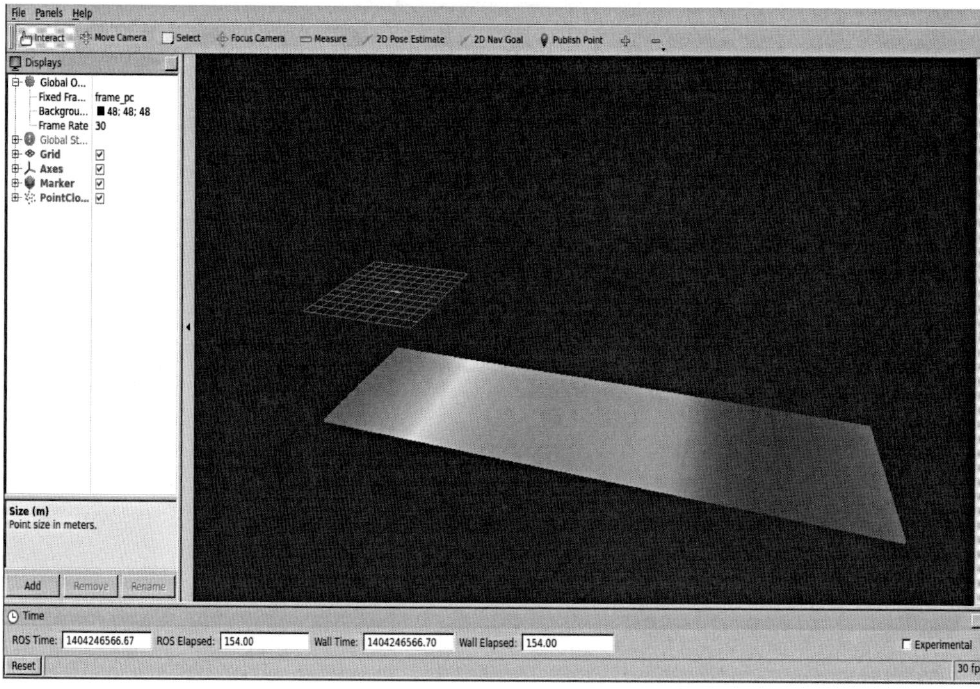

`rqt_viz`에 지원되는 내장된 타입의 리스트에는 `Camera`와 `Image`도 있는데, `image_view`와 유사한 창에 그려진다. Camera의 경우 보정이 사용되었으며, 스테레오 이미지의 경우 포인트 클라우드에 덧입힐 수 있다. 우리는 거리측정 레이저로부터 LaserScan 데이터를, 적외선/초음파 센서로부터 Range 콘(cone)값을, 키넥트센서 같은 3차원센서로부터 PointCloud2를 볼 수 있다.

다음 장에서 다룰 네비게이션 스택에는 몇가지 데이터 종류가 있는데, 여기에는 로봇의 주행기록 포즈를 그려주는 `Odometry`, 로봇이 따라가는 경로 계획을 보여주는 `Path`, `Pose` 객체, 로봇의 포즈 측정값이 있는 파티클 클라우드를 위한 `PoseArray`, 환경지도인 Occupancy Grid Map(OGM), ROS Kinetic 이전에는 `GridCell`로 불렸으며 ROS Kinetic에서는 `Map` 타입인 costmaps 등이 있다.

다른 타입들 중에서 `RobotModel`을 언급할 필요가 있는데, 모든 로봇 부품들의 CAD 모델을 각 요소들의 좌표계변환을 고려하여 보여준다. 사실 `tf` 요소도 그릴 수 있는데, 시스템의 좌표계를 디버깅 하는데 상당히 유용하다. 이에 대한 예는 다음 절에서 볼 것이다. `RobotModel`에는 시간이 지남에 따라 움직이는 모습을 보여주는 흔적을 그리는 옵션과 함께 로봇의 **Unified Robot Description Format(URDF)** 표현에 속하는 링크도 있다.

기본적인 요소들도 표현될 수 있는데, 로봇의 발자국(footprint)을 위한 Polygon, 기본적인 기하학적 요소(육면체, 구체, 선 등)를 지원하는 다양한 종류의 Markers, 3차원 공간에서 사용자가 자세(위치와 방향)를 설정할 수 있게 하는 InteractiveMarker 객체들이 해당된다. 간단한 쌍방향 마커의 예를 보기 위해 다음과 같이 `example10` 노드를 실행하자.

```
$ roslaunch chapter3_tutorials example10.launch
```

그러면 여러분은 `rqt_rviz`의 인터랙티브 모드에서 원하는 대로 움직이는 마커를 보게 될 것이다. 마커의 포즈는 시스템의 다른 성분들(예를 들어 로봇의 관절)의 포즈를 수정하는데 사용될 수 있다.

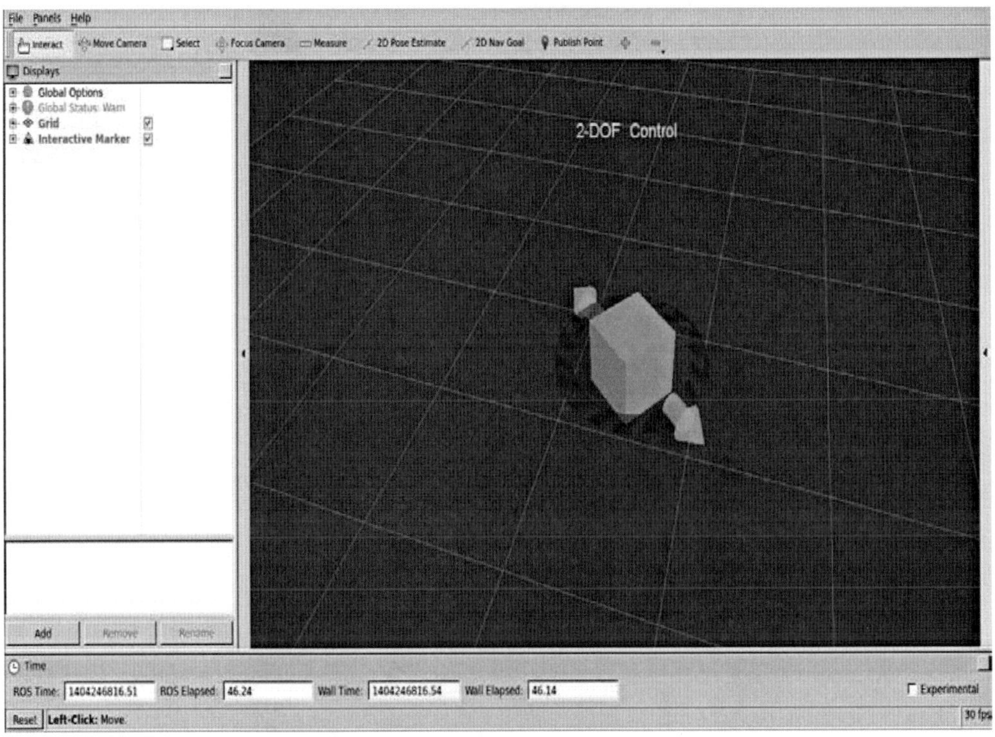

토픽과 프레임 간의 관계

모든 토픽은 실세계에서 물리적으로 위치해 있는 특정 센서로부터 데이터를 발행한다면 프레임을 가지고 있어야 한다. 예를 들어, 레이저는 로봇의 베이스 링크(바퀴달린 로봇의 경우 대부분 회전하는 바퀴의 중간 지점)를 기준으로 한 좌표에 위치해 있다. 만약 환경에 있는 장애물을 검출하거나 지도를 만들기 위해 레이저 스캔을 사용한다면, 베이스 링크로부터 레이저 스캔까지의 변환관계를 사용해야 한다. ROS에는 타임스탬프(다른 메시지를 동기화할 때에도 대단히 중요함)와는 별개로, 스탬프 메시지(stamped message)에는 `frame_id`가 있다. `frame_id`는 그것이 소속되는 프레임에 이름을 부여한다.

그러나 프레임 자체는 큰 의미가 없고, 프레임 간에 변환이 필요하다. 우리에겐 `tf` 프레임이 있는데, 보통 루트(root)로서 `base_link`(혹은 네비게이션 스택이 실행중이면 지도) 프레임을 가지고 있다. 그 다음에 이 프레임과 다른 프레임이 서로에 대해 어떻게 움직이는지를 `rqt_rviz`에서 볼 수 있다.

좌표계변환 시각화

좌표계변환을 시각화하는 방법을 예시하기 위해, 우리는 `turtlesim` 예제를 사용할 것이다. 데모를 시작하기 위해 아래의 명령을 실행하자.

```
$ roslaunch turtle_tf turtle_tf_demo.launch
```

이는 `rqt_rviz`에서 `tf` 시각화를 예시하는 목적으로 만든 매우 기초적인 예제 코드이며, `tf` API가 제공하는 모든 기능에 대해서는 이 책의 뒷부분에서 다룰 때까지 기다려야 한다. 지금은 이 API가 시간 지연을 포함하여 한 좌표계를 다른 좌표계로 변환하는 연산을 할 수 있다는 것만 알면 된다. 또한 `tf`가 특정 주파수에서 발행되므로, `tf` 트리 안을 이동하며 어느 좌표계 간의 변환이라도 얻을 수 있는 서브시스템 같은 것임을 아는 것이 중요하다. 따라서 `tf`를 참고하여 우리 시스템의 어떤 노드에서도 이러한 작업을 할 수 있다.

오류가 발생하면, 이는 필요한 다른 노드가 아직 준비되지 않아서 청취자(listner)가 론치를 시작하다가 중단되었기 때문일 것이다. 이러한 경우 다른 터미널에서 아래 명령을 실행하여 다시 시작한다.

```
$ rosrun turtle_tf turtle_tf_listener
```

여러분은 이제 두 마리의 거북이가 있는 창을 볼 것인데, 한 거북이는 다른 거북이를 따라다닌다. 여러분은 `launch` 파일을 실행했던 터미널에 포커스를 맞추며 화살표 키로 한 마리의 거북이를 제어할 수 있다. 아래의 스크린화면은 한 거북이가 얼마 동안 다른 거북이를 따라 다니는 모습을 보여준다.

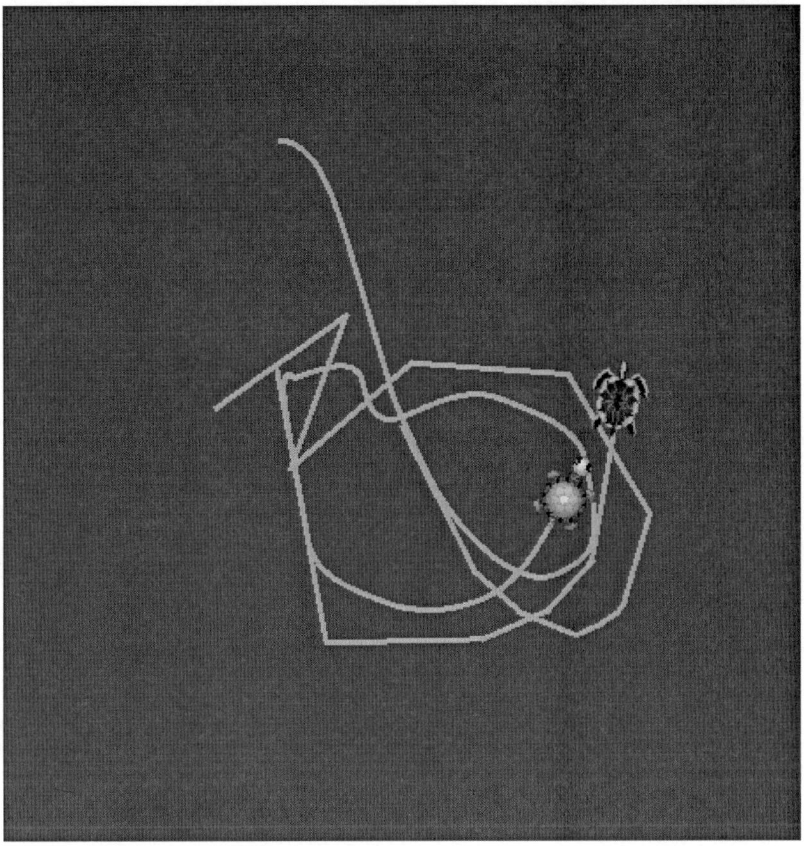

각 거북이는 자신만의 좌표계를 가지고 있으므로 우리는 rqt_rviz로 그것을 볼 수 있다.

```
$ rosrun rqt_rviz rqt_rviz
```

이제 turtlesim 창을 보는 대신 화살표 키로 거북이의 움직임에 따라 좌표계들이 rqt_rviz에서 어떻게 움직이는지를 볼 것이다. 우리는 고정 좌표계를 /world로 정한 다음에 왼쪽 영역에 있는 tf 트리를 추가해야 한다. 그러면 /turtle1과 /turtle2 좌표계들이 루트(root)인 /world 좌표계의 자식으로 있는 것을 볼 것이다. 세계 표현법에서 좌표계는 축들로, 부모-자녀 링크는 끝이 분홍색인 노란 화살표로 그려진다. 또한 뷰 타입을 **TopDownOrtho**로 정하면 거북이들이 2차원의 평면상에서 움직이기 때문에 보기가 좀 더 쉬워진다. 그리고 *쉬프트* 키를 누른 상태에서 마우스를 움직이면 세계 좌표계의 중심을 이동할 수 있는데 이 또한 알아두면 유용할 것이다.

아래 스크린화면에서, 두 거북이의 좌표계가 /world 좌표계에 따라 어떻게 바뀌는지를 볼 수 있다. 여러분은 이 예제와 tf로 실험해 보기 위해 고정 좌표계를 바꿀 수 있다. config/exampl_tf.rviz에서 이 예제의 기본 레이아웃을 제공하는 것을 참고하기 바란다.

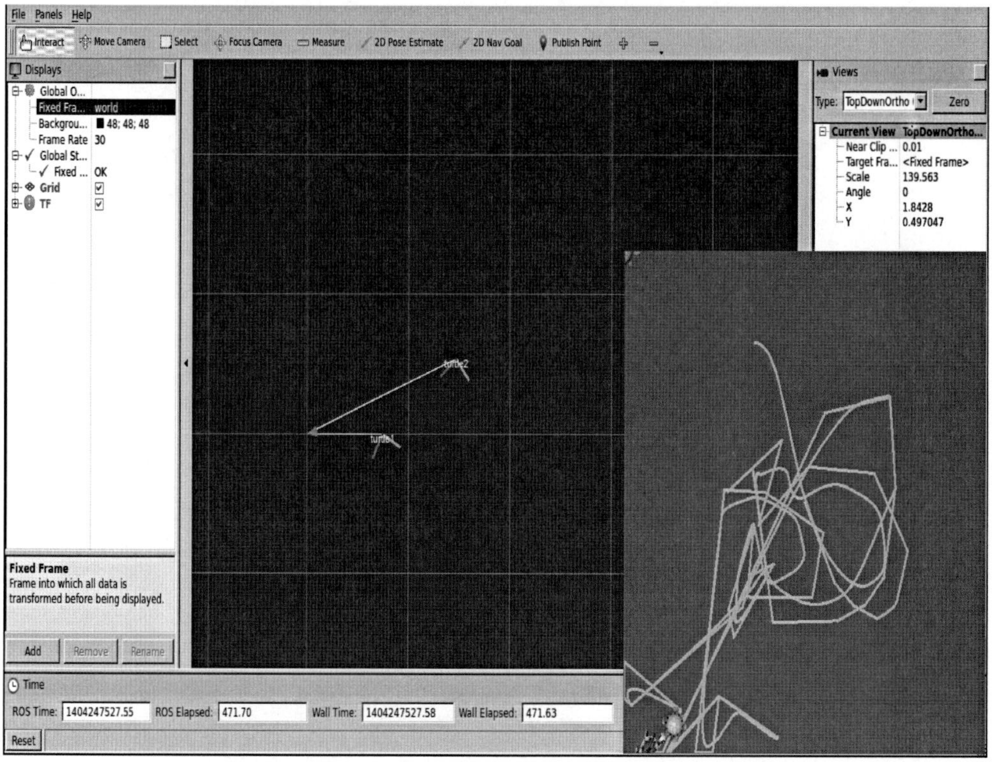

데이터를 저장하고 다시 재생하기

일반적으로 로봇 시스템을 사용하여 작업할 때 우리는 자원을 공유하거나 항상 사용 가능한 것은 아니거나, 또는 준비 및 수행에 소용되는 시간이나 비용으로 인해 실험을 정기적으로 수행할 수 없다는 점에 대처해야 한다. 이러한 이유로 실험 중에 데이터를 기록하면 이후에 데이터를 분석하고, 작업하고, 알고리즘을 개발하고, 테스트하는데 상당히 유리하다. 그러나 오프라인에서 실험을 재현(reproduce)하기 위해 좋은 데이터를 저장하는 과정은 그리 간단치 않다. 다행히, ROS에는 이런 문제를 이미 해결한 강력한 툴들이 있다.

ROS는 어느 토픽에서 발행된 메시지라도 모두 저장한다. ROS는 `bag` 파일을 만들어서 여기에 모든 메시지를 필드와 타임스탬프와 함께 그대로 저장한다. 그래서 메시지의 전송 지연과 같은 로봇의 실제 조건과 함께 오프라인으로 실험을 재현해 볼 수 있다. 게다가 ROS 툴들은 이 모든 것을 높은 대역폭과, 저장된 데이터를 적절히 구성하는 방식을 이용해서 효율적으로 처리한다.

다음 절에서 우리는 bag 파일에 데이터를 저장하고 저장된 데이터를 재생하는 ROS 툴들을 설명할 것이다. 이 파일은 ROS 개발의 편의를 위해 개발자가 설계한 이진 포맷을 사용한다. 또한 이 파일들을 다루는 방법(즉 메시지의 수나 토픽 등과 같은 내용물을 조사하는방법)과, 압축하는 방법, 파일을 나누거나 여러 파일들을 하나로 합치는 방법들을 살펴볼 것이다.

bag 파일이란 무엇인가?

bag 파일은 로봇 또는 노드를 사용하여 세션 중에 기록된 토픽이 보낸 메시지의 컨테이너이다. 간단히 말해, 이 파일은 우리가 시스템을 실행하는 동안 전달된 메시지들의 로깅 파일로서 시간 지연을 포함한 모든 것을 재생할 수 있게 한다. 이것이 가능한 것은 모든 메시지들이 타임스탬프와 함께 기록되며, 타임스탬프는 헤더뿐만 아니라 bag 파일 내부에 포함되어 있는 패킷에도 기록되기 때문이다. 저장하는데 사용된 타임스탬프와 헤더 안에 있는 타임스탬프와의 차이는, 전자는 메시지가 저장되고 나야 정해지는 것이고, 후자는 메시지의 생산자(producer)/발행자에 의해 정해진다는 것이다.

bag 파일 안에 저장된 데이터는 이진 포맷이다. 이 컨테이너의 특별한 구조는 데이터를 저장할 때 가장 중요한 관심사인 매우 빠른 기록 처리를 가능케 한다. 게다가 bag 파일의 크기는 적절하게 잡으면 되지만 너무 크면 속도가 저하된다. 그럼에도 불구하고 bz2 알고리즘을 사용하여 실행 중에 파일을 압축하는 옵션이 있는데, rosbag record로 기록할 때 -j 파라미터를 사용하면 된다.

모든 메시지는 그것을 발행하는 토픽과 함께 저장된다. 그러므로 특정 토픽을 저장할지 혹은 -a를 써서 모든 토픽을 저장할지를 규정할 수 있다. 이후에 bag 파일을 다시 재생할 때, 발행하고 싶은 토픽들의 이름을 지정함으로써 bag 파일 안에 있는 토픽의 특정 부분집합을 선택할 수 있다.

rosbag으로 bag 파일 안의 데이터 저장

우리가 제일 먼저 해야 할 것은 어떤 데이터를 저장하는 것이다. 그 예로써 아주 간단한 시스템을 사용할 텐데 바로 example4 노드이다. 그러므로 다음 명령으로 노드를 먼저 실행한다.

```
$ rosrun chapter3_tutorials example4
```

우리에겐 두 가지 옵션이 있는데, 첫 번째는 다음 명령으로 모든 토픽들을 기록하는 것이다.

```
$ rosbag record -a
```

혹은 특정 토픽들만을 기록할 수 있다. 이 경우, example4 노드만을 기록하고 싶다면 아래 명령을 실행하면 된다.

```
$ rosbag record /temp /accel
```

기본적으로, 위의 명령을 실행하면 rosbag 프로그램은 노드를 구독하여 현재 디렉토리의 bag 파일에 날짜를 이름으로 기록하기 시작한다. 이 실험이 끝나고 나면 여러분은 실행중인 터미널에서 Ctrl+C 키를 누르기만 하면 된다. 다음은 기록 세션과 그 결과로 얻은 bag 파일의 예를 나타낸다.

```
[ INFO] [1404248014.668263731]: Subscribing to /temp
[ INFO] [1404248014.671339658]: Subscribing to /accel
[ INFO] [1404248014.674950564]: Recording to 2014-07-01-22-54-34.bag.
```

bag 파일의 크기, 기록 시간, 주어진 크기로 파일을 여러 개로 작게 쪼개는 옵션 등의 더 많은 옵션들을 보고 싶다면 rosbag help record를 입력하면 된다. 앞에서 언급한 것처럼, -j 옵션을 쓰면 파일을 즉시 압축할 수 있다. 이렇게 하면 CPU 시간을 소비하고 메시지가 삭제될 우려가 있으므로 낮은 속도의 데이터 기록에만 유용하다. 만약 메시지가 유실되면 MB 단위의 기록자의 버퍼(-b) 크기(기본적으로 256MB)를 증가시킬 수 있다. 그러나 영상 데이터와 같이 대역폭이 매우 높은 경우에는 크기를 수 GB까지 증가시킬 수 있다.

또한 rosbag record 호출을 launch 파일에 포함시키는 것도 가능한데, 어떤 토픽에 대한 기록자(recorder)를 설정하고자 할 때 유용하다. 이렇게 하려면 아래의 코드를 추가해야 한다.

```
<node pkg="rosbag" type="record" name="bag_record"
args="/temp /accel"/>
```

토픽과 다른 인수들은 args 인수를 사용하여 이 명령에 전달되는 것에 유의하자. 또한 rosbag이 launch 파일로부터 실행될 때, 우리가 -o(접두사) 또는 -O(전체 이름)와 함께 bag 파일 이름을 주지 않으면 bag 파일은 기본적으로 ~/.ros에서 생성된다는 사실을 기억할 필요가 있다.

bag 파일 재생하기

이제 기록된 bag 파일이 있으므로, roscore만 실행되고 있으면 그 안에 있는 토픽들의 모든 메시지들을 재생할 수 있다. 그러면 재생하고자 하는 bag 파일이 있는 폴더로 이동하고(이번 장 튜토리얼의 bag 폴더에는 두 가지 예가 있다) 아래의 명령을 실행하자.

```
$ rosbag play 2014-07-01-22-54-34.bag
```

그러면 아래의 출력을 보게 될 것이다.

```
[ INFO] [1404248314.594700096]: Opening 2014-07-01-22-54-34.bag
```

```
Waiting 0.2 seconds after advertising topics... done.

Hit space to toggle paused, or 's' to step.
 [RUNNING] Bag Time: 1404248078.757944 Duration: 2.801764 / 39.999515
```

bag 파일이 실행 중인 터미널에서 스페이스 키를 누르면 정지하고, s 키를 누르면 한 단계씩 진행된다. 마찬가지로 Ctrl+C 키를 누르면 실행이 종료된다. 파일의 끝에 이르면 종료되지만 -l 옵션을 사용하면 반복(loop)할 수 있는데, 이는 가끔 유용하게 사용된다.

rostopic list 명령을 사용하면 자동적으로 다음과 같은 토픽들을 보게 된다.

```
/accel
/clock
/rosout
/rosout_agg
/temp
```

/clock 토픽은 좀 더 빠르게 재생하기 위해 시뮬레이션의 시스템 시간을 조정할 때 필요한데, -r 옵션을 사용하여 설정할 수 있다. /clock 토픽은 --hz 인수를 이용하여 설정 가능한 주파수에서 시뮬레이션에 필요한 시간을 발행하며, 기본 주파수는 100Hz이다.

또한 --topics 옵션을 사용하여 파일 안에 있는 발행 예정 토픽들의 부분집합을 지정할 수 있다.

bag 파일 내의 모든 토픽과 메시지 조사하기

bag 파일 안에 무엇이 있는지를 보는 데에는 두 가지 이유가 있다. 첫 번째는 매우 간단하다. rosbag info <bag_file>을 입력하면, 다음 스크린화면과 유사한 결과를 보게 될 것이다.

```
~$ rosbag info 2014-07-01-22-54-34.bag
path:        2014-07-01-22-54-34.bag
version:     2.0
duration:    40.0s
start:       Jul 01 2014 22:54:35.96 (1404248075.96)
end:         Jul 01 2014 22:55:15.96 (1404248115.96)
size:        10.9 KB
messages:    82
compression: none [1/1 chunks]
types:       geometry_msgs/Vector3 [4a842b65f413084dc2b10fb484ea7f17]
             std_msgs/Int32        [da5909fbe378aeaf85e547e830cc1bb7]
topics:      /accel   41 msgs    : geometry_msgs/Vector3
             /temp    41 msgs    : std_msgs/Int32
```

우리는 이 명령으로 생성날짜, 기간, 크기, 메시지의 개수, 압축 여부 등의 bag 파일 자신에 대한 정보를 얻게 된다. 그 다음에 파일 안에 있는 데이터 타입의 리스트와 마지막으로 토픽의 리스트를 해당 이름과 메시지 수, 타입의 정보와 함께 얻게 된다.

bag 파일을 조사하는 두 번째 방법은 매우 강력하다. rqt_bag이라고 이름 붙여진 이 GUI는 파일을 재생하고, 이미지가 있다면 보여주고, 스칼라 데이터와 메시지의 RAW(원래 데이터) 구조 또한 보여주는데, 이는 rxbag의 동작을 대체한다. 여기에 bag 파일의 이름을 전달하기만 하면 아래의 스크린화면(이전 bag 파일에 해당)과 비슷한 결과를 보게 될 것이다.

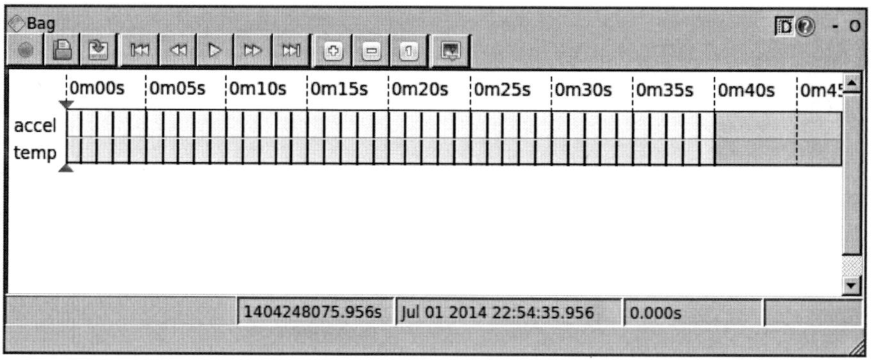

모든 토픽에는 각 메시지가 마크로 나타나는 타임라인이 있다. 우리가 조사하는 bag 파일에 이미지가 있다면 썸네일(thumbnail)이 타임라인에 보이게 할 수 있다.

아래의 스크린화면에서 파일 안에 있는 토픽들의 **RAW, Plot, Image**(토픽이 **Image** 타입인 경우) 뷰들을 어떻게 접속하는 지를 볼 수 있다. 이 팝업 메뉴는 타임라인 위에서 마우스 오른쪽 버튼을 누르면 나타난다.

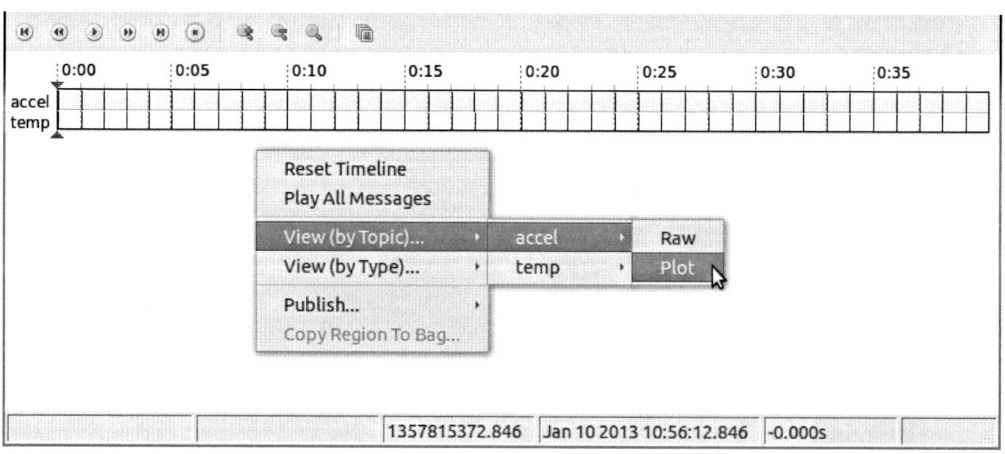

하나의 대안으로서 우리는 rqt_gui를 사용하고 rqt_bag와 rqt_plot 플러그인들을 같은 창에 넣을 수 있는데, 아래 스크린화면의 레이아웃은 config/bag_plot.perspective 폴더에 있는 perspective로부터 가져올 수 있다. 그러나 플롯을 보기 위해 **Publsh All**을 사용하고 재생해야 하는데, 이는 rxbag와는 다르다. /accel에 대해서는 하나의 축에 모든 필드들을 그릴 수 있다. 이렇게 하기 위해 플롯 뷰가 만들어지면 + 버튼/아이콘을 눌러서 각 필드를 추가한다. 나중에 이 창들을 지우거나 다른 축들을 생성할 수 있음에 유의하자. 앞에서 언급한 것처럼, 플롯은 파일 안의 모든 값에 대해 만들어지는 것이 아니라, 다시 재생되고 발행되는 데이터만을 보여준다.

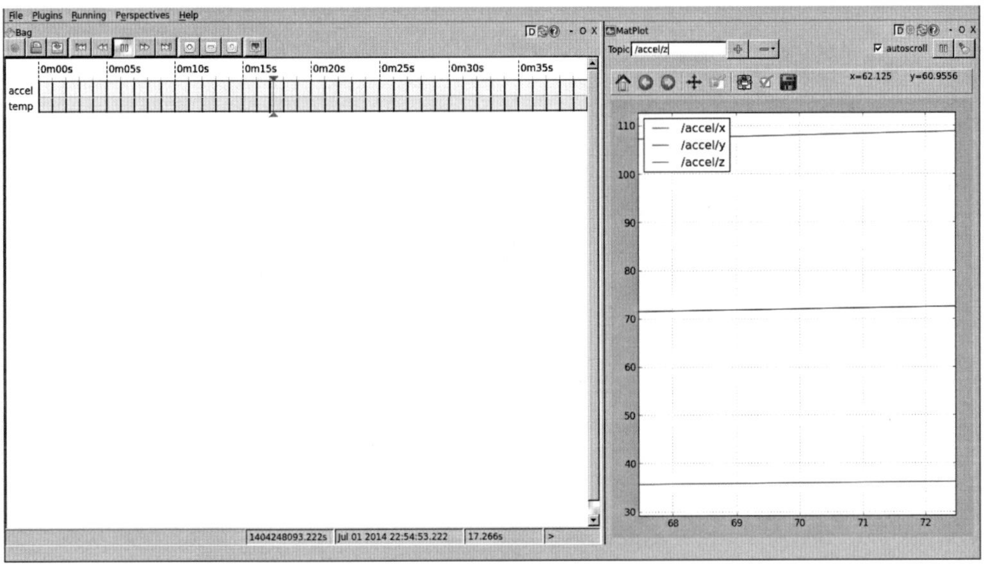

rxbag 동작의 특성 상 우리는 데이터를 그리기 위해 플레이 버튼을 적어도 한 번 눌러야 한다. 그후에 우리는 재생, 중지, 종료, 파일의 시작이나 끝으로 이동할 수 있다. 이미지는 직선적이며 단순한 창이 현재 이미지와 함께 나타나 이미지 파일로 저장될 수 있다.

rqt_gui와 rqt 플러그인 사용하기

ROS Fuerte 이후로 rx 애플리케이션이나 툴들은 사용되지 않으므로, 그 대신 rqt 노드를 사용해야 한다. 이들은 기본적으로 동일하지만, 그중의 소수에만 경미한 업데이트와 버그 수정 및 새로운 특성들이 통합되었다. 아래의 표는 이 장에서 설명된 툴들(ROS Kinetic의 rqt 툴과 이전 ROS 배포판에서 교체된 툴)과의 등가성을 보여준다.

ROS Kinetic rqt 툴	대체 툴(ROS Fuerte 또는 그 이전)
rqt_console과 rqt_logger_level	rxconsole
rqt_graph	rxgraph
rqt_reconfigure	dynamic_reconfigure_gui
rqt_plot	rxplot
rqt_image_view	image_view
rqt_bag	rxbag

ROS Kinetic에는 더 많은 독립실행형(standalone) 플러그인들이 있는데, 쉘(rqt_shell), 토픽 발행자(rqt_publisher), 메시지 타입 뷰어(rqt_msg)와 이외의 많은 것들(가장 중요한 것들은 이 장에서 다뤘음)이다. rviz를 대체하는 rqt_viz는 플러그인이지만 새로운 rqt_gui 인터페이스에 통합될 수 있다. 이 장에서 여러 예를 통해 본 것처럼 다음의 명령으로 이 GUI를 실행하고 몇 개의 플러그인을 창에서 수작업으로 추가 및 배열할 수 있다.

```
$ rosrun rqt_gui rqt_gui
```

요약

이 장의 코드를 읽고 실행함으로써 여러분은 로봇 시스템을 더 빠르게 개발하고, 오류를 수정하며, 그 결과의 질을 평가하고 검증하기 위해 시각화하는 것을 도와주는 많은 툴들을 배웠다. 여러분이 로봇 개발자로서 일생동안 필요로 할 특정 개념과 툴들의 일부를 여기에 정리했다.

여러분은 이제 노드의 오류를 디버깅하는데 도움을 줄 다양한 레벨의 상세표시와 함께 어떻게 로깅 메시지를 여러분의 코드에 포함시키는지를 알게 되었다. 이를 위해, rqt_console 인터페이스와 같이 ROS에 있는 강력한 툴들 또한 사용할 수 있다. 추가적으로, 여러분은 전체 시스템에서 실행 중인 노드들, 발행된 토픽들, 전체 시스템에서 제공되는 서비스들을 조사하거나 열거할 수 있다. 여기에는 rqt_graph를 이용해서 노드의 그래프를 조사하는 것도 포함된다.

시각화 툴에 관해서는 노드에서 발행된 특정 변수를 좀 더 직관적으로 분석하기 위해 여러분은 rqt_plot을 이용해서 스칼라 데이터를 그릴 수 있다. 비슷한 방식으로, 보다 복잡한 타입들(비 스칼라 데이터)도 볼 수 있다. 여기에는 rqt_image_view를 이용해서 이미지를 보거나 rqt_rviz로 3차원 데이터를 보는 것도 포함된다. 이와 유사하게 카메라 이미지를 보정(calibrate)하고 교정(rectify)하기 위해 이 툴들을 사용할 수 있다.

마지막으로, 여러분은 rosbag을 이용해서 세션에서 메시지들을 기록하고 재생하는 것도 할 수 있다. 또한 여러분은 rqt_bag을 이용해서 bag 파일의 내용을 보는 방법도 배웠다. 이를 이용하면 여러분이 인공지능 또는 로봇 알고리즘으로 실험한 데이터를 기록하고 이후에 이 데이터를 처리하는 것이 가능하다.

다음 장에서는 이 장에서 다룬 많은 툴들을 사용하여 매우 다른 타입의 데이터를 시각화할 것이다. 그리고 ROS에서 사용하고 출력 데이터를 시각화하기 위한 지침과 함께 여러 가지 센서가 소개된다.

4장

3차원 모델링과 시뮬레이션

실제 로봇에 직접적으로 프로그래밍을 하는 것은 유용한 피드백을 주고 시뮬레이션보다 훨씬 재미있지만, 모든 사람들이 실제 로봇을 다룰 수 있는 것은 아니다. 이러한 이유로 우리에겐 물리적 세계를 시뮬레이션하는 프로그램들이 있다.

이 장에서는 아래의 내용을 배울 것이다.

- 로봇의 3차원 모델 생성하기
- 로봇에게 움직임, 물리적 한계, 관성, 그 이외의 물리적 특성들을 제공하기
- 3차원 모델에 시뮬레이션된 센서 추가하기
- 시뮬레이터에서 모델 사용하기

ROS의 로봇 3차원 모델

로봇 시뮬레이션이나 개발자들의 일상적인 작업을 도와주기 위해 ROS가 로봇이나 그 부품의 3차원 모델을 다룰 때 사용하는 것이 URDF 파일이다.

Unified Robot Description Format(URDF)은 로봇, 로봇의 부품, 로봇의 관절, 규격 등을 설명하는 XML 포맷이다. 여러분이 ROS에서 3차원 로봇, 예를 들어 Willow Garage의 PR2나 NASA의 Robonaut을 볼 때마다 URDF가 관련되어 있다고 보면 된다. 이후 몇몇 절에서 이 파일을 어떻게 생성하고 다양한 값들을 정의하는 포맷을 어떻게 만드는 지를 배울 것이다.

첫 번째 URDF 파일 만들기

우리가 다음 절에서 만들려는 로봇은 4개의 바퀴가 있고 그리퍼가 붙은 팔이 있는 이동로봇이다.

URDF 파일 만들기를 시작하기 위해 우리는 로봇의 베이스를 네 개의 바퀴와 함께 생성한다. `chapter4_tutorials/robot1_description/urdf` 폴더에 `robot1.urdf`라는 새 파일을 만들고 다음의 코드를 입력한다.

```
<?xml version="1.0"?>
<robot name="Robot1">
  <link name="base_link">
    <visual>
      <geometry>
        <box size="0.2 .3 .1"/>
      </geometry>
      <origin rpy="0 0 0" xyz="0 0 0.05"/>
      <material name="white">
        <color rgba="1 1 1 1"/>
      </material>
    </visual>
  </link>
  <link name="wheel_1">
    <visual>
      <geometry>
        <cylinder length="0.05" radius="0.05"/>
      </geometry>
      <origin rpy="0 1.5 0" xyz="0.1 0.1 0"/>
        <material name="black">
          <color rgba="0 0 0 1"/>
        </material>
      </visual>
    </link>
    <link name="wheel_2">
      <visual>
        <geometry>
```

```
        <cylinder length="0.05" radius="0.05"/>
      </geometry>
      <origin rpy="0 1.5 0" xyz="-0.1 0.1 0"/>
      <material name="black"/>
    </visual>
  </link>
  <link name="wheel_3">
    <visual>
      <geometry>
        <cylinder length="0.05" radius="0.05"/>
      </geometry>
    <origin rpy="0 1.5 0" xyz="0.1 -0.1 0"/>
    <material name="black"/>
  </visual>
</link>
<link name="wheel_4">
  <visual>
    <geometry>
      <cylinder length="0.05" radius="0.05"/>
    </geometry>
    <origin rpy="0 1.5 0" xyz="-0.1 -0.1 0"/>
    <material name="black"/>
  </visual>
</link>
<joint name="base_to_wheel1" type="fixed">
  <parent link="base_link"/>
  <child link="wheel_1"/>
  <origin xyz="0 0 0"/>
</joint>
<joint name="base_to_wheel2" type="fixed">
  <parent link="base_link"/>
  <child link="wheel_2"/>
  <origin xyz="0 0 0"/>
</joint>
<joint name="base_to_wheel3" type="fixed">
```

```
      <parent link="base_link"/>
      <child link="wheel_3"/>
      <origin xyz="0 0 0"/>
    </joint>
    <joint name="base_to_wheel4" type="fixed">
      <parent link="base_link"/>
      <child link="wheel_4"/>
      <origin xyz="0 0 0"/>
    </joint>
  </robot>
```

이 URDF 코드는 XML에 기반하고 있으며, 들여쓰기는 강제는 아니고 참고 사항이다. 그러므로 XML을 지원하는 에디터를 사용하거나 적절한 플러그인이나 설정(예를 들어 Vim에서 적절한 `.vimrc` 파일)을 사용해야 한다.

파일 포맷 설명

코드에서 보듯이 로봇의 기하학을 설명하는 두 개의 기본적인 필드가 있는데, 바로 `links`와 `joints`이다.

첫 번째 링크의 이름은 `base_link`이며, 그 이름은 파일에서 유일하게 사용되어야 한다.

```
<link name="base_link">
  <visual>
    <geometry>
      <box size="0.2 .3 .1"/>
    </geometry>
    <origin rpy="0 0 0" xyz="0 0 0.05"/>
    <material name="white">
      <color rgba="1 1 1 1"/>
    </material>
  </visual>
</link>
```

시뮬레이터에서 보는 것을 정의하기 위해, 앞의 코드에서 비주얼 필드를 사용한다. 이 코드 안에서 기하학(실린더, 상자, 구, 또는 메쉬)과 물질(색깔 또는 질감), 그리고 원점을 정의할 수 있다. 그 결과 관절에 대한 코드는 다음과 같이 설정되었다.

```
<joint name="base_to_wheel1" type="fixed">
  <parent link="base_link"/>
  <child link="wheel_1"/>
  <origin xyz="0 0 0"/>
</joint>
```

joint 필드에서 이름이 중복되지 않도록 정의한다. 또한 관절의 관절의 타입(fixed, revolute, continuous, floating, 또는 planar)과 부모, 자녀를 정의한다. 우리의 경우 wheel_1은 base_link의 자녀이다. 이 관절은 고정되어 있지만 바퀴이므로, revolute로 정의한다.

문법이 잘 맞는지 또는 오류가 발생했는지를 확인하기 위해 다음과 같이 check_urdf 명령 툴을 사용할 수 있다.

```
$ check_urdf robot1.urdf
```

이 명령의 출력은 다음과 같을 것이다.

```
robot name is: Robot1
---------- Successfully Parsed XML ---------------

root Link: base_link has 4 child(ren)
child(1): wheel_1
child(2): wheel_2
child(3): wheel_3
child(4): wheel_4
```

이를 그래픽으로 보고 싶다면, 여러분은 urdf_to_graphiz 명령툴을 다음처럼 사용하면 된다.

```
$ urdf_to_graphiz robot1.urdf
```

이 명령은 두 개의 파일 origins.pdf와 origins.gv를 생성한다. 이 파일을 열려면 다음과 같이 evince를 사용해야 한다.

```
$ evince origins.pdf
```

아래 이미지는 그 결과로 여러분이 얻게 되는 것을 보여준다.

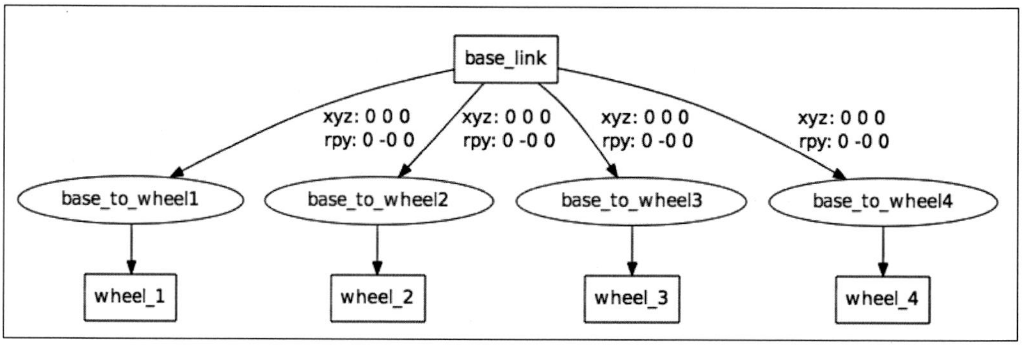

rviz에서 3차원 모델 보기

이제 로봇의 모델을 얻었기 때문에, `rviz`를 사용해서 3차원에서 로봇 관절의 움직임을 볼 수 있다.

`robot1_description/launch` 폴더에 `display.launch` 파일을 만들 것이므로 그 안에 다음 코드를 넣자.

```
<?xml version="1.0"?>

<launch>
  <arg name="model" />
  <arg name="gui" default="False" />
  <param name="robot_description" textfile="$(arg model)" />
  <param name="use_gui" value="$(arg gui)" />
  <node name="joint_state_publisher"
    pkg="joint_state_publisher"
    type="joint_state_publisher" />
  <node name="robot_state_publisher"
    pkg="robot_state_publisher"
    type="state_publisher" />
</launch>
```

그 다음에 아래의 명령으로 론칭을 한다.

```
$ roslaunch robot1_description display.launch model:="$(rospack find
robot1_description)/urdf/robot1.urdf"
```

모든 것이 잘 되었다면, 여러분은 아래와 같이 3차원 모델이 안에 있는 창을 보게 될 것이다.

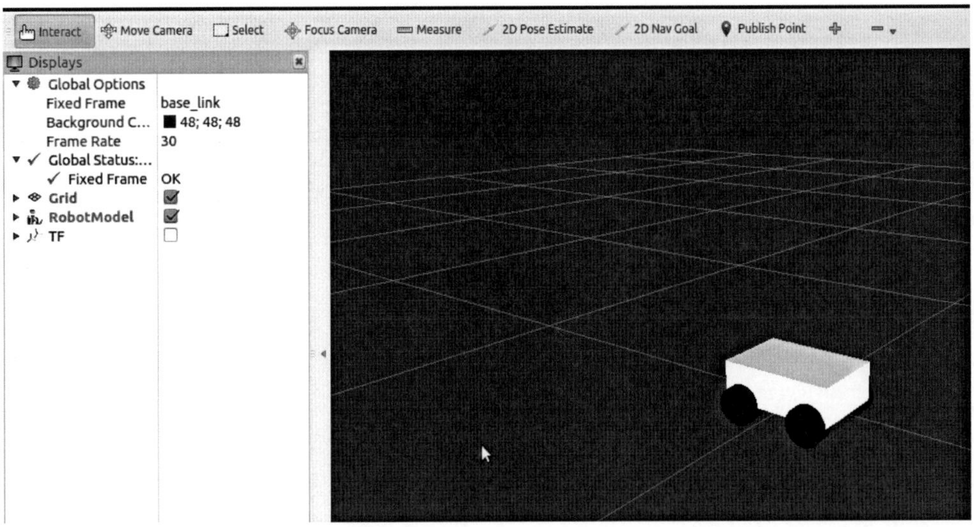

베이스 링크, 관절이 있는 팔, 그리퍼 부품을 여기에 추가함으로써 로봇의 설계를 마치자. 스스로 설계를 완성하려고 노력하기 바라며, 마지막 모델은 `chapter4_tutorials/robot1_description/urdf/robot1.urdf` 파일에서 찾을 수 있다. 아래의 스크린 샷에서 마지막 설계를 볼 수 있다.

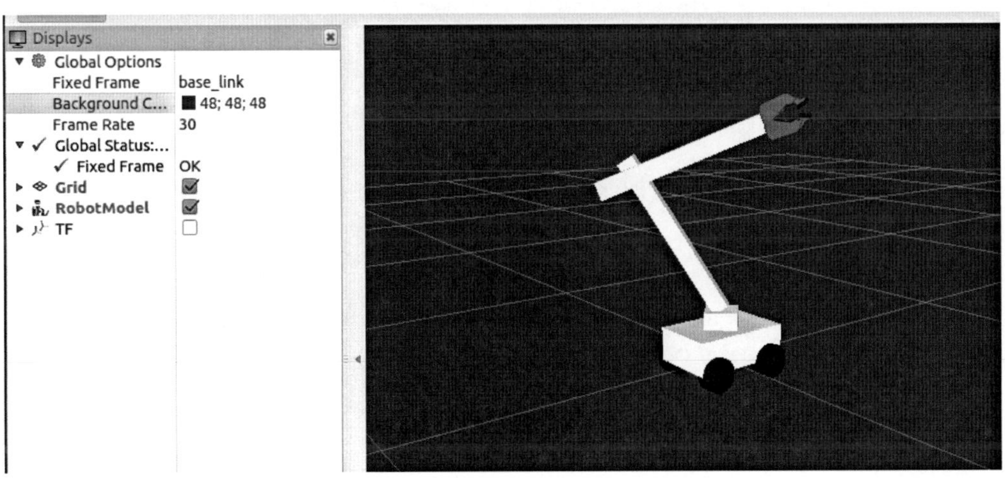

모델에 메쉬 로딩하기

때로는 모델에 기본적인 기하학 물체나 블록 대신 좀 더 사실적인 요소들을 넣거나 보다 정교하게 모델을 설계하기 원할 것이다. 이 경우 우리가 생성한 메쉬를 로드하거나 다른 모델의 메쉬를 사용하는 것이 가능하다. URDF 모델은 `.stl`과 `.dae` 메쉬를 지원한다. 우리의 모델로 PR2의 그리퍼를 선택했다. 아래의 코드에 그것의 사용법을 볼 수 있다.

```
<link name="left_gripper">
  <visual>
    <origin rpy="0 0 0" xyz="0 0 0" />
    <geometry>
      <mesh filename="package://pr2_description/meshes/
      gripper_v0/l_finger.dae" />
    </geometry>
  </visual>
</link>
```

이는 앞에서 사용한 링크처럼 보이지만, 기하학 섹션에 우리가 사용하려고 하는 메쉬를 추가한 것이다. 그 결과를 아래 스크린 샷에서 볼 수 있다.

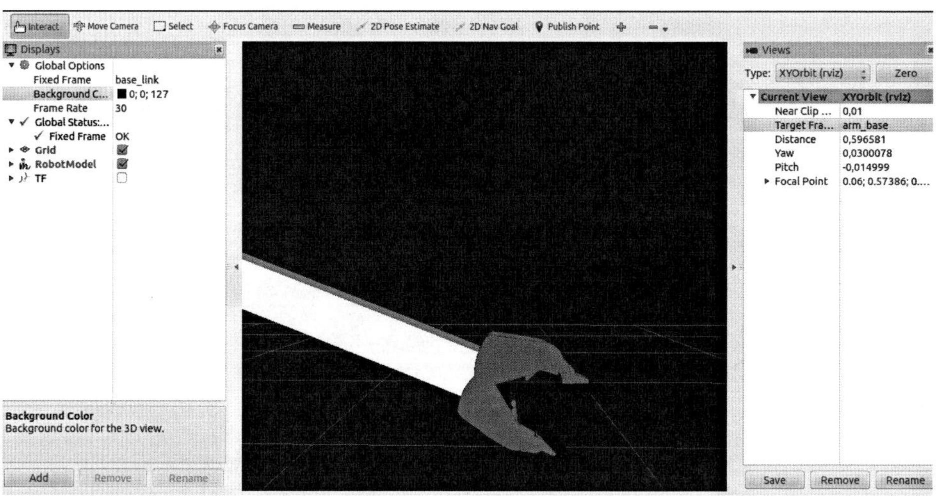

모델 움직이기

모델을 실제로 움직일 수 있는 로봇으로 바꾸기 위해 여러분이 해야 할 일은 그것이 사용하는 관절의 타입을 살펴보는 것이다. URDF 모델 파일을 확인해 보면, 이 모델에서 다른 관절을 사용하는 것을 알게 된다.

가장 많이 사용되는 관절은 회전관절이다. 여러분은 아래의 코드에서 이것이 arm_1_to_arm_base에서 사용되는 것을 볼 것이다.

```
<joint name="arm_1_to_arm_base" type="revolute">
  <parent link="arm_base"/>
  <child link="arm_1"/>
  <axis xyz="1 0 0"/>
  <origin xyz="0 0 0.15"/>
  <limit effort ="1000.0" lower="-1.0" upper="1.0"
velocity="0.5"/>
</joint>
```

이 코드로부터 관절들은 연속 관절과 같은 방식으로 회전하지만 엄격한 제한값이 있음을 알 수 있다. 제한값은 <limit effort ="1000.0" lower="-1.0" upper="1.0" velocity="0.5"/> 줄을 이용해서 고정되어 있고, 여러분은 이 축이 axis xyz="1 0 0" 명령으로 움직이도록 선택할 수 있다. <limit> 태그는 몇 가지 속성을 설정하는 데 사용되는데, effort로는 관절에서 제공하는 최대의 토크를 정하고, lower로는 관절각의 최소값(회전 관절에는 라디안, 병진 관절에는 미터)을, upper로는 최대값을 정하고, velocity로는 최대 관절 속도를 강제할 수 있다.

축과 관절의 제한값이 잘 정해졌는지를 테스트하는 좋은 방법은 다음과 같이 Join_State_Publisher GUI와 함께 rviz를 실행하는 것이다.

```
$ roslaunch robot1_description display.launch model:="$(rospack find robot1_description)/urdf/robot1.urdf" gui:=true
```

그 결과 여러분은 다른 창에서 각 슬라이더가 각 관절을 제어하는 rviz 인터페이스를 보게 될 것이다.

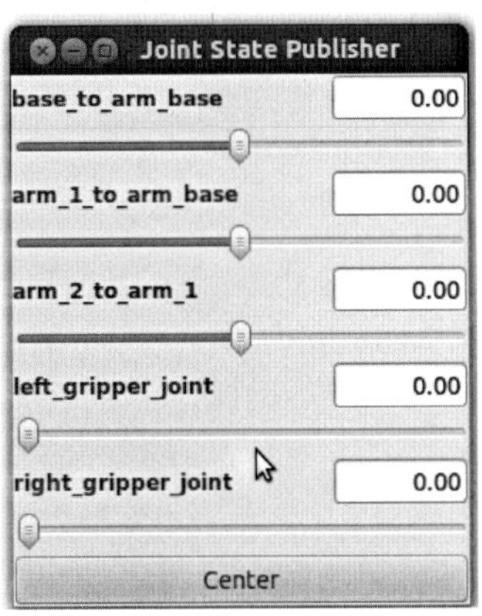

물리법칙과 충돌 특성

만약 여러분의 로봇을 Gazebo나 다른 시뮬레이션 소프트웨어에서 시뮬레이션하기를 원한다면, 물리적 특성과 충돌 특성을 추가해야 한다. 이는 일어날 수 있는 충돌을 계산하기 위해 기하 도형의 규격을 설정해야 함을 의미하는데, 예를 들면 그 도형의 관성을 알기 위해 그 물체의 중량을 정의할 필요가 있다.

모델 파일의 모든 링크에 이 파라미터들이 있어야 하는데, 그렇지 않으면 그 로봇은 시뮬레이션할 수가 없다.

메쉬 모델에 대해서 실제 메쉬보다는 단순화된 기하 도형을 사용하는 것이 충돌을 계산하는 데 더 용이하다. 두 개의 메쉬 사이의 충돌을 계산하는 것이 단순한 형상을 계산하는 것보다 컴퓨터 연산면에서 훨씬 복잡하다.

아래의 코드에서 wheel_1이라는 이름의 링크에 붙여진 새 파라미터들을 볼 것이다.

```
<link name="wheel_1">
...
<collision>
  <geometry>
    <cylinder length="0.05" radius="0.05"/>
  </geometry>
</collision>
<inertial>
  <mass value="10"/>
  <inertia ixx="1.0" ixy="0.0" ixz="0.0" iyy="1.0" iyz="0.0"
    izz="1.0"/>
</inertial>
</link>
```

다른 링크에 대해서도 마찬가지이다. 모든 링크에 collision과 inertial 성분을 넣어야 하는 것을 잊지 말자. 그렇게 하지 않으면 Gazebo는 모델을 얻지 못할 것이다.

여러분은 robot1_description/urdf/robot1_physics.urdf에서 모든 파라미터가 있는 완전한 파일을 찾을 수 있다.

Xacro, 로봇 모델 작성의 향상된 방법

robot1_physics.urdf 파일의 크기를 보자. 로봇을 정의하는데 314 라인이 필요했다. 카메라와 다리, 그리고 다른 형상들을 추가한다면 파일은 점점 더 커지고 코드를 유지 보수하는 것은 점점 더 복잡해진다.

xacro(XML Macro의 약자)는 URDF 파일의 전체 크기를 줄임으로써, 읽고 유지 보수하는 것을 더 쉽게 해준다. 또한 xacro는 모듈들을 생성하고, 여러 개의 팔과 다리 같은 반복적인 구조들을 생성하기 위해 모듈을 재사용하는 것을 가능케 한다.

xacro를 사용하려면 파일이 올바르게 파싱되도록 이름 스페이스를 지정해야 한다. 예를 들어, 아래는 유효한 xacro 파일의 처음 두 줄을 나타낸다.

```
<?xml version="1.0"?>
<robot xmlns:xacro="http://www.ros.org/wiki/xacro"
name="robot1_xacro">
```

위에서 우리는 모델의 이름을 정의했는데 이 경우 robot1_xacro이다. 이때 파일 확장자는 .urdf 대신 .xacro임을 기억하자.

상수 사용하기

우리는 상수 값들을 선언하는 데 xacro를 사용할 수 있으며, 이렇게 하면 많은 줄에 동일한 값을 넣는 것을 피할 수 있다. xacro를 사용하지 않으면 어떤 값을 바꿔야 할 경우 코드 변화를 잘 관리하는 것은 불가능에 가깝다.

예를 들어 네 개의 바퀴가 동일한 길이와 반지름 값을 가지고 있다고 하자. 우리가 그 값을 바꾸고 싶을 경우, 각 줄에 대해 해당 값들을 바꿀 필요가 있다. 그러나 다음의 명령줄을 사용하면 모든 값들을 쉽게 바꿀 수 있다.

```
<xacro:property name="length_wheel" value="0.05" />
<xacro:property name="radius_wheel" value="0.05" />
```

이제 이 값들을 이용하기 위해, 여러분이 해야 할 일은 이전의 값들을 다음의 새로운 값들로 바꾸는 것이다.

```
${name_of_variable}:
<cylinder length="${length_wheel}" radius="${radius_wheel}"/>
```

수학 사용하기

여러분은 기본적인 사칙연산(+, -, *, /)과 단항(unary) 마이너스, 그리고 괄호를 이용해서 ${} 구조 안에 임의의 복잡한 수학식을 구성할 수 있다. 지수함수와 modulus는 아직 지원되지 않는다.

```
<cylinder radius="${wheeldiam/2}" length=".1"/>
<origin xyz="${reflect*(width+.02)} 0 .25" />
```

이처럼 수학을 사용하여 어떤 값만을 바꿈으로써 모델의 크기를 바꿀 수 있다. 이를 위해 우리는 파라미터화된(parameterized) 설계를 할 필요가 있다.

매크로 사용하기

매크로는 xacro 패키지에서 가장 유용한 성분이다. 파일 크기를 좀 더 줄이기 위해 inertial에 대해 다음의 매크로를 사용할 것이다.

```
<xacro:macro name="default_inertial" params="mass">
  <inertial>
    <mass value="${mass}" />
  <inertia ixx="1.0" ixy="0.0" ixz="0.0"
     iyy="1.0" iyz="0.0"
     izz="1.0" />
    </inertial>
  </xacro:macro>
  <xacro:default_inertial mass="100"/>
```

robot1.urdf 파일과 robot1.xacro를 비교해보면, 손쉽게 30개의 중복된 줄들을 줄였음을 알 수 있다. 좀 더 많은 매크로와 값들을 사용한다면 파일 크기를 더 줄이는 것도 가능하다.

.xacro 파일을 rviz와 Gazebo에서 사용하려면 .urdf 파일로 변환할 필요가 있다. 이를 위해 robot1_description/urdf 폴더에서 다음 명령을 실행해야 한다.

```
$ rosrun xacro xacro.py robot1.xacro > robot1_processed.urdf
```

또한 아래의 명령을 모든 곳에서 실행할 수 있으며, 다른 명령과 똑같은 결과를 얻을 것이다.

```
$ rosrun xacro xacro.py "$(rospack find robot1_description)/urdf/
robot1.xacro" > "$(rospack find robot1_description)/urdf/robot1_
processed.urdf"
```

그러므로 명령을 좀 더 쉽게 작성하기 위해 같은 폴더에서 작업을 계속하기를 권한다.

코드로 로봇 움직이기

이제 로봇의 3차원 모델을 얻었고 rviz로 이를 볼 수 있다. 그런데 노드를 이용해서 어떻게 로봇을 움직일 수 있을까?

우리는 로봇을 움직이기 위해 간단한 노드를 만들 것이다. 여러분이 더 배우기를 원한다면, ROS에서는 ros_control 패키지처럼 로봇을 제어하는 훌륭한 툴들을 제공하므로 이를 사용해 보기 바란다. robot1_description/src 폴더에 state_publisher.cpp라는 이름으로 새 파일을 만들고 아래 코드를 복사하자.

```
#include <string>
#include <ros/ros.h>
#include <sensor_msgs/JointState.h>
#include <tf/transform_broadcaster.h>

int main(int argc, char** argv) {
  ros::init(argc, argv, "state_publisher");
  ros::NodeHandle n;
  ros::Publisher joint_pub =
  n.advertise<sensor_msgs::JointState>("joint_states", 1);
  tf::TransformBroadcaster broadcaster;

  ros::Rate loop_rate(30);

  const double degree = M_PI/180;

  // robot state
  double inc= 0.005, base_arm_inc= 0.005, arm1_armbase_inc=
  0.005,
  arm2_arm1_inc= 0.005, gripper_inc= 0.005, tip_inc= 0.005;
  double angle= 0 ,base_arm = 0, arm1_armbase = 0, arm2_arm1 = 0,
  gripper = 0, tip = 0;
  // message declarations
  geometry_msgs::TransformStamped odom_trans;
  sensor_msgs::JointState joint_state;
```

```
odom_trans.header.frame_id = "odom";
odom_trans.child_frame_id = "base_link";

while (ros::ok()) {
  //update joint_state
  joint_state.header.stamp = ros::Time::now();
  joint_state.name.resize(7);
  joint_state.position.resize(7);
  joint_state.name[0] ="base_to_arm_base";
  joint_state.position[0] = base_arm;
  joint_state.name[1] ="arm_1_to_arm_base";
  joint_state.position[1] = arm1_armbase;
  joint_state.name[2] ="arm_2_to_arm_1";
  joint_state.position[2] = arm2_arm1;
  joint_state.name[3] ="left_gripper_joint";
  joint_state.position[3] = gripper;
  joint_state.name[4] ="left_tip_joint";
  joint_state.position[4] = tip;
  joint_state.name[5] ="right_gripper_joint";
  joint_state.position[5] = gripper;
  joint_state.name[6] ="right_tip_joint";
  joint_state.position[6] = tip;

  // update transform
  // (moving in a circle with radius 1)
  odom_trans.header.stamp = ros::Time::now();
  odom_trans.transform.translation.x = cos(angle);
  odom_trans.transform.translation.y = sin(angle);
  odom_trans.transform.translation.z = 0.0;
  odom_trans.transform.rotation =
  tf::createQuaternionMsgFromYaw(angle);

  //send the joint state and transform
  joint_pub.publish(joint_state);
  broadcaster.sendTransform(odom_trans);

  // Create new robot state
```

```
    arm2_arm1 += arm2_arm1_inc;
    if (arm2_arm1<-1.5 || arm2_arm1>1.5) arm2_arm1_inc *= -1;
    arm1_armbase += arm1_armbase_inc;
    if (arm1_armbase>1.2 || arm1_armbase<-1.0) arm1_armbase_inc
    *= -1;
    base_arm += base_arm_inc;
    if (base_arm>1. || base_arm<-1.0) base_arm_inc *= -1;
    gripper += gripper_inc;
    if (gripper<0 || gripper>1) gripper_inc *= -1;
    angle += degree/4;

    // This will adjust as needed per iteration
    loop_rate.sleep();
  }
  return 0;
}
```

이러한 동작을 얻기 위해 코드에 무엇을 할 수 있는지를 알아보자.

모델을 움직이기 위해서는, ROS에서 일반적으로 사용되는 `map`, `odom`, `base_link`와 같은 `tf` 좌표계에 대해 이해할 필요가 있다. `tf` 좌표계 지도는 장기간 글로벌 기준좌표계로서 유용한 세계고정좌표계(world-fixed frame)이다. `odom` 좌표계는 정밀한 단기간 지역기준(local reference)으로서 유용하다. `base_link`라고 불리는 좌표계는 이동 로봇의 베이스에 부착되어 있다. 보통, 이 프레임들은 서로 붙어 있으며, 그들의 관계의 예는 `map | odom | base_link`로 표시된다.

먼저, odom이라는 새로운 프레임을 생성하고 모든 변환은 이 좌표계를 참고할 것이다. 기억하겠지만 모든 링크는 base_link의 자녀이고, 모든 좌표계는 odom 좌표계와 연결된다.

```
...
geometry_msgs::TransformStamped odom_trans;
odom_trans.header.frame_id = "odom";
odom_trans.child_frame_id = "base_link";
...
```

이제 모델의 모든 관절들을 제어하기 위해 새로운 토픽을 만들 것이다. `Joint_state`는 토크 제어된 관절 세트의 상태를 설명하는 데이터를 담고 있는 메시지이다. 우리의 모델에 7개의 관절이 있기 때문에, 우리는 7개 요소가 있는 메시지를 생성한다.

```
sensor_msgs::JointState joint_state;

joint_state.header.stamp = ros::Time::now();
joint_state.name.resize(7);
joint_state.position.resize(7);
joint_state.name[0] ="base_to_arm_base";
joint_state.position[0] = base_arm;
...
```

이와 같은 예에서 로봇은 원을 그리며 움직일 것이다. 그리고 다음 코드로 좌표와 움직임을 계산할 수 있다.

```
odom_trans.header.stamp = ros::Time::now();
odom_trans.transform.translation.x = cos(angle)*1;
odom_trans.transform.translation.y = sin(angle)*1;
odom_trans.transform.translation.z = 0.0;
odom_trans.transform.rotation =
tf::createQuaternionMsgFromYaw(angle);
```

마지막으로, 로봇의 새로운 상태를 다음과 같이 발행한다.

```
joint_pub.publish(joint_state);
broadcaster.sendTransform(odom_trans);
```

우리는 이 노드와 모델과 모든 필요한 성분들을 실행하는 론치 파일을 생성할 것이다. 이를 위해 display_xacro.launch라는 이름으로 새 파일을 생성하고, 이를 robot1_description/launch 폴더에 넣는다.

```
<?xml version="1.0"?>

<launch>
  <arg name="model" />
  <arg name="gui" default="False" />
  <param name="robot_description" command="$(find xacro)/xacro.py
  $(arg model)" />
  <param name="use_gui" value="$(arg gui)"/>
  <node name="state_publisher_tutorials"
  pkg="robot1_description"
  type="state_publisher_tutorials" />
```

```
  <node name="robot_state_publisher" pkg="robot_state_publisher"
  type="state_publisher" />
  <node name="rviz" pkg="rviz" type="rviz" args="-d $(find
  robot1_description)/urdf.rviz" />
</launch>
```

이제 노드를 시작하기 전에 다음 패키지를 설치해야 한다.

```
$ sudo apt-get install ros-kinetic-map-server
$ sudo apt-get install ros-kinetic-fake-localization
$ cd ~/catkin_ws && catkin_make
```

아래의 명령을 사용하여 완전한 모델과 함께 새로운 노드를 시작할 것이다. 우리는 rviz에서 3차원 모델이 모든 관절을 움직이는 것을 볼 것이다.

```
$ roslaunch robot1_description state_xacro.launch model:="$(rospack
find robot1_description)/urdf/robot1.xacro"
```

아래의 스크린 샷은 이 노드로 만들어진 동작을 잘 보여주기 위해 네 개의 캡처된 화면을 조합한 것이다. 잘 들여다보면, 로봇의 팔이 원의 궤적을 그리며 움직이는 것을 알 수 있다.

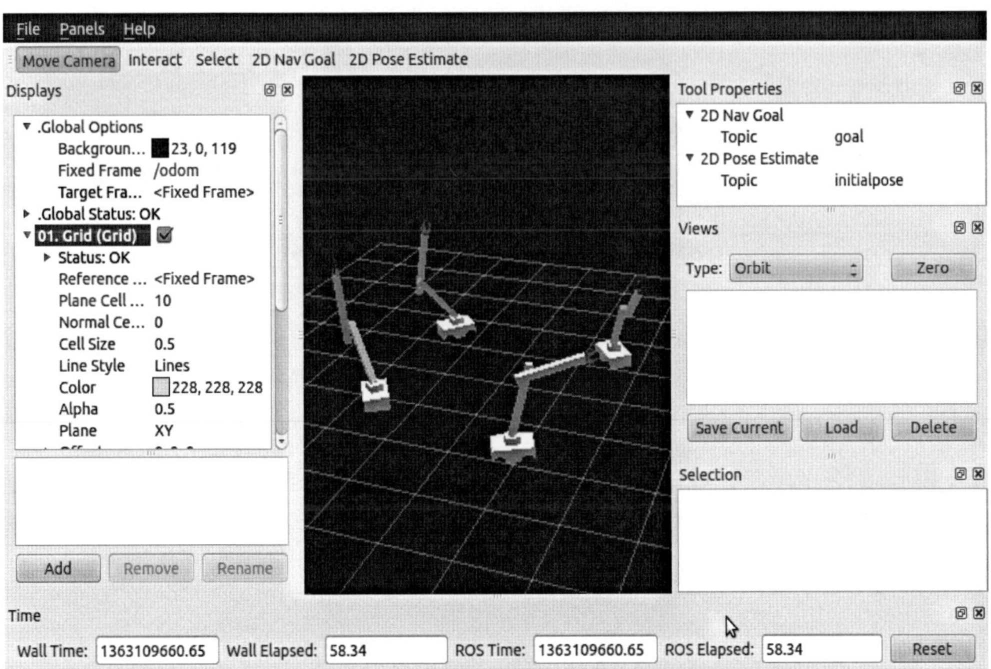

SketchUp으로 3차원 모델링하기

ROS에서는 **SketchUp** 같은 3차원 프로그램으로 모델을 만드는 것이 가능하다. 이 절에서는 간단한 모델을 만들고, 내보내고(export), `urdf`를 생성하고, `rviz`로 모델을 보는 것을 다룰 것이다. `SketchUp`은 윈도우즈나 맥(Mac)에서 사용할 수 있기 때문에 이 모델은 리눅스가 아닌 맥에서 작업해야 한다.

먼저, 여러분의 컴퓨터에 `SketchUp`이 설치되어 있어야 한다. 그렇다면 아래와 비슷한 모델을 만들어 보자.

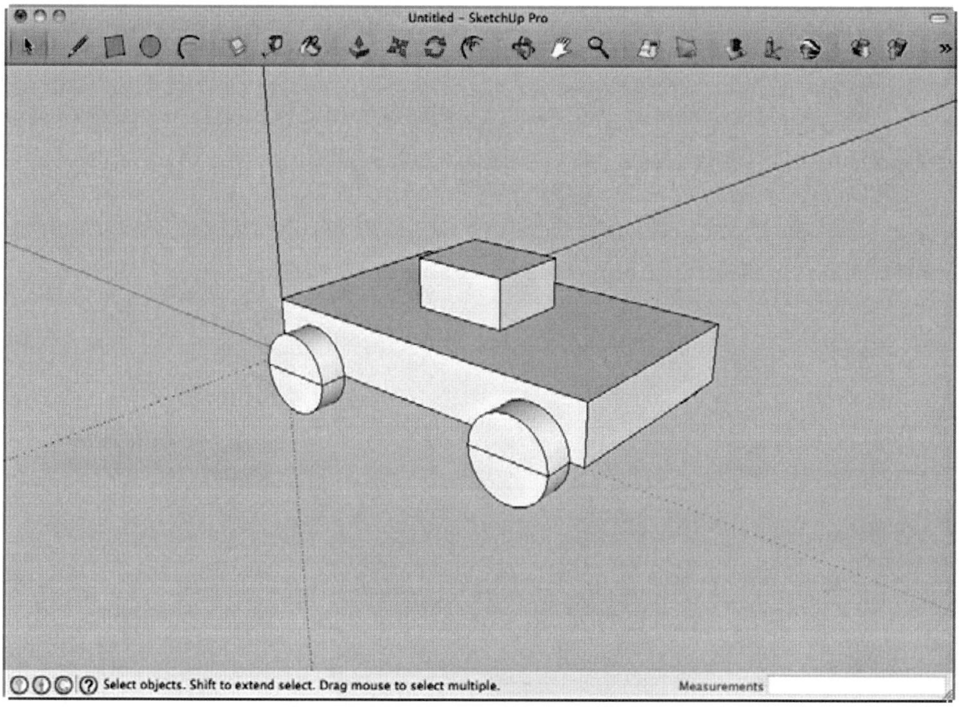

이 모델은 하나의 파일로 내보내지기 때문에 바퀴와 섀시는 동일한 객체이다. 만약 움직이는 부품들로 로봇 모델을 만들고 싶다면, 각 부품을 별개의 파일로 내보내야 한다.

모델을 내보내기 위해 **Export | 3D Model | Save As COLLADA File(*.dae)**로 이동하자.

이 파일의 이름을 `bot.dae`라고 정하고 `robot1_description/meshes` 폴더에 저장했다.

이제 3차원 모델을 사용하기 위해 `robot1_description/urdf` 폴더에 `dae.urdf`라는 이름으로 파일을 생성하고 다음 코드를 입력한다.

```
<?xml version="1.0"?>
<robot name="robot1">
  <link name="base_link">
```

```
      <visual>
        <geometry>
          <mesh scale="0.025 0.025 0.025" filename="package://robot1_
          description/meshes/bot.dae"/>
        </geometry>
        <origin xyz="0 0 0.226"/>
      </visual>
    </link>
  </robot>
```

여러분이 볼 수 있듯이, 메쉬를 로드할 때 `<mesh scale="0.025 0.025 0.025" filename="package://robot1_description/meshes/bot.dae"/>` 명령으로 모델의 스케일을 선택할 수 있다. 아래의 명령으로 모델을 테스트해 보자.

```
$ roslaunch robot1_description display.launch model:="$(rospack find robot1_description)/urdf/dae.urdf"
```

그 결과 다음과 같은 출력을 볼 것이다.

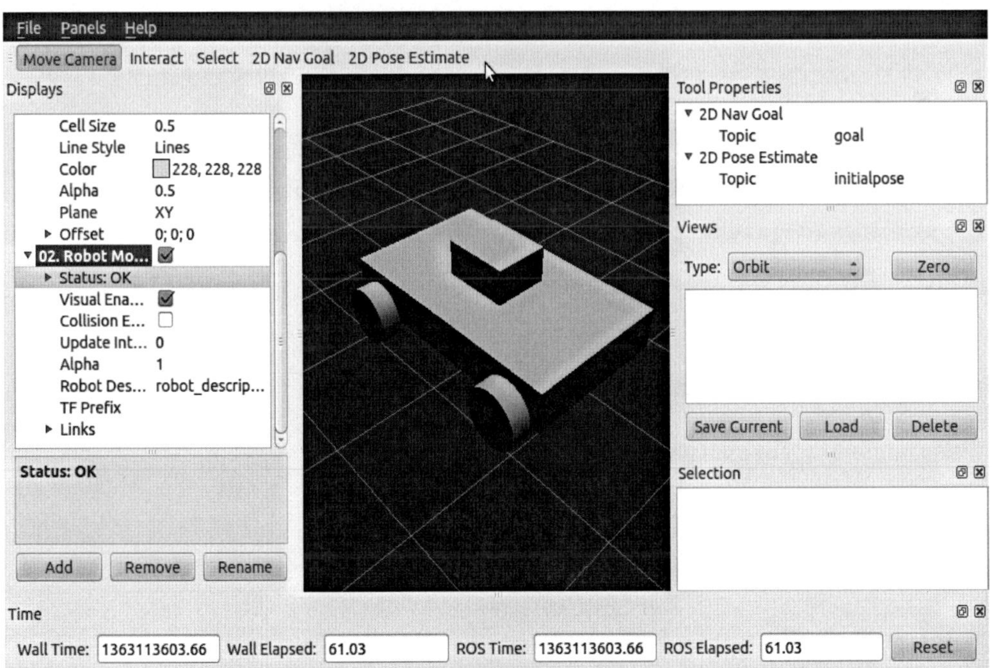

ROS에서 시뮬레이션하기

ROS에서 로봇을 시뮬레이션하기 위해 우리는 Gazebo를 사용할 것이다.

Gazebo(http://gazebosim.org/)는 복잡한 실내와 실외 환경에 대한 멀티로봇 시뮬레이터이다. Gazebo는 3차원 세계에서 한 집단의 로봇과 센서, 물체들을 시뮬레이션할 수 있으며, 실제적인 센서 피드백과 물리적으로 실제와 유사한 물체 간 상호작용 둘 다 생성한다.

Gazebo는 이제 ROS와는 독립적이며 우분투에서 독립적인 패키지로 설치된다. 이 절에서는 Gazebo와 ROS를 인터페이스하는 방법을 볼 것이다. 여러분은 이전에 생성된 모델을 이용하는 방법, 레이저 센서와 카메라를 포함시키는 방법, 그리고 실제 로봇처럼 그 모델을 이동시키는 방법에 관해 배울 것이다.

URDF 3차원 모델을 Gazebo에서 사용하기

지난 절에서 설계했던 모델을 사용할 것이다. 이를 단순화하기 위해 팔은 사용하지 않을 것이다.

터미널에 아래 명령을 입력하여 Gazebo가 설치되어 있는지를 확인한다.

```
$ gazebo
```

Gazebo로 작업을 시작하기 전에, Gazebo와의 인터페이스를 위해 다음과 같이 ROS 패키지를 설치한다.

```
$ sudo apt-get install ros-kinetic-gazebo-ros-pkgs
ros-kinetic-gazebo-ros-control
```

이 명령 후에 Gazebo GUI가 열릴 것이다. 모든 것이 잘 진행되었다면, 로봇 모델이 Gazebo에서 사용되도록 준비할 것이다. 다음 명령을 사용하여 GUI가 열리는지를 확인함으로써 Gazebo가 ROS와 잘 연동하는지를 테스트할 수 있다.

```
$ roscore & rosrun gazebo_ros gazebo
```

Gazebo에 로봇 모델을 도입하려면 URDF 모델을 완성해야 한다. 이를 Gazebo에서 사용하기 위해 더 많은 요소들을 선언할 필요가 있다. 또한 .xacro 파일을 사용해야 하는데, 조금 더 복잡해 보여도 코드를 개발하기에는 훨씬 강력하다. chapter4_tutorials/robot1_description/urdf/robot1_base_01.xacro에 모든 수정 사항이 포함된 파일을 찾을 것이다.

```
<link name="base_link">
  <visual>
  <geometry>
    <box size="0.2 .3 .1"/>
  </geometry>
    <origin rpy="0 0 1.54" xyz="0 0 0.05"/>
    <material name="white">
    <color rgba="1 1 1 1"/>
  </material>
  </visual>
  <collision>
  <geometry>
    <box size="0.2 .3 0.1"/>
    </geometry>
  </collision>
  <xacro:default_inertial mass="10"/>
</link>
```

이는 로봇 base_link의 섀시에 관한 새 코드이다. 로봇의 물리학을 계산하기 위해 Gazebo에서 모델을 실행하는 데 collision과 inertial 섹션들이 필요하다.

모든 것을 시작하기 위해, 우리는 새로운 .launch 파일을 생성할 것이다. chapter4_tutorials/robot1_gazebo/gazebo.launch 폴더 안에 gazebo.launch라는 이름으로 새로운 파일을 만들고, 다음 코드를 넣자.

```
<?xml version="1.0"?>

<launch>
  <!-- these are the arguments you can pass this launch file, for
  example paused:=true -->
  <arg name="paused" default="true" />
  <arg name="use_sim_time" default="false" />
  <arg name="gui" default="true" />
  <arg name="headless" default="false" />
  <arg name="debug" default="true" />
```

```
  <!-- We resume the logic in empty_world.launch, changing only
  the name of the world to be launched -->
  <include file="$(find gazebo_ros)/launch/empty_world.launch">
    <arg name="world_name" value="$(find
    robot1_gazebo)/worlds/robot.world" />
    <arg name="debug" value="$(arg debug)" />
    <arg name="gui" value="$(arg gui)" />
    <arg name="paused" value="$(arg paused)" />
    <arg name="use_sim_time" value="$(arg use_sim_time)" />
    <arg name="headless" value="$(arg headless)" />
  </include>
  <!-- Load the URDF into the ROS Parameter Server -->
  <arg name="model" />
  <param name="robot_description" command="$(find xacro)/xacro.py
  $(arg model)" />
  <!-- Run a python script to send a service call to gazebo_ros
  to spawn a URDF robot -->
  <node name="urdf_spawner" pkg="gazebo_ros" type="spawn_model"
  respawn="false" output="screen" args="-urdf -model robot1 -
  paramrobot_description -z 0.05" />
</launch>
```

파일을 론치하기 위해 다음 명령을 사용한다.

```
$ roslaunch robot1_gazebo gazebo.launch model:="$(rospack find
robot1_description)/urdf/robot1_base_01.xacro"
```

이제 여러분은 Gazebo에서 로봇을 볼 수 있을 것이다. 시뮬레이션은 처음에는 정지해 있지만 play를 클릭하면 로봇이 움직인다. 축하한다! 이것은 여러분의 가상 세계에서의 첫 단계이다.

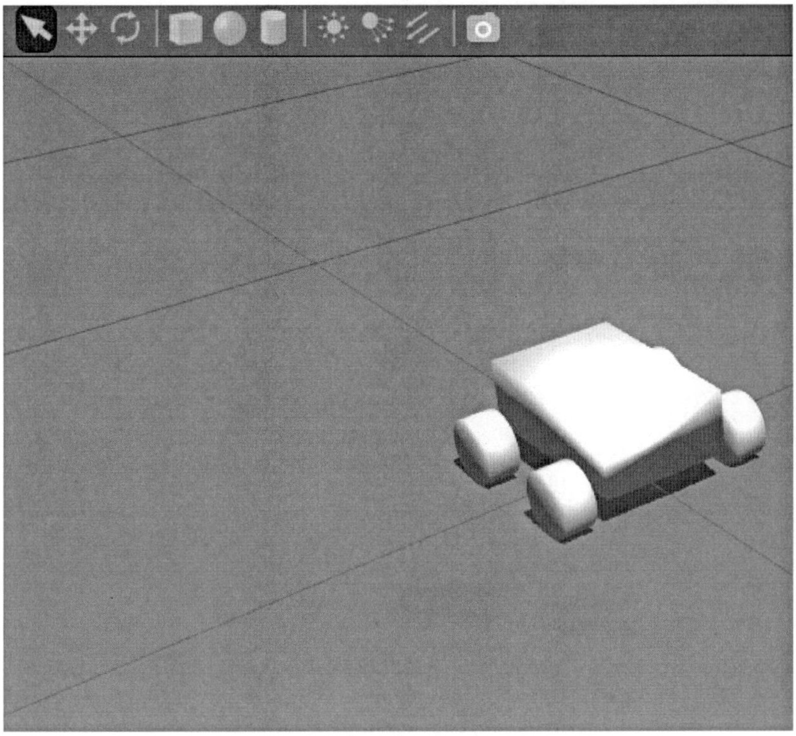

보다시피, 모델에는 아무런 질감(texture)이 없다. rviz에서는 URDF 파일에 선언되어 있는 질감들을 관찰했지만, Gazebo에서는 그것을 볼 수 없다.

Gazebo에 가시적 질감을 추가하기 위해 여러분 모델의 .gazebo 파일에 다음 코드를 사용하기 바란다. robot1_description/urdf 안에 robot.gazebo 파일을 다음과 같이 만들자.

```
<gazebo reference="base_link">
<material>gazebo/Orange</material>
</gazebo>

<gazebo reference="wheel_1">
<material>gazebo/Black</material>
</gazebo>

<gazebo reference="wheel_2">
<material>gazebo/Black</material>
</gazebo>

<gazebo reference="wheel_3">
```

```
<material>gazebo/Black</material>
</gazebo>

<gazebo reference="wheel_4">
<material>gazebo/Black</material>
</gazebo>
```

robot1_description/urdf/robot1_base_01.xacro 파일을 복사하고 robot1_base_02.xacro라는 이름으로 저장한 후, 내부에 다음 코드를 추가하자.

```
<xacro:include filename="$(find
robot1_description)/urdf/robot.gazebo" />
```

다음 명령줄로 새 파일을 시작하면 똑같은 로봇을 보겠지만 질감이 추가된 것이 달라졌음을 알 수 있다.

```
$ roslaunch robot1_gazebo gazebo.launch model:="$(rospack find
robot1_ description)/urdf/robot1_base_02.xacro"
```

그 결과는 다음과 같다.

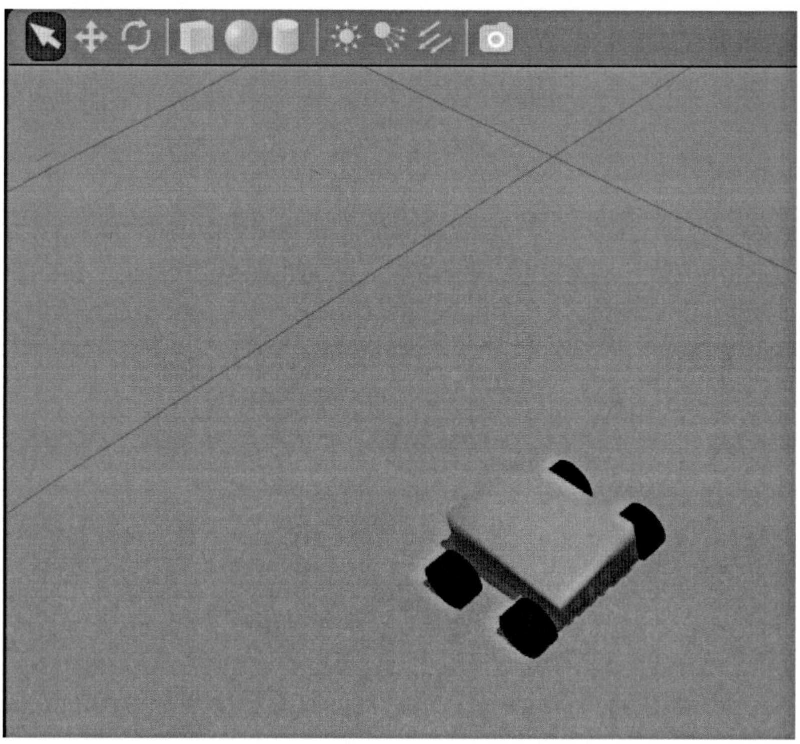

Gazebo에 센서 추가하기

Gazebo에서 로봇과 운동의 물리법칙을 시뮬레이션할 수 있으며, 센서 또한 시뮬레이션할 수 있다.

보통, 센서를 추가할 때 그 동작도 구현할 필요가 있다. 다행히도 어떤 센서들은 Gazebo와 ROS에 이미 개발되어 있다.

이 절에서는 우리의 모델에 카메라와 레이저 센서를 추가할 것이다. 이 센서들은 로봇의 새로운 부품이 되므로 어디에 넣을지를 선택할 필요가 있다. Gazebo에는 Hokuyo 레이저 같이 생긴 새로운 3차원 물체와 카메라를 나타내는 붉은 육면체를 볼 것이다. 이 센서들에 대해서는 이전 장에서 설명했다.

우리는 gazebo_ros_demos 패키지에서 레이저를 가져올 것이다. 이는 ROS의 마법같은 일인데, 여러분은 개발을 위해 다른 패키지의 코드를 사용할 수 있다.

Hokuyo 레이저의 3차원 모델을 로봇에 추가하기 위해 .xacro 파일에 다음의 코드를 넣을 필요가 있다.

```
<?xml version="1.0" encoding="UTF-8"?>
  <link name="hokuyo_link">
  <collision>
    <origin xyz="0 0 0" rpy="0 0 0" />
    <geometry>
      <box size="0.1 0.1 0.1" />
    </geometry>
  </collision>
  <visual>
    <origin xyz="0 0 0" rpy="0 0 0" />
    <geometry>
      <mesh filename="package://robot1_description/meshes/hokuyo.dae"/>
    </geometry>
  </visual>
  <inertial>
    <mass value="1e-5" />
    <origin xyz="0 0 0" rpy="0 0 0" />
    <inertia ixx="1e-6" ixy="0" ixz="0" iyy="1e-6" iyz="0"
    izz="1e-6" />
  </inertial>
</link>
```

`.gazebo` 파일에 Hokuyo 거리측정 레이저의 동특성을 시뮬레이션할 `libgazebo_ros_laser.so` 플러그인을 다음과 같이 추가할 것이다.

```
<gazebo reference="hokuyo_link">
  <sensor type="ray" name="head_hokuyo_sensor">
    <pose>0 0 0 0 0 0</pose>
    <visualize>false</visualize>
    <update_rate>40</update_rate>
    <ray>
      <scan>
        <horizontal>
          <samples>720</samples>
          <resolution>1</resolution>
          <min_angle>-1.570796</min_angle>
          <max_angle>1.570796</max_angle>
        </horizontal>
      </scan>
      <range>
        <min>0.10</min>
        <max>30.0</max>
         <resolution>0.01</resolution>
       </range>
       <noise>
         <type>gaussian</type>
         <!-- Noise parameters based on published spec for Hokuyo
         laser achieving "+-30mm" accuracy at range < 10m. A mean of
         0.0m and stddev of 0.01m will put 99.7% of samples within
         0.03m of the true reading. -->
         <mean>0.0</mean>
         <stddev>0.01</stddev>
       </noise>
     </ray>
     <plugin name="gazebo_ros_head_hokuyo_controller"
       filename="libgazebo_ros_laser.so">
       <topicName>/robot/laser/scan</topicName>
       <frameName>hokuyo_link</frameName>
     </plugin>
```

```
    </sensor>
  </gazebo>
```

새 모델을 아래의 명령으로 시작한다.

```
$ roslaunch robot1_gazebo gazebo.launch model:="$(rospack find robot1_description)/urdf/robot1_base_03.xacro"
```

그러면 로봇에 레이저 모듈이 부착되어 있는 것을 볼 것이다.

비슷한 방법으로, 다른 센서인 카메라를 붙이기 위해 `robot.gazebo`와 `robot1_base_03.xacro`에 코드를 추가했다. 이 파일들을 확인하기 바란다!

다음의 스크린 샷에서 Hokuyo 레이저와, 카메라 모델을 시뮬레이션하는 붉은 육면체를 가지고 있는 로봇을 볼 수 있다.

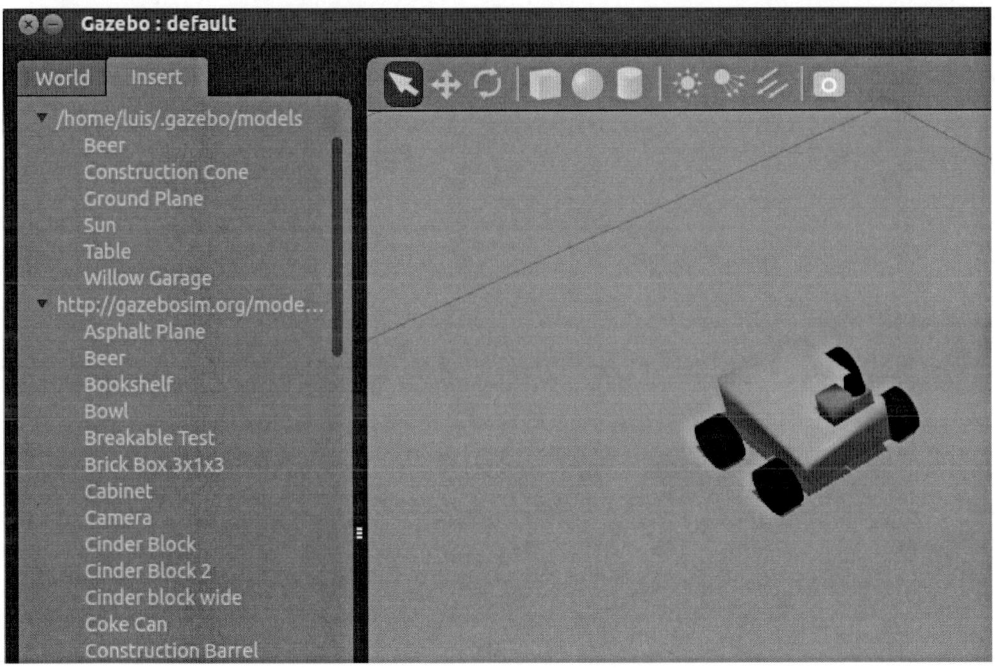

이 레이저가 실제 데이터처럼 실제 데이터를 생성하는 점에 유의하자. `rostopic echo` 명령을 이용해서 이 데이터가 생성된 것을 볼 수 있다.

```
$ rostopic echo /robot/laser/scan
```

카메라에 대해서도 같은 방식으로 설명할 수 있다. 획득한 이미지의 Gazebo 시뮬레이션을 보고 싶다면, 터미널에 다음의 명령어를 쓰면 된다.

```
$ rosrun image_view image_view image:=/robot/camera1/image_raw
```

여러분은 Gazebo에서 마우스 오른쪽 메뉴를 이용하여 가상 세계에 물체를 추가할 수 있다. 우리는 센서가 어떻게 반응하는 지를 보기 위해 원추형 도로표지(traffic cone)와 테이블, 캔 같은 물체들을 넣었다. 아래의 세 스크린 샷은 이 상황을 보여준다. 첫 번째 이미지는 Gazebo와 우리의 가상세계를 나타내고, 그 옆의 것은 레이저 데이터를 rviz의 톱다운 뷰로 표현한 것이며, 오른쪽 아래에는 카메라의 이미지를 시각화한 결과를 보여준다.

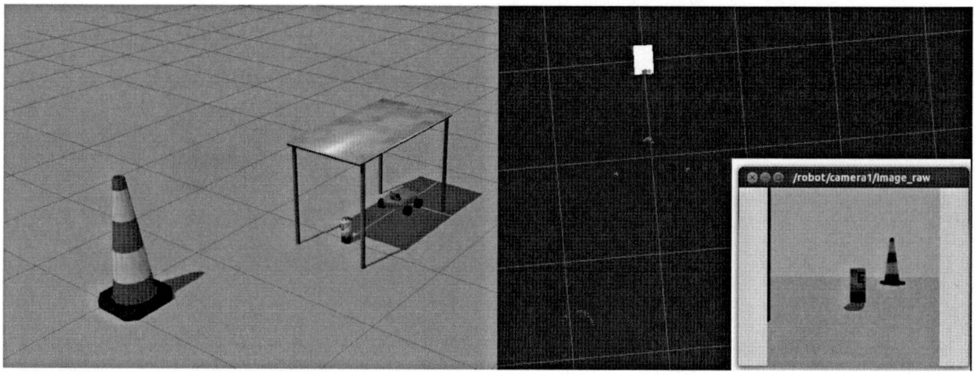

Gazebo에 지도를 불러와서 사용하기

여러분은 Gazebo에서 사무실이나 산 등의 가상적인 세계를 사용할 수 있다.

이 절에서 우리는 ROS를 설치하면 기본으로 설치되는 Willow Garage 사의 사무실 지도를 사용할 것이다. 이 3차원 모델은 gazebo_worlds 패키지 안에 있다. 이 패키지가 없다면 계속하기 전에 설치해야 한다.

모델을 확인하기 위해 여러분이 할 일은 아래 명령을 이용해서 .launch 파일을 실행하는 것이다.

```
$ roslaunch gazebo_ros willowgarage_world.launch
```

여러분은 Gazebo에서 3차원 사무실을 볼 수 있는데, 사무실에는 벽밖에 없다. 여러분이 원한다면 테이블과 의자 등을 추가할 수 있다. 물건들을 추가하고 배치함으로써 여러분의 로봇을 Gazebo에서 시뮬레이션하기 위한 자신만의 세계를 만들 수 있다. 여러분에게는 **Menu | Save as**를 선택하여 여러분의 세계를 저장할 수 있는 옵션이 있다.

Gazebo는 상대적으로 최신의 GPU를 갖춘 좋은 컴퓨터를 필요로 한다는 점에 주의하자. 여러분의 그래픽 기술이 지원되는지를 Gazebo 홈페이지에서 확인할 수 있다. 때때로 이 소프트웨어가 충돌할 수도 있지만, 소프트웨어를 안정화하기 위해 커뮤니티에서 열심히 노력하고 있다는 점을 기억하자. 대개 소프트웨어가 충돌할 경우, 다시 실행하면(아마 몇 번 정도) 문제없이 동작한다. 그러나 만약 문제가 지속된다면, 새로운 버전으로 다시 실행해 보기를 권한다. 새로운 버전은 좀 더 최근의 ROS 배포판에서 자동으로 설치될 것이다.

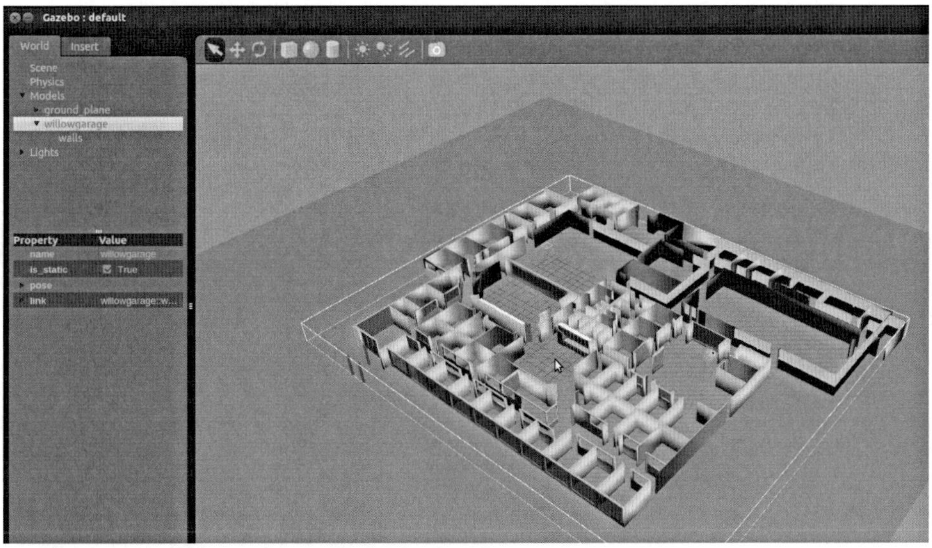

이제 우리가 할 일은 지도와 로봇을 함께 불러오기 위해 새로운 `.launch` 파일을 생성하는 것이다. 이를 위해 `robot1_gazebo/launch` 폴더에 `gazebo_wg.launch`라는 이름의 파일을 새로 만들고 다음의 코드를 추가한다.

```
<?xml version="1.0"?>
<launch>
  <include file="$(find
    gazebo_ros)/launch/willowgarage_world. launch">
  </include>
  <!-- Load the URDF into the ROS Parameter Server -->
  <param name="robot_description"
  command="$(find xacro)/xacro.py '$(find
  robot1_description)/urdf/robot1_base_03.xacro'" />
  <!-- Run a python script to send a service call to gazebo_ros
  to spawn a URDF robot -->
  <node name="urdf_spawner" pkg="gazebo_ros" type="spawn_model"
```

```
      respawn="false" output="screen"
      args="-urdf -model robot1 -param robot_description -z 0.05"/>
    </launch>
```

이제 다음과 같이 레이저 모델의 파일을 시작한다.

```
$ roslaunch robot1_gazebo gazebo_wg.launch
```

여러분은 Gazebo GUI에서 로봇과 지도를 보게 될 것이다. 그 다음 단계는 시뮬레이터에 로드한 가상 세계를 로봇이 돌아다니면서 그 센서의 시뮬레이션된 값을 받도록 로봇에게 명령을 내리는 것이다.

Gazebo에서 로봇 움직이기

skid-steer 로봇은 바퀴가 몸체의 양쪽 사이드에 위치해 있으면서 따로 제어되는 이동 로봇이다. 그래서 바퀴의 상대적인 회전속도를 변화시킴으로써 로봇의 방향을 바꿀 수 있으며, 추가적인 방향 조종 모션이 필요없다.

앞에서 말했듯이 여러분은 Gazebo에서 로봇과 관절, 센서 등의 동작을 프로그램할 필요가 있다. 레이저 센서에 대해서는 Gazebo는 이미 스키드 드라이브(skid drive)가 구현되어 있으며 그것으로 로봇을 움직일 수 있다.

이 제어기를 사용하기 위해, 우리는 다음의 코드를 모델 파일에 추가하기만 하면 된다.

```
<gazebo>
  <plugin name="skid_steer_drive_controller"
    filename="libgazebo_ros_skid_steer_drive.so">
    <updateRate>100.0</updateRate>
```

```
    <robotNamespace>/</robotNamespace>
    <leftFrontJoint>base_to_wheel1</leftFrontJoint>
    <rightFrontJoint>base_to_wheel3</rightFrontJoint>
    <leftRearJoint>base_to_wheel2</leftRearJoint>
    <rightRearJoint>base_to_wheel4</rightRearJoint>
    <wheelSeparation>4</wheelSeparation>
    <wheelDiameter>0.1</wheelDiameter>
    <robotBaseFrame>base_link</robotBaseFrame>
    <torque>1</torque>
    <topicName>cmd_vel</topicName>
    <broadcastTF>0</broadcastTF>
  </plugin>
</gazebo>
```

코드에서 볼 수 있는 파라미터들은 네 바퀴 로봇의 제어기가 잘 동작하도록 설정된 구성값이다. 예를 들어, 우리는 base_to_wheel1, base_to_wheel2, base_to_wheel3, base_to_wheel4 관절들을 로봇을 움직이게 하는 바퀴로 선택했다.

또 다른 중요한 파라미터는 topicName이다. 우리는 로봇을 제어하기 위해 이 토픽이름으로 명령을 발행할 필요가 있다. 이 경우 여러분이 sensor_msgs/Twist 토픽의 /cmd_vel을 호출하면 로봇은 움직일 것이다. 이때 바퀴 관절의 방향을 잘 설정하는 것이 중요하다. xacro 파일에 있는 현재의 방향을 그대로 쓰면 로봇은 뒤집어질 것이다. 그래서 네 바퀴의 원점인 rpy를 조정할 필요가 있는데, 베이스 링크의 관절과 wheel1 관절을 아래 코드와 같이 바꿨다.

```
<joint name="base_to_wheel1" type="continuous">
  <parent link="base_link"/>
  <child link="wheel_1"/>
  <origin rpy="-1.5707 0 0" xyz="0.1 0.15 0"/>
  <axis xyz="0 0 1" />
</joint>
```

이 모든 변화는 chapter4_tutorials/robot1_description/urdf/robot1_base_04.xacro 파일 안에 있다. gazebo_wg.launch에서 새로운 robot1_base_04.xacro 파일을 사용하기 위해 우리는 로봇 모델을 업데이트해야 한다.

이제 제어기 및 지도와 함께 모델을 시작하기 위해 아래의 명령을 사용한다.

```
$ roslaunch robot1_gazebo gazebo_wg.launch
```

여러분은 Gazebo의 화면에 로봇이 있는 지도를 볼 것이다. 이제 키보드로 로봇을 움직여야 하는데, 이 노드는 /cmd_vel 토픽을 발행하는 teleop_twist_keyboard 패키지 안에 있다. 패키지를 설치하기 위해 터미널에 아래 명령을 실행하자.

```
$ sudo apt-get install ros-kinetic-teleop-twist-keyboard
$ rosstack profile
$ rospack profile
```

그러면 다음 명령으로 노드를 실행할 수 있다.

```
$ rosrun teleop_twist_keyboard teleop_twist_keyboard.py
```

여러분은 몇 가지 명령어와 로봇을 움직이는 키(u,i,o,j,k,l,m,",", ".")가 있는 새로운 쉘을 볼 수 있고, 이를 최대 속도로 조정하자.

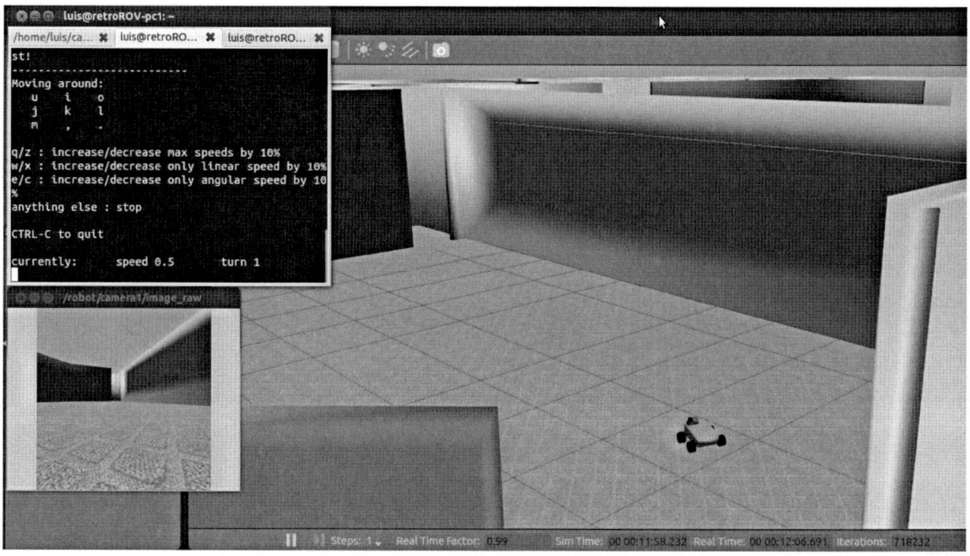

모두 잘 진행되었다면, 여러분은 Willow Garage 사무실에서 로봇이 잘 돌아다니도록 조종할 수 있다. 이때 레이저 데이터를 보거나, 카메라로부터 얻은 시각화된 이미지를 볼 수 있다.

요약

로봇을 공부하는 사람에게 실제 로봇을 이용하는 것은 재미있고 유용하지만, 모든 사람이 다 실제 로봇에 접근할 수 있는 것은 아니다. 우리가 실제 로봇을 다루는데 한계가 있다면 시뮬레이터를 사용하는 것이 아주 훌륭한 방법이다. 시뮬레이터는 알고리즘의 동작 특성을 실제 로봇에 적용하기 전에 테스트하기 위해 만들어졌는데, 이것이 시뮬레이터의 존재 이유다.

이 장에서는 여러분 자신의 로봇의 3차원 모델을 어떻게 만드는지를 배웠다. 여기에는 여러분이 노드로 로봇을 움직이는 방법에 대한 설명과 함께 텍스처를 추가하고 관절을 생성하는데 도움을 주는 자세한 설명서가 포함되었다.

그후 Gazebo를 소개했는데, Gazebo는 여러분 로봇의 3차원 모델을 로드하고, 이 로봇이 가상 세계를 움직이고, 센싱하게 하는 시뮬레이터이다. 이 시뮬레이터는 ROS 커뮤니티에서 광범위하게 사용되며, 이미 수많은 실제 로봇들의 시뮬레이션을 지원하고 있다.

이제 우리는 다른 로봇들의 부품을 재사용해서 어떻게 로봇을 설계할 수 있는지를 알게 되었다. 특별히 그리퍼를 추가하고, 레이저 거리탐색기와 카메라 같은 센서들을 부착했다.

그러므로 시뮬레이터를 이용해서 로봇을 맨처음부터 설계해서 만들 필요는 없다. 커뮤니티에서 많은 로봇들을 개발했고 이들의 코드를 다운로드 해서 ROS와 Gazebo에서 실행할 수 있다. 그리고 필요하다면 그 코드를 수정하면 된다.

여러분은 ROS에서 제공하는 로봇들의 리스트를 `http://www.ros.org/wiki/Robots`에서 얻을 수 있다. 또한 `Gazebo`에 대한 튜토리얼은 `http://gazebosim.org/tutorials`에서 볼 수 있다.

5장

네비게이션 스택-로봇 구성

이전 장에서 우리는 로봇을 생성하고, 몇몇 센서와 액추에이터를 장착하고, 조이스틱이나 키보드를 이용해서 가상세계 속에서 움직이는 방법들을 보았다. 이제 이 장에서는 ROS의 가장 강력한 특징 중의 하나라고 할 수 있는 것을 배울 것이다. 이는 여러분의 로봇을 자동으로 움직일 수 있게 한다.

커뮤니티와 공유된 코드 덕분에 ROS는 네비게이션에 사용될 수 있는 많은 알고리즘을 보유하고 있다.

무엇보다도 이 장에서는 여러분의 로봇으로 네비게이션 스택을 설정하는 모든 필요한 방법들을 배울 것이다. 다음 장에서 여러분은 최상의 결과를 얻기 위해 목표를 설정하고 일부 파라미터들을 설정함으로써 시뮬레이션된 로봇에 네비게이션 스택을 설정하고 론칭하는 방법을 배울 것이다. 특별히 이 장에서는 다음과 같은 주제들을 다룰 것이다.

- 네비게이션 스택들과 그들의 강력한 성능 소개-ROS의 소프트웨어 중 확실히 가장 훌륭한 부분 중 하나이다.
- `tf` 라이브러리-센서를 사용하여 수신된 데이터 또는 액추에이터의 원하는 위치에 대한 명령처럼 좌표계에서 하나의 물리적 요소를 다른 것으로 변환한 것을 보여준다. `tf`는 좌표계를 계속해서 추적하기 위한 라이브러리이다.
- 레이저 드라이버를 생성하거나 시뮬레이션하기
- 오도메트리를 계산하고 발행하는 것과 Gazebo에서 어떻게 이것을 제공하는지를 설명
- 기본 제어기들과 로봇을 위한 제어기 만들기
- ROS로 Simultaneous Localization And Mapping(SLAM) 실행하기-로봇이 어떤 환경을 통과할 때 그 환경에 맞는 지도 만들기. 네비게이션 스택의 Adaptive Monte Carlo Localization(AMCL) 알고리즘을 이용해서 지도에서 로봇의 위치 찾기. AMCL은 2차원에서 움직이는 로봇을 위한 확률적인 위치 확인 시스템인데, 알려진 지도에 대한 로봇의 자세를 추적하는 파티클(particle) 필터를 사용하여 AMCL 접근법을 구현한다.

ROS의 네비게이션 스택

네비게이션 스택을 이해하기 위해서는, 표준적인 메시지를 이용해서 로봇을 제어할 수 있도록 로봇의 센서와 오도메트리를 사용하는 알고리즘의 집합이라고 생각하면 된다. 그것은 충돌이나 어떤 장소에 고정되어 버리거나 위치가 다른 곳으로 옮겨지는 것과 같은 문제점 없이 여러분의 로봇을 움직일 수 있다.

여러분은 이 스택이 어떤 로봇에도 쉽게 사용될 수 있을 것이라고 생각할 것이다. 이는 대부분 사실이지만, 스택을 사용하기 위해서는 일부 설정 파일을 조정하고 일부 노드들을 작성할 필요가 있다.

로봇은 네비게이션 스택을 사용하기 전에 다음과 같은 몇 가지 조건들을 만족시켜야 한다.

- 네비게이션 스택은 차동 드라이브(differential drive)와 홀로노믹 바퀴(holonomic-wheeled) 로봇만 다룰 수 있다. 로봇의 모양은 정사각형 또는 직사각형이 되어야 한다. 그러나 이족 로봇에 대해서도 로봇이 옆으로 걷지 않는 이상 로봇의 위치를 확인하는 등의 특정 작업을 할 수 있다.
- 네비게이션 스택은 로봇이 모든 관절과 센서의 위치 관계에 관한 정보를 발행하는 것을 필요로 한다.
- 로봇은 선속도와 각속도를 담은 메시지를 송신해야 한다.
- 지도와 위치확인을 생성하기 위해 평면(planar) 레이저가 로봇 위에 있어야 한다. 그 대안으로 여러분은 몇 개의 레이저 또는 음파탐지기와 동등한 것을 생성할 수 있거나, 이들이 로봇의 다른 위치에 장착되어 있다면 그 값을 지면에 투영할 수 있다.

다음의 구조도는 여러분이 어떻게 네비게이션 스택을 구성할 수 있는지를 보여준다. 그림에서 색깔(회색과 흰색)과 점선으로 표시된 세 종류의 사각형을 볼 수 있다. 흰 박스들은 ROS에서 제공되는 스택들을 나타내고, 이는 여러분의 로봇이 자동으로 움직일 수 있게 하는 모든 노드들을 가지고 있다.

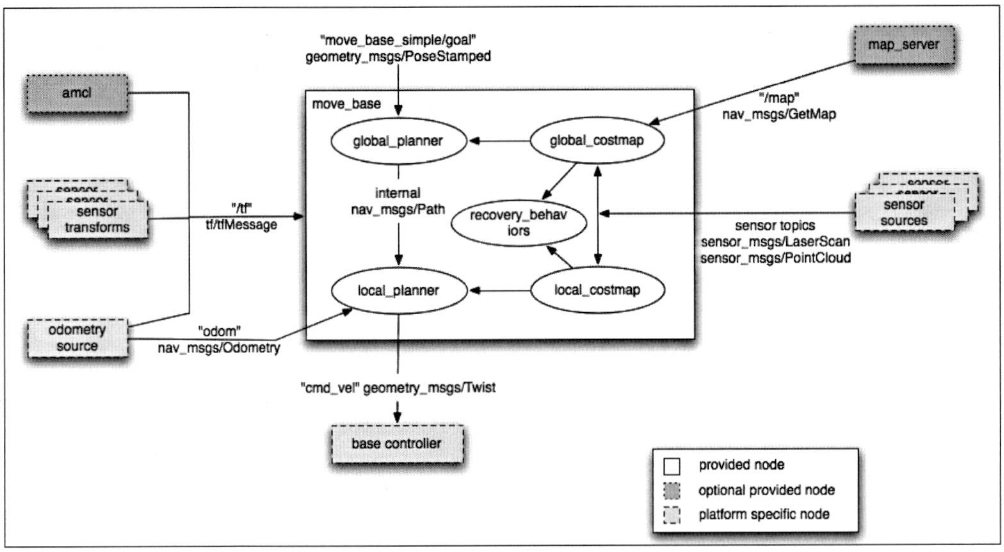

이후의 절들에서 여러분은 구조도에 회색으로 표시된 부분들을 어떻게 생성하는지를 보게 될 것이다. 이 부분들은 사용된 플랫폼에 의존하는데, 이는 플랫폼이 ROS와 네비게이션 스택에서 사용할 수 있도록 조정하는 코드를 작성할 필요가 있음을 의미한다.

변환 생성

네비게이션 스택은 센서와 바퀴, 관절들의 위치를 알 필요가 있다.

이를 위해 **Transform Frames(tf)** 소프트웨어 라이브러리를 사용하는데, 이는 변환 트리(transform tree)를 관리한다. 여러분은 수학으로 이 작업을 할 수 있겠지만 계산할 좌표계가 많으면 다소 복잡하고 골치 아픈 일이 된다.

`tf` 덕분에 여러분은 로봇에 보다 많은 센서와 부품들을 붙일 수 있고, `tf`는 모든 관계들을 우리를 대신해서 다룰 것이다.

만약 `base_link` 좌표계의 원점을 기준으로 뒤로 10 cm, 위로 20 cm의 위치에 레이저를 설치하면, 이 오프셋 값으로 변환 트리에 새로운 좌표계를 추가할 필요가 있다.

레이저가 한 번 삽입되고 생성되면, base_link 값이나 바퀴를 기준으로 레이저의 위치를 쉽게 알 수 있다. 우리가 해야 할 유일한 일은 tf 라이브러리를 호출하고 변환을 실시하는 것이다.

방송자 생성

간단한 코드로 방송자(broadcaster)를 생성하는 것을 테스트해 보자. chapter5_tutorials/src에 tf_broadcaster.cpp라는 이름으로 새 파일을 생성하고, 그 안에 다음의 코드를 넣는다.

```
#include <ros/ros.h>
#include <tf/transform_broadcaster.h>

int main(int argc, char** argv){
  ros::init(argc, argv, "robot_tf_publisher");
  ros::NodeHandle n;

  ros::Rate r(100);

  tf::TransformBroadcaster broadcaster;

  while(n.ok()){
    broadcaster.sendTransform(
      tf::StampedTransform(
        tf::Transform(tf::Quaternion(0, 0, 0, 1), tf::Vector3(0.
        1, 0.0, 0.2)),
        ros::Time::now(),"base_link", "base_laser"));
    r.sleep();
  }
}
```

새로운 실행파일을 생성하기 위해 아래의 명령줄을 여러분의 CMakelist.txt 파일에 추가하는 것을 기억하자.

```
add_executable(tf_broadcast src/tf_broadcaster.cpp)
target_link_libraries(tf_broadcast ${catkin_LIBRARIES})
```

우리는 변환을 사용하는 다른 노드를 생성해야 하는데, 이는 base-link(우리 로봇)의 중심점을 기준으로 센서 상의 한 점의 위치를 우리에게 알려 줄 것이다.

청취자 생성

새 파일을 chapter5_tutorials/src 폴더에 tf_listener.cpp라는 이름으로 생성하고 아래의 코드를 입력한다.

```
#include <ros/ros.h>
#include <geometry_msgs/PointStamped.h>
#include <tf/transform_listener.h>
void transformPoint(const tf::TransformListener& listener){
  //we'll create a point in the base_laser frame that we'd like to
  transform to the base_link frame
  geometry_msgs::PointStamped laser_point;
  laser_point.header.frame_id = "base_laser";

  //we'll just use the most recent transform available for our
  simple example
  laser_point.header.stamp = ros::Time();

  //just an arbitrary point in space
  laser_point.point.x = 1.0;
  laser_point.point.y = 2.0;
  laser_point.point.z = 0.0;

  geometry_msgs::PointStamped base_point;
  listener.transformPoint("base_link", laser_point, base_point);

  ROS_INFO("base_laser: (%.2f, %.2f. %.2f) -----> base_link:
  (%.2f, %.2f, %.2f) at time %.2f",
  laser_point.point.x, laser_point.point.y, laser_point.point.z,
  base_point.point.x, base_point.point.y, base_point.point.z,
  base_point.header.stamp.toSec());
  ROS_ERROR("Received an exception trying to transform a point from
  \"base_laser\" to \"base_link\": %s", ex.what());
}

int main(int argc, char** argv){
  ros::init(argc, argv, "robot_tf_listener");
```

```
    ros::NodeHandle n;

    tf::TransformListener listener(ros::Duration(10));

    //we'll transform a point once every second
    ros::Timer timer = n.createTimer(ros::Duration(1.0),
    boost::bind(&transformPoint, boost::ref(listener)));

    ros::spin();
  }
```

실행 파일을 생성하기 위해 CMakeList.txt 파일에 명령줄을 추가하는 것을 기억하자. 각 터미널에서 다음의 명령들을 이용하여 패키지를 컴파일하고 양쪽 노드를 실행한다.

```
$ catkin_make
$ rosrun chapter5_tutorials tf_broadcast
$ rosrun chapter5_tutorials tf_listener
```

예제들을 시작하기 전에 항상 roscore를 실행해야 함을 잊지 말자. 여러분은 다음의 메시지를 볼 것이다.

```
[ INFO] [1368521854.336910465]: base_laser: (1.00, 2.00. 0.00)
----->
base_link: (1.10, 2.00, 0.20) at time 1368521854.33
[ INFO] [1368521855.336347545]: base_laser: (1.00, 2.00. 0.00)
----->
base_link: (1.10, 2.00, 0.20) at time 1368521855.33
```

이 결과는 여러분이 노드에서 발행한, base_laser를 기준으로 (1.00, 2.00, 0.00)의 좌표를 가진 한 점은 base_link를 기준으로 (1.10, 2.00, 0.20)의 좌표를 가지고 있음을 의미한다.

여러분도 알다시피, tf 라이브러리는 한 점의 좌표나 한 관절의 위치를 다른 포인트를 기준으로 얻을 수 있게 하는 모든 수학식의 연산을 수행한다.

변환 트리는 다른 좌표계 간의 이동과 회전 양쪽 면에서 오프셋을 정의한다. 여러분이 이것을 이해할 수 있도록 하나의 예제를 보자.

4장에서 사용된 로봇 모델에서 다음과 같이 다른 레이저를 로봇의 뒤쪽(base_link)에 추가할 것이다.

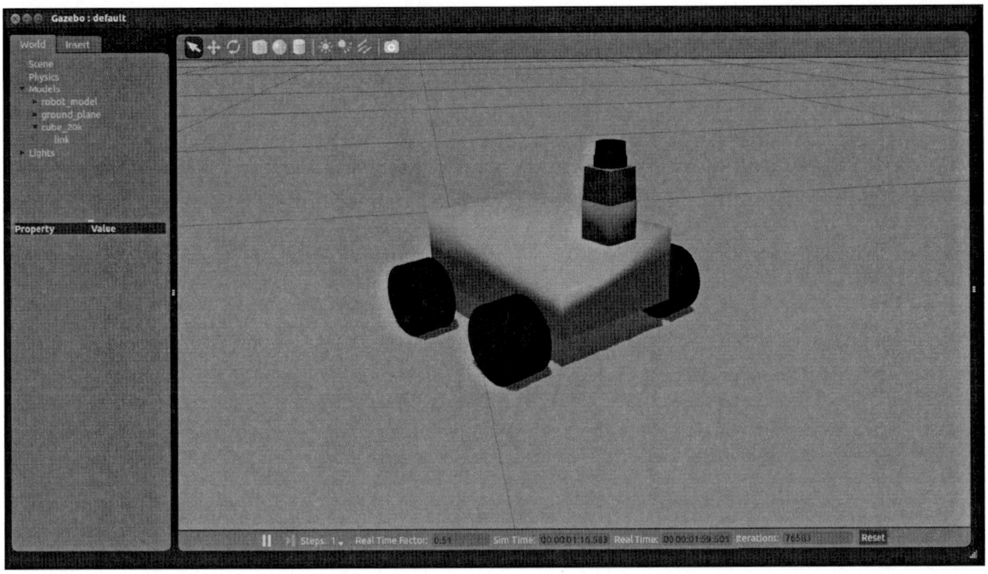

이 로봇의 시스템은 바퀴와 벽 사이의 충돌을 감지하기 위해 새로운 레이저의 위치를 알고 있어야 한다. `tf` 트리를 사용하면 확장성을 확보하는 것과는 별개로 사용 및 유지 관리가 매우 간단하다. `tf` 덕분에 우리는 더 많은 센서와 부품들을 추가할 수 있고, `tf` 라이브러리는 우리를 위해 모든 관계들을 처리할 것이다. 모든 센서와 관절들은 네비게이션 스택이 로봇을 문제없이 움직일 수 있도록 하기 위해, 그리고 각각의 구성품이 정확히 어디에 있는지를 알기 위해 `tf` 상에서 정확히 설정되어야 한다.

로봇의 각 요소를 구성하는 코드 작성을 시작하기 전에, 여러분은 URDF 파일로 지정된 로봇의 형상 정보를 알고 있어야 함을 명심하기 바란다. 그렇다고 이런 이유로 로봇을 다시 구성할 필요는 없다. 여러분은 모를 수도 있지만, 로봇의 변환 트리를 발행하는 `robot_state_publisher` 패키지를 이미 사용하고 있다. 4장에서 우리는 그것을 처음으로 사용했으므로, 여러분의 로봇은 네비게이션 스택과 함께 사용되도록 설정되어 있다.

변환트리 살펴보기

만약 여러분 로봇의 변환 트리를 보기를 원하면, 아래의 명령을 사용하자.

```
$ roslaunch chapter5_tutorials gazebo_map_robot.launch
model:="$(rospack find
chapter5_tutorials)/urdf/robot1_base_01.xacro"
$ rosrun tf view_frames
```

그 결과로 얻은 좌표계는 다음과 같이 그려진다.

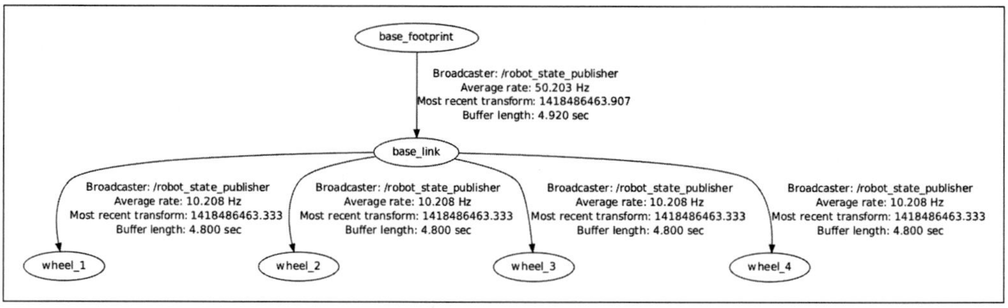

이제 아래와 같이 tf_broadcaster를 실행하고, rosrun tf view_frames 명령을 다시 실행하면 코드를 이용해서 생성한 좌표계를 보게 된다.

```
$ rosrun chapter5_tutorials tf_broadcast
$ rosrun tf view_frames
```

그 결과로 얻게 된 좌표계는 다음과 같이 그려진다.

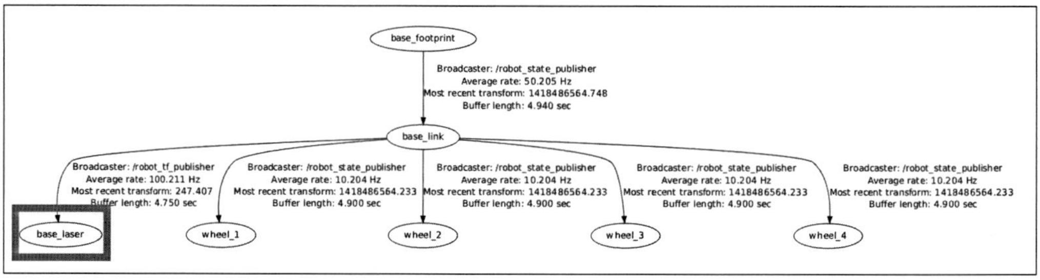

센서 정보 발행하기

로봇에는 환경을 이해하기 위한 많은 센서들이 있는데, 센서들의 데이터를 얻어서 특정 작업을 하는 많은 노드들을 프로그램할 수 있다. 그러나 네비게이션 스택은 평면 레이저 센서를 위해서만 사용된다. 그러므로 여러분의 센서는 sensor_msgs/LaserScan 또는 sensor_msgs/PointCloud2 타입 중 한 타입의 데이터를 발행해야 한다.

우리는 Gazebo에서 로봇의 주행을 위해 로봇의 앞부분에 설치되어 있는 레이저를 사용할 것이다. 이 레이저가 Gazebo에서 시뮬레이션될 때 hokuyo_link 좌표계에서 /robot/laser/scan이라는 이름의 토픽으로 데이터를 발행하는 것을 기억하자.

이 경우, 레이저를 네비게이션 스택에서 사용하기 위해 아무 것도 따로 설정할 필요가 없다. 그 이유는 이미 .urdf 파일에서 tf를 설정했고 레이저가 정확한 타입의 데이터를 발행하고 있기 때문이다.

여러분이 실제 레이저를 사용한다면 ROS는 그것을 위한 드라이버가 필요할 것이다. 사실 8장에서 여러분은 Hokuyo 레이저를 ROS에 연결하는 방법에 대해 배울 것이다. 여하튼 여러분이 ROS에서 제공하는 드라이버가 없는 레이저를 사용하고 있고, sensor_msgs/LaserScan 센서로 데이터를 발행하는 노드를 작성하고 싶다면, 여러분에게 예제 템플릿이 있는데 다음 절에서 볼 수 있다.

그러나 먼저 sensor_msgs/LaserScan 메시지의 구조를 기억하자. 이를 위해 다음 명령을 사용한다.

```
$ rosmsg show sensor_msgs/LaserScan
```

이 명령은 다음의 결과를 생성할 것이다.

```
std_msgs/Header header
  uint32 seq
  time stamp
  string frame_id
float32 angle_min
float32 angle_max
float32 angle_increment
float32 time_increment
float32 scan_time
float32 range_min
float32 range_max
float32[] ranges
float32[] intensities
```

레이저노드 생성하기

이제 chapter5_tutorials/src에 laser.cpp라는 이름으로 새 파일을 만들고 그 안에 다음의 코드를 넣을 것이다.

```
#include <ros/ros.h>
#include <sensor_msgs/LaserScan.h>

int main(int argc, char** argv){
  ros::init(argc, argv, "laser_scan_publisher");

  ros::NodeHandle n;
  ros::Publisher scan_pub = n.advertise<sensor_
  msgs::LaserScan>("scan", 50);

  unsigned int num_readings = 100;
  double laser_frequency = 40;
  double ranges[num_readings];
  double intensities[num_readings];

  int count = 0;
  ros::Rate r(1.0);
  while(n.ok()){
    //generate some fake data for our laser scan
    for(unsigned int i = 0; i < num_readings; ++i){
      ranges[i] = count;
      intensities[i] = 100 + count;
    }
    ros::Time scan_time = ros::Time::now();
    //populate the LaserScan message
    sensor_msgs::LaserScan scan;
    scan.header.stamp = scan_time;
    scan.header.frame_id = "base_link";
    scan.angle_min = -1.57;
    scan.angle_max = 1.57;
    scan.angle_increment = 3.14 / num_readings;
    scan.time_increment = (1 / laser_frequency) / (num_readings);
```

```
      scan.range_min = 0.0;
      scan.range_max = 100.0;

      scan.ranges.resize(num_readings);
      scan.intensities.resize(num_readings);
      for(unsigned int i = 0; i < num_readings; ++i){
        scan.ranges[i] = ranges[i];
        scan.intensities[i] = intensities[i];
      }

      scan_pub.publish(scan);
      ++count;
      r.sleep();
    }
  }
```

보다시피, 이름이 scan이고 메시지 타입이 sensor_msgs/LaserScan인 새로운 토픽을 생성할 것이다. 나중에 8장을 읽게 되면 이 메시지 타입에 대해 잘 알게 될 것이다. 토픽의 이름은 유일해야 한다. 그리고 여러분이 네비게이션 스택을 구성할 때, 이 토픽을 네비게이션에 사용하려고 선택할 것이다. 아래의 명령줄은 토픽을 정확한 이름으로 어떻게 생성하는지를 보여준다.

```
ros::Publisher scan_pub =
n.advertise<sensor_msgs::LaserScan>("scan", 50);
```

데이터를 header, stamp, frame_id, 그리고 많은 구성요소와 함께 발행하는 것은 매우 중요하다. 그렇지 않으면 네비게이션 스택은 그 데이터를 처리하는데 실패할 수도 있기 때문이다.

```
scan.header.stamp = scan_time;
scan.header.frame_id = "base_link";
```

header의 다른 중요한 데이터는 frame_id이다. 이는 .urdf 파일에서 생성된 좌표계 중 하나일 것이며, tf 좌표계 변환에서 발행된 하나의 좌표계를 가지고 있어야 한다. 네비게이션 스택은 센서의 실제 위치를 알고 데이터 센서와 물체 사이의 변환을 하기 위해 이 정보를 사용할 것이다.

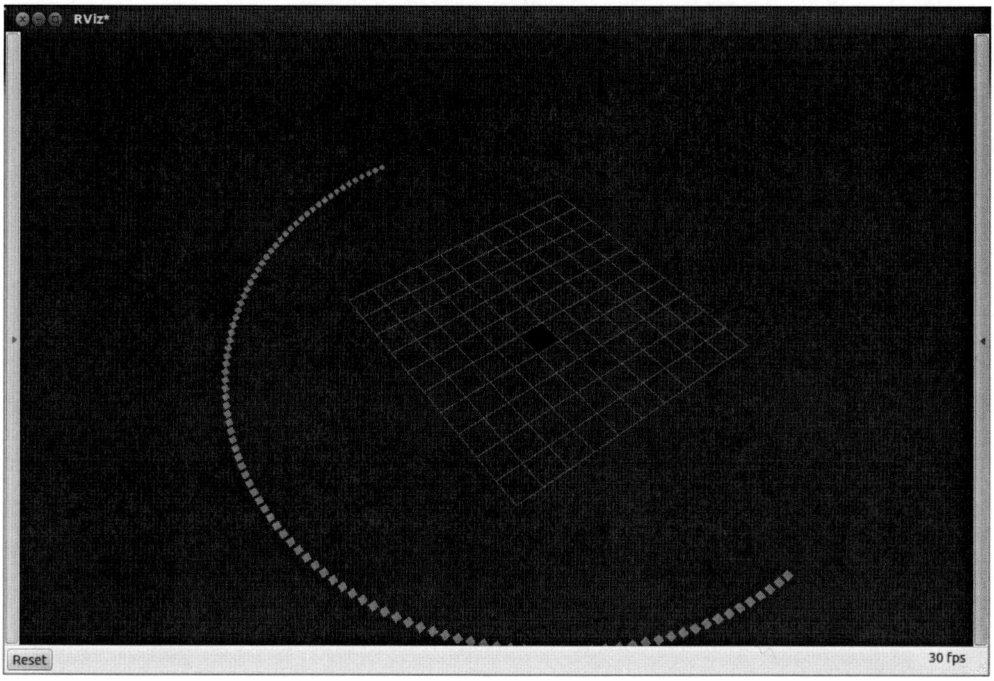

이 템플릿으로 ROS가 제공하는 드라이버가 없는 어떤 레이저라도 사용할 수 있다. 여러분은 가짜 데이터를 레이저에서 나오는 실제 데이터로 바꾸기만 하면 된다.

이 템플릿은 레이저로 보이지만 실제로는 레이저가 아닌 어떤 것을 생성하는 데에도 사용될 수 있다. 예를 들어 stereoscopy나 초음파센서 같은 센서를 사용해서 레이저를 시뮬레이션할 수도 있다.

오도메트리 정보 발행하기

네비게이션 스택은 로봇 오도메트리로부터도 데이터를 얻을 필요가 있다. 오도메트리는 어떤 지점으로부터 어떤 물체와의 상대적인 거리이다. 우리의 경우 base_link로부터 odom 좌표계에 고정된 한 점과의 거리를 의미한다.

네비게이션 스택이 사용하는 메시지의 타입은 `nav_msgs/Odometry`이다. 다음 명령을 사용해서 그 구조를 볼 수 있다.

```
$ rosmsg show nav_msgs/Odometry
```

```
std_msgs/Header header
  uint32 seq
  time stamp
  string frame_id
string child_frame_id
geometry_msgs/PoseWithCovariance pose
  geometry_msgs/Pose pose
    geometry_msgs/Point position
      float64 x
      float64 y
      float64 z
    geometry_msgs/Quaternion orientation
      float64 x
      float64 y
      float64 z
      float64 w
  float64[36] covariance
geometry_msgs/TwistWithCovariance twist
  geometry_msgs/Twist twist
    geometry_msgs/Vector3 linear
      float64 x
      float64 y
      float64 z
    geometry_msgs/Vector3 angular
      float64 x
      float64 y
      float64 z
  float64[36] covariance
```

메시지 구조에서 볼 수 있듯이, `nav_msgs/Odometry`는 `frame_id`와 `child_frame_id` 사이의 로봇의 위치를 알려준다. 또한 이는 `geometry_msgs/Pose` 메시지를 이용해서 로봇의 자세를, `geometry_msgs/Twist` 메시지로 로봇의 속도를 알려준다.

로봇의 자세에는 오일러(Euler) 좌표계에서의 위치를 보여주고 4원수(quaternion)를 이용하여 로봇의 방향을 보여주는 두 가지 구조가 있다. 방향은 로봇 각도의 변화로 정해진다.

로봇의 속도에는 선속도와 각속도를 보여주는 두 가지 구조가 있다. 이 로봇에서는 x축 선속도와 z축 각속도만을 사용할 것이다. x축 선속도는 로봇이 앞이나 뒤로 움직이는지를 확인하고, z축 각속도는 로봇이 좌측으로나 우측으로 회전하는지를 확인하는데 사용된다.

오도메트리는 두 좌표계 간의 거리이므로, 그 변환관계를 발행할 필요가 있다. 이 작업을 이전 절에서 했지만, 이 절 이후에 우리 로봇의 오도메트리와 변환관계를 발행하는 예제를 보일 것이다.

이제 Gazebo가 오도메트리로 어떻게 작업하는지를 보도록 하자.

Gazebo가 오도메트리를 생성하는 방법

Gazebo를 이용한 다른 예제에서 보았듯이, 우리의 로봇은 실제 세계에서 움직이는 것처럼 시뮬레이션된 세계에서 잘 움직인다. 이 로봇을 위한 드라이버로 `diffdrive_plugin`을 사용할 것이다. 이 플러그인을 4장의 Gazebo에서 사용하기 위해 로봇을 생성할 때 설정했다.

이 드라이버는 시뮬레이션된 세계에서 생성된 오도메트리를 발행하므로, Gazebo를 위해 어떤 코드를 작성할 필요는 없다.

Gazebo가 샘플 로봇을 실행해서 오도메트리가 동작하는 것을 보기 위해 셸에 아래의 명령을 입력한다.

```
$ roslaunch chapter5_tutorials gazebo_xacro.launch model:= "$(
rospack find robot1_description)/urdf/ robot1_base_04. xacro"
$ rosrun teleop_twist_keyboard teleop_twist_keyboard.py
```

그 다음에 `teleop` 노드로 몇 초 동안 로봇을 움직여서 오도메트리 토픽에 새로운 데이터를 생성한다.

Gazebo 시뮬레이터의 스크린 위에서 `robot_model1`을 클릭하면, 객체의 특성 일부를 볼 것이다. 이 특성의 하나는 로봇의 자세이다. pose를 클릭하면 데이터가 있는 몇몇 필드들을 볼 수 있다. 여러분이 보는 것은 가상 세계에서 로봇의 위치이며, 여러분이 로봇을 움직이면 그 데이터도 같이 움직인다.

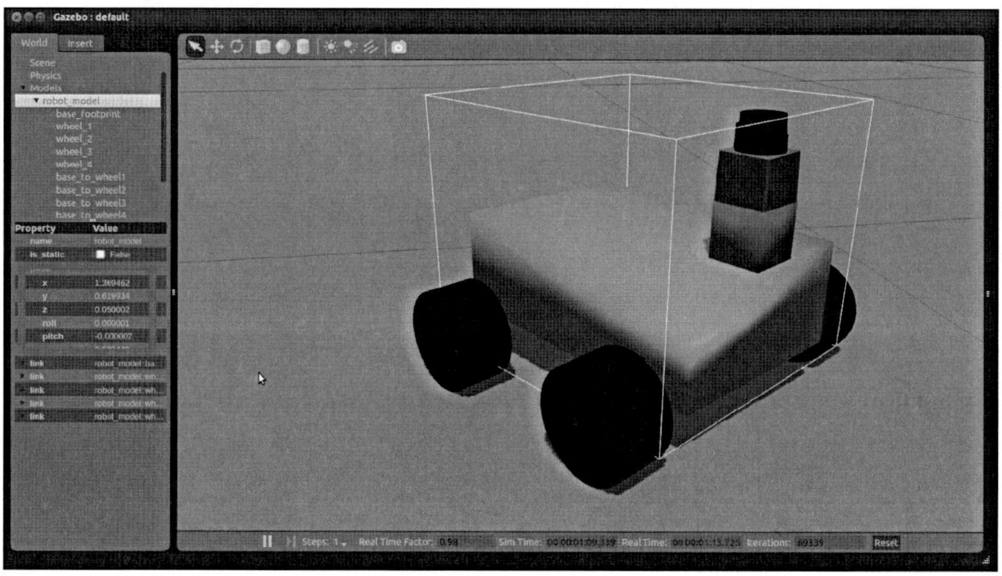

Gazebo는 연속적으로 오도메트리 데이터를 발행한다. 그 토픽을 확인하고 어떤 데이터를 보내는지를 보자. 이를 위해 셸에서 다음 명령을 입력한다.

```
$ rostopic echo /odom/pose/pose
```

다음은 여러분이 얻게 될 결과이다.

```
pose:
  pose:
    position:
      x: 0.11499976476
      y: 0.0
      z: 0.0
    orientation:
      x: 0.0
      y: 0.0
      z: 0.0
      w: 1.0
  covariance: [0.001, 0.0, 0.0, 0.0, 0.0, 0.0, 0.0, 0.001, 0.0, 0.0, 0.0, 0.0, 0.0, 0.0, 1e-06, 0.0, 0.0, 0.0, 0.0, 0.0, 0.0, 1e-06, 0.0, 0.0,
0.0, 0.0, 0.0, 0.0, 1e-06, 0.0, 0.0, 0.0, 0.0, 0.0, 0.0, 0.001]
twist:
  twist:
    linear:
      x: 0.01
      y: 0.0
      z: 0.0
    angular:
      x: 0.0
      y: 0.0
      z: 0.0
  covariance: [0.001, 0.0, 0.0, 0.0, 0.0, 0.0, 0.0, 0.001, 0.0, 0.0, 0.0, 0.0, 0.0, 0.0, 0.001, 0.0, 0.0, 0.0, 0.0, 0.0, 0.0, 0.001, 0.0, 0.0,
0.0, 0.0, 0.0, 0.0, 0.0, 0.0, 0.0, 0.0, 0.0, 0.0, 0.0, 0.001]
---
```

여러분이 관찰할 수 있는 것처럼, Gazebo는 로봇이 움직임에 따라 오도메트리를 생성한다. 우리는 플러그인의 소스 코드를 들여다봄으로써 Gazebo가 어떻게 그것을 생성하는지를 볼 것이다.

플러그인 파일은 gazebo_plugins 패키지 안에 위치해 있는데, 그 파일은 gazebo_ros_skid_steer_drive.cpp이다. 플러그인 파일의 코드는 https://github.com/ros-simulation/gazebo_ros_pkgs/blob/kinetic-devel/gazebo_plugins/src/gazebo_ros_skid_steer_drive.cpp에서 얻을 수 있다.

파일에는 많은 코드들이 있지만, 우리에게 중요한 부분은 다음의 publishOdometry() 함수이다.

```
void GazeboRosSkidSteerDrive::publishOdometry(double step_time)
{
  ros::Time current_time = ros::Time::now();
  std::string odom_frame =
  tf::resolve(tf_prefix_, odometry_frame_);
  std::string base_footprint_frame =
  tf::resolve(tf_prefix_, robot_base_frame_);
  // TODO create some non-perfect odometry!
  // getting data for base_footprint to odom transform
  math::Pose pose = this->parent->GetWorldPose();
  tf::Quaternion qt(pose.rot.x, pose.rot.y, pose.rot.z, pose.rot.w);
  tf::Vector3 vt(pose.pos.x, pose.pos.y, pose.pos.z);
  tf::Transform base_footprint_to_odom(qt, vt);
  if (this->broadcast_tf_)
  {
```

```
      transform_broadcaster_->sendTransform(
      tf::StampedTransform(base_footprint_to_odom, current_time,
      odom_frame, base_footprint_frame));
    }
    // publish odom topic
    odom_.pose.pose.position.x = pose.pos.x;
    odom_.pose.pose.position.y = pose.pos.y;
    odom_.pose.pose.orientation.x = pose.rot.x;
    odom_.pose.pose.orientation.y = pose.rot.y;
    odom_.pose.pose.orientation.z = pose.rot.z;
    odom_.pose.pose.orientation.w = pose.rot.w;
    odom_.pose.covariance[0] = 0.00001;
    odom_.pose.covariance[7] = 0.00001;
    odom_.pose.covariance[14] = 1000000000000.0;
    odom_.pose.covariance[21] = 1000000000000.0;
    odom_.pose.covariance[28] = 1000000000000.0;
    odom_.pose.covariance[35] = 0.01;
    // get velocity in /odom frame
    math::Vector3 linear;
    linear = this->parent->GetWorldLinearVel();
    odom_.twist.twist.angular.z = this->parent->
      GetWorldAngularVel().z;
    // convert velocity to child_frame_id (aka base_footprint)
    float yaw = pose.rot.GetYaw();
    odom_.twist.twist.linear.x = cosf(yaw) * linear.x + sinf(yaw) *
    linear.y;
    odom_.twist.twist.linear.y = cosf(yaw) * linear.y - sinf(yaw) *
    linear.x;
    odom_.header.stamp = current_time;
    odom_.header.frame_id = odom_frame;
    odom_.child_frame_id = base_footprint_frame;
    odometry_publisher_.publish(odom_);
  }
```

위 코드의 publishOdometry() 함수에서 오도메트리가 발행된다. 여러분은 함수 구조의 필드들이 어떻게 채워지는지와 오도메트리의 토픽 이름들(이 경우 odom)이 어떻게 정해지는지를 볼 수 있다. 로봇의 자세는 다음 절에서 볼 코드의 다른 부분에서 생성된다.

여러분은 Gazebo가 어떻게 그리고 어디에서 오도메트리를 생성하는지를 배웠으므로, 이제 실제 로봇에 대한 오도메트리와 변환을 어떻게 발행하는지를 알아볼 준비가 되었다. 다음의 코드는 로봇이 계속해서 원을 그리며 움직이는 것을 보여줄 것이다. 마지막 결과는 그렇게 중요한 사항은 아니며, 여기에서 알아야 할 중요한 사실은 로봇을 위해 정확한 데이터를 어떻게 발행하느냐 하는 것이다.

오도메트리 생성을 위해 Gazebo 사용하기

Gazebo가 어떻게 하는지에 대한 통찰력을 얻기 위해 우리는 diffdrive_plugin.cpp 파일을 들여다 볼 것이다. 여러분은 https://github.com/ros-simulation/gazebo_ros_pkgs/blob/kinetic-devel/gazebo_plugins/src/gazebo_ros_skid_steer_drive.cpp에서 이를 찾을 수 있다.

Load 함수는 토픽의 발행자를 등록하는 기능을 수행하고, cmd_vel 토픽을 받으면 cmdVelCallback() 함수가 그 메시지를 처리하기 위해 실행된다.

```
void GazeboRosSkidSteerDrive::Load(physics::ModelPtr _parent,
sdf::ElementPtr _sdf)
{
  …
  …
  // ROS: Subscribe to the velocity command topic (usually
  "cmd_vel")

  ros::SubscribeOptions so =
  ros::SubscribeOptions::create<geometry_msgs::Twist>
    (command_topic_
  , 1,
  boost::bind(&GazeboRosSkidSteerDrive::cmdVelCallback, this, _1),
  ros::VoidPtr(), &queue_);
  …
  …
}
```

메시지가 도착하면 이후에 연산을 실행하기 위해 내부 변수에 선속도와 각속도를 저장한다.

```
void GazeboRosSkidSteerDrive::cmdVelCallback(
const geometry_msgs::Twist::ConstPtr& cmd_msg)
{
```

```
  boost::mutex::scoped_lock scoped_lock(lock);
  x_ = cmd_msg->linear.x;
  rot_ = cmd_msg->angular.z;
}
```

플러그인은 다음과 같은 방식으로 로봇의 기구학 모델로부터 얻은 공식을 이용하여 각 모터의 속도를 추정한다(estimate).

```
void GazeboRosSkidSteerDrive::getWheelVelocities() {
  boost::mutex::scoped_lock scoped_lock(lock);
  double vr = x_;
  double va = rot_;
  wheel_speed_[RIGHT_FRONT] = vr + va * wheel_separation_ / 2.0;
  wheel_speed_[RIGHT_REAR] = vr + va * wheel_separation_ / 2.0;
  wheel_speed_[LEFT_FRONT] = vr - va * wheel_separation_ / 2.0;
  wheel_speed_[LEFT_REAR] = vr - va * wheel_separation_ / 2.0;
}
```

마지막으로 로봇의 기구학적 모션 모델에서 더 많은 수식을 사용하여 로봇이 지나간 거리를 추정한다. 코드에서 볼 수 있듯이 여러분은 로봇의 바퀴 지름과 바퀴 간격을 알아야 한다.

```
// Update the controller
void GazeboRosSkidSteerDrive::UpdateChild()
{
  common::Time current_time = this->world->GetSimTime();
  double seconds_since_last_update =
  (current_time - last_update_time_).Double();
  if (seconds_since_last_update > update_period_)
  {
    publishOdometry(seconds_since_last_update);
    // Update robot in case new velocities have been requested
    getWheelVelocities();
    joints[LEFT_FRONT]->SetVelocity(0, wheel_speed_[LEFT_FRONT] /
    wheel_diameter_);
    joints[RIGHT_FRONT]->SetVelocity(0, wheel_speed_[RIGHT_FRONT] /
    wheel_diameter_);
    joints[LEFT_REAR]->SetVelocity(0, wheel_speed_[LEFT_REAR] /
    wheel_diameter_);
```

```
    joints[RIGHT_REAR]->SetVelocity(0, wheel_speed_[RIGHT_REAR] /
    wheel_diameter_);
    last_update_time_+= common::Time(update_period_);
  }
}
```

이것이 gazebo_ros_skid_steer_drive가 Gazebo에서 우리의 시뮬레이션 로봇을 제어하는 방식이다.

우리만의 오도메트리 생성

chapter5_tutorials/src에 odometry.cpp라는 이름으로 새 파일을 만들고, 오도메트리를 발행하는 코드를 작성하자. 여러분은 다음 코드 조각을 사용하거나 코드 저장소에 전체 코드가 있는지를 확인할 수 있다.

```
#include <string>
#include <ros/ros.h>
#include <sensor_msgs/JointState.h>
#include <tf/transform_broadcaster.h>
#include <nav_msgs/Odometry.h>

int main(int argc, char** argv) {

  ros::init(argc, argv, "state_publisher");
  ros::NodeHandle n;
  ros::Publisher odom_pub = n.advertise<nav_msgs::Odometry>("odom",
  10);
  ...

  while (ros::ok()) {
    current_time = ros::Time::now();

    double dt = (current_time - last_time).toSec();
    double delta_x = (vx * cos(th) - vy * sin(th)) * dt;
    double delta_y = (vx * sin(th) + vy * cos(th)) * dt;
    double delta_th = vth * dt;

    x += delta_x;
```

```
y += delta_y;
th += th += delta_th;

geometry_msgs::Quaternion odom_quat;
odom_quat = tf::createQuaternionMsgFromRollPitchYaw(0,0,th);

// update transform
odom_trans.header.stamp = current_time;
odom_trans.transform.translation.x = x;
odom_trans.transform.translation.y = y;
odom_trans.transform.translation.z = 0.0;
odom_trans.transform.rotation =
tf::createQuaternionMsgFromYaw(th);

// filling the odometry
nav_msgs::Odometry odom;
odom.header.stamp = current_time;
odom.header.frame_id = "odom";
odom.child_frame_id = "base_footprint";
// position
odom.pose.pose.position.x = x;
odom.pose.pose.position.y = y;
odom.pose.pose.position.z = 0.0;
odom.pose.pose.orientation = odom_quat;

// velocity
odom.twist.twist.linear.x = vx;
odom.twist.twist.linear.y = vy;

...
odom.twist.twist.angular.z = vth;

last_time = current_time;

// publishing the odometry and the new tf
broadcaster.sendTransform(odom_trans);
```

```
    odom_pub.publish(odom);
    loop_rate.sleep();
  }
  return 0;
}
```

먼저, 언제 좌표계가 이동해야 하는지를 알기 위해 변환 변수를 생성하고, frame_id와 child_frame_id 값으로 그 변수를 채운다. 우리의 경우 base_footprint가 odom 좌표계 쪽으로 상대적으로 움직일 것이다.

```
geometry_msgs::TransformStamped odom_trans;
odom_trans.header.frame_id = "odom";
odom_trans.child_frame_id = "base_footprint";
```

이 부분에서, 로봇의 자세를 생성한다. 그리고 선속도와 각속도를 이용해서 잠시 후의 로봇의 이론적 위치를 계산할 수 있다.

```
double dt = (current_time - last_time).toSec();
double delta_x = (vx * cos(th) - vy * sin(th)) * dt;
double delta_y = (vx * sin(th) + vy * cos(th)) * dt;
double delta_th = vth * dt;

x += delta_x;
y += delta_y;
th += delta_th;

geometry_msgs::Quaternion odom_quat;
odom_quat = tf::createQuaternionMsgFromRollPitchYaw(0,0,th);
```

변환에서 우리의 로봇은 그저 앞이나 뒤로 이동하고 방향만 틀 수 있기 때문에, x와 rotation 필드만 채울 것이다.

```
odom_trans.header.stamp = current_time;
odom_trans.transform.translation.x = x;
odom_trans.transform.translation.y = 0.0;
odom_trans.transform.translation.z = 0.0;
odom_trans.transform.rotation =
tf::createQuaternionMsgFromYaw(th);
```

이제 오도메트리에 대해 똑같이 해보자. frame_id와 child_frame_id 필드에 odom과 base_footprint 값을 넣는다.

오도메트리는 두 개의 구조를 가지고 있으므로, 자세의 x, y, orientation을 채울 것이다. 그리고 twist 구조에서는 선속도 x와 가속도 z에 값을 입력할 것이다.

```
// position
odom.pose.pose.position.x = x;
odom.pose.pose.position.y = y;
odom.pose.pose.orientation = odom_quat;

// velocity
odom.twist.twist.linear.x = vx;
odom.twist.twist.angular.z = vth;
```

모든 필요한 필드들이 채워졌으면, 데이터를 발행한다.

```
// publishing the odometry and the new tf
broadcaster.sendTransform(odom_trans);
odom_pub.publish(odom);
```

이를 컴파일하기 전에 CMakeLists.txt 파일에 다음 명령줄을 넣는 것을 기억하자.

```
add_executable(odometry src/odometry.cpp)
target_link_libraries(odometry ${catkin_LIBRARIES})
```

모델과 로봇의 움직임을 시각화하는 rviz만을 이용해서 패키지를 컴파일하고 Gazebo를 사용하지 않은 채로 로봇을 론칭한다. 이를 위해 아래의 명령을 이용한다.

```
$ roslaunch chapter5_tutorials display_xacro.launch
model:="$(rospack find chapter5_tutorials)/urdf/robot1_base_04
.xacro"
```

이제 오도메트리 노드를 아래의 명령으로 실행한다.

```
$ rosrun chapter5_tutorials odometry
```

그러면 다음과 같은 결과를 얻게 된다.

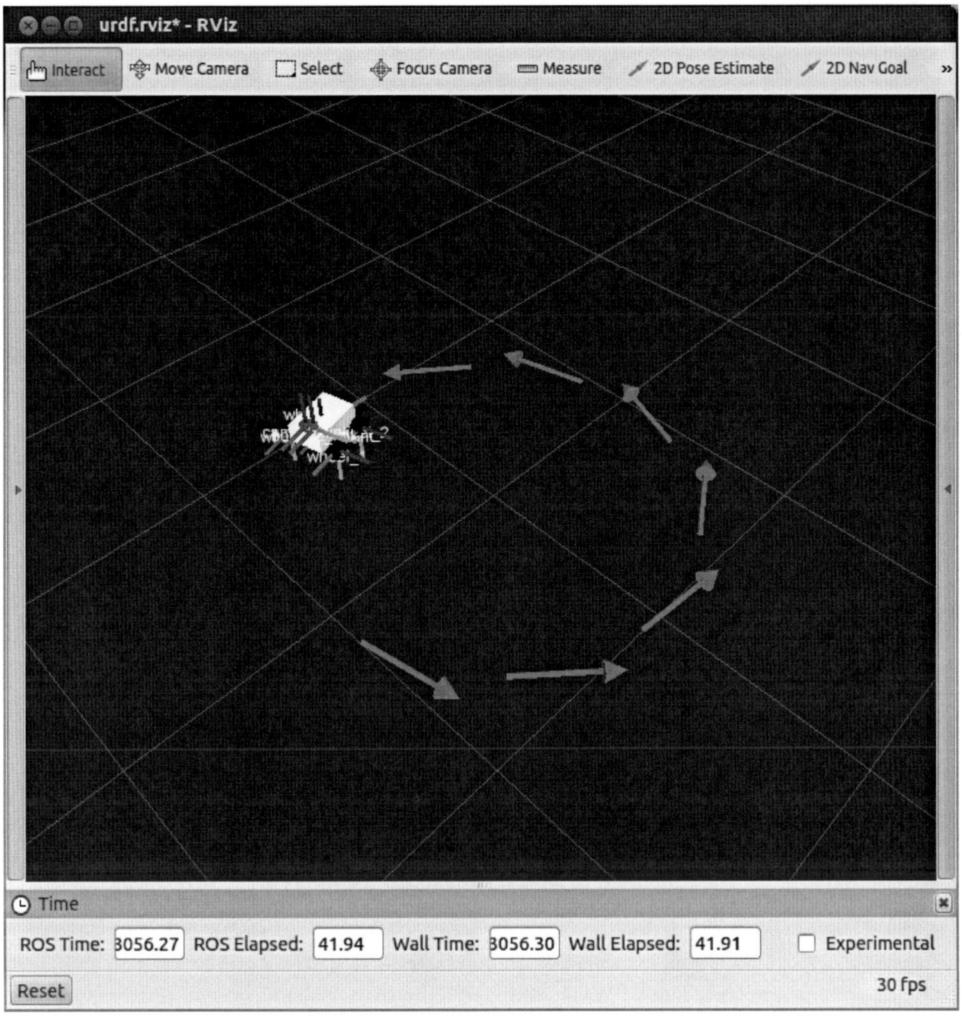

rviz 스크린에서 로봇이 붉은 화살표(격자) 위로 움직이는 것을 볼 수 있다. 로봇들이 격자 위를 움직이는 것은 이 로봇에 대해 새로운 tf 좌표계 변환을 발행했기 때문이다. 붉은 화살은 Odometry 메시지를 그래픽으로 표현한 것이다. 우리가 코드에서 프로그램을 작성한 대로 로봇이 rviz 스크린에서 계속해서 원을 그리며 움직이는 것을 볼 것이다.

기본 제어기 생성

기본 제어기는 네비게이션 스택에서 여러분의 로봇을 효과적으로 제어하는 유일한 방법이기 때문에 중요한 요소이다. 제어기는 여러분 로봇의 전자 부품들과 직접적으로 통신한다.

ROS는 표준적인 기본 제어기를 제공하지 않으므로, 여러분의 모바일 플랫폼을 위해 기본 제어기 코드를 작성해야 한다.

여러분의 로봇은 geometry_msgs/Twist라는 메시지 타입으로 제어되어야 한다. 이 메시지는 이전에 본 Odometry 메시지에서 사용되었다.

그래서 여러분의 기본 제어기는 cmd_vel이라는 이름의 토픽을 구독해야 하고, 플랫폼을 정확한 선속도와 각속도로 움직이기 위한 올바른 명령을 생성해야 한다.

우리는 이 메시지의 구조를 기억하려고 한다. 그 구조를 보기 위해 쉘에서 다음 명령을 입력한다.

```
$ rosmsg show geometry_msgs/Twist
```

이 명령의 결과는 다음과 같다.

```
geometry_msgs/Vector3 linear
  float64 x
  float64 y
  float64 z
geometry_msgs/Vector3 angular
  float64 x
  float64 y
  float64 z
```

linear라는 이름의 벡터는 x, y, z축에서의 선속도를 나타낸다. angular라는 이름의 벡터는 각 축에서의 각속도를 나타낸다.

우리 로봇에서는 x축 선속도와 z축 각속도만을 이용할 것이다. 이는 우리의 로봇이 차동 바퀴(differential-wheeled) 플랫폼을 가지고 있기 때문인데, 여기에는 로봇을 앞이나 뒤로 움직이고 회전시키는 두 개의 모터가 있다.

우리는 Gazebo 상에서 시뮬레이션된 로봇으로 작업을 하고 있고, 기본 제어기는 플랫폼을 움직이거나 시뮬레이션하는 드라이버에 구현된다. 이는 이 로봇에 대해서 기본 제어기를 생성할 필요가 없음을 의미한다.

어쨌든 이 장에서는 여러분의 실제 로봇에 기본 제어기를 구현하는 예제를 보게 될 것이다. 그 전에 기본 제어기가 어떻게 동작하는 지를 보기 위해 우리의 로봇을 Gazebo에서 실행해 보자. 아래의 명령을 다른 셸에서 실행한다.

```
$ roslaunch chapter5_tutorials gazebo_xacro.launch
model:="$(rospack find robot1_description)/urdf/robot1_base_04.
xacro"
$ rosrun teleop_twist_keyboard teleop_twist_keyboard.py
```

모든 노드가 론칭되고 동작하면, 모든 노드 사이의 관계를 보기 위해 `rqt_graph`를 연다.

```
$ rqt_graph
```

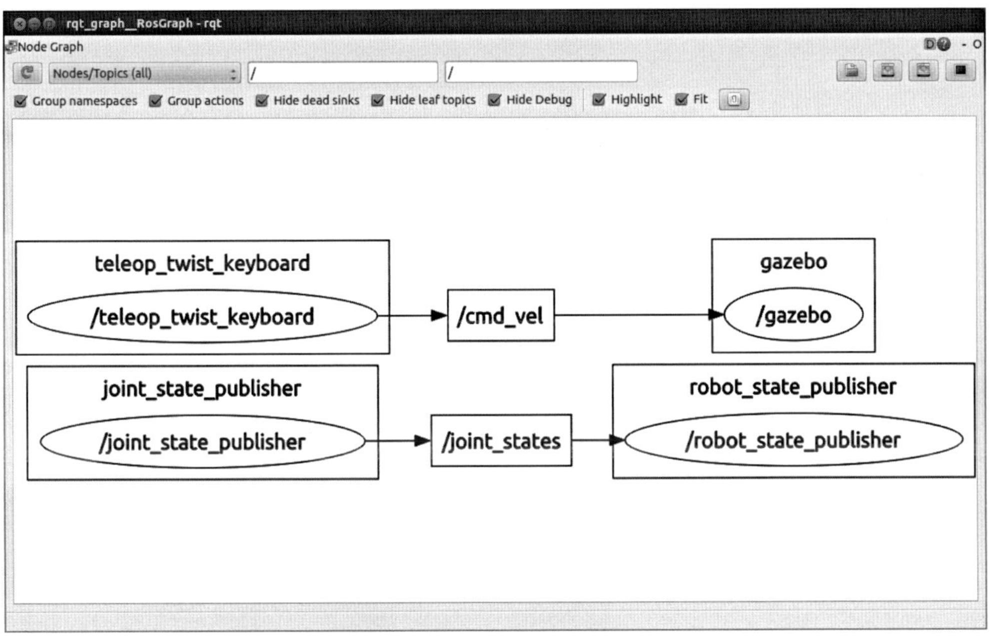

여러분은 `teleop` 노드에 의해 생성되는 `cmd_vel` 토픽을 Gazebo가 자동으로 구독하는 것을 볼 수 있다.

Gazebo 시뮬레이터 내부에서는 이 로봇의 플러그인이 실행되고 있고 `cmd_vel` 토픽으로부터 데이터를 얻고 있다. 또한 이 플러그인은 가상 세계에서 로봇을 움직이고 오도메트리를 생성한다.

기본 제어기 생성

이제 우리는 비슷한 작업을 해 볼 것이다. 이는 두 개의 바퀴와 엔코더가 있는 실제 로봇에 사용 될 코드를 준비하는 것이다.

chapter5_tutorials/src에 base_controller.cpp라는 이름으로 새 파일을 만들고 다음 코드를 넣자.

```
#include <ros/ros.h>
#include <sensor_msgs/JointState.h>
#include <tf/transform_broadcaster.h>
#include <nav_msgs/Odometry.h>
#include <iostream>

using namespace std;

double width_robot = 0.1;
double vl = 0.0;
double vr = 0.0;
ros::Time last_time;
double right_enc = 0.0;
double left_enc = 0.0;
double right_enc_old = 0.0;
double left_enc_old = 0.0;
double distance_left = 0.0;
double distance_right = 0.0;
double ticks_per_meter = 100;
double x = 0.0;
double y = 0.0;
double th = 0.0;
geometry_msgs::Quaternion odom_quat;
```

이 코드 부분에서 우리는 전역 변수를 선언하고, 오도메트리를 계산하기 위한 라이브러리를 포함하고, 로봇의 위치를 결정하는 데 필요한 공간 변환을 수행했다. 이제 여러분은 속도 명령을 수신하는 콜백 함수를 만들어야 한다. 기구학 방정식을 적용하면 여러분은 로봇의 각 바퀴 속도를 위한 속도 명령을 계산할 수 있다.

```
void cmd_velCallback(const geometry_msgs::Twist &twist_aux)
{
```

```
  geometry_msgs::Twist twist = twist_aux;
  double vel_x = twist_aux.linear.x;
  double vel_th = twist_aux.angular.z;
  double right_vel = 0.0;
  double left_vel = 0.0;

  if(vel_x == 0){
    // turning
    right_vel = vel_th * width_robot / 2.0;
    left_vel = (-1) * right_vel;
  }else if(vel_th == 0){
    // forward / backward
    left_vel = right_vel = vel_x;
  }else{
    // moving doing arcs
    left_vel = vel_x - vel_th * width_robot / 2.0;
    right_vel = vel_x + vel_th * width_robot / 2.0;
  }
  vl = left_vel;
  vr = right_vel;
}
```

main 함수에서, 인코더의 데이터를 사용하여 로봇의 실제 속도를 업데이트하고 오도메트리를 계산하는 루프를 코딩할 것이다.

```
int main(int argc, char** argv){
  ros::init(argc, argv, "base_controller");
  ros::NodeHandle n;
  ros::Subscriber cmd_vel_sub = n.subscribe("cmd_vel", 10,
  cmd_velCallback);
  ros::Rate loop_rate(10);

  while(ros::ok())
  {

    double dxy = 0.0;
    double dth = 0.0;
```

```
    ros::Time current_time = ros::Time::now();
    double dt;
    double velxy = dxy / dt;
    double velth = dth / dt;

    ros::spinOnce();
    dt = (current_time - last_time).toSec();;
    last_time = current_time;

    // calculate odomety
    if(right_enc == 0.0){
    distance_left = 0.0;
    distance_right = 0.0;
  }else{
    distance_left = (left_enc - left_enc_old) / ticks_per_meter;
    distance_right = (right_enc - right_enc_old) / ticks_per_meter;
  }
```

각 바퀴가 지나간 거리를 알고 나면 여러분은 거리 dxy의 증가분과 각도 증가분 dth를 계산함으로써 로봇의 위치를 업데이트할 수 있다.

```
left_enc_old = left_enc;
right_enc_old = right_enc;

dxy = (distance_left + distance_right) / 2.0;
dth = (distance_right - distance_left) / width_robot;
if(dxy != 0){
    x += dxy * cosf(dth);
    y += dxy * sinf(dth);
}

if(dth != 0){
    th += dth;
}
```

로봇의 위치는 x와 y로 계산되고, 2차원 로봇 플랫폼의 기본 컨트롤러의 경우 z가 0이고 상수라고 가정한다. 로봇 방향에 대해 피치(pitch)와 롤(roll) 또한 0이고, 오직 요(yaw) 각도만 업데이트 해야 한다고 가정할 수 있다.

```
    odom_quat =
    tf::createQuaternionMsgFromRollPitchYaw(0,0,th);
    loop_rate.sleep();
  }
}
```

이 파일의 실행파일을 생성하기 위해 아래의 코드를 여러분의 CMakeLists.txt 파일에 넣는 것을 잊지 말자.

```
add_executable(base_controller src/base_controller.cpp)
target_link_libraries(base_controller ${catkin_LIBRARIES})
```

이 코드는 단지 공통적인 예제이며, 특정 로봇에서 동작하도록 하기 위해서는 반드시 더 많은 코드를 추가하여 확장해야 한다. 그것은 사용된 제어기, 엔코더 등등에 따라 달라진다. 우리는 예제가 잘 동작하도록 필요한 코드를 추가할 수 있는 적합한 배경지식을 여러분이 가지고 있다고 가정한다. 8장에서 모든 기능을 갖춘 예제가 바퀴와 엔코더가 있는 실제 로봇 플랫폼과 함께 제공될 것이다.

ROS로 지도 만들기

지도를 만드는 것은 여러분에게 적절한 도구가 없다면 때때로 복잡한 작업이 될 수 있다. ROS에는 여러분이 오도메트리와 레이저 센서를 사용해서 지도를 구축하는 것을 도와줄 툴이 있다. 이 툴이 바로 map_server(http://wiki.ros.org/map_server)이다. 이번 예제에서는 이전 장에서 했듯이 Gazebo에서 만들었던 로봇을 이용해서 어떻게 지도를 만들고, 저장하고, 그것을 다시 로드하는지를 배울 것이다.

이 작업을 용이하게 하기 위해, 우리는 .launch 파일을 사용할 것이다. chapter5_tutorials/launch에 새 파일을 만들고 gazebo_mapping_robot.launch라고 이름을 지은 다음, 아래의 코드를 입력한다.

```
<?xml version="1.0"?>
<launch>
  <param name="/use_sim_time" value="true" />
  <include file="$(find
  gazebo_ros)/launch/willowgarage_world.launch"/>
  <arg name="model" />
```

```
    <param name="robot_description" command="$(find xacro)/xacro.py
    $(arg model)" />
    <node name="joint_state_publisher" pkg="joint_state_publisher"
    type="joint_state_publisher" ></node>
    <!-- start robot state publisher -->
    <node pkg="robot_state_publisher" type="robot_state_publisher"
    name="robot_state_publisher" output="screen" >
    <param name="publish_frequency" type="double" value="50.0" />
    </node>
    <node name="spawn_robot" pkg="gazebo_ros" type="spawn_model"
    args="-urdf -param robot_description -z 0.1 -model robot_model"
    respawn="false" output="screen" />
    <node name="rviz" pkg="rviz" type="rviz" args="-d $(find
    chapter5_tutorials)/launch/mapping.rviz"/>
    <node name="slam_gmapping" pkg="gmapping"
  type="slam_gmapping">
      <remap from="scan" to="/robot/laser/scan"/>
      <param name="base_link" value="base_footprint"/>
    </node>
  </launch>
```

이 .launch 파일로 여러분은 3차원 모델과 함께 Gazebo 시뮬레이터를, 정확한 설정 파일로 rviz 프로그램을, 그리고 지도를 실시간으로 구축하는 slam_mapping을 론칭할 수 있다. 이 파일을 하나의 쉘에 론칭하고, 다음과 같이 다른 쉘에서 그 로봇을 움직이는 teleop 노드를 실행한다.

```
$ roslaunch chapter5_tutorials gazebo_mapping_robot.launch
model:="$(rospack find robot1_description)/urdf/robot1_base_04.
xacro"
$ rosrun teleop_twist_keyboard teleop_twist_keyboard.py
```

여러분이 키보드로 로봇을 움직이기 시작할 때, rviz 스크린에서 점유 그리드 지도(**Occupancy Grid Map, OGM**)로 불리는 점유공간과 함께 텅 비어 있는 미지의 공간을 보게 될 것이다. slam_mapping 노드는 로봇이 움직일 때, 또는 좀 더 상세하게 (어떤 모션 이후) 로봇의 위치나 지도에 대한 훌륭한 추정치를 얻게 될 때, 지도의 상태를 업데이트한다. 여러분이 OGM을 구축하려면 레이저 스캔과 오도메트리가 있어야 한다.

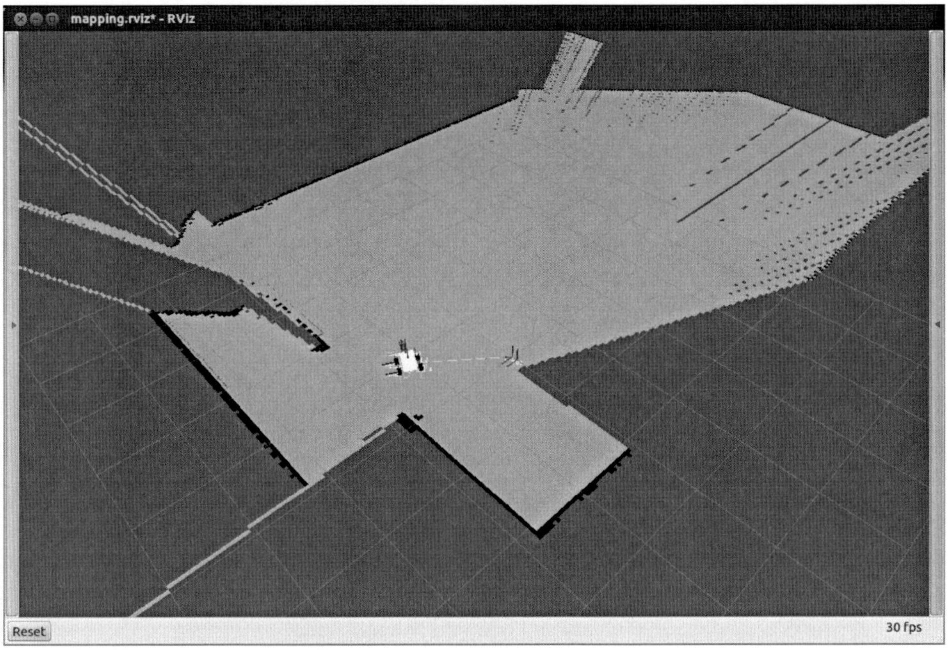

map_server를 이용해서 지도 저장하기

여러분이 완전한 지도나 지도로서 사용할 만한 것을 가졌다면, 이후에 네비게이션 스택에서 사용하기 위해 이를 저장할 수 있다. 이를 위해, 다음 명령을 사용한다.

```
$ rosrun map_server map_saver -f map
```

이 명령으로 다음의 결과를 얻을 것이다.

```
[ INFO] [1418594807.613374681]: Waiting for the map
[ INFO] [1418594807.958979924, 126.530000000]: Received a 4000 X 4000 map @ 0.050 m/pix
[ INFO] [1418594807.959452501, 126.530000000]: Writing map occupancy data to map.pgm
[ INFO] [1418594808.997886519, 127.085000000]: Writing map occupancy data to map.yaml
[ INFO] [1418594808.998301431, 127.085000000]: Done
```

이 명령은 `map.pgm`과 `map.yaml` 파일을 생성할 것이다. 전자는 `.pgm(portable gray map)` 포맷으로 만들어진 지도이고, 후자는 지도를 위한 설정 파일이다. 그 파일을 열면, 다음의 출력을 볼 것이다.

```
image: map.pgm
resolution: 0.050000
origin: [-100.000000, -100.000000, 0.000000]
negate: 0
occupied_thresh: 0.65
free_thresh: 0.196
```

이제 여러분이 사용하는 뷰어로 .pgm 이미지 파일을 열어보자. 그러면 잘 만들어진 지도가 다음과 같이 여러분 앞에 나타날 것이다.

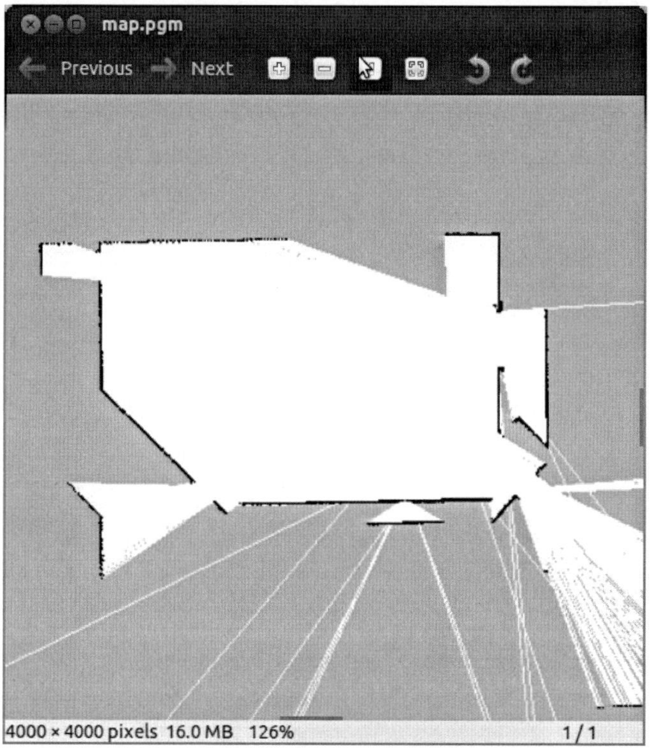

map_server를 이용해서 지도 불러오기

여러분의 로봇이 만든 지도를 사용하기 원할 때, map_server 패키지로 그 지도를 읽어올 필요가 있다. 아래 명령은 그 지도를 로드할 것이다.

```
$ rosrun map_server map_server map.yaml
```

그러나 좀 더 쉽게 하려면 chapter5_tutorials/launch에 gazebo_map_robot.launch라는 이름으로 다른 .launch 파일을 생성하고 아래의 코드를 넣는다.

```
<?xml version="1.0"?>
<launch>
  <param name="/use_sim_time" value="true" />
  <!-- start up wg world -->
  <include file="$(find
  gazebo_ros)/launch/willowgarage_world.launch"/>
  <arg name="model" />
  <param name="robot_description" command="$(find xacro)/xacro.py
  $(arg model)" />
  <node name="joint_state_publisher" pkg="joint_state_publisher"
  type="joint_state_publisher" ></node>
  <!-- start robot state publisher -->
  <node pkg="robot_state_publisher" type="robot_state_publisher"
  name="robot_state_publisher" output="screen" >
  <param name="publish_frequency" type="double" value="50.0" />
  </node>
  <node name="spawn_robot" pkg="gazebo_ros" type="spawn_model"
  args="-urdf -param robot_description -z 0.1 -model robot_model"
  respawn="false" output="screen" />
  <node name="map_server" pkg="map_server" type="map_server"
  args="$(find chapter5_tutorials)/maps/map.yaml" />
  <node name="rviz" pkg="rviz" type="rviz" args="-d $(find
  chapter5_tutorials)/launch/mapping.rviz" />
</launch>
```

이제 다음 명령을 이용해서 그 파일을 론칭하는 데, 사용될 로봇의 모델을 입력해야 한다.

```
$ roslaunch chapter5_tutorials gazebo_map_robot.launch model:="
$(rospack find chapter5_tutorials)/urdf/robot1_base_04.xacro"
```

그러면 로봇과 지도가 있는 rviz를 보게 될 것이다. 로봇의 위치를 알기 위해서 네비게이션 스택은 지도 서버가 발행한 지도와 레이저 센서 값을 이용할 것이다. 이렇게 하면 스캔 매칭 알고리즘(AMCL 노드에 구현되어 있는 파티클 필터를 사용하여 로봇의 위치를 추정하는 알고리즘)을 수행하는데 유용하다.

다음 장에서는 더 많은 유용한 툴들과 함께 지도에 대해 많은 내용을 볼 것이다.

요약

이 장에서는 로봇을 네비게이션 스택과 함께 사용하기 위해 로봇을 구성하는 데 필요한 단계들에 대해 배웠다. 이제 로봇에게 평면 레이저가 장착되어 있어야 하며, 차동 바퀴로 이동하는 로봇이어야 하고, 기본 제어기와 형상에 대한 요구사항을 만족해야 함을 알게 되었다.

우리는 예제를 실제로 구현하고 네비게이션이 다른 구성으로 어떻게 동작하는지를 설명하기 위해 Gazebo를 사용하고 있음을 기억하자. 이 모든 것을 실제 로봇 플랫폼에 관해 직접적으로 설명하는 것은 훨씬 복잡한데, 그 이유는 여러분이 어떤 로봇을 가지고 있는지 혹은 어떤 로봇에 접근할 수 있는지를 우리가 알 수 없기 때문이다. 어떤 경우에라도, 플랫폼에 따라 사용 설명이 다르거나 하드웨어가 동작하지 않을 수 있으므로, 이러한 알고리즘들을 시뮬레이션으로 실행하는 것이 안전하고 유용하다. 그후에 알고리즘이 지금까지 설명된 요구조건들을 모두 만족한다면 실제 로봇으로 테스트할 수 있다.

다음 장에서 여러분은 네비게이션 스택을 설정하고, `.launch` 파일을 생성하고, 이전 장에서 만든 로봇을 Gazebo에서 조종하는 법을 배울 것이다.

간단히 말해, 이 장 이후에 배우는 것들은 매우 유용할 것이다. 이 모든 것을 어떻게 정확히 구성하는 지를 보여주므로 시뮬레이션이든 실제 상황이든 네비게이션 스택을 다른 로봇과 어떻게 사용하는지를 알 수 있다.

6장

네비게이션 스택-설치 그 이후

우리는 패키지와 노드, 로봇의 3차원 모델들과 그 외의 것들을 만들었다. 5장에서 여러분은 로봇이 네비게이션 스택과 함께 사용되기 위해 구성하는 작업을 했고, 이 장에서는 여러분이 로봇과 함께 네비게이션 스택을 사용하는 법을 배우도록 네비게이션 스택을 구성하는 것을 완료할 것이다.

이전 장에서 이뤄진 모든 작업들은 이 순간을 위한 서론에 해당된다. 이제 즐거움이 시작되고, 로봇들은 생동감있게 움직일 것이다.

이 장에서는 아래의 내용들을 어떻게 수행하는지를 배울 것이다.

- 5장에서 배운 지식들과 개발된 프로그램들을 적용하기
- 네이게이션 스택과 실행 원리를 이해하기
- 필요한 모든 파일을 구성하기
- 네비게이션 스택을 시작하기 위해 론치 파일을 생성하기

자 이제 시작해 보자!

패키지 생성

패키지를 생성하는 올바른 방법은 여러분의 로봇을 위해 만든 패키지들과의 의존관계(dependency)를 추가하는 것이다. 예를 들어, 패키지를 생성하기 위해 다음의 명령을 사용할 수 있었다.

```
$ roscreate-pkg my_robot_name_2dnav move_base my_tf_configuration_
dep my_odom_configuration_dep my_sensor_configuration_dep
```

그러나 우리의 경우 같은 패키지에 모든 것이 있으므로, 다음을 실행하기만 하면 된다.

```
$ catkin_create_pkg chapter6_tutorials roscpp tf
```

이 장을 위해 필요한 모든 파일들을 저장소에서 찾을 수 있다는 점을 기억하자.

로봇 설정 생성

전체 로봇을 론칭하기 위해 우리는 모든 시스템을 동작시키는 데 필요한 모든 파일과 함께 론치 파일을 생성할 것이다. 그리고 여기에 여러분이 템플릿으로 사용할 수 있는 실제 로봇을 위한 론치 파일이 있다. 다음의 스크립트는 configuration_template.launch에 있다.

```
<launch>
  <node pkg="sensor_node_pkg" type="sensor_node_type"
  name="sensor_node_name" output="screen">
    <param name="sensor_param" value="param_value" />
  </node>

  <node pkg="odom_node_pkg" type="odom_node_type"
  name="odom_node" output="screen">
    <param name="odom_param" value="param_value" />
  </node>

  <node pkg="transform_configuration_pkg" type="transform_
  configuration_type" name="transform_configuration_name"
  output="screen">
    <param name="transform_configuration_param"
    value="param_value" />
  </node>
</launch>
```

이 론치 파일은 로봇을 시작하는 세 개의 노드를 론칭할 것이다.

첫 번째 노드는 예컨대 **Laser Imaging, Detection, and Ranging (LIDAR)** 시스템같은 센서를 동작시키는 역할을 하는 노드이다. sensor_param 파라미터는 센서의 포트(예를 들면 USB 연결)를 구성하는 데 사용된다. 만약 여러분의 센서가 더 많은 파라미터를 필요로 한다면, 그 명령 줄을 복사하고 필요한 파라미터를 추가할 필요가 있다. 어떤 로봇은 네비게이션을 보조하기 위해 하나 이상의 센서를 가지고 있다. 이 경우 여러분은 좀 더 많은 노드를 추가하거나 이 센서를 위해 론치 파일을 생성할 수 있고, 그것을 이 론치 파일에 포함시킬 수 있다. 이런 방법은 같은 파일에서 모든 노드들을 쉽게 관리할 수 있는 좋은 옵션이 될 수 있다.

두 번째 노드는 베이스를 움직이고 로봇의 위치를 계산하기 위해 오도메트리, 기본 제어기, 그리고 필요한 모든 파일들을 시작한다. 5장에서 이 노드들을 좀 더 자세히 살펴보았던 것을 기억하자. 다른 절에서 했던 것처럼 파라미터들을 사용하여 오도메트리에서 어떤 것을 구성하거나, 더 많은 노드를 추가하기 위해 명령줄을 복사할 수 있다.

세 번째 부분은 로봇의 형상과, 팔과 센서 간의 변환을 계산하고 발행하는 역할을 하는 노드를 론칭하는 것이다.

이전 파일은 여러분의 실제 로봇을 위한 것이었으나, 이 예제를 위해서 우리에게 다음의 론치 파일만 있으면 된다.

chapter6_tutorials/launch에 chapter9_configuration_gazebo.launch라는 이름의 새 파일을 만들고 다음 코드를 넣자.

```
<?xml version="1.0"?>
<launch>
  <param name="/use_sim_time" value="true" />
  <remap from="robot/laser/scan" to="/scan" />
  <!-- start up wg world -->
  <include file="$(find
  gazebo_ros)/launch/willowgarage_world.launch"/>
  <arg name="model" default="$(find
  robot1_description)/urdf/robot1_base_04.xacro"/>
  <param name="robot_description" command="$(find xacro)/xacro.
  py $(arg model)" />
  <node name="joint_state_publisher" pkg="joint_state_publisher"
  type="joint_state_publisher" ></node>
  <!-- start robot state publisher -->
  <node pkg="robot_state_publisher" type="robot_state_publisher"
  name="robot_state_publisher" output="screen" />
  <node name="spawn_robot" pkg="gazebo_ros" type="spawn_model"
  args="-urdf -param robot_description -z 0.1 -model robot_model"
  respawn="false" output="screen" />
  <node name="rviz" pkg="rviz" type="rviz" args="-d $(find
  chapter6_tutorials)/launch/navigation.rviz" />
</launch>
```

이 론치 파일은 이전 장에서 우리가 사용했던 것과 동일하므로 추가적인 설명은 하지 않겠다. 이 파일을 론치하기 위해, 다음과 같은 명령을 사용한다.

```
$ roslaunch chapter6_tutorials chapter9_configuration_gazebo.launch
```

그러면 다음의 창을 보게 될 것이다.

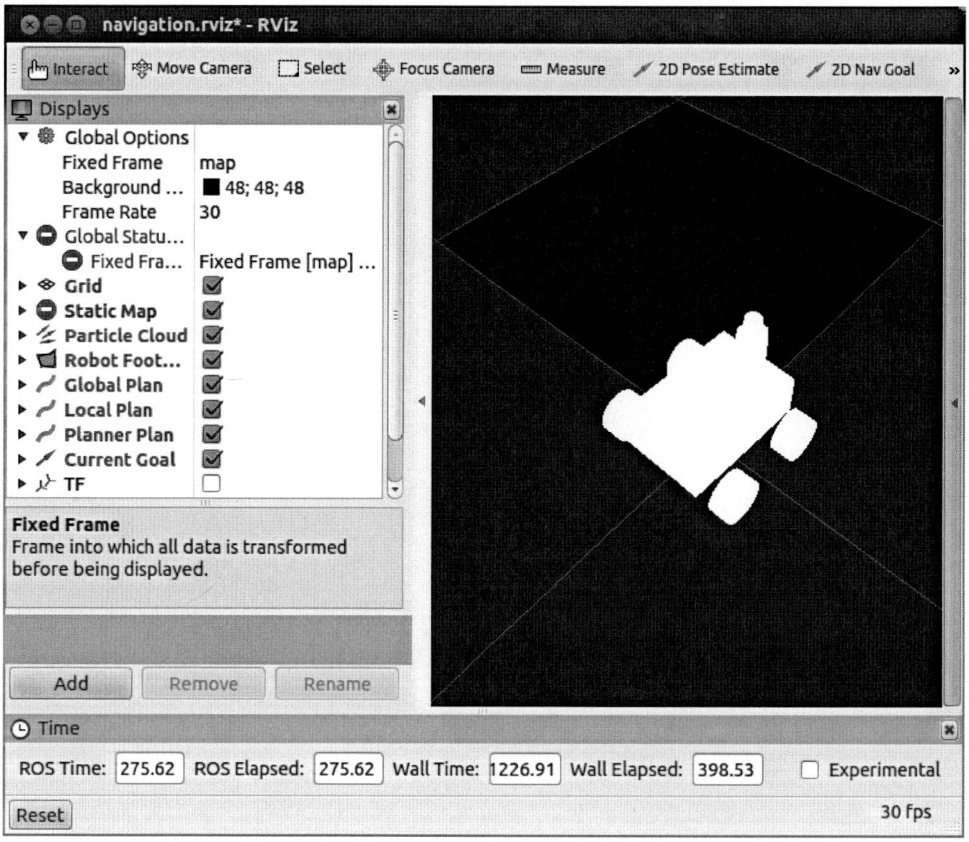

여러분이 이전에 어떤 설정을 하지 않았음에도 앞의 스크린 샷에서 어떤 필드들이 붉은색, 푸른색, 노란색으로 표시된 것을 주목하자. 이는 론치 파일에서 rviz 레이아웃을 위한 설정 파일이 rviz와 함께 로드되었고 이 파일은 이 책의 이전 장에서 이미 설정이 되었기 때문이다.

이후의 절에서, 여러분은 이를 네비게이션 스택과 사용하고 모든 토픽을 보기 위해 어떻게 rviz를 구성하는지를 배우게 될 것이다.

코스트맵 구성하기-global_costmap과 local_costmap

자, 이제 네비게이션 스택과 이를 시작하기 위한 모든 파일들을 구성하기로 하자. 구성을 시작하기 전에 먼저 코스트맵(costmap)이 무엇이며 어디에 사용되는지를 배울 것이다. 우리의 로봇은 `global`과 `local`이라는 두 타입의 네비게이션을 사용하며 지도 위를 움직일 것이다.

- `global` 네비게이션은 지도에 있는 목표점 또는 아주 멀리 있는 것에 대한 경로를 생성하는데 사용된다.
- `local` 네비게이션은 가까운 거리의 경로를 생성하고 로봇 주위에 있는 (예를 들어 4x4 미터 사각형 창만한 크기의) 장애물을 회피하는 데 사용된다.

이 모듈들은 지도의 모든 정보를 보존하기 위해 코스트맵을 사용한다. global 코스트맵은 global 네비게이션을 위해 사용되고, local 코스트맵은 local 네비게이션을 위해 사용된다.

코스트맵에는 동작을 구성하는 파라미터들이 있고 공통된 파라미터 또한 있는데, 이들은 공유된 파일에서 설정된다.

설정은 기본적으로 세 개의 파일로 구성되는데, 이 파일에서 우리는 다른 파라미터들을 정할 수 있다. 이 파일들은 다음과 같다.

- `costmap_common_params.yaml`
- `global_costmap_params.yaml`
- `local_costmap_params.yaml`

이 설정 파일들의 이름만 보아도 어디에 사용되는지 바로 추측할 수 있을 것이다. 이제 코스트맵의 사용에 대해 기본적으로 알게 되었으므로, 구성 파일을 생성하고, 그 안에서 설정된 파라미터들에 설명하기로 한다.

공통 파라미터 구성하기

먼저 공통 파라미터로부터 시작하자. `chapter6_tutorials/launch`에 `costmap_common_params.yaml`라는 이름으로 새 파일을 만들고 아래 코드를 넣자.

아래 스크립트는 `costmap_common_params.yaml`에 있다.

```
obstacle_range: 2.5
raytrace_range: 3.0
footprint: [[-0.2,-0.2],[-0.2,0.2], [0.2, 0.2], [0.2,-0.2]]
inflation_radius: 0.5
```

```
cost_scaling_factor: 10.0
observation_sources: scan
scan: {sensor_frame: base_link, observation_persistence: 0.0,
max_obstacle_height: 0.4, min_obstacle_height: 0.0, data_type:
LaserScan, topic: /scan, marking: true, clearing: true}
```

이 파일은 공통 파라미터를 구성하는 데 사용된다. 이 파라미터들은 `local_costmap`과 `global_costmap`에 사용되며, 코드를 나눠서 알아보도록 보자.

`obstacle_range`와 `raytrace_range` 속성은 센서가 읽을 최대의 거리를 나타내고 코스트맵의 새로운 정보를 소개하는 데 사용된다. 전자는 주로 장애물에 대해 사용된다. 만약 로봇이 2.5m보다 가까이 있는 장애물을 검출했다면 로봇은 코스트맵에 장애물을 넣을 것이다. 후자는 코스트맵을 깨끗이 청소 및 정리하고 로봇이 움직임에 따라 빈 공간을 업데이트하는 데 사용된다. 우리는 물체에 대한 레이저나 초음파의 반사파만을 검출할 수 있기 때문에 전체 장애물이나 물체 그 자체를 인지할 수는 없음에 주의하자. 그러나 이 접근법은 이러한 종류의 측정을 다루는데 충분하므로, 지도를 만들고 그 안에서 위치를 찾을 수 있을 것이다.

`footprint` 속성은 네비게이션 스택에 로봇의 외형을 알려주는 데 사용된다. 그것은 장애물과 로봇 간에 올바른 거리를 유지하거나 로봇이 문을 통과해서 갈 수 있는지를 알고 싶을 때 사용된다. `inflation_radius` 속성은 로봇의 형상과 장애물 간의 최소 거리를 유지하는 데 사용되는 속성이다.

`cost_scaling_factor` 속성은 장애물 주변에 있는 로봇의 행동을 수정한다. 여러분은 이 파라미터를 바꿈으로써 로봇이 적극적이거나 보수적인 행동을 하도록 만들 수 있다.

그리고 `observation_sources` 속성으로 네비게이션 스택이 실제 세계로부터 데이터를 얻고 경로를 계산하기 위해 사용하는 센서를 정해줄 수 있다.

우리의 경우 시뮬레이션된 LIDAR를 Gazebo에서 사용하겠지만, 같은 작업을 위해 포인트 클라우드를 사용할 수 있다.

다음 명령줄은 센서의 프레임을 설정하고 데이터를 사용할 것이다.

```
scan: {sensor_frame: base_link, observation_persistence: 0.0,
max_obstacle_height: 0.4, min_obstacle_height: 0.0, data_type:
LaserScan, topic: /scan, marking: true, clearing: true}
```

이 명령줄에서 설정된 레이저는 코스트맵에 장애물을 넣거나 빼는데 사용된다. 예를 들어 장애물을 찾기 위해 광역 센서를 추가할 수 있고, 주행을 하여 그 장애물을 치우는 센서를 추가할 수도 있다. 이 명령줄에서 토픽의 이름이 구성된다. 특히 이를 잘 구성할 필요가 있는데, 네비게이션 스택이 다른 토픽을 기다리는 중에 로봇이 움직이다가 벽이나 장애물에 충돌할 수 있기 때문이다.

전역 코스트맵 구성하기

다음 파일은 global 코스트맵 구성파일에 설정되어 있다. 새 파일을 chapter6_tutorials/launch에 만들고 global_costmap_params.yaml이라는 이름을 붙인 후, 아래의 명령줄을 넣자.

```
global_costmap:
  global_frame: /map
  robot_base_frame: /base_footprint
  update_frequency: 1.0
  static_map: true
```

global_frame과 robot_base_frame 속성은 지도와 로봇 간의 변환을 정의한다. 이 변환은 global 코스트맵을 위한 것이다.

여러분은 코스트맵을 업데이트하는 주기를 설정할 수 있는데, 이 경우 1Hz이다. static_map 속성은 global 코스트맵이 지도 또는 지도 서버가 코스트맵을 초기화하는 데 사용되는지의 여부를 알기 위해 사용된다. 만약 정적인(static) 지도를 사용하지 않는다면 이 값을 false로 정하면 된다.

지역 코스트맵 구성하기

다음 파일은 local 코스트맵을 구성하기 위한 것이다. chapter6_tutorials/launch에 local_costmap_params.yaml이라는 이름으로 새 파일을 만들고 다음 명령을 넣자.

```
local_costmap:
  global_frame: /map
  robot_base_frame: /base_footprint
  update_frequency: 5.0
  publish_frequency: 2.0
  static_map: false
  rolling_window: true
  width: 5.0
  height: 5.0
  resolution: 0.02
  transform_tolerance: 0.5
  planner_frequency: 1.0
  planner_patiente: 5.0
```

global_frame, robot_base_frame, update_frequency, 그리고 static_map 파라미터들은 이전 절(전역 코스트맵 구성)에서 설명한 것과 같다. publish_frequency 파라미터는 정보를 발행하는 주기를 결정한다. rolling_window 파라미터는 로봇이 공간을 돌아다닐 때 코스트맵의 중심에 로봇이 있도록 유지하는데 사용된다.

transform_tolerance 파라미터는 변환의 최대 지연시간을 설정하는데, 이 경우 0.5초이다. planner_frequency 파라미터로 우리가 계획하는 루프의 주기를 Hz 단위로 구성할 수 있다. 그리고 planner_patiente 파라미터는 공간 지우기 연산이 수행되기 전에 플래너가 유효한 계획을 찾는 데 몇 초 동안 대기할지를 결정한다.

여러분은 width, height, 그리고 resolution 파라미터들로 코스트맵의 규격과 해상도를 구성할 수 있다. 이 값들은 미터 단위로 주어진다.

베이스 지역 플래너 구성

우리에게 구성을 완료한 코스트맵이 있다면, 베이스 플래너를 구성할 필요가 있다. 베이스 플래너는 로봇을 움직이게 하는 속도 명령을 생성하는데 사용된다. 새 파일을 chapter6_tutorials/launch에 base_local_planner_params.yaml이라는 이름으로 생성하고, 다음 코드를 넣는다.

```
TrajectoryPlannerROS:
  max_vel_x: 0.2
  min_vel_x: 0.05
  max_rotational_vel: 0.15
  min_in_place_rotational_vel: 0.01
  min_in_place_vel_theta: 0.01
  max_vel_theta: 0.15
  min_vel_theta: -0.15
  acc_lim_th: 3.2
  acc_lim_x: 2.5
  acc_lim_y: 2.5
  holonomic_robot: false
```

config 파일은 여러분 로봇의 최대속도와 최소속도를 정하고, 가속도 또한 정할 것이다.

holonomic_robot 파라미터는 여러분이 홀로노믹(holonomic) 플랫폼을 사용하고 있다면 true이다. 이 경우, 우리의 로봇은 논홀로노믹(nonholonomic) 플랫폼에 기반하고 있으므로 이 파라미터는 false로 정한다. **홀로노믹 차량**이란 모든 구성 공간에서 어떤 위치로든 이동할 수 있는 차량을 말한다. 즉, 만약 로봇이 가고자 하는 위치가 공간에서 어떤 x와 y 값으로 정해진다면 이 이동체는 어느 위치에서라도 그 지점에 갈 수 있음을 의미한다. 예를 들어 로봇이 전진하고, 후진하고 옆으로 갈 수 있다면 그것은 홀로노믹이다. 논홀로노믹 이동체의 전형적인 케이스가 자동차인데, 자동차는 옆으로 갈 수 없고, 주어진 위치에서 도달할 수 없는 위치 또는 자세가 많기 때문이다. 또한 차동(differential) 플랫폼은 논홀로노믹이다.

네비게이션 스택을 위한 론치 파일 생성하기

이제 모든 파일을 만들었고 네비게이션 스택이 구성되었다. 이 모든 것을 실행하기 위해 우리는 론치 파일을 생성할 것이다. `chapter6_tutorials/launch` 폴더에 `move_base.launch`라는 이름의 새 파일을 만들고 다음 코드를 넣는다.

```
<launch>
  <!-- Run the map server -->
  <node name="map_server" pkg="map_server" type="map_server"
  args="$(find chapter6_tutorials)/maps/map.yaml"
  output="screen"/>
  <include file="$(find amcl)/examples/amcl_diff.launch" />
  <node pkg="move_base" type="move_base" respawn="false"
  name="move_base" output="screen">
    <rosparam file="$(find
    chapter6_tutorials)/launch/costmap_common_params.yaml"
    command="load" ns="global_costmap" />
    <rosparam file="$(find
    chapter6_tutorials)/launch/costmap_common_params.yaml"
    command="load" ns="local_costmap" />
    <rosparam file="$(find
    chapter6_tutorials)/launch/local_costmap_params.yaml"
    command="load" />
    <rosparam file="$(find
    chapter6_tutorials)/launch/global_costmap_params.yaml"
    command="load" />
    <rosparam file="$(find
    chapter6_tutorials)/launch/base_local_planner_params.yaml"
    command="load" />
  </node>
</launch>
```

이 파일에서 이전에 생성한 모든 파일을 론칭하는 것에 주의하자. 우리는 5장에서 만든 지도 및 amcl 노드와 함께 지도 서버를 론칭할 것이다.

우리가 사용하고자 하는 amcl 노드는 차동 로봇을 위한 것인데, 우리의 로봇도 차동 로봇이기 때문이다. 여러분이 홀로노믹 로봇에 amcl을 사용하기 원하면 amcl_omni.launch 파일을 사용할 필요가 있다. 다른 지도를 사용하기 원하면 5장으로 가서 새로운 지도를 만들기 바란다.

이제 파일을 론칭하고 새로운 쉘에서 다음 명령을 입력한다. 이 파일을 론칭하기 전에 chapter9_configuration_gazebo.launch 파일을 시작해야 함을 기억하자.

```
$ roslaunch chapter6_tutorials move_base.launch
```

여러분은 그 결과로 아래의 창을 보게 될 것이다.

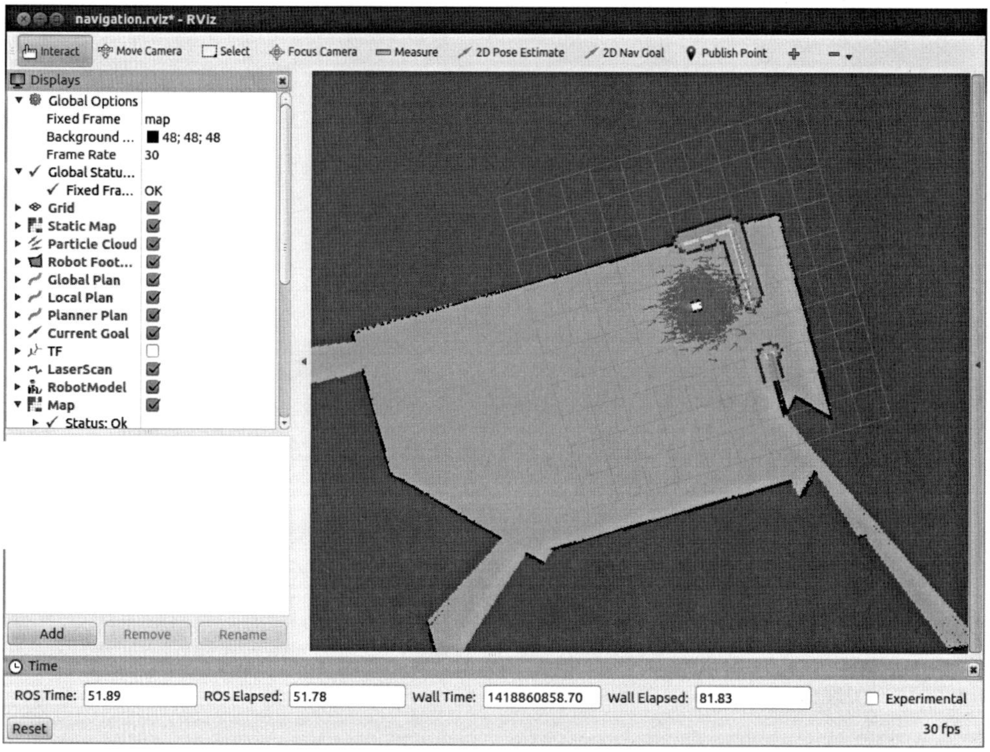

이 영상을 chapter9_configuration_gazebo.launch 파일로 론칭했을 때 보았던 영상과 비교하면, 모든 옵션들이 파란색이라는 것을 보게 될 것이다. 이는 모든 것이 잘 되었음을 의미하는 좋은 신호이다.

앞에서 말했듯이 다음 절에서는 네비게이션 스택에서 사용되는 모든 토픽들을 시각화하는데 어떤 옵션들이 필요한 지를 배우게 될 것이다.

네비게이션 스택을 위해 rviz 구성하기

네비게이션 스택이 무엇을 하는지에 관한 모든 가능한 데이터를 시각화하는 것은 훌륭한 습관이다. 이 절에서는 네비게이션 스택이 보낸 정확한 데이터를 보기 위해 `rviz`에 추가해야 하는 시각화(visualization) 토픽을 보여줄 것이다. 네비게이션 스택이 발행하는 각각의 시각화 토픽에 관한 논의가 다음에 소개된다.

2차원 자세추정

2D pose estimate(P 쇼트컷)는 사용자가 세계 공간에 있는 로봇의 자세를 정함으로써 네비게이션 스택에 의해 사용되는 위치측정(localization) 시스템을 초기화할 수 있게 한다.

네비게이션 스택은 `initialpose`라는 이름의 새 토픽으로 새 자세를 만드는 것을 기다린다. 이 토픽은 우리가 이전에 토픽의 이름을 바꿨던 `rviz` 창을 이용해서 전송된다.

여러분은 다음 스크린 샷에서 어떻게 `initialpose`를 사용할 수 있는지를 볼 수 있다. **2D Pose Estimate** 버튼을 클릭하고 여러분 로봇의 초기위치를 지시하기 위해 지도상에서 클릭한다. 시작할 때 이렇게 하지 않으면 로봇은 자동 위치측정 프로세스를 시작하고 초기 자세를 다음과 결정하려 할 것이다.

- Topic: `initialpose`
- Type: `geometry_msgs/PoseWithCovarianceStamped`

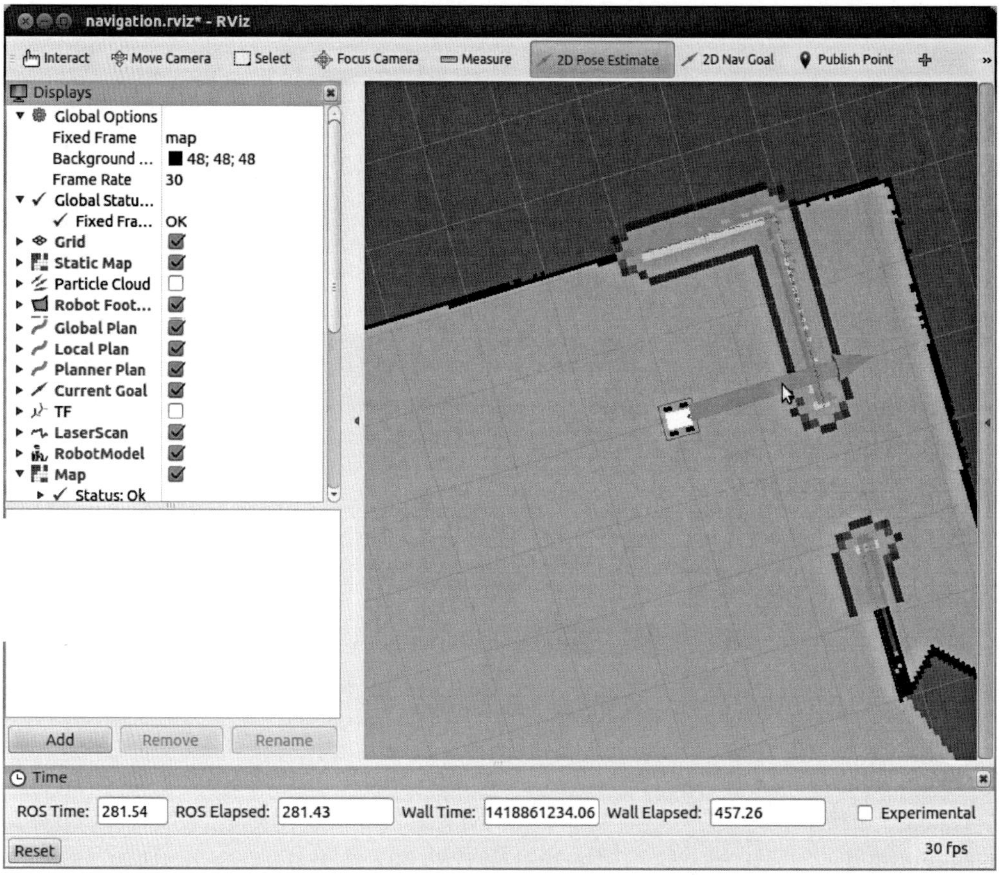

2차원 nav goal

2D nav goal(G 쇼트컷)은 사용자가 로봇이 취해야 할 목표 자세를 정함으로써 사용자가 네비게이션에 목표 값을 보낼 수 있게 한다. 네비게이션 스택은 토픽 이름으로서 `/move_base_simple/goal`을 이용해서 새로운 목표를 대기한다. 이러한 이유로 여러분은 `rviz` 창에서 **2D Nav Goal** 메뉴의 **Tool Properties**에서 토픽의 이름을 바꿔야 한다. 이 교재에서 여러분이 입력해야 할 새 이름은 `/move_base_simple/goal`이다. 다음 창에서 이같은 사용법을 볼 수 있다. **2D Nav Goal** 버튼을 클릭하고 여러분의 로봇을 위한 지도와 목표 지점을 선택한다. 여러분은 다음과 같이 로봇의 x, y 좌표와 마지막 자세를 선택할 수 있다.

- Topic: `move_base_simple/goal`
- Type: `geometry_msgs/PoseStamped`

정적 지도

이는 만약 `map_server`가 있다면 `map_server`가 서비스하는 정적인 지도를 보여준다. 여러분이 이러한 시각화 기능을 추가하면 우리가 5장의 *ROS로 지도 만들기* 절에서 캡처했던 지도를 보게 될 것이다.

다음 창에서 여러분이 선택할 필요가 있는 디스플레이 타입과 입력해야 할 디스플레이 이름을 볼 수 있다.

- Topic: `map`
- Type: `nav_msgs/GetMap`

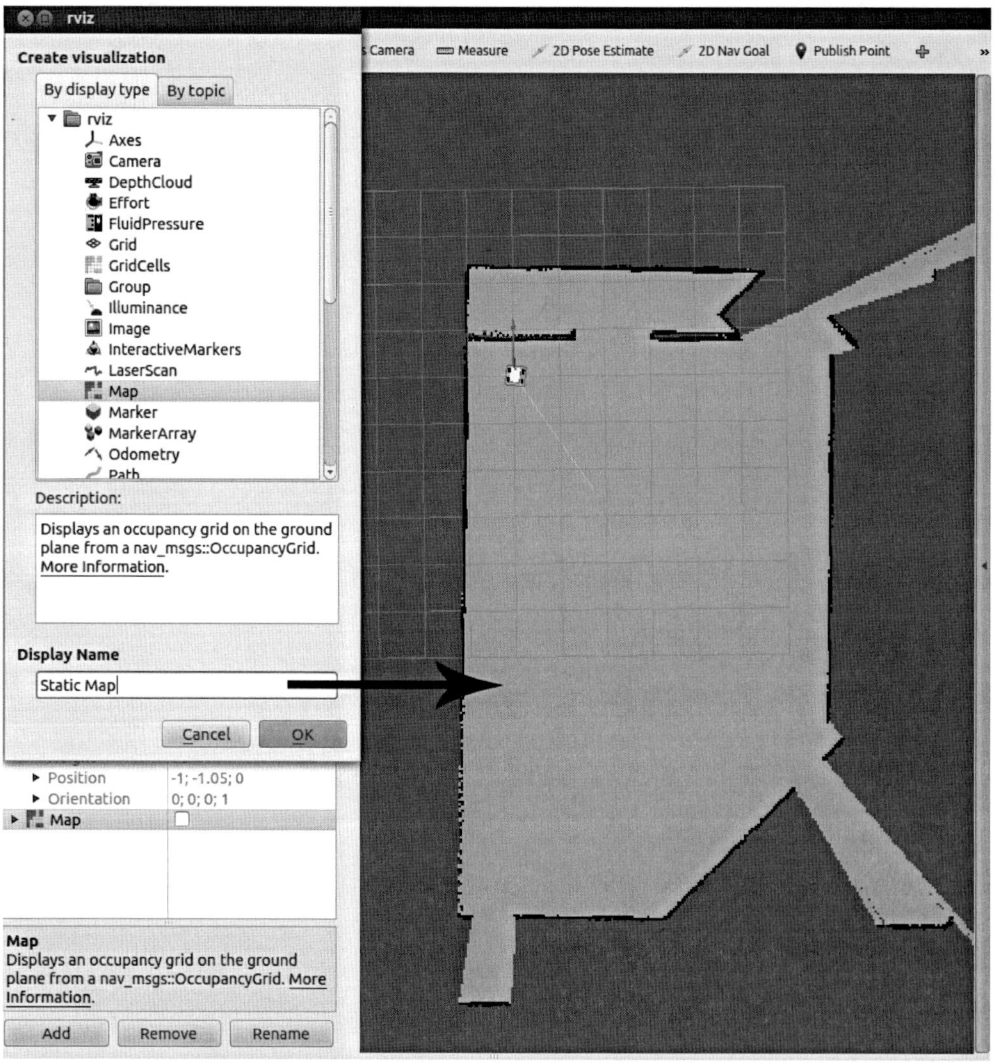

파티클 클라우드

이는 로봇의 위치측정 시스템이 사용하는 파티클 클라우드를 보여준다. 클라우드의 퍼진 정도는 위치측정 시스템의 로봇 자세에 대한 불확실성(uncertainty)을 나타낸다. 그러므로 많이 퍼지는 클라우드는 높은 불확실성을 반영하는 반면에 압축된 클라우드는 낮은 불확실성을 나타낸다. 우리의 경우, 여러분은 로봇에 대해 아래의 클라우드를 얻게 될 것이다.

- Topic: `particlecloud`
- Type: `geometry_msgs/PoseArray`

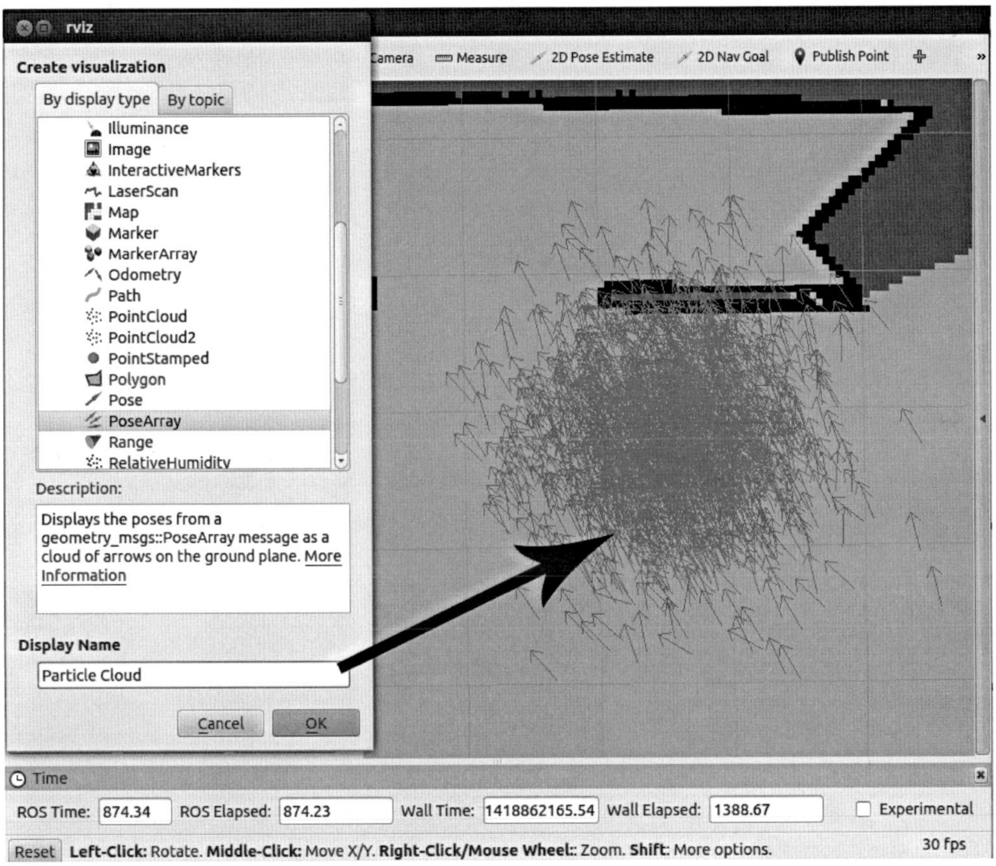

로봇의 흔적

아래 창은 로봇의 흔적(footprint)을 보여주는데, 우리의 경우 로봇의 흔적은 폭이 0.4미터, 높이가 0.4미터이다. 이 파라미터들은 costmap_common_params 파일에서 설정되었음을 기억하자. 네비게이션 스택이 이전에 설정된 값을 이용해서 로봇을 safe 모드에서 움직여야 하기 때문에 이 규격은 중요하다.

- Topic: `local_costmap/robot_footprint`
- Type: `geometry_msgs/Polygon`

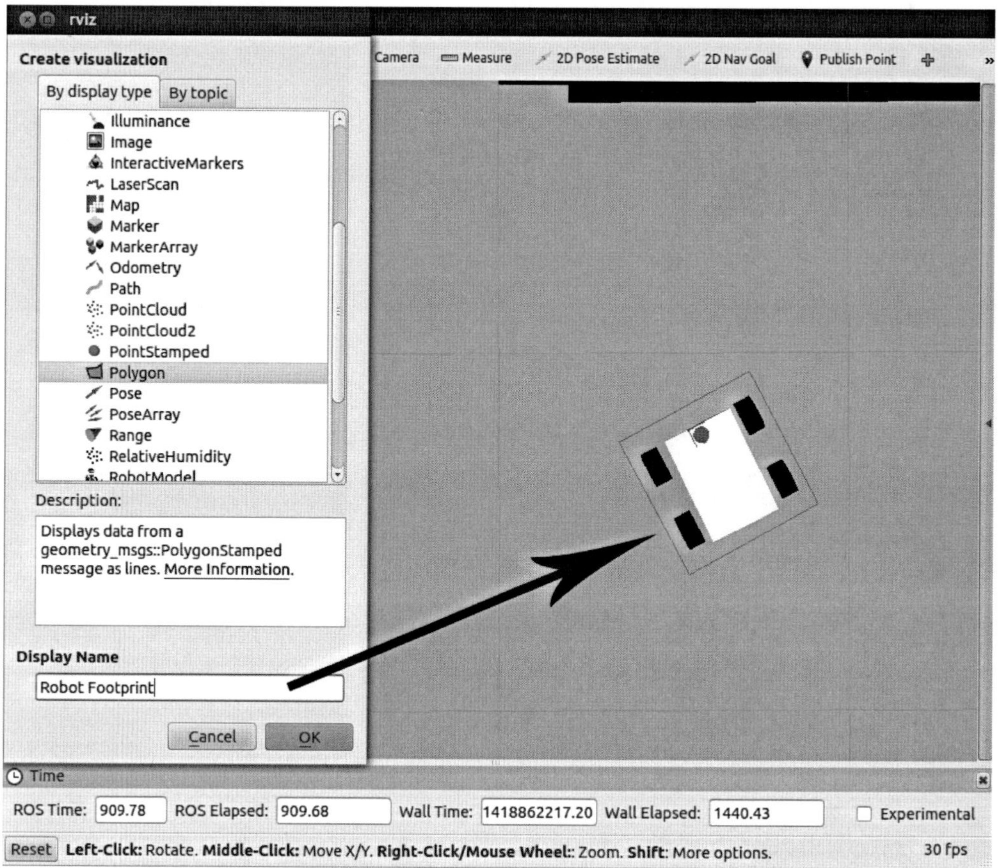

지역 코스트맵

아래의 창은 네비게이션 스택이 네비게이션을 위해 사용하는 local 코스트맵을 보여준다. 노란 선은 검출된 장애물이다. 로봇이 충돌을 피하기 위해서 로봇의 흔적은 물체를 포함하는 셀을 침범해서는 안 된다. 푸른 영역은 팽창된 장애물을 나타낸다. 충돌을 피하기 위해 로봇의 중심점은 팽창된 장애물이 포함되어 있는 셀과 겹쳐서는 안 된다.

- Topic: `/move_base/local_costmap/costmap`
- Type: `nav_msgs/OccupancyGrid`

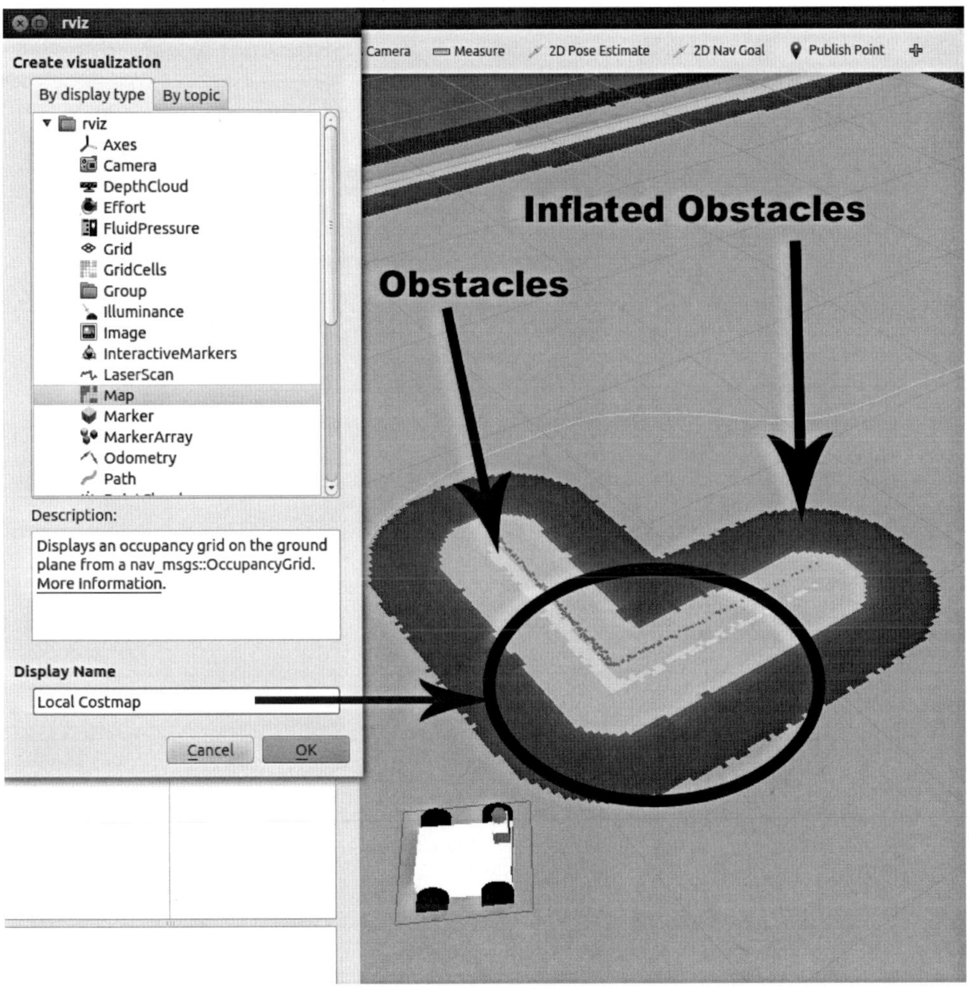

전역 코스트맵

아래의 창은 네비게이션 스택이 네비게이션을 위해 사용하는 global 코스트맵을 보여준다. 노란 선은 검출된 장애물이다. 로봇이 충돌을 피하기 위해서 로봇의 흔적은 물체를 포함하는 셀을 침범해서는 안 된다. 푸른 영역은 팽창된 장애물을 나타낸다. 충돌을 피하기 위해 로봇의 중심점은 팽창된 장애물이 포함되어 있는 셀과 겹쳐서는 안 된다.

- Topic: /move_base/global_costmap/costmap
- Type: nav_msgs/OccupancyGrid

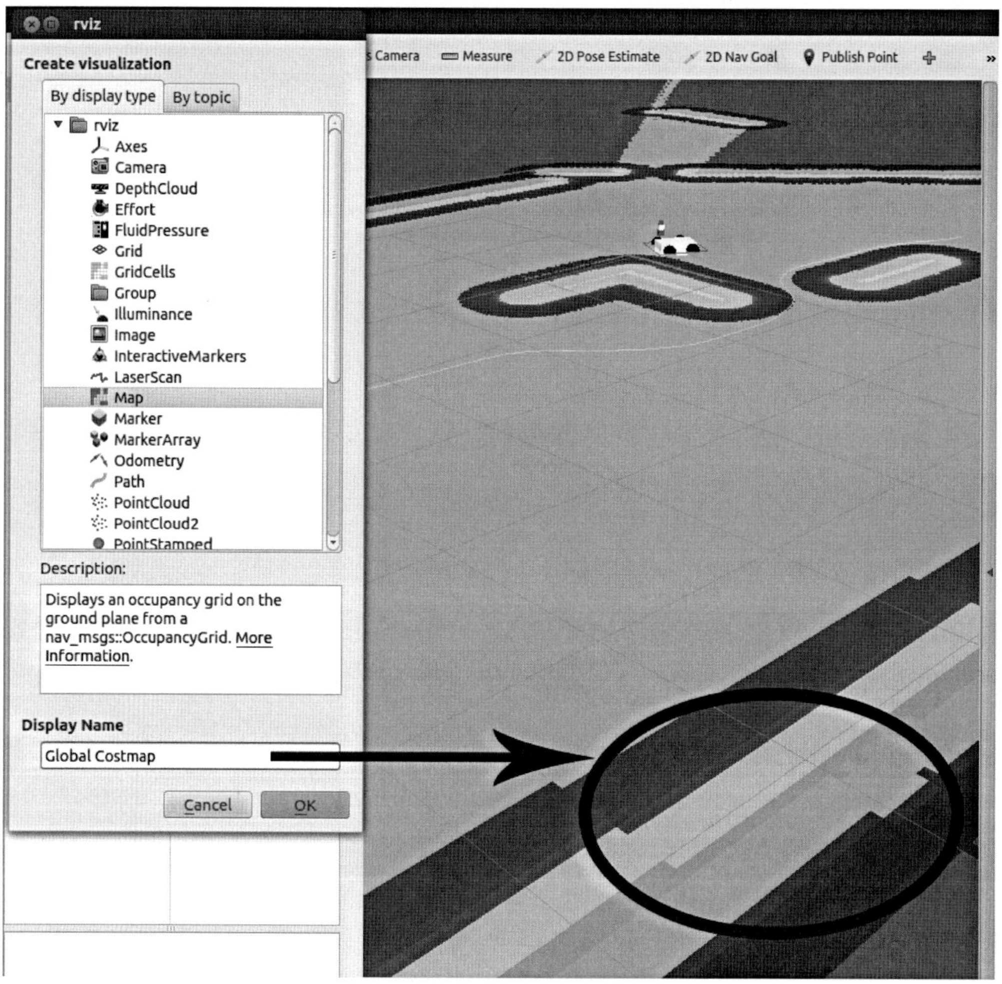

전역 계획(global plan)

이는 지역 플래너가 현재 추종하고 있는 전역 플랜의 일부를 보여준다. 여러분은 다음의 영상에서 이것이 녹색으로 표시된 것을 볼 수 있다. 아마 이 로봇은 움직이는 동안 장애물을 발견할 것이고, 네비게이션 스택은 충돌을 피하고 전역 플랜을 추종하기 위해 새로운 경로를 다시 계산할 것이다.

- Topic: `TrajectoryPlannerROS/global_plan`
- Type: `nav_msgs/Path`

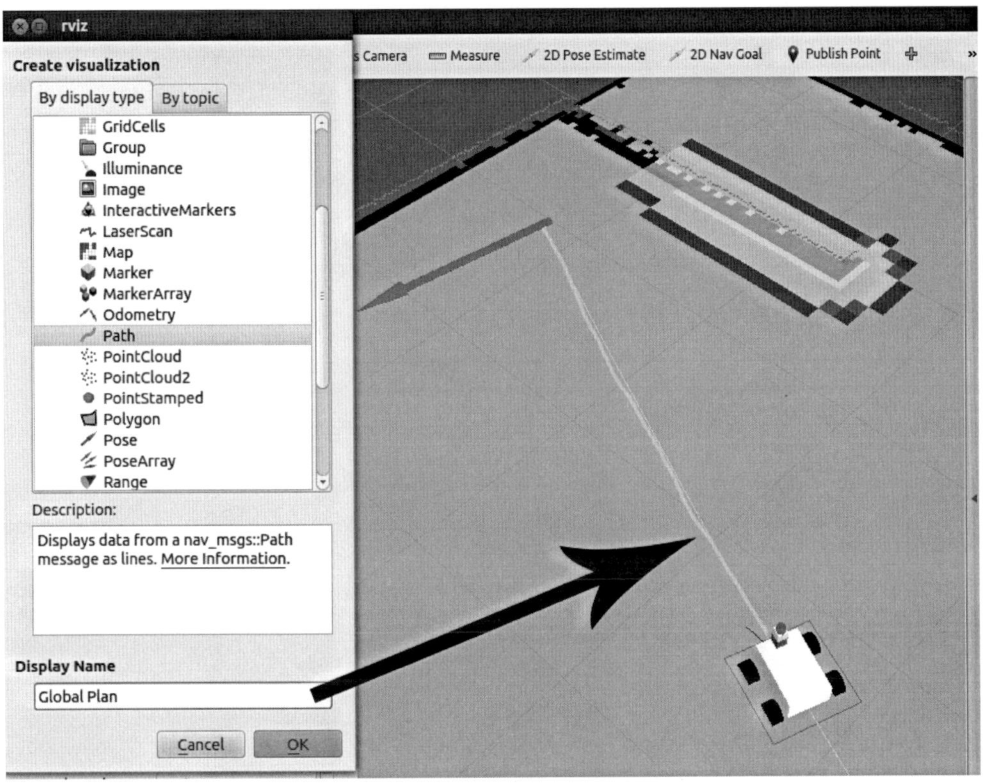

지역 계획(local plan)

아래의 그림은 지역 플래너가 베이스에 현재 보내고 있는 속도 명령과 연관된 경로를 보여준다. 여러분은 다음의 영상에서 로봇 앞에 있는 파란 색의 경로 궤적을 볼 수 있으며, 이 표시를 이용해서 로봇이 움직이고 있는지의 여부와 파란 선의 길이로부터 근사화된 속도를 알 수 있다.

- Topic: `TrajectoryPlannerROS/local_plan`
- Type: `nav_msgs/Path`

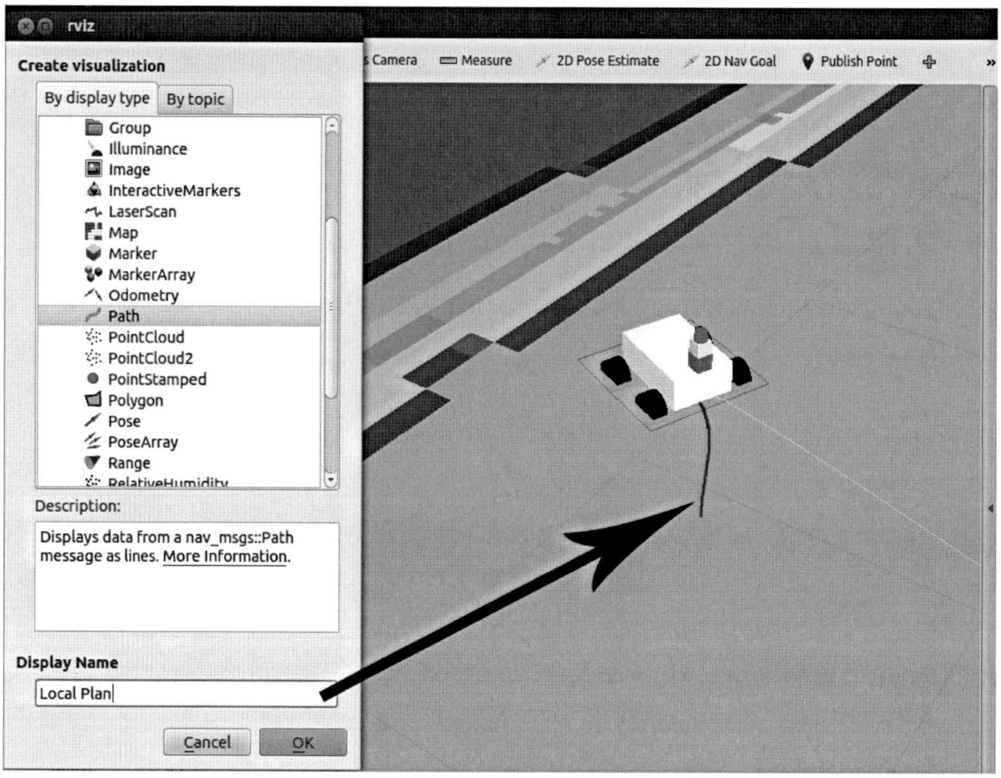

플래너 계획

아래의 그림은 전역 플래너에 의해 계산된 로봇의 전체 플랜을 그려준다. 여러분은 이것이 전역 플랜과 유사하다는 것을 알 수 있다.

- Topic: `NavfnROS/plan`
- Type: `nav_msgs/Path`

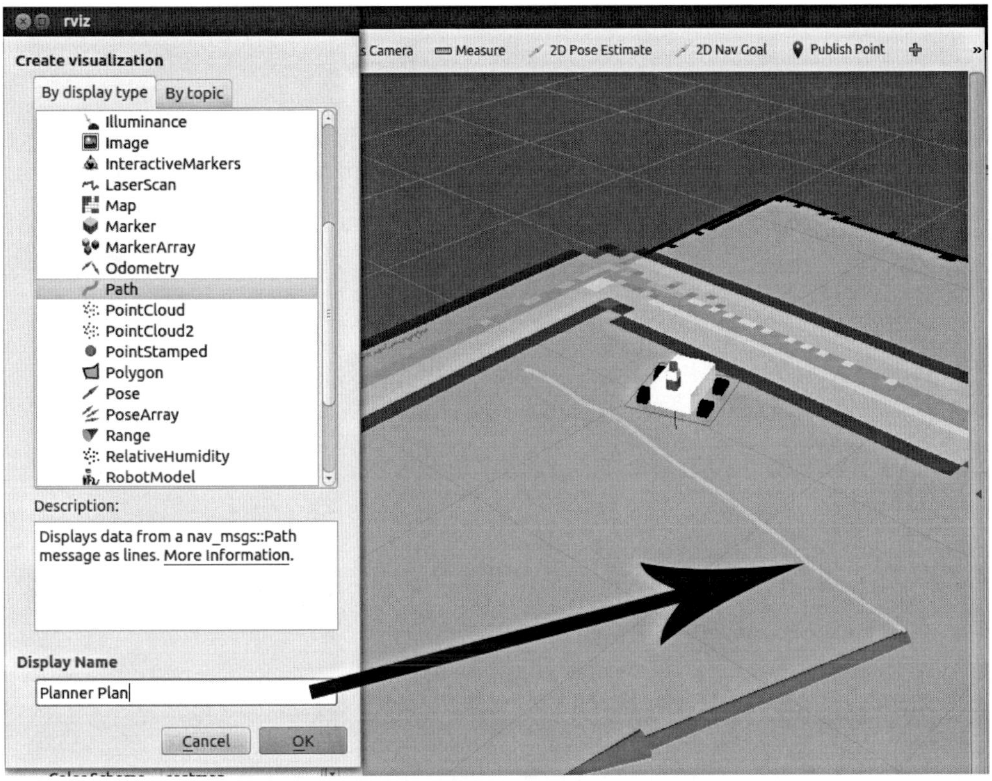

현재 목표

아래의 그림은 네비게이션 스택이 달성하기 위해 노력 중인 목표 자세를 보여준다. 여러분은 붉은 화살표로 목표 자세가 표시된 것을 볼 수 있고, 새로운 2D nav goal을 입력한 후에 붉은 화살표가 디스플레이된다. 이는 로봇의 마지막 위치를 찾는 데 사용된다.

- Topic: `current_goal`
- Type: `geometry_msgs/PoseStamped`

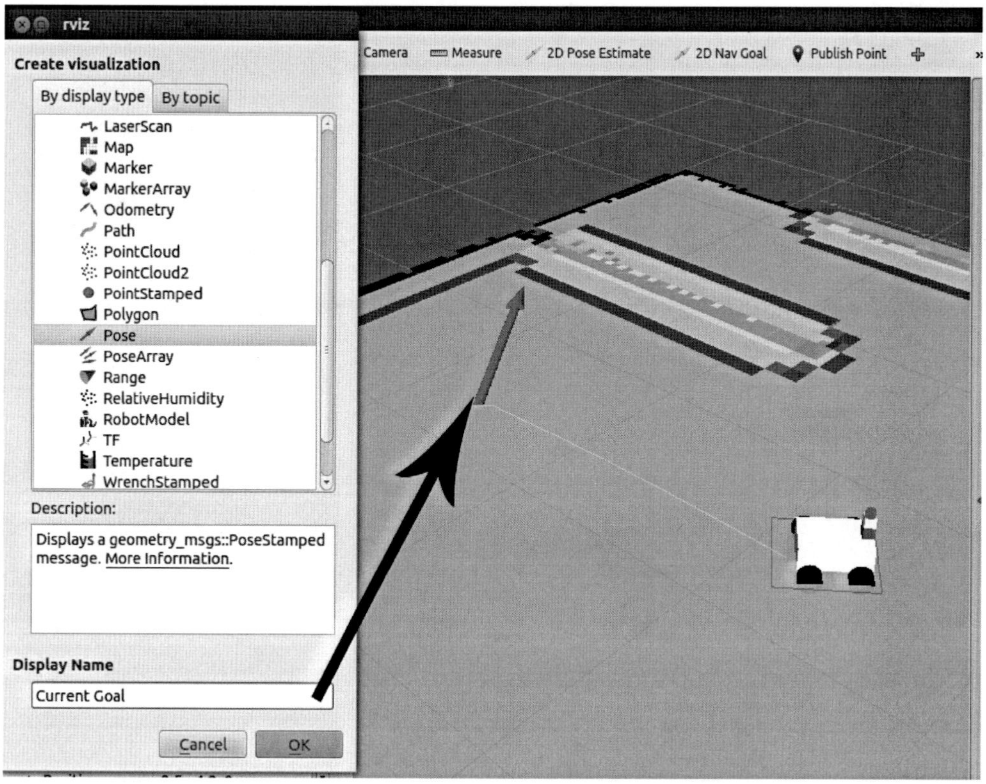

이러한 시각화는 여러분이 `rviz`에서 네비게이션 스택을 보는 데 필요하다. 이것으로 여러분은 로봇이 이상하게 동작하는지 여부를 알아차릴 수 있다. 이제 우리는 시스템의 일반적인 영상을 볼 것이다. `rqt_graph`를 실행하여 모든 노드들이 실행되고 있는지와 그들 간의 관계를 보도록 하자.

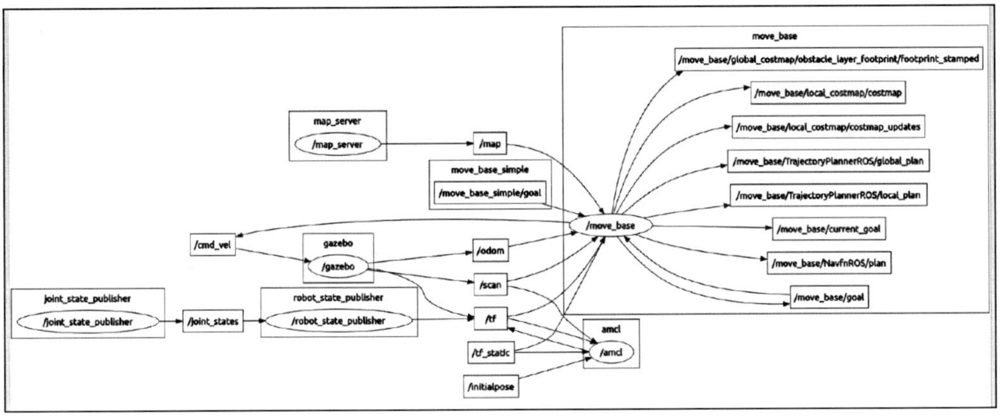

적응적 Monte Carlo 위치측정

이 장에서 우리는 위치측정을 위해 **Adaptive Monte Carlo Localization(AMCL)** 알고리즘을 사용한다. AMCL 알고리즘은 2차원에서 움직이는 로봇을 위한 확률적 위치측정 시스템이다. 이 시스템은 적응적 몬테카를로(Adaptive Monte Carlo) 위치측정 접근법을 구현하는데, 이 방법은 알려진 지도에 대해 로봇의 자세를 추종하는 파티클 필터를 사용한다.

AMCL 알고리즘은 위치측정 성능에 영향을 미치는 많은 설정 옵션들을 가지고 있다. AMCL에 관한 더 많은 정보는 `http://wiki.ros.org/amcl`와 `http://www.probabilistic-robotics.org/`에 있는 AMCL 문서들을 참고하기 바란다.

`amcl` 노드는 주로 레이저 스캔과 레이저 지도를 이용하여 작동하지만 초음파 센서나 스테레오 비전과 같은 센서의 데이터를 이용하도록 확장될 수 있다. 그러므로 이 장에서 `amcl` 노드는 레이저 기반 지도, 레이저 스캔, 변환 메시지를 가지고 확률적인 자세를 생성한다. 처음 시작할 때 amcl은 설정에서 제공된 파라미터들에 따라 그것의 파티클 필터를 초기화한다. 여러분이 초기 자세를 정하지 않으면 `amcl`은 좌표계의 원점에서 시작할 것이다. 여하튼 여러분은 **2D Pose Estimate** 버튼을 이용해서 `rviz`에서 초기 위치를 정할 수 있다.

우리가 `amcl_diff.launch` 파일을 포함할 때, 일련의 구성된 파라미터로 노드를 시작한다. 이러한 구성은 기본 구성이고 그것을 작동시키는 데 최소한의 설정이 필요하다.

다음 페이지에서는 일부 파라미터들을 설명하기 위해 `amcl_diff.launch`라는 론치 파일의 내용을 볼 것이다.

```
<launch>
  <node pkg="amcl" type="amcl" name="amcl" output="screen">
    <!-- Publish scans from best pose at a max of 10 Hz -->
    <param name="odom_model_type" value="diff"/>
    <param name="odom_alpha5" value="0.1"/>
    <param name="transform_tolerance" value="0.2" />
    <param name="gui_publish_rate" value="10.0"/>
    <param name="laser_max_beams" value="30"/>
    <param name="min_particles" value="500"/>
    <param name="max_particles" value="5000"/>
    <param name="kld_err" value="0.05"/>
    <param name="kld_z" value="0.99"/>
    <param name="odom_alpha1" value="0.2"/>
    <param name="odom_alpha2" value="0.2"/>
    <!-- translation std dev, m -->
    <param name="odom_alpha3" value="0.8"/>
    <param name="odom_alpha4" value="0.2"/>
    <param name="laser_z_hit" value="0.5"/>
    <param name="laser_z_short" value="0.05"/>
    <param name="laser_z_max" value="0.05"/>
    <param name="laser_z_rand" value="0.5"/>
    <param name="laser_sigma_hit" value="0.2"/>
    <param name="laser_lambda_short" value="0.1"/>
    <param name="laser_lambda_short" value="0.1"/>
    <param name="laser_model_type" value="likelihood_field"/>
    <!-- <param name="laser_model_type" value="beam"/> -->
    <param name="laser_likelihood_max_dist" value="2.0"/>
    <param name="update_min_d" value="0.2"/>
    <param name="update_min_a" value="0.5"/>
    <param name="odom_frame_id" value="odom"/>
    <param name="resample_interval" value="1"/>
    <param name="transform_tolerance" value="0.1"/>
    <param name="recovery_alpha_slow" value="0.0"/>
    <param name="recovery_alpha_fast" value="0.0"/>
  </node>
</launch>
```

파라미터 중에서 min_particle과 max_particle 파라미터들은 알고리즘이 허용하는 최소와 최대의 파티클 수를 정한다. 파티클이 더 많으면 정확도가 더 올라가지만, 이렇게 하면 CPU 사용량을 증가시킨다.

laser_model_type 파라미터는 레이저 타입을 설정하는 데 사용된다. 이 경우, 우리는 likelihood_field 파라미터를 사용하고 있지만 알고리즘은 빔 레이저를 사용할 수도 있다.

laser_likelihood_max_dist 파라미터는 지도상에서 장애물 팽창에 대한 최대 거리를 정하는 데 사용되는데, 이것은 likelihood_field 모델에 사용된다.

initial_pose_x, initial_pose_y 그리고 initial_pose_a 파라미터는 론치 파일에는 없지만 amcl이 시작될 때(예를 들어 여러분의 로봇이 언제나 도킹 스테이션에서 출발하고 여러분이 그 위치를 론치 파일에서 정하기를 원할 때) 로봇의 초기 위치를 정해주기 때문에 흥미로울 것이다.

아마 여러분의 로봇을 조정해서 좀 더 정교하게 작업하려면 일부 파라미터를 조정해야 할 것이다. http://wiki.ros.org/amcl에 가면 여러분이 바꿀 수 있는 구성과 파라미터에 대해 많은 정보를 얻을 수 있다.

rqt_reconfigure로 파라미터 수정하기

이 장에서 설정된 모든 파라미터를 이해하는 훌륭한 대안 중 하나는 rqt_reconfigure를 이용하여 시뮬레이션을 재시작하지 않고 값들을 바꾸는 것이다.

rqt_reconfigure를 론치하기 위해 다음 명령을 사용하자.

```
$ rosrun rqt_reconfigure rqt_reconfigure
```

그러면 다음과 같은 스크린을 보게 될 것이다.

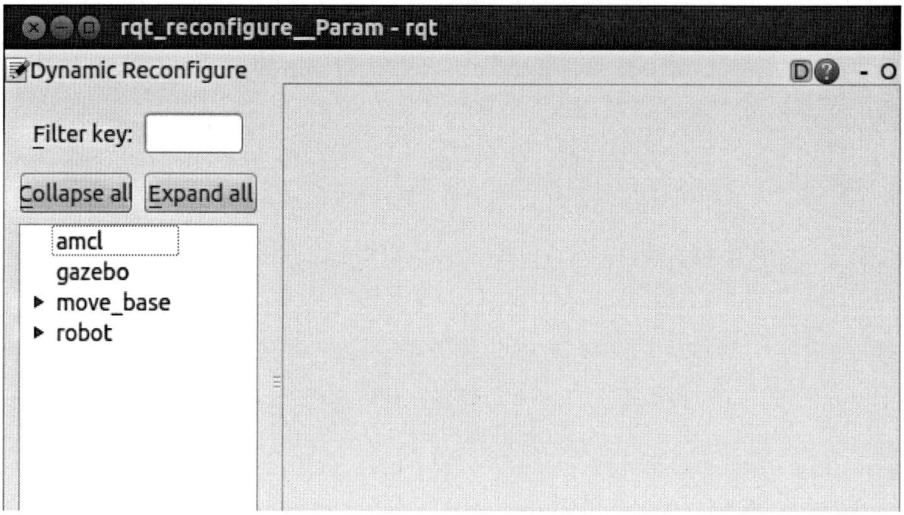

하나의 예로서 우리는 base_local_planner_params.yaml 파일에 설정되어 있는 max_vel_x라는 파라미터를 바꿀 것이다. 이를 위해 move_base 메뉴를 클릭하고 확장하자. 그 다음에 메뉴 트리에서 TrajectoryPlannerROS를 선택하면 파라미터의 리스트를 볼 것이다. 여러분이 볼 수 있듯이 max_vel_x 파라미터는 설정 파일에서 할당했던 값과 같은 값을 가진다.

파라미터의 이름 위에 마우스를 몇 초간 올려 놓으면 그 파라미터에 대한 간단한 설명을 볼 수 있는데, 이는 각 파라미터의 기능을 이해하는데 매우 유용하다.

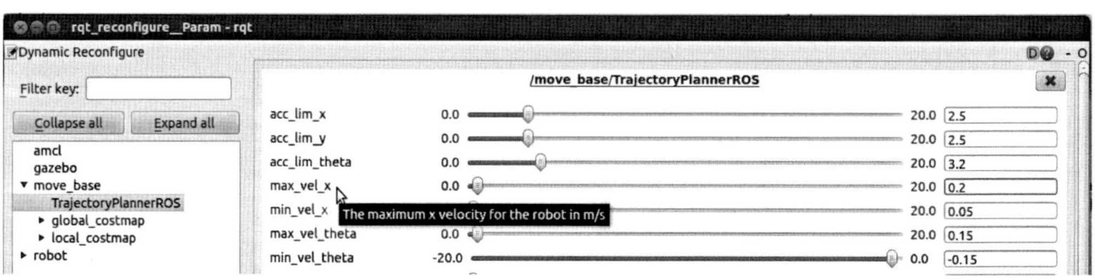

장애물 피하기

네비게이션의 중요한 기능 중 하나는 로봇이 움직이는 중에 장애물을 만나면 경로를 다시 계산하는 것이다. Gazebo에서 로봇 앞에 물체를 추가하면 이러한 특징을 쉽게 확인할 수 있다. 예를 들어 우리가 하는 시뮬레이션에서 경로의 중앙에 큰 박스를 추가해 보자. 그러면 네비게이션 스택은 새로운 장애물을 탐지하고 자동으로 대체 경로를 생성한다.

다음의 영상에서 우리가 추가한 물체를 볼 수 있다. Gazebo는 시뮬레이션하는데 사용하기 위해 이동 로봇, 팔, 휴머노이드 등과 같이 미리 정의된 3차원 물체를 가지고 있다.

이 리스트를 보기 위해 **Insert model** 절로 가자. 다음 스크린 샷에서 보이는 것처럼 물체 중 하나를 선택해서 여러분이 그것을 놓기 원하는 위치에 클릭한다.

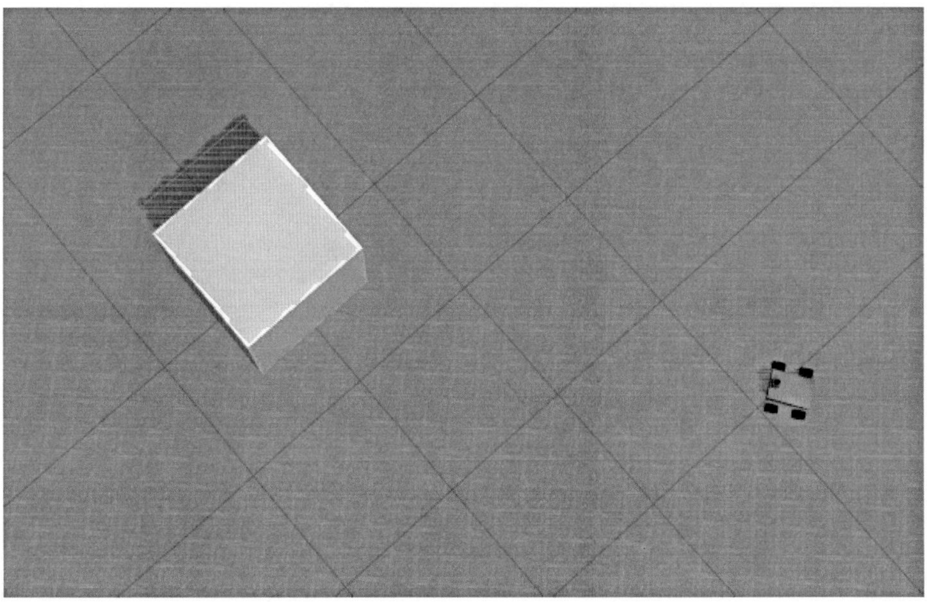

만약 여러분이 지금 `rviz` 창을 들여다보면 그 장애물을 피하기 위한 새로운 전역 플랜을 보게 될 것이다. 이러한 특징은 사람이 로봇 주위를 걸어 다니는 실제 환경에서 로봇을 사용할 때 매우 흥미로울 것이다. 만약 로봇이 가능한 충돌을 감지하면 방향을 바꿔서 목표 지점에 도달하려고 할 것이다. 이와 같은 장애물과의 충돌 감지는 지역 플래너 코스트맵(예를 들어 로봇 주위의 4x4 미터)이 커버하는 영역으로 축소된다는 것을 기억하자. 이 특징을 다음 스크린 샷에서 볼 수 있다.

목표값 보내기

우리는 여러분이 지도 주변을 돌아다니는 로봇을 가지고 충분히 즐겼다고 확신한다. 이러한 경험은 매우 재미있지만 다소 단조롭고, 그다지 기능적이지 않다.

아마 여러분은 rviz가 있는 컴퓨터가 앞에 없더라도 동작의 리스트를 프로그램하고 하나의 버튼으로 로봇을 다른 위치로 보내는 것이 훌륭한 아이디어라고 생각할 것이다.

그렇다. 이제 여러분은 actionlib를 이용해서 그렇게 하는 방법을 배울 것이다.

actionlib 패키지는 태스크들을 접속하는데 표준화된 인터페이스를 제공한다. 예를 들어 여러분은 어떤 지점에서 무엇인가를 감지한 로봇에게 이를 이용하여 목표값을 보낼 수 있고, 레이저로 스캔하기 등을 할 수 있다. 이 절에서 우리는 로봇에게 목표값을 보내고 이 태스크가 끝나기를 기다릴 것이다.

이는 서비스 메시지와 비슷하게 보일 수 있지만, 만약 긴 지속시간을 가지는 태스크를 사용하고 있다면 실행되는 동안에 요청을 취소하는 기능을 원하거나, 요청이 어떻게 진행되고 있는지에 관한 주기적인 피드백을 받기를 원할 것이다. 이를 서비스 메시지로 할 수는 없다. 게다가, actionlib는 (서비스가 아닌) 메시지를 생성하고 토픽을 만들므로, 우리가 원치 않으면 피드백과 결과에 상관없이 토픽을 통해 목표값을 보낼 수 있다.

다음 코드는 로봇을 움직이는 하나의 목표값을 보내는 예제이다. chapter6_tutorials/src 폴더에 새 파일을 만들고, sendGoals.cpp라는 이름의 파일에 다음의 코드를 넣자.

```
#include <ros/ros.h>
#include <move_base_msgs/MoveBaseAction.h>
#include <actionlib/client/simple_action_client.h>
#include <tf/transform_broadcaster.h>
#include <sstream>

typedef actionlib::SimpleActionClient<move_base_msgs::
MoveBaseAction>MoveBaseClient;

int main(int argc, char** argv){
  ros::init(argc, argv, "navigation_goals");

  MoveBaseClient ac("move_base", true);

  while(!ac.waitForServer(ros::Duration(5.0))){
    ROS_INFO("Waiting for the move_base action server");
  }

  move_base_msgs::MoveBaseGoal goal;

  goal.target_pose.header.frame_id = "map";
  goal.target_pose.header.stamp = ros::Time::now();

  goal.target_pose.pose.position.x = 1.0;
  goal.target_pose.pose.position.y = 1.0;
  goal.target_pose.pose.orientation.w = 1.0;

  ROS_INFO("Sending goal");
  ac.sendGoal(goal);

  ac.waitForResult();

  if(ac.getState() == actionlib::SimpleClientGoalState::SUCCEEDED)
  ROS_INFO("You have arrived to the goal position");
```

```
    else{
      ROS_INFO("The base failed for some reason");
    }
    return 0;
  }
```

우리의 프로그램에 대한 실행 파일을 생성하기 위해 CMakeList.txt 파일에 다음 파일을 추가한다.

```
add_executable(sendGoals src/sendGoals.cpp)
target_link_libraries(sendGoals ${catkin_LIBRARIES})
```

이제 다음 명령으로 패키지를 컴파일하자.

```
$ catkin_make
```

이제 새로운 프로그램을 테스트하기 위해 모든 것을 론칭한다. 이를 위해 아래 명령을 사용해서 모든 노드들과 설정들을 론칭한다.

```
$ roslaunch chapter6_tutorials chapter9_configuration_gazebo.launch
$ roslaunch chapter6_tutorials move_base.launch
```

여러분이 2차원 자세 추정을 설정했다면, 새로운 쉘에서 다음 명령으로 sendGoal 노드를 실행하자.

```
$ rosrun chapter6_tutorials sendGoals
```

이제 rviz 스크린으로 가면 여러분은 지도 위에 새로운 전역 플랜(녹색선)이 그려진 것을 볼 것이다. 이는 네비게이션 스택이 새로운 목표를 받아들였음을 의미하므로 그것을 실행하기 시작할 것이다.

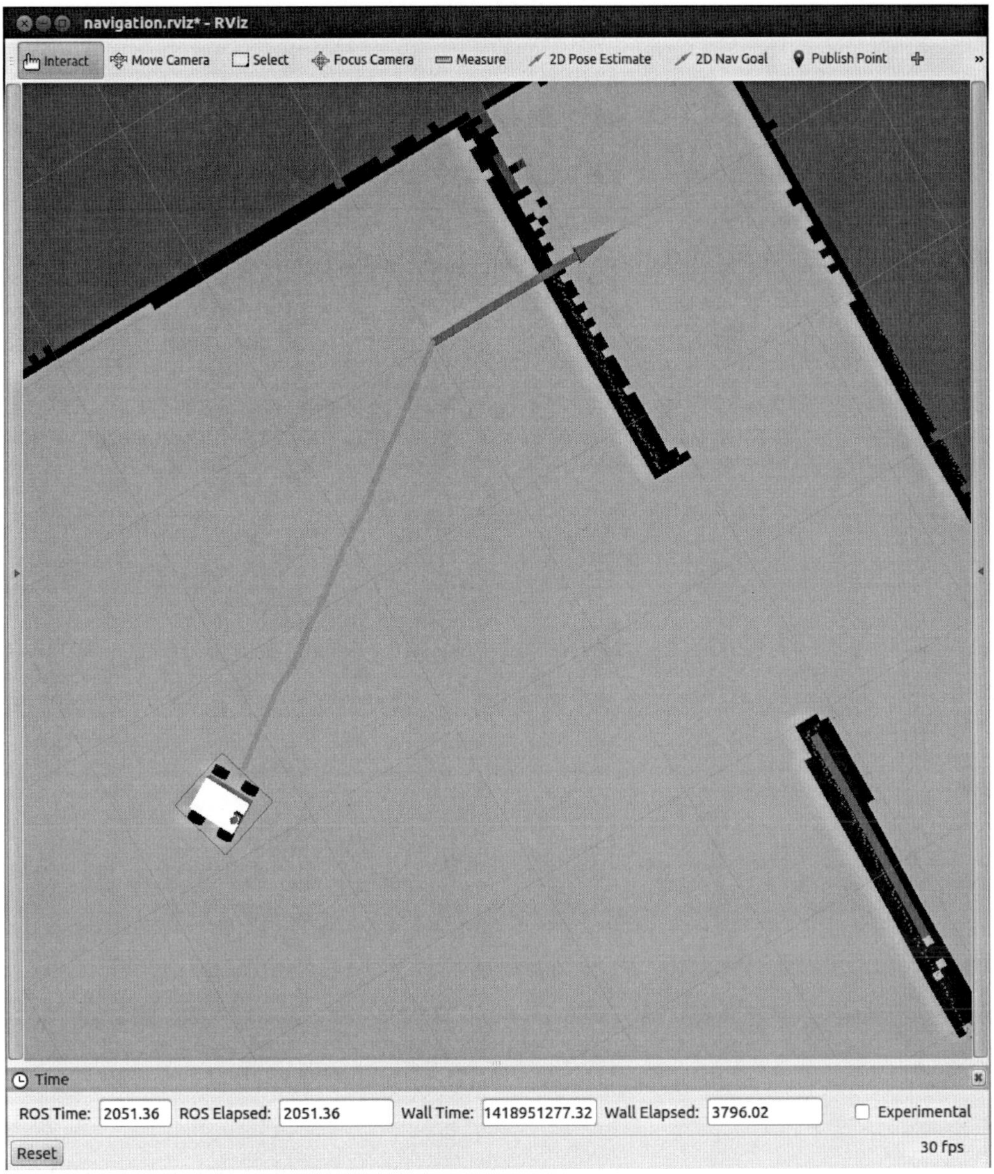

로봇이 목표에 도달하면 노드를 실행했던 쉘에서 다음의 메시지를 볼 것이다.

```
[ INFO ] [...,...]: You have arrived to the goal position
```

여러분은 목표나 중간지점(waypoint)의 리스트를 만들고 로봇을 위한 경로를 생성할 수 있다. 이러한 방법으로 각종 미션이나 경비 로봇의 프로그램을 짜거나 다른 방의 물건들을 로봇으로 수집할 수 있다.

요약

이 장의 마지막에서 여러분은 네비게이션 스택을 이용하여 시뮬레이션이든 실제든 지도 위를 자율적으로 움직이는 로봇을 가지게 되었다. 여러분은 코드의 재사용성이라는 ROS의 철학에 따라 로봇의 제어와 위치측정을 위한 프로그램을 작성할 수 있게 됨으로써 큰 노력 없이 로봇을 완전하게 구성할 수 있다. 이 장의 가장 어려운 부분은 모든 파라미터들을 이해하고 각각을 적절히 사용하는 것을 배우는 것이다. 이들을 정확히 사용하는 것은 여러분의 로봇이 잘 움직이느냐 마느냐를 결정한다. 이러한 이유로 파라미터를 바꾸면서 로봇의 반응에 대하여 살피는 것도 필요하다.

다음 장에서는 몇 가지 튜토리얼과 예제로 MoveIt!을 사용하는 법을 배울 것이다. 만약 MoveIt!이 무엇인지를 모른다면, 모바일 매니퓰레이션 애플리케이션을 제작하는 소프트웨어라고 이해하면 된다. 여러분은 그것으로 관절 로봇을 쉽게 움직일 수 있다.

7장

MoveIt!으로 조작하기

MoveIt!은 ROS에서 모바일 조작을 위한 툴들의 세트이다. 메인 웹 페이지(`http://moveit.ros.org`)에는 잡기(grasp), 집어서 놓기(pick and place), 혹은 역기구학으로 간단한 모션 계획 등의 조작 태스크를 위해 MoveIt!을 사용하는 로봇 팔(또는 로봇)용 데모 예제와 함께 문서, 튜토리얼, 설치 방법들이 담겨 있다.

이 라이브러리는 (모션 계획 프리미티브의 일부로서) 빠른 역기구학 솔버(solver), 매니퓰레이션을 위한 최신 알고리즘, (대부분 포인트 클라우드 형태인) 3차원 지각(perception), 기구학, 제어, 그리고 네비게이션 들을 포함한다. 백엔드 외에도 MoveIt!과 **RViz** 플러그인으로 새로운 로봇 팔을 구성하여 직관적인 방법으로 모션 계획 작업을 개발할 수 있는, 사용하기 쉬운 GUI를 제공한다.

이 장에서 우리는 어떻게 URDF 포맷으로 간단한 로봇 팔을 만들 수 있고 MoveIt! 설정 툴로 모션 계획 그룹을 정의할 수 있는지를 볼 것이다. 그리고 RViz 인터페이스에서 규정된 매니퓰레이션 작업을 수행할 수 있는 역기구학 솔버를 사용할 수 있도록 한팔(single arm)을 위한 단일 그룹을 가질 것이다. 태스크 면에서 MoveIt!의 능력과 툴들의 기능을 보여주기 위해 집어서 놓기가 수행된다.

첫 번째 절에서는 관절 그룹과 씬 계획(scene planning) 같은, 프레임 워크에서 사용되는 기본 개념과 궤적 계획, (역)기구학 및 충돌 확인과 같은 일반적인 개념을 설명하면서 MoveIt!의 구조에 관해 설명한다. 그 다음에 계획 그룹(planning group)과 씬을 생성하여 어떻게 하나의 팔을 MoveIt!에 통합할 수 있는지를 보여줄 것이다. 그 다음으로 여러분이 충돌을 고려한 모션 계획을 어떻게 수행할 수 있는지와 포인트 클라우드를 어떻게 포함할 수 있는지를 보여줄 것인데, 이는 로봇이 동적인 장애물과의 충돌을 피할 수 있게 한다.

마지막에 지각과 객체 인식 툴들을 설명하고, 이들은 집어서 놓기 데모에 사용될 것이다. 이 데모를 위해 우리는 RViz를 위한 MoveIt! 플러그인을 사용할 것이다.

MoveIt! 구조

MoveIt!의 구조는 http://moveit.ros.org/documentation/concepts/에 있는 공식 문서의 개념 섹션에서 가져 온 아래의 구조도에 나타나 있다. 여기에서 우리는 주된 개념에 대해 간단히 설명할 것이다. MoveIt!을 설치하기 위해, 다음 명령을 실행하기만 하면 된다.

```
$ sudo apt-get install ros-kinetic-moveit
```

또는 코드를 포함하는 작업공간에서 아래의 명령을 실행함으로써 이 장에 나오는 코드의 모든 의존관계를 설치할 수 있다.

```
$ rosdep install --from-paths src -iy
```

다음 그림은 MoveIt!의 구조를 보여준다.

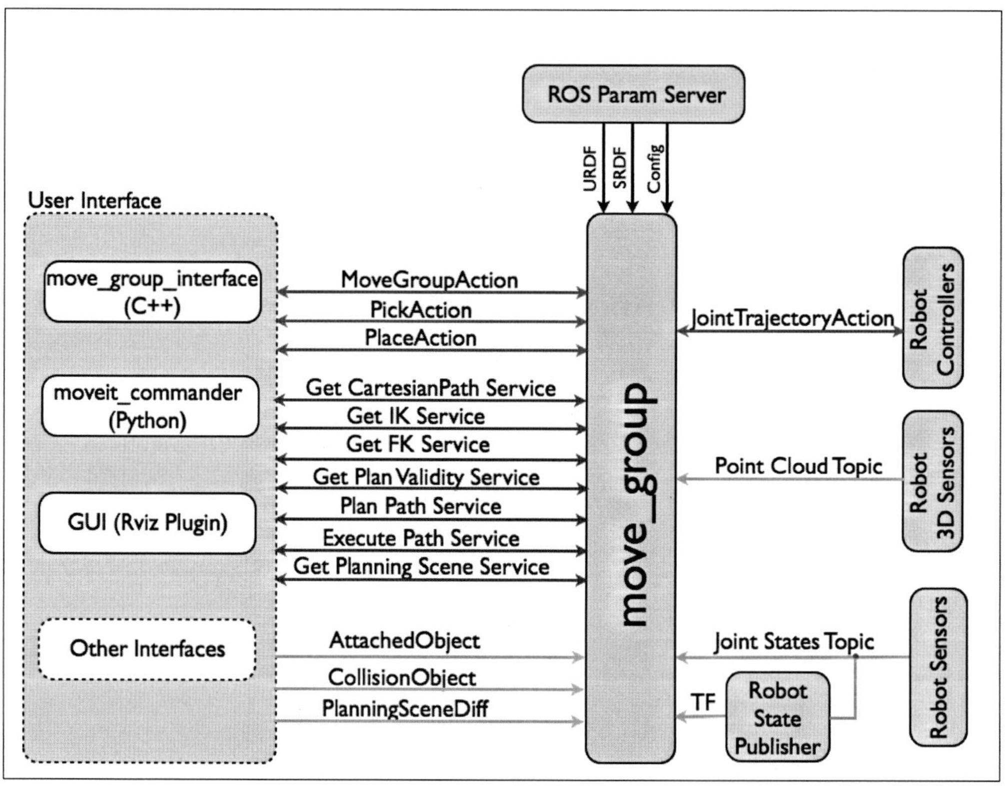

MoveIt! 구조 다이어그램

MoveIt! 구조도의 가운데 부분에 move_group 성분이 있다. 이 성분을 만든 주된 아이디어는 모션 계획 알고리즘을 이용해서 움직이는 동작을 만들기 위해 관절 그룹과 다른 요소들을 정의해야 한다는 것이다. 이 알고리즘들은 상호작용을 해야 하는 물체가 있는 씬과 그룹의 관절 특성들을 고려한다.

하나의 그룹은 표준 ROS 툴들과 YAML, URDF, SDF와 같은 정의 언어(definition language)들을 이용하여 정의된다. 간단히 말해, 그룹의 일부인 관절을 그들의 관절 제한값들로 정의해야 한다. 유사한 방법으로 그립퍼와 지각 센서들과 같은 말단부 도구(end effector tool)를 정의한다. 로봇은 모션 계획의 출력이 로봇 하드웨어(또는 시뮬레이터)에서 계획되고 실행되도록 JointTrajectoryAction 제어기를 노출해야 한다. 그리고 실행을 모니터하기 위해 로봇 상태 발행자의 수단으로 /joint_states도 필요하다. 이 모든 것들이 특정 센서 드라이버뿐만 아니라 ROS 제어에 의해서도 제공된다. MoveIt!이 주어진 로봇에 대한 관절 그룹을 정의하는 GUI 마법사를 제공하는 것에 주목하자. 이는 다음의 명령으로 직접적인 호출이 가능하다.

```
$ roslaunch moveit_setup_assistant setup_assistant.launch
```

move_group이 적절히 구성되었다면, 이것으로 인터페이스를 할 수 있다. 아래의 그림과 같이 MoveIt!은 이렇게 하기 위한 C++ 및 파이썬 API와, 매끄럽게(seamless) 통합하고 우리가 모션 목표들을 보내고, 이들을 계획하고, 이들을 로봇에 보내게(실행하게) 하는 RViz 플러그인을 제공한다.

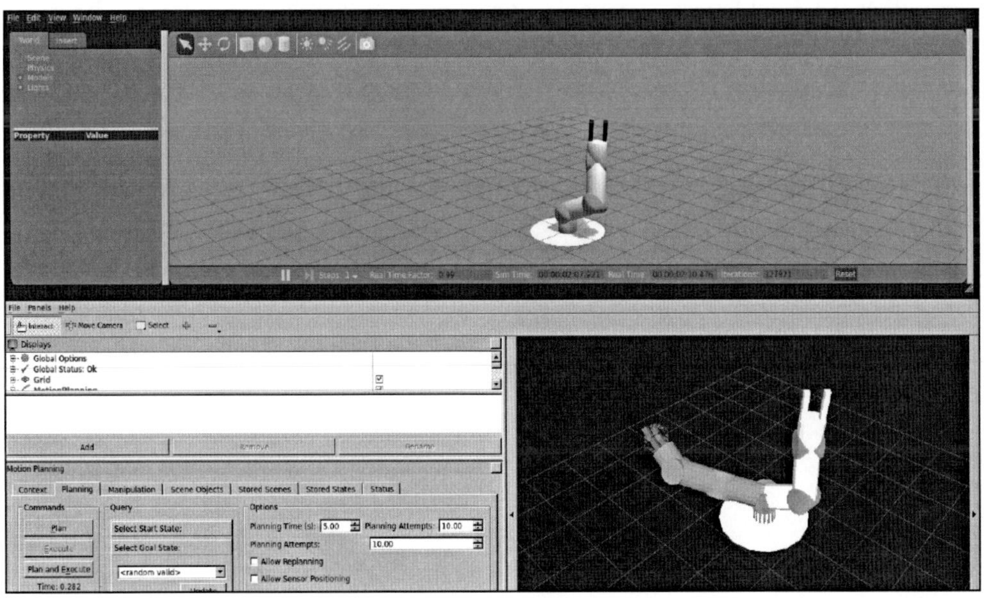

Gazebo에서 시뮬레이션된 매니퓰레이터의 MoveIt! 통합

모션 계획(motion planning)

모션 계획은 이동 그룹이 어떤 장애물(링크 자체 또는 포인트 클라우드처럼 센서에 의해 인식된 다른 물체들)과 충돌하지 않거나 관절 한계값을 위반하지 않으면서 말단부를 포함한 자세에 도달하게 함으로써 팔을 설정된 값으로 움직이는 문제를 다룬다. MoveIt! 사용자 인터페이스는 여러분이 모션 계획을 위해 ROS 액션 또는 서비스를 이용해서 OMPL(http://ompl.kavrakilab.org) 같은 다른 라이브러리들을 사용할 수 있게 한다.

모션 플랜 요청은 모션 계획 모듈에 전달되는데, 모션 계획은 충돌(자기 충돌을 포함하여)을 회피하는 것을 관리하고, 모션이 요청된 목표에 도달하도록 팔을 움직이는 그룹에 있는 모든 관절들의 궤적을 찾는다. 이와 같은 목표는 관절 공간의 위치 또는 말단부의 포즈들로 구성되는데, 이는 위치, 방향, 가시성, 사용자 지정 제약조건 같은 기구학적 제한뿐만 아니라 그립퍼가 어떤 것을 집어드는 예와 같이 물체를 포함할 수도 있다.

모션 플랜의 결과는 팔을 타겟 목표 지점까지 이동시키는 궤적이다. 또한 이 궤적은 충돌을 피하고 관절 레벨에서 속도와 가속도를 만족시킨다.

마지막으로 MoveIt!에는 모션 플래너와 플랜 요청 어댑터로 구성된 모션 계획 파이프라인이 있다. 후자는 모션 플랜 요청의 전처리와 후처리를 허용하는 구성 요소이다. 예를 들어 전처리는 팔의 초기 상태가 관절 한계값을 넘어갈 때 유용하고, 후처리는 경로를 시간-파라미터화한 궤적으로 변환할 때 유용하다.

씬 계획(planning scene)

씬 계획은 로봇의 상태뿐만 아니라 로봇 주변의 공간을 나타낸다. 이는 http://moveit.ros.org/documentation/concepts/에 있는 공식 문서의 개념 섹션에서 취한 다음의 구조도에서 보이는 씬 계획 모니터에 의해 유지된다. 이는 move_group의 일부 파트이며, joint_states와 센서 정보(대부분 포인트 클라우드), 공간 형상을 청취한다. 공간 형상은 사용자의 입력에 의해 planning_scene 토픽 상에 제공된다. 다음 그림은 이 내용을 보여준다.

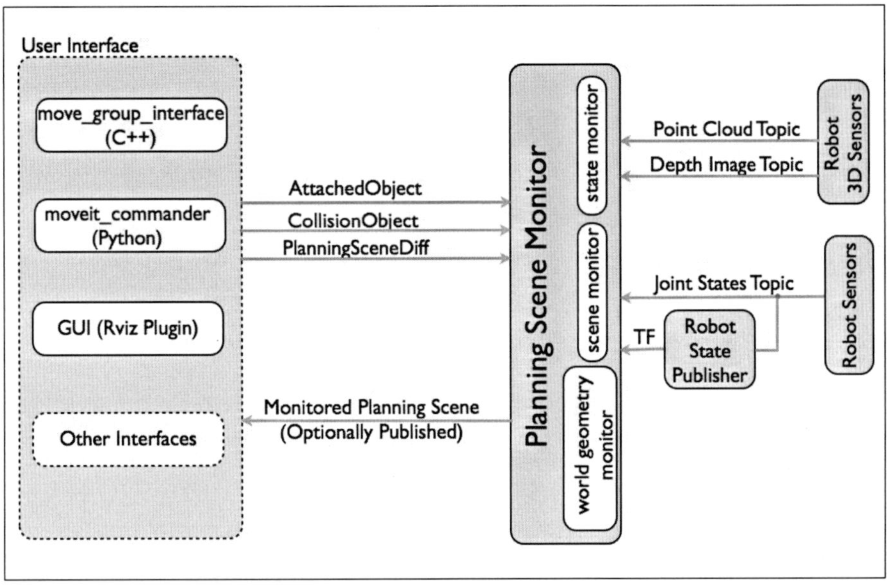

MoveIt! 씬 계획 다이어그램

세계 형상 모니터

이름에서 알 수 있듯이 세계 형상 모니터는 우리가 세계라고 생각하는 것의 여러 측면을 추적 관리한다. 이는 로봇 주변 환경의 3차원 표현을 구성하기 위해 점유(occupancy) 지도 모니터를 사용하고, 물체(예를 들어 물체 잡기)와 같은 `planning_scene` 토픽 정보를 이용해서 증강(augment)한다. 이러한 모든 정보들을 등록하는데 옥토맵(octomap)이 사용된다. 3차원 표현을 생성하기 위해 MoveIt!은 포인트 클라우드와 깊이 이미지 두 종류의 입력을 제공하는 플러그인을 통해 환경을 인식할 수 있는 다양한 센서를 지원한다.

기구학

정기구학(forward kinematics)과 자코비안(Jacobian)은 `RobotState` 클래스에 통합되어 있다. 반면에 역기구학(inverse kinematics)에 대해 MoveIt!은 셋업 도우미(Setup Assistant)에 의해 자동으로 설정된 연산적 자코비안-기반 솔버를 사용하는 기본 플러그인을 제공한다. MoveIt!의 다른 구성품과 마찬가지로 사용자는 **IKFast**처럼 자신만의 역기구학 플러그인을 작성할 수 있다.

충돌 확인

씬 계획의 `CollisionWorld` 객체는 **Flexible Collision Library(FCL)** 패키지를 사용하여 충돌 확인을 설정하는데 사용된다. 제공되는 충돌 객체는 메쉬, 프리미티브 형상(예를 들어 상자, 실린더, 콘, 구, 평면), 그리고 옥토맵이다.

MoveIt!에 팔 붙이기

이 절에서는 MoveIt!으로 동작하는 로봇 팔을 얻기 위해 필요한 몇 가지 단계들을 배울 것이다. Gazebo에서 동작하는 데 필요한 구성요소들과 함께 그 전에 준비해야 할 몇 가지 요소들이 있는데 이를테면 로봇 팔의 서술파일(URDF) 같은 것이다. 이 장에서 Gazebo 구성요소의 일부를 다룰 것이다.

상자 안에 무엇이 있는가?

MoveIt!으로 로봇 팔을 통합하는 방법의 이해를 돕기 위해, 우리는 모든 필요한 설정, 로봇 설명서, 론치 스크립트, 그리고 MoveIt!을 ROS, Gazebo, RViz와 통합하기 위한 모듈들로 구성된 패키지 세트를 제공했다. 우리는 여기에서 Gazebo로 로봇을 통합하는 것에 관한 자세한 설명은 다루지 않을 것인데 다른 장에서 이미 설명했기 때문이다. 그러나 MoveIt!을 Gazebo와 통합하는 것에 대해서는 설명할 것이다. 아래의 패키지들은 이 장의 저장소인 `chapter7_tutorials`에 제공되어 있다.

- `chapter7_tutorials`: 이 저장소는 이 장에서 사용되는 남은 패키지에 대한 컨테이너 역할을 한다. 이러한 종류의 구조는 catkin으로 하여금 패키지가 느슨하게 연관되어 있음을 알게 하는 메타패키지를 필요로 한다. 그러므로 이 패키지는 저장소의 메타패키지이다.
- `rosbook_arm_bringup`: 이 패키지는 제어기와 MoveIt!을 론칭하는 것을 중앙관리한다. 이는 실제 로봇과 시뮬레이션 중의 하나를 가져온다.
- `rosbook_arm_controller_configuration`: 이 패키지는 팔을 움직이는 데 필요한 제어기를 읽어들이는 론치 파일을 포함하고 있다. 이것은 MoveIt! 모션 계획을 지원하는 데 사용되는 궤적 제어기(`JointTrajectoryController`)이다.
- `rosbook_arm_controller_configuration_gazebo`: 이 패키지는 관절 궤적 제어기를 위한 구성을 포함한다. 이 구성은 또한 Gazebo에서 팔을 제어하는 데 필요한 PID 값들을 포함한다.
- `rosbook_arm_description`: 이 패키지는 URDF 파일(실제로 xacro), 메쉬, 그리고 구성 파일들을 포함하여 로봇 팔을 묘사하는 모든 필요 요소들을 포함한다.
- `rosbook_arm_gazebo`: 이 패키지는 가장 중요한 패키지 중 하나로서 Gazebo 론치 파일을 포함한다. 이 패키지는 가장 중요한 패키지 중 하나로 Gazebo의 실행 파일(MoveIt! 뿐만 아니라 시뮬레이션 환경을 시작하는 것을 담당함)과 컨트롤러를 포함하

고 필요한 론치 파일의 실행을 관리하는 역할을 담당한다(주로 rosbook_arm_bringup에서 론치 파일을 호출하고 모든 이전 패키지도 호출함). 또한 상호 작용할 물체를 포함하기 위해 세계의 설명을 포함한다.

- rosbook_arm_hardware_gazebo: 이 패키지는 Gazebo에서 관절을 시뮬레이션하기 위해 사용되는 ROS 제어 플러그인을 사용한다. 이 패키지는 관절들의 위치를 제어하기 위해 다양한 관절들과 액추에이터들을 등록하는 로봇 설명서를 사용한다. 이 패키지는 MoveIt!과는 완전히 독립적이지만, Gazebo로 통합하는데 필요하다.
- rosbook_arm_moveit_config: 이 패키지는 MoveIt! 셋업 도우미를 통해 생성된다. 이는 MoveIt!을 위한 다수의 구성 파일 뿐만 아니라 MoveIt!과 RViz 플러그인 양쪽에 필요한 론치 파일 대부분을 포함한다.
- rosbook_arm_snippet: 집어서 놓기 예제를 제외하고 이 패키지는 이 장 전체에서 사용되는 모든 코드 조각들을 포함한다.
- rosbook_arm_pick_and_place: 이 패키지는 이 책의 가장 크고 복잡한 예제이며 여러분이 MoveIt!으로 어떻게 물체를 집어서 놓는 것을 수행할 수 있는지를 보여주는 데모를 포함하고 있다.

셋업 도우미로 MoveIt! 패키지 생성

MoveIt!은 새로운 로봇 팔을 붙이기 위한 사용자 편의 그래픽 인터페이스를 제공한다. 셋업 도우미는 사용자가 준 정보를 기반으로 모든 구성 파일들과 론치 스크립트를 생성하는 것을 처리한다. 일반적으로 MoveIt!이 여러 개의 데모 론치 스크립트도 생성하기 때문에 MoveIt!을 이용하여 시작하는 것이 가장 쉬운 방법이다. 이 론치 스크립트는 실제 팔이나 시뮬레이션없이 제 위치에서 시스템을 실행하는 데 사용할 수 있다.

셋업 도우미를 론치하기 위해, 터미널에서 다음 명령을 실행할 필요가 있다.

```
$ roslaunch moveit_setup_assistant setup_assistant.launch
```

MoveIt! 셋업 도우미의 초기 화면

명령이 실행되었다면, 위의 그림과 비슷한 창이 나타날 것이다. 이러한 특별한 경우에 우리의 목표는 새로운 구성을 생성하는 것이므로 해당 버튼을 찾는다. 버튼이 눌러지면 도우미는 로봇 팔의 URDF나 COLLADA 모델을 요청할 것인데, 우리의 로봇 팔은 저장소 패키지 안의 `rosbook_arm_description/robots/rosbook_arm_base.urdf.xacro`에서 찾을 수 있다.

제공된 로봇 설명서는 **XML Macros(Xacro)** 형식으로 되어 있어 복잡한 URDF 파일을 보다 쉽게 생성할 수 있다는 것에 주의하자. 로봇 설명서가 로드되었다면 독자는 필요한 정보를 추가하며 각 탭 사이를 이동하면 된다. 아래의 그림에서 보인 첫 번째 탭은 자기충돌 행렬을 만드는 데 사용된다.

사용자들의 편의를 위해 이 프로세스는 간단히 샘플링 밀도를 정하고(또는 기본 값을 사용하고) **Regenerate Default Collision Matrix** 버튼을 클릭하면 자동으로 수행된다. 충돌행렬은 모션 플래너의 성능을 향상시키기 위해 언제, 어떻게 링크가 충돌하는지에 관한 정보를 포함한다. 아래의 그림은 이를 상세하게 보여준다.

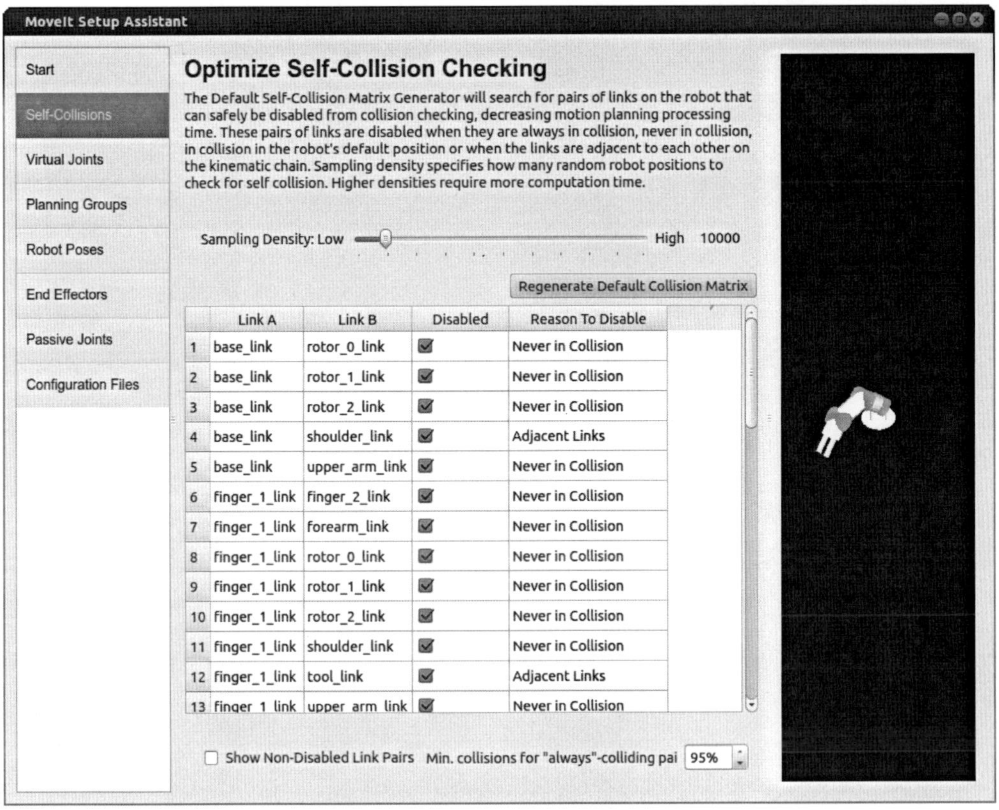

MoveIt! 셋업 도우미의 자기충돌 탭

아래 그림에 보이는 두 번째 탭은 로봇에 가상 관절을 부여하는데 사용된다. 가상 관절은 공간에서 로봇 팔을 붙이는 데 사용하는데 로봇의 자세가 그에 따라 달라진다. 그러나 우리의 경우 팔의 베이스가 움직이지 않기 때문에 가상 관절이 필요하지는 않다. 반면에 매니퓰레이터가 한 장소에 고정되어 있지 않을 때 가상 관절이 필요하다. 예를 들어, 팔이 모바일 플랫폼의 꼭대기에 있다면 base_link(베이스 프레임)가 odom 프레임과 관련하여 움직이기 때문에 오도메트리에 대한 가상 관절이 필요하다.

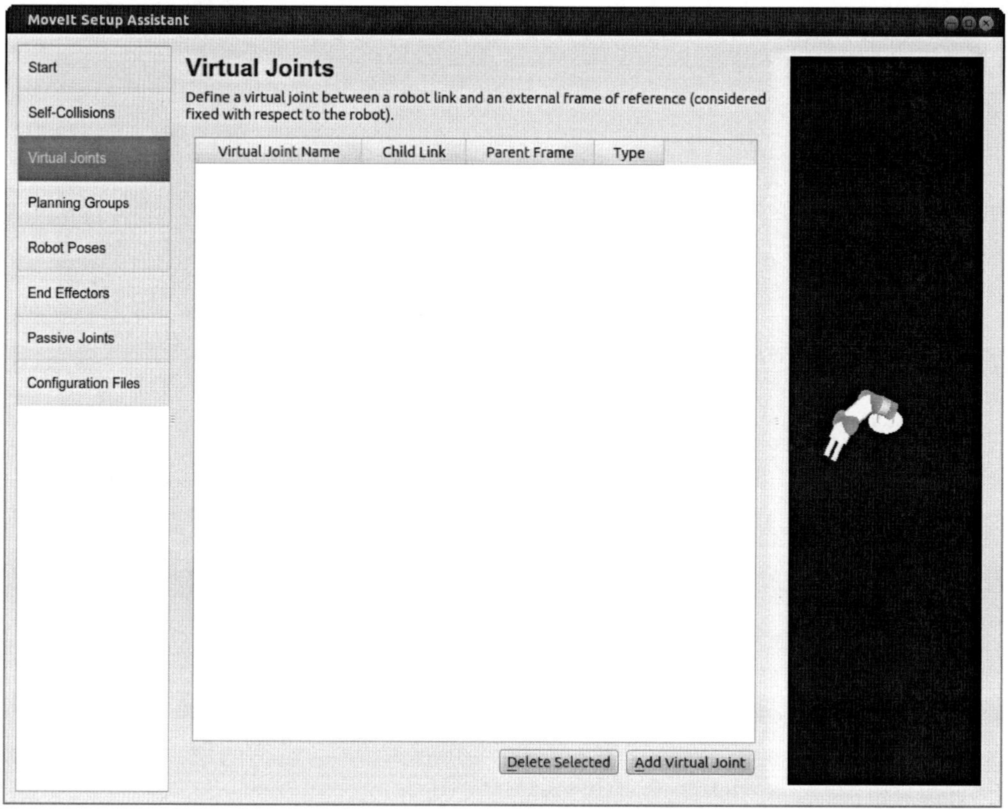

MoveIt! 셋업 도우미의 가상 관절 탭

다음 그림에 보인 세 번째 탭에서 우리는 로봇 팔의 플래닝 그룹을 정의할 필요가 있다. 플래닝 그룹은 그 이름과 같이 특정 링크나 말단부로 주어진 목표를 성취하기 위해 함께 계획할 필요가 있는 관절의 세트이다. 이런 특별한 경우, 우리는 두 개의 플래닝 그룹을 정의할 필요가 있는데, 하나는 팔 자신이고 다른 하나는 그립퍼이다. 이 계획은 이후에 팔 배치(positioning)와 그립퍼 액션으로 분리되어 수행된다.

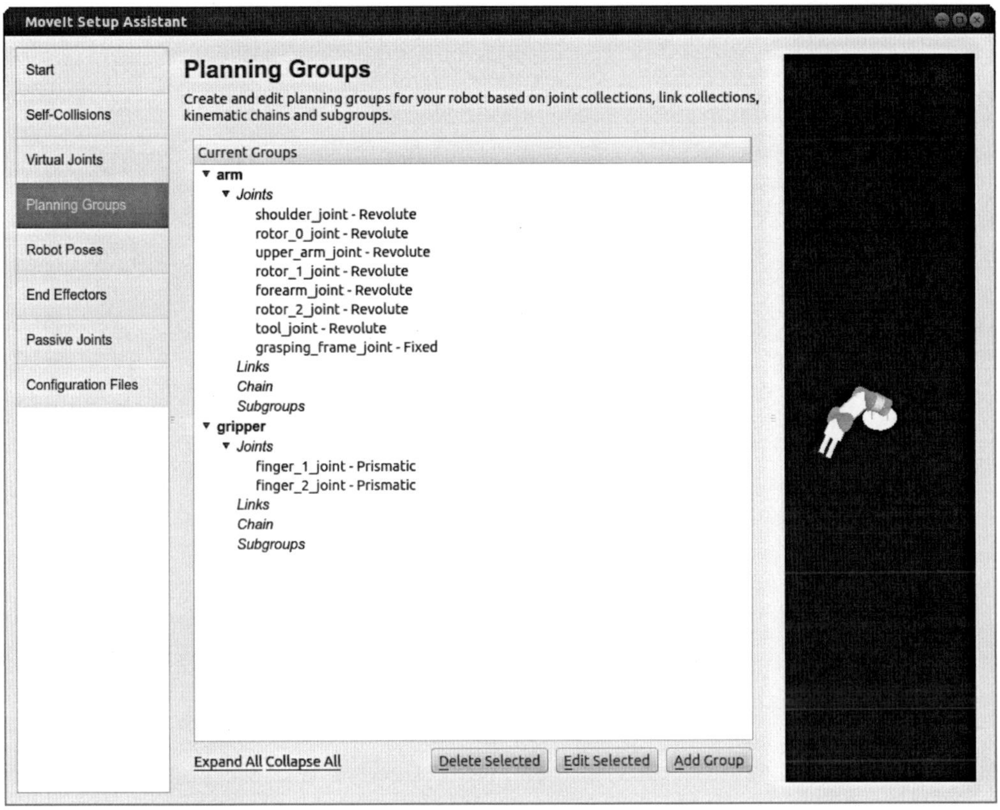

MoveIt! 셋업 도우미의 플래닝 그룹 탭

다음 그림과 같이 네 번째 탭은 이후에 자세들을 참조하기 위해, 알려진 로봇 자세들을 우리가 정의할 수 있게 하는데, 이러한 미리 정의된 자세들은 그룹 상태(group state)들로 참조된다. 우리가 볼 수 있듯이, 두 개의 다른 자세들을 만들었는데, 팔의 저장된 위치에 해당되는 홈 위치와 씬에 있는 물체를 로봇이 손으로 잡는 것을 가능하게 하는 잡기(grasping) 위치이다. 알려진 자세를 정하는 것은 실제 상황에서 여러 가지 장점이 있는데, 그 예로서 계획이 이루어지는 초기 위치, 팔을 컨테이너에 안전하게 보관할 수 있는 위치, 또는 시간이 지남에 따라 위치 정확도를 비교할 수 있는 알려진 위치 집합을 갖는 것이 일반적이다.

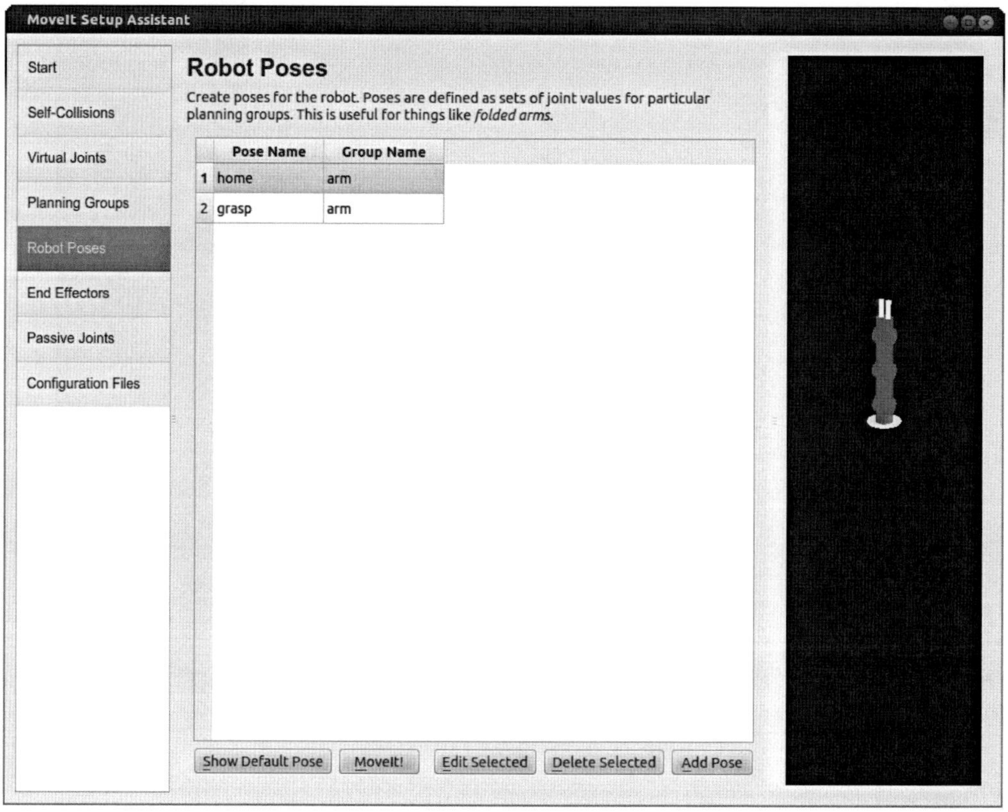

MoveIt! 셋업 도우미의 로봇 자세 탭

로봇 팔의 말단부를 정의하는 데 사용되는 다섯 번째 탭은 다음 그림과 같다. 이전에 논의했듯이 로봇 팔은 대개 말단부를 가지고 있는데 주로 그립퍼나 다른 툴로 작업을 수행하는 데 사용된다. 이 경우 말단부는 그립퍼이며 우리가 씬에서 물체를 잡을 수 있게 한다. 이 탭에서 그립퍼의 말단부에 이름과 플래닝 그룹, 그리고 말단부를 포함하는 부모 링크를 할당함으로써 그립퍼를 정의할 필요가 있다.

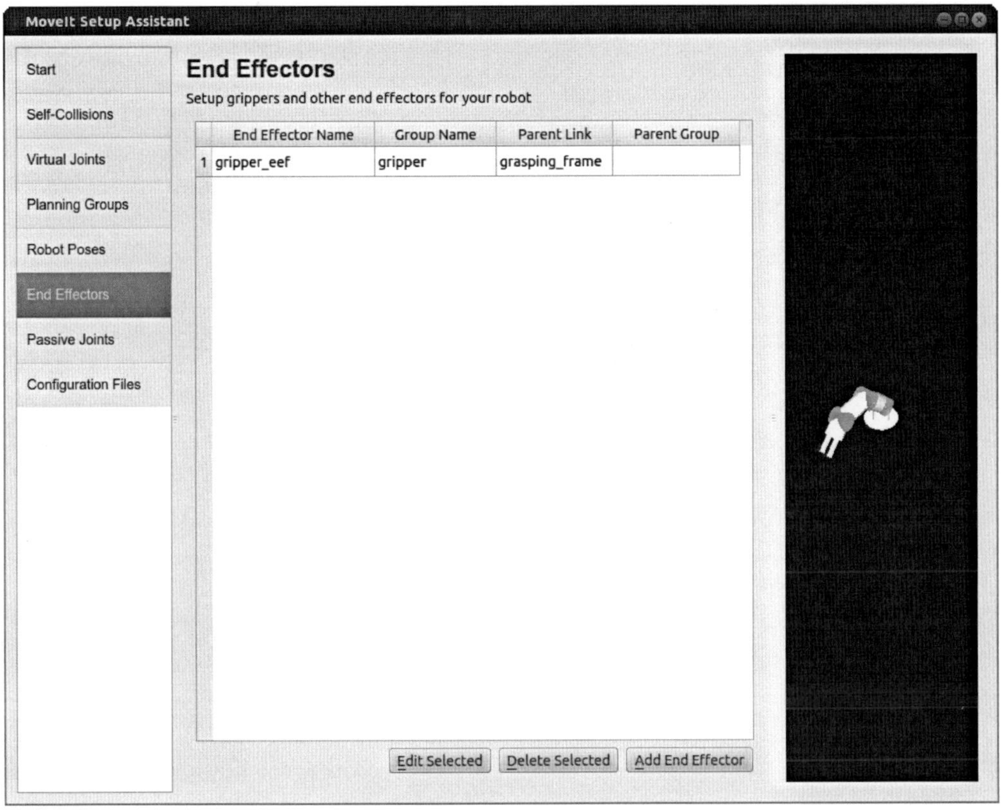

MoveIt! 셋업 도우미의 말단부 탭

다음의 그림에서 여섯 번째 탭은 선택적인 구성 단계인데, 비활성화되어야 할 관절을 정의할 수 있다. 이 관절들의 중요한 특징은 MoveIt!이 이러한 관절들을 위해 계획을 생성할 필요가 없고, 우리의 모듈들이 그들에 관해 정보를 발행할 필요가 없다는 것이다. 로봇에 있는 수동 관절의 한 예가 캐스터(caster)일 것이다. 그러나 이 경우 로봇의 모든 수동 관절이 고정 관절로 정의되어 있어서 결국 동일한 모션 계획 효과를 얻을 수 있으므로 이 단계를 건너뛸 것이다.

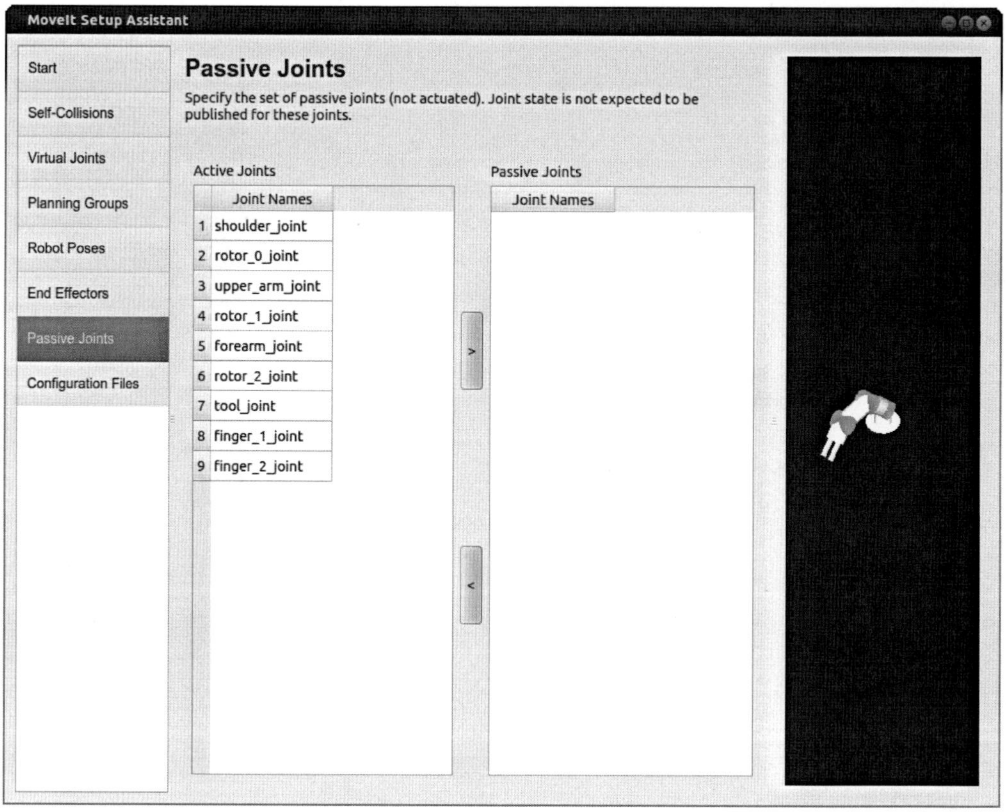

MoveIt! 셋업 도우미의 수동 관절 탭

다음의 그림에서 셋업 도우미의 마지막 단계는 구성 파일을 생성하는 것이다. 이 단계에서 유일하게 필요한 것은 설정 패키지의 경로를 제공하는 것인데, MoveIt!에 의해 생성되며 MoveIt!으로 로봇 팔을 적절하게 제어하기 시작하는 데 필요한 대부분의 론치와 구성 파일들을 포함할 것이다.

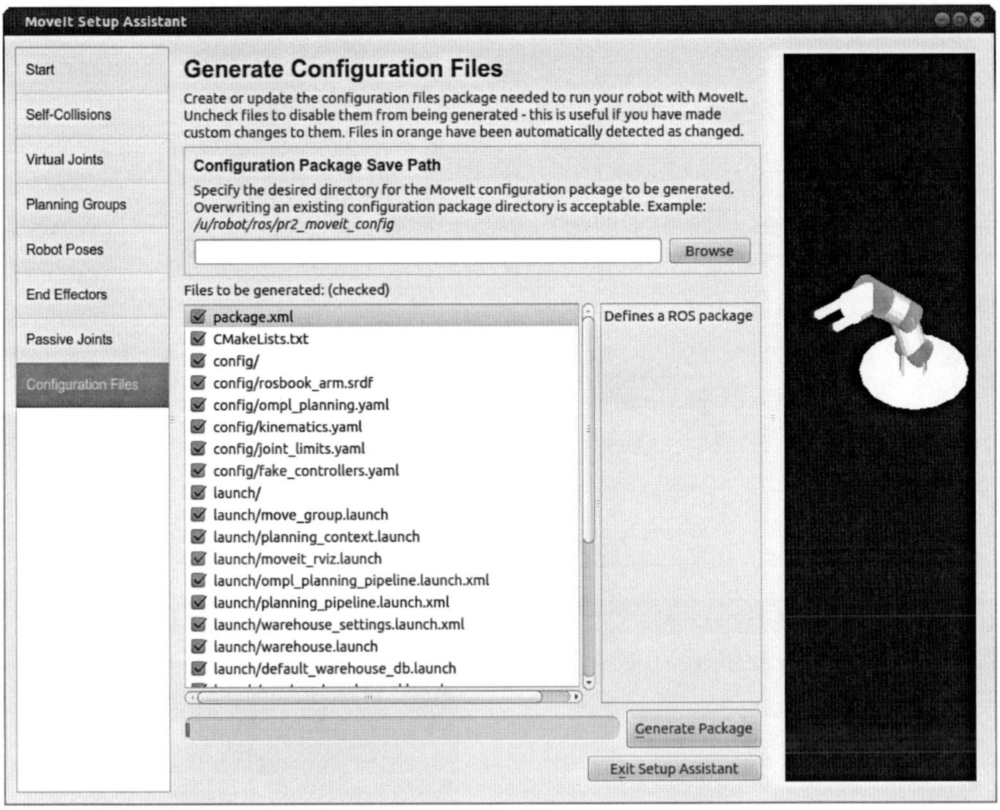

MoveIt! 셋업 도우미의 구성 파일 생성 탭

셋업 도우미에 의해 생성되는 구성이 저장소에 이미 제공되어 있고 여러분이 그 과정을 끝까지 해보는 것을 추천하지만, 그 결과는 제공된 패키지를 위해 폐기될 수 있다는 사실을 고려하는 것이 중요하다. 이는 저장소의 나머지 론치 스크립트 및 구성 파일에서 이미 참조하고 있다.

RViz에 통합하기

MoveIt!은 매우 유용하고 완전한 RViz 플러그인을 제공하는데, 사용자는 RViz 플러그인으로 다른 목표를 계획하기, 씬에 물체를 넣고 빼기 등의 다양한 작업들을 할 수 있다. 셋업 도우미는 일반적으로 여러 개의 론치 파일을 생성하는데, 이 중에는 MoveIt!뿐만 아니라 가짜(fake) 제어기, RViz 및 플러그인을 론칭하는 것을 관리하는 `demo`라고 불리는 것도 있다. 시연을 시작하기 위해 아래의 명령을 실행하자.

```
$ roslaunch rosbook_arm_moveit_config demo.launch
```

RViz가 시작되면 로봇 팔의 시각화와 함께 모션 계획 패널이 나타난다. 우리가 고려할 필요가 있는 중요한 탭은 **Planning** 탭과 **Scene objects** 탭이다. **Planning** 탭에서 사용자는 다른 목표 위치를 정하고, 그것을 시행하며, 공통적인 계획 옵션을 정할 수 있다. 후자에서는 계획 씬에서 물체들을 넣고 뺄 수 있다.

다음 그림은 흰색과 오렌지색의 두 가지 로봇 팔을 시각화하는 **Planning** 탭을 보여준다. 흰색 로봇은 팔의 현재 상태를 보여주고, 오렌지색 로봇은 사용자가 정의한 목표 위치를 나타낸다. 이러한 특별한 경우에 목표 위치는 **Query** 패널에 있는 툴을 이용해서 생성되었다. 사용자가 목표 상태에 만족했다면, 다음 단계는 팔을 어떻게 움직일지를 시각화하거나, 팔의 움직임을 시각화할 뿐만 아니라 팔 자체를 움직이기 위해 팔을 실행할 계획을 세우는 것이다.

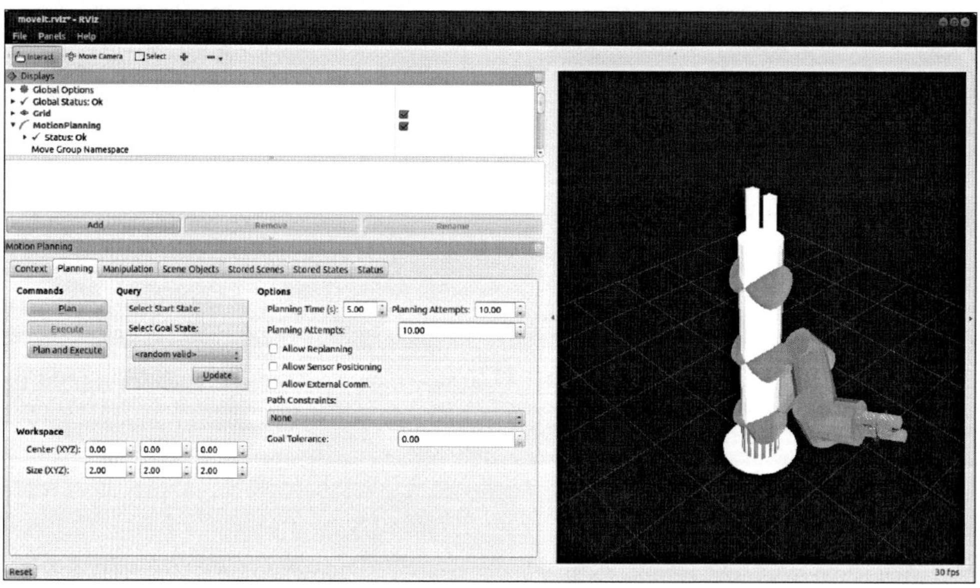

RViz 플러그인의 계획 탭과 목표 위치의 시각화

계획 시간이나 계획 수립과 같은 다른 옵션은 복잡한 목표를 설명하기 위해 조정될 수 있지만 데모의 대부분의 경우 이러한 매개 변수를 변경하지 않아도 된다. 다른 중요한 파라미터는 목표 공차(goal tolerance)인데, 목표 공차는 로봇 팔이 목표를 달성한 것으로 간주하기 위해 로봇 팔이 필요로 하는 목표 위치에 얼마나 가깝게 위치하는지를 정의한다.

랜덤한 목표를 계획하는 것은 다소 흥미롭겠지만, RViz 플러그인은 다른 레벨의 계획을 제공한다. 다음 그림과 같이, 로봇 팔 시각화 시 말단부에 마커가 있다. 이 마커는 우리가 팔의 말단부를 배치하고 각 축을 중심으로 회전시키는 것을 가능하게 한다. 여러분은 이제 이 마커를 사용하여 팔을 보다 흥미로운 구성으로 배치할 수 있다.

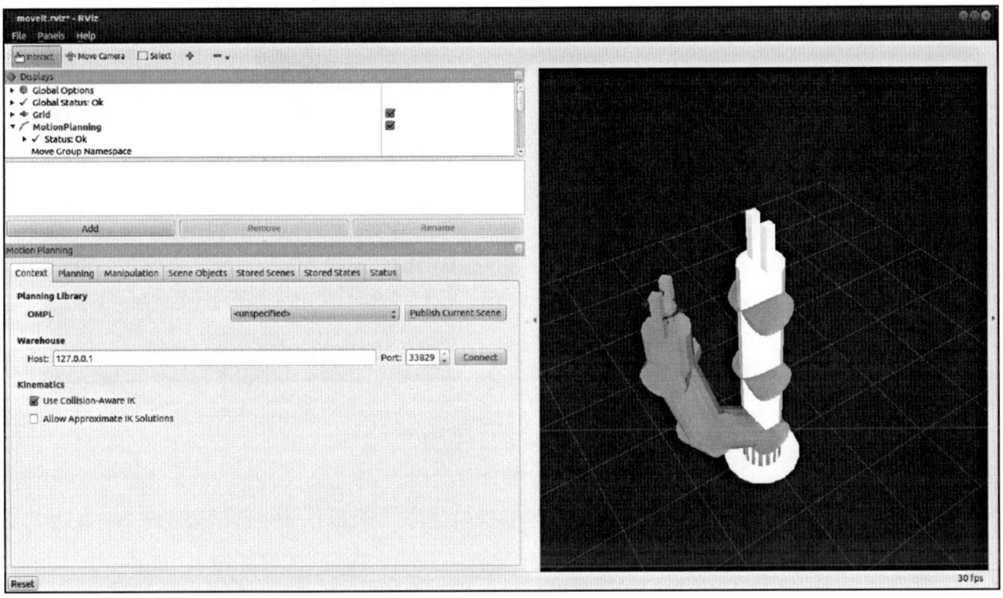

RViz 플러그인에서 마커를 이용하여 목표 위치를 정하기

대부분의 경우 마커를 배치하여 계획을 세우면 움직이지 않으며 로봇 팔이 같은 위치에 표시되지만 마커와 말단부는 다른 위치에 있을 수 있다. 이 동작의 예는 다음 그림에서 볼 수 있으며 대개 원하는 위치가 범위를 벗어났을 때(자유도가 충분하지 않거나 너무 많은 제약이 있는 경우 등) 발생한다.

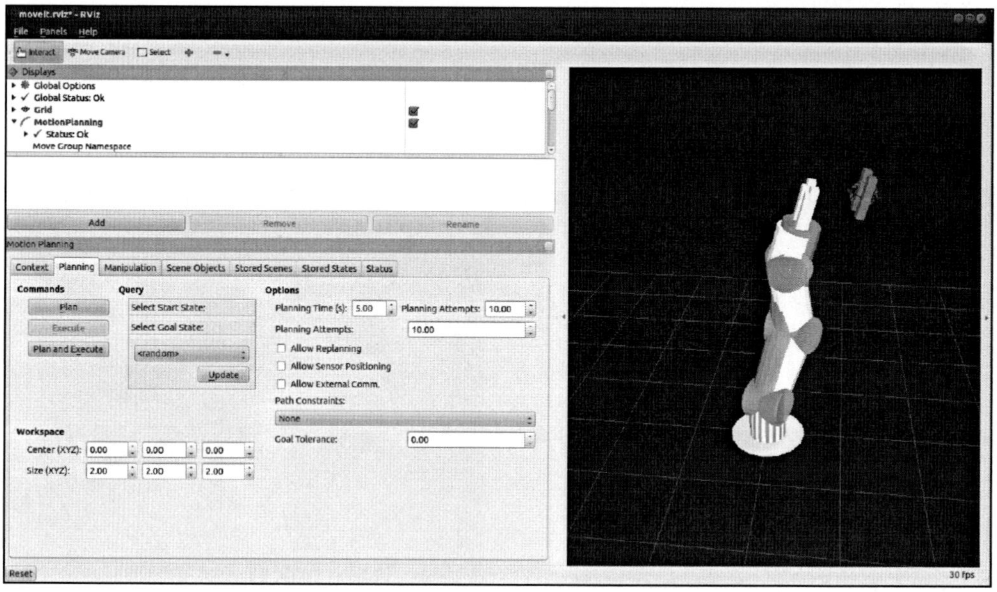

RViz 플러그인에서 바깥으로 벗어 난 마커

유사하게, 팔이 씬에 있는 구성요소나 팔 자신과 충돌하는 상태에 위치해 있을 때, 팔은 충돌 구역을 붉은 색으로 보여줄 것이다. 마지막으로, 다음 그림은 MoveIt! 플러그인 시각화가 제공하는 다양한 옵션들을 보여준다.

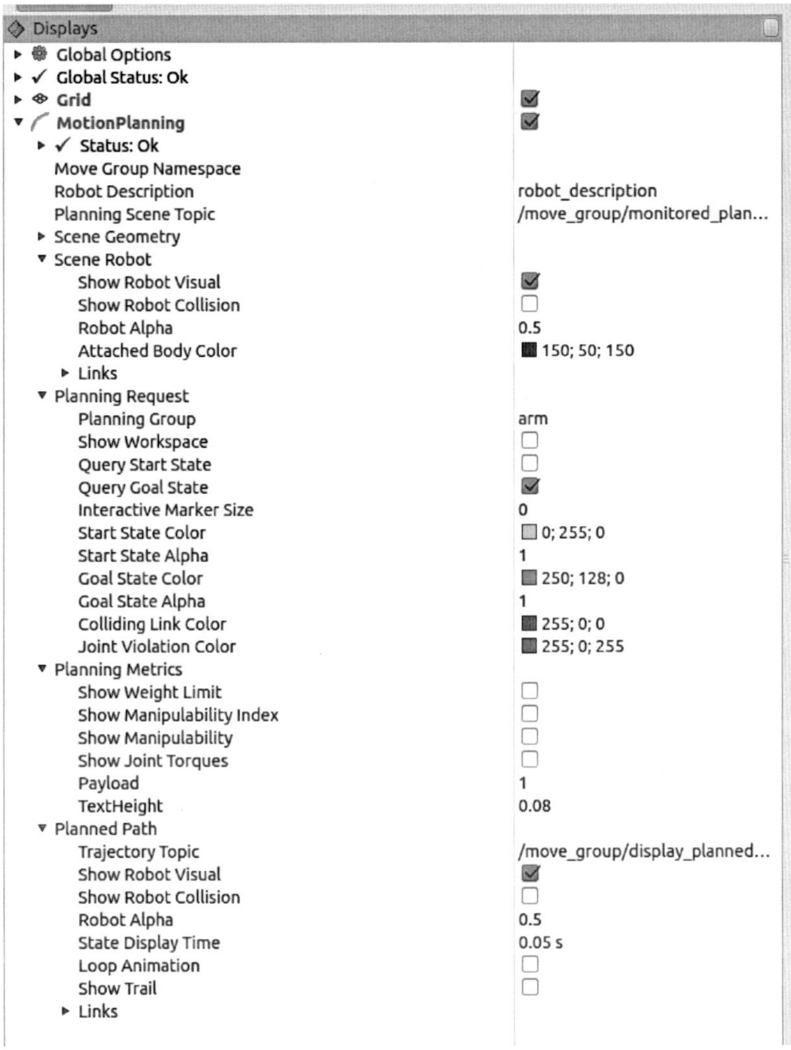

RViz 플러그인에서 모션 계획 플러그인의 옵션들

이름이 제시하듯이, 이런 모든 옵션들은 더 많은 정보를 추가하는 것뿐만 아니라 시각화를 변경하는 방법을 제공하기 위해 만들어졌다. 사용자가 수정하기를 원할지도 모르는 다른 흥미 있는 옵션은 **Trajectory Topic**인데, 이름처럼 시각화 궤적이 발행되는 토픽이다. 그리고 **Query Start State**는 팔이 어떤 계획을 실행하려는 순간의 상태를 보여줄 것이다. 대부분의 경우 시작 상태는 팔의 현재 상태이지만, 시각화 큐를 사용하면 우리 알고리즘에서 문제를 발견하는 데 도움이 될 수 있다.

Gazebo 또는 실제 로봇 팔에 통합하기

MoveIt!을 Gazebo에 통합하는 것은 상대적으로 직접적인 프로세스이며, 두 개의 다른 단계로 구분할 수 있다. 첫 번째는 RGB-D 센서와 같이 MoveIt!이 필요로 하는 모든 센서를 제공할 필요가 있는데, 모션 계획이 환경을 고려할 수 있도록 하기 위함이다. 두 번째는 현재 관절 상태와 함께 제어기를 정기적으로 제공해야 한다.

Gazebo에서 센서를 만들면 필요한 데이터를 간단히 생성하여 정상 센서처럼 시스템과 상호작용한다. 그러면 이 데이터는 실제 센서에서 생성된 데이터가 계획 씬에서 충돌 인공물을 생성하는 것과 똑같은 방식으로 MoveIt!에서 사용된다. MoveIt!이 이러한 센서를 인식하게 만드는 과정은 이 장의 뒷부분에서 설명된다.

매니퓰레이터(팔과 그립퍼)의 정의에 관해 ROS의 다른 로봇처럼 Xacro 파일을 이용하여 URDF 서술이 제공된다. MoveIt!을 사용하는 경우 우리는 매니퓰레이터 관절을 위한 제어기를 `JointTrajectoryController`로 구성할 필요가 있는데, 모션 계획은 이런 타입의 제어기 메시지를 출력으로 제공하기 때문이다. 이 장에서 사용된 매니퓰레이터의 경우 이러한 타입으로 두 개의 제어기가 필요한데, 하나는 팔을 위한 것이고, 다른 하나는 그립퍼를 위한 것이다. 제어기는 `rosbook_arm_controller_configuration`과 `rosbook_arm_controller_configuration_gazebo` 패키지에 `launch`와 `config` YAML 파일로 각각 구성되어 있다.

제어기의 타입은 ROS 제어에서 제공한다. 결과적으로, 우리는 Gazebo 또는 실제 하드웨어에서 실질적으로 움직이기 위해 우리 팔의 `RobotHardware` 인터페이스가 필요하다. Gazebo와 실제 팔에 대해 구현하는 것은 다르며 여기에서 우리는 전자만을 제공한다. `rosbook_arm_hardware_gazebo` 패키지는 이 장에서 사용되는 매니퓰레이터를 위해 C++로 구현한 `RobotHardware`를 가지고 있다. 이것은 인터페이스를 구현함으로써 이뤄졌으므로 우리는 인터페이스를 상속받은 새로운 클래스를 생성한다. 그 다음에 원하는 목표 위치(위치 제어를 이용해서)와 속도를 작성하고 실제 값을 읽음으로써 관절들은 적절히 다뤄진다. 우리는 단순화를 위해 이것을 구현하는 것에 대해 자세히 설명하지는 않을 것이다. MoveIt!을 이해하는데 그다지 필요하지는 않기 때문이다. 그러나 매니퓰레이터의 수가 크게 변경된 경우, 로봇 설명서에서 자동으로 관절 수를 감지할 수 있을 만큼 범용적이라 하더라도 구현을 변경해야 한다.

간단한 모션 계획

RViz 플러그인은 MoveIt!과 상호작용하는 매우 흥미 있는 메커니즘을 제공한다. 그러나 자동화가 부족하여 그것은 매우 제한적이거나 번거롭기까지 하다. MoveIt!에 포함되어 있는 능력을 최대한 이용하기 위해 다양한 API들이 개발되었는데, 이를 통해 우리는 모션 계획, 로봇의 모델에 접근하기, 씬 계획 등 다양한 범위의 연산을 수행할 수 있다.

다음 절에서 우리는 다른 종류의 간단한 모션 계획을 수행하는 방법에 대한 약간의 예제를 다룰 것이다. 먼저 단일 목표를 계획하는 것으로 시작하고, 랜덤한 목표를 계획하는 것을 계속하며, 미리 정의된 그룹 상태를 계획하는 것을 진행하며, 마지막으로 우리의 코드 조각와 RViz의 상호작용을 향상시키는 방법을 설명한다.

설명을 간단히 하기 위해, 필요한 모든 것을 론칭하게 하는 한 세트의 론치 파일이 제공된다. 가장 중요한 세트는 다음과 같이 Gazebo와 MoveIt!, 그리고 팔 제어기를 시작하는 것을 관리한다.

```
$ roslaunch rosbook_arm_gazebo rosbook_arm_empty_world.launch
```

다른 중요한 론치 파일은 셋업 도우미가 제공하는데, 이 파일은 RViz와 모션 계획 플러그인을 시작한다. 이 특별한 파일은 선택적이긴 하지만, RViz가 이 절에서 계속 사용되기 때문에 가지고 있으면 유용하다.

```
$ roslaunch rosbook_arm_moveit_config moveit_rviz.launch
config:=true
```

RViz 플러그인은 다수의 코드 조각들도 제공하는데, 이 절에서 설명된 모든 것을 다룬다. 코드 조각들은 `rosbook_arm_snippets` 패키지에서 찾을 수 있다. 코드 조각 패키지들은 코드 이외에는 아무 것도 없고, 일반적인 `roslaunch` 대신 `rosrun`을 호출하여 론칭한다.

이 절의 모든 코드 조각들은 전형적인 ROS 초기화로부터 출발해서 똑같은 패턴을 따르는데, 여기서는 다루지 않는다. 초기화 후에 모션 계획이 수행되는 계획 그룹을 정의할 필요가 있다. 우리의 경우, 팔과 그립퍼 두 개 만의 계획 그룹을 가지고 있다. 그러나 이 경우 우리는 팔에 대해서만 관심을 가진다. 이것은 계획 그룹 인터페이스를 인스턴스로 만들 것인데, MoveIt!과의 상호작용을 다룰 것이다.

```
moveit::planning_interface::MoveGroup plan_group("arm");
```

계획 그룹 인터페이스를 인스턴스화한 후에는 일반적으로 이 절에서 다루는 각 유형의 목표에 대해 특정 목표를 결정할 수 있는 코드가 있다. 이들은 목표가 결정된 후에 실행되기 위해 MoveIt!으로 전달 될 필요가 있다. 아래의 코드 조각는 계획을 생성하고, 계획 그룹 인터페이스를 사용하여 MoveIt!이 모션 계획을 수행하도록 요청하고, 성공적이면 모션 계획을 실행한다.

```
moveit::planning_interface::MoveGroup::Plan goal_plan;
if (plan_group.plan(goal_plan))
{
...
  plan_group.move();
}
```

단일 목표 계획하기

단일 목표를 계획하기 위해 우리는 글자 그대로 목표 자체를 MoveIt!에 제공하기만 하면 된다. 하나의 목표는 `geometry_msgs` 패키지의 `Pose` 메시지로 표현된다. 우리는 방향과 포즈 양쪽을 규정할 필요가 있다. 이 특정 예에서는 수동 계획을 수행하고 팔의 상태를 확인하여 이 목표를 달성했다. 실제 상황에서 목표는 로봇 팔의 목적에 따라 다음과 같이 정해질 것이다.

```
geometry_msgs::Pose goal;
goal.orientation.x = -0.000764819;
goal.orientation.y = 0.0366097;
goal.orientation.z = 0.00918912;
goal.orientation.w = 0.999287;
goal.position.x = 0.775884;
goal.position.y = 0.43172;
goal.position.z = 2.71809;
```

이러한 특정 목표를 위해 우리는 공차도 정할 수 있다. 우리의 PID는 매우 정확하지는 않기 때문에 Moveit!은 목표가 달성되지 않았다고 믿을 수 있다. 목표 공차를 바꾸면 시스템이 오차 마진이 더 큰 경유점을 얻게 되어 제어기 부정확성의 이유가 된다.

```
plan_group.setGoalTolerance(0.2);
```

마지막으로 계획 그룹의 목표 포즈를 정할 필요가 있는데, 이 절의 초반에 보였던 코드 조각에 의해 계획되고 실행된다.

```
plan_group.setPoseTarget(goal);
```

우리는 이 코드 조각를 아래의 명령으로 실행할 수 있는데, 팔은 아무런 문제 없이 스스로 위치해야 한다.

```
$ rosrun rosbook_arm_snippets move_group_plan_single_target
```

랜덤한 목표 계획하기

랜덤한 목표를 계획하는 것은 두 단계로서 효율적으로 수행될 수 있다. 먼저, 우리는 랜덤한 목표 자체를 생성하고 그 후에 그 유효성을 확인할 필요가 있다. 유효성이 확인되면 평소와 같이 목표를 요청하여 진행할 수 있다. 그렇지 않으면, 우리는 (유효한 랜덤 목표를 찾을 때까지 재시도할 수 있지만) 이를 취소할 것이다. 목표의 유효성을 검사하기 위해, MoveIt!에서 이러한 특정 목적으로 제공하는 서비스에 대한 서비스 요청을 수행할 필요가 있다. 늘 그렇듯이, 서비스 요청을 수행하기 위해서는 서비스 클라이언트가 필요하다.

```
ros::ServiceClient validity_srv = nh.serviceClient
<moveit_msgs::GetStateValidity> ("/check_state_ validity");
```

서비스 클라이언트가 설정되고 나면, 랜덤 목표를 생성할 필요가 있다. 이를 위해 랜덤한 위치를 포함하는 로봇 상태 객체를 생성할 필요가 있지만, 프로세스를 단순화하기 위해 현재의 로봇 상태 객체를 얻는 것부터 시작한다.

```
robot_state::RobotState current_state =
*plan_group.getCurrentState();
```

그러면 현재 로봇의 상태 객체를 랜덤한 위치로 정할 것이다. 그러나 이를 위해 우리는 이 로봇 상태를 위한 관절 모델 그룹을 제공할 필요가 있다. 관절 모델 그룹은 이미 생성된 로봇 상태 객체를 다음과 같이 이용하여 얻을 수 있다.

```
current_state.setToRandomPositions(current_state.getJointModel
Group ("arm"));
```

현시점에 우리에게는 검증하기를 원하는 랜덤한 로봇 상태 객체와 함께 사용 대기 중인 서비스 클라이언트가 있다. 따라서 이제 한 쌍의 메시지를 생성할 것인데, 하나는 요청을 위한 것이고 다른 하나는 응답을 위한 것이다. 다음과 같이 API 변환 함수 중 하나를 사용하여 임의의 로봇 상태로 요청 메시지를 채우고 서비스 호출을 요청하자.

```
moveit_msgs::GetStateValidity::Request validity_request;
moveit_msgs::GetStateValidity::Response validity_response;

robot_state::robotStateToRobotStateMsg(current_state,
validity_request.robot_state);
validity_request.group_name = "arm";

validity_srv.call(validity_request, validity_response);
```

서비스 요청이 끝나고 나면, 응답 메시지를 확인할 수 있다. 만약 상태가 무효처럼 보이면 그 모듈을 실행하는 것을 그냥 멈출 것이고, 그렇지 않으면 계속할 것이다. 이전에 설명한 것처럼, 여기에서 우리는 유효한 랜덤 상태를 얻을 때까지 재시도할 수 있으며, 이는 독자에게 쉬운 연습일 수 있다.

```
if (!validity_response.valid)
{
  ROS_INFO("Random state is not valid");
  ros::shutdown();
  return 1;
}
```

마지막으로, 생성한 로봇의 상태를 계획 그룹 인터페이스를 이용하여 목적으로 정할 것이다. 이는 이전과 같이 MoveIt!으로 계획되고 실행될 것이다.

```
plan_group.setJointValueTarget(current_state);
```

우리는 이 코드 조각을 다음의 명령으로 실행할 수 있으며, 그 결과로서 팔이 랜덤한 구성으로 재배치 되어야 한다.

```
$ rosrun rosbook_arm_snippets move_group_plan_random_target
```

미리 정의된 그룹 상태 계획하기

구성 단계에서 언급했듯이 로봇 암을 처음 통합할 때 MoveIt!은 미리 정의된 그룹 상태의 개념을 제공한다. 그리고 이 상태는 나중에 로봇을 미리 정의된 자세로 배치하는 데 사용할 수 있다. 미리 정의된 그룹 상태에 접근하려면 로봇 상태 객체를 목표로 생성해야 한다. 이를 위한 최선의 방법은 계획 그룹 인터페이스로부터 로봇 팔의 현재 상태를 얻어서 시작하는 것이다.

```
robot_state::RobotState current_state =
*plan_group.getCurrentState();
```

현재 상태를 얻은 후에는 수정이 필요한 모델 그룹과 미리 정의된 그룹 상태의 이름을 취하는 다음 호출을 사용하여 미리 정의된 그룹 상태로 설정하여 수정할 수 있다.

```
current_state.setToDefaultValues(current_state.getJointModelGro
up("arm"), "home");
```

마지막으로 우리는 로봇 팔의 새로운 로봇 상태를 새로운 목적으로 사용하고 MoveIt!이 평소처럼 계획과 실행을 관리할 것이다.

```
plan_group.setJointValueTarget(current_state);
```

다음의 명령으로 코드 조각를 실행하면 팔이 미리 정의된 그룹 상태를 얻기 위해 재위치하는 결과를 얻을 것이다.

```
$ rosrun rosbook_arm_snippets move_group_plan_group_state
```

목표 모션 보여주기

MoveIt!은 시각화 정보를 송수신하는 데 사용될 수 있는 메시지 세트를 제공하는데, 계획된 경로와 함께 어떻게 팔이 움직여서 목적을 성취하는지를 잘 보여주기 위해 본질적으로 이를 제공한다. 평소처럼 광고할 필요가 있는 토픽을 통해 통신이 이뤄진다.

```
ros::Publisher display_pub =
nh.advertise<moveit_msgs::DisplayTrajectory>("/move_group/displ
ay_planned_path", 1, true);
```

우리가 발행할 필요가 있는 메시지는 궤적의 시작 상태와 궤적 자체를 필요로 한다. 이와 같은 정보를 얻기 위해, 계획 그룹 인터페이스를 먼저 이용하고, 생성된 계획을 이용하여 메시지를 채우는 것을 진행할 수 있다.

```
moveit_msgs::DisplayTrajectory display_msg;
display_msg.trajectory_start = goal_plan.start_state_;
display_msg.trajectory.push_back(goal_plan.trajectory_);
display_pub.publish(display_msg);
```

메시지가 채워지고 나서 올바른 토픽에 게시하면 RViz 시각화에서 팔이 수행하려고 하는 궤도가 표시된다. 계획 호출을 수행할 때 동일한 타입의 시각화도 표시되므로 궤도가 두 번 표시되어도 혼동하지 않아야 한다.

충돌이 있을 때의 모션 계획

독자가 MoveIt!이 상자 바깥에서의 충돌을 고려한 모션 계획을 제공한다는 것을 알면 흥미로울 것이다. 그래서 이 절에서는 로봇 팔과 잠재적으로 충돌할 수 있는 요소를 계획 씬에 추가하는 방법을 설명한다. 먼저, 기본적인 물체들을 계획 씬에 넣는 방법을 설명하는 것부터 시작해 보자. 이는 실제 물체가 우리의 씬에 존재하지 않더라도 계획을 수행할 수 있기 때문에 매우 흥미로울 것이다. 이 방법의 완성을 위해 우리는 씬에서 이 물체들을 어떻게 제거하는 지에 관한 것도 설명할 것이다. 마지막으로, 어떻게 RGBD 센서 제공을 추가할 수 있는지에 관한 것도 설명할 것이다. 이는 실제(또는 시뮬레이션 된) 물체를 기반으로 한 포인트 클라우드를 만들 것이므로 우리의 모션 계획을 훨씬 재미있고 현실적으로 만들어 준다.

계획 씬에 물체 추가하기

하나의 물체를 추가하는 것을 시작하기 위해, 먼저 계획 씬이 있어야 한다. 이는 MoveIt!이 실행 중일 때에만 가능하므로, 첫 번째 단계는 Gazebo, MoveIt!, 제어기, 그리고 RViz를 시작하는 것이다. 계획 씬은 오직 MoveIt!에만 있으므로 RViz는 그 안에 포함되어 있는 물체만을 시각화할 수 있다. 모든 필요한 모듈들을 시작하기 위해 다음 명령을 실행할 필요가 있다.

```
$ roslaunch rosbook_arm_gazebo rosbook_arm_empty_world.launch
$ roslaunch rosbook_arm_moveit_config moveit_rviz.launch
config:=true
```

코드 조각은 계획 씬 인터페이스 객체를 인스턴스화하면서 시작하는데, 이는 계획 씬에서 동작을 수행하는 데 사용될 수 있다.

```
moveit::planning_interface::PlanningSceneInterface
current_scene;
```

그 다음 단계는 계획 씬 인터페이스를 통하여 보내기를 원하는 충돌 물체 메시지를 생성하는 것이다. 충돌 물체를 위해 첫 번째로 보낼 필요가 있는 것은 이름인데, 이름으로 물체를 유일하게 식별하며 우리가 이 물체에 대한 작업을 끝내고 나면 씬에서 제거하는 동작을 할 수 있게 한다.

```
moveit_msgs::CollisionObject box;

box.id = "rosbook_box";
```

그 다음 단계는 물체 그 자체의 특성을 제공하는 것이다. 이는 고체(solid) 프리미티브 메시지를 통해 이뤄지는데, 우리가 만드는 물체의 종류를 규정하며 물체의 종류에 따라 그 특성을 규정한다. 우리의 경우 본질적으로 3차원인 상자를 간단하게 만들 것이다.

```
shape_msgs::SolidPrimitive primitive;
primitive.type = primitive.BOX;
primitive.dimensions.resize(3);
primitive.dimensions[0] = 0.2;
primitive.dimensions[1] = 0.2;
primitive.dimensions[2] = 0.2;
```

계속해서 계획 씬에서 상자의 자세를 제공할 필요가 있다. 우리는 충돌이 일어날 가능성이 있는 시나리오를 만들기를 원하므로, 상자를 로봇 팔 근처에 둔다. 자세 그 자체는 표준 기하 메시지 패킷으로부터 나오는 자세 메시지에 의해 규정된다.

```
geometry_msgs::Pose pose;
pose.orientation.w = 1.0;
pose.position.x = 0.7;
pose.position.y = -0.5;
pose.position.z = 1.0;
```

그러면 메시지에 프리미티브와 자세를 추가하고 우리가 수행하기 원하는 연산이 계획 씬에 그것을 추가하는 것임을 정해준다.

```
box.primitives.push_back(primitive);
box.primitive_poses.push_back(pose);
box.operation = box.ADD;
```

마지막으로, 충돌 물체 메시지 벡터에 충돌 물체를 추가하고, 계획 씬 인터페이스로부터 addCollisionObjects 메소드를 호출한다. 이는 물체가 현재 계획 장면에서 만들어 지도록 적절한 항목을 통해 필요한 메시지를 보낸다.

```
std::vector<moveit_msgs::CollisionObject> collision_objects;
collision_objects.push_back(box);

current_scene.addCollisionObjects(collision_objects);
```

앞에서 말한 것처럼, 터미널에서 다음의 명령을 실행함으로써 이 코드 조각를 테스트할 수 있다. 물체가 계획 씬에 추가되었으므로, RViz 시각화를 실행하는 것이 중요하다. 그렇지 않으면, 물체를 볼 수 없을 것이다.

```
$ rosrun rosbook_arm_snippets move_group_add_object
```

그 결과는 아래 그림에서 팔의 목표와 현재 위치의 경로 중앙에 놓인 단순한 녹색 사각형 상자로 표현된다.

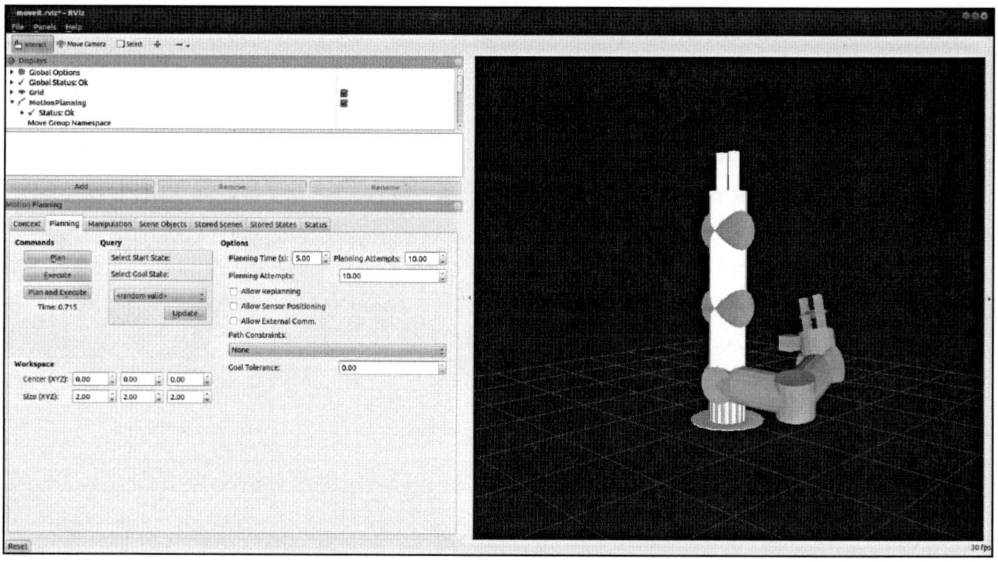

RViz에서 씬 충돌 물체

계획 씬에서 물체 제거하기

계획 씬에 추가된 물체를 지우는 것은 매우 간단한 프로세스이다. 이전 예제와 동일한 초기화 과정을 따라서 우리가 없애고자 하는 물체들의 ID들을 담고 있는 스트링 벡터를 만들고 removeCollisionObjects 함수를 계획 씬 인터페이스로부터 다음과 같이 호출할 필요가 있다.

```
std::vector<std::string> object_ids;
object_ids.push_back("rosbook_box");
current_scene.removeCollisionObjects(object_ids);
```

우리는 이 코드 조각들을 다음 명령을 실행함으로써 테스트할 수 있는데, 계획 씬에서 이전 코드로 생성했던 물체를 삭제할 것이다.

```
$ rosrun rosbook_arm_snippets move_group_remove_object
```

또는 RViz 플러그인의 **Scene objects** 탭을 이용해서 어떤 물체라도 씬에서 제거할 수 있다.

포인트 클라우드로 모션 계획하기

포인트 클라우드로 모션을 계획하는 것은 보기보다 훨씬 간단하다. 고려해야 할 중요한 것은 MoveIt!에게 계획을 수행할 때 이를 고려하라고 알려주는 것뿐만 아니라 포인트 클라우드 피드를 제공하는 것이다. 이 장을 위해 구성한 Gazebo 시뮬레이션은 이미 RGBD 센서를 포함하고 있는데, 우리를 위해 포인트 클라우드를 발행한다. 이 예제를 가지고 시작하기 위해 다음 명령을 론치하자.

```
$ roslaunch rosbook_arm_gazebo rosbook_arm_grasping_world.launch
$ roslaunch rosbook_arm_moveit_config moveit_rviz.launch
config:=true
```

사용자는 현재 Gazebo 시뮬레이션 공간에 여러 개의 물체들이 포함되어 있는 것처럼 보이는 것을 눈치챘을 것이다. 이 물체들은 RGBD 센서에 의해 스캔되었으며, 결과적인 포인트 클라우드는 `/rgbd_camera/depth/points` 토픽에 발행된다. 이 경우 우리가 할 필요가 있는 것은 MoveIt!에게 어디에서 정보를 얻고, 그 정보의 포맷은 어떻게 되는지에 관해 알려주는 것이다. 우리가 수정해야 할 첫 번째 파일은 다음과 같다.

```
rosbook_arm_moveit_conifg/config/sensors_rgbd.yaml
```

이 파일은 RGBD 센서의 정보를 저장하는 데 사용될 것이다. 이 파일에서 우리는 센서 플러그인에게 정해진 일부 다른 파라미터뿐만 아니라 포인트 클라우드를 관리하는 데 필요한 플러그인을 어떤 것으로 사용할지를 MoveIt!에게 알려줘야 한다. 이런 특별한 경우에 사용해야 할 플러그인은 **Octomap Updater**인데, 이는 제공된 포인트 클라우드로 옥토맵을 생성하고, 다운샘플하고, 결과적인 클라우드를 발행할 것이다. 이를 위한 첫 번째 스텝으로 우리는 플러그인을 구성했는데, 포인트 클라우드와 발생 가능한 충돌을 고려하는 동안 MoveIt!에게 충분한 정보를 줄 것이다.

```
sensors:
- sensor_plugin: occupancy_map_monitor/PointCloudOctomapUpdater
  point_cloud_topic: /rgbd_camera/depth/points
  max_range: 10
  padding_offset: 0.01
  padding_scale: 1.0
  point_subsample: 1
```

```
filtered_cloud_topic: output_cloud
```

의심스러울 수도 있겠지만, 파일 그 자체는 그냥 구성 파일이다. 우리가 해야 할 두 번째 단계는 MoveIt!이 새로 추가한 센서를 인식하도록 이 구성 파일을 로드하는 것이다. 이렇게 하기 위해 우리는 아래의 XML 파일을 수정할 필요가 있다.

```
$ rosbook_arm_moveit_config/launch/
rosbook_arm_moveit_sensor_manager.launch.xml
```

이 XML 파일에서 우리는 센서 플러그인에서 사용될 소수의 파라미터(클라우드 해상도와 레퍼런스의 프레임)를 잠재적으로 정해줄 수 있다. 이러한 파라미터 중 일부는 중복되므로 뺄 필요가 있음을 고려하는 것이 중요하다. 마지막으로, 이 구성 파일을 환경 내부로 로드하는 명령어를 다음과 같이 추가할 필요가 있다.

```
<launch>
  <rosparam command="load" file="$(find
  rosbook_arm_moveit_config)/config/sensors_rgbd.yaml" />
</launch>
```

우리가 새로 추가한 변화에 대해 처음에 규정한 명령을 실행한 결과를 다음 스크린 샷에서 볼 수 있다. 이렇게 특별한 경우에, 우리는 Gazebo 시뮬레이션과 RViz 시각화 양쪽을 볼 수 있다. RViz 시뮬레이션은 포인트 클라우드를 포함하고 있고, 약간의 수동 모션 계획을 이미 수행했는데, 어떤 충돌이라도 성공적으로 피하기 위해 포인트 클라우드를 이용하고 있음을 볼 수 있다.

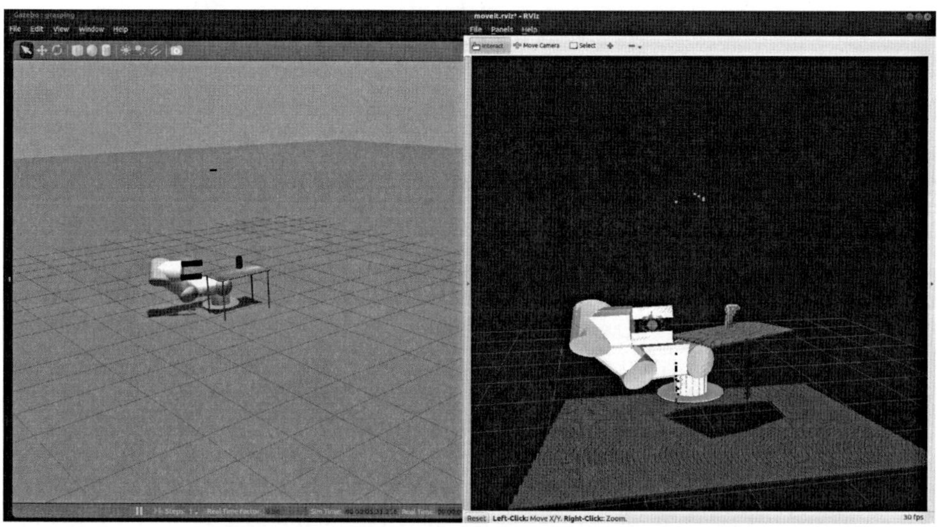

Gazebo 시뮬레이션(좌측)과 RViz의 포인트 클라우드(우측)

집어서 놓기 태스크

이 절에서는 무척 많이 사용되는 애플리케이션이나 태스크를 수행하는 방법을 설명할 것이다. 집어서 놓기(pick and place) 태스크는 목표 물체를 잡는 것을 포함하여 집어 드는 것과 다른 장소에 놓는 것으로 구성된다. 여기에서 물체는 시작할 때 테이블처럼 평평하거나 평면인 지지 표면의 맨 위에 놓여 있다고 가정하지만 좀 더 복잡한 환경으로 일반화하는 것은 어렵지 않다. 우리가 사용할 그립퍼가 단순하므로 잡아야 할 물체에 관하여 상자로 근사화된 실린더를 고려할 것이다. 좀 더 복잡한 물체에 대해서는 더 좋은 그립퍼나 손 같은 것을 사용할 필요가 있다.

이후의 절에서는 먼저 팔 자체와는 별도로 MoveIt!이 필요로 하는 계획 씬을 설정하여 그 곳에 있는 객체를 식별하는 방법을 설명한다. 장애물을 피하기 위해 이 물체들은 모션 계획 중에 이미 고려사항이며 그들 또한 집어 들거나 잡는 대상이 될 수 있다. 문제를 단순화하기 위해 지각 파트는 생략하겠지만, 그것이 어떻게 이뤄지며 통합될 수 있는지를 설명할 것이다. 계획 씬이 정의되고 나면 MoveIt! API를 이용해서 집어서 놓기 작업을 수행하는 방법을 설명할 것이다. 마지막으로, 우리는 실제 로봇(Gazebo에서 시뮬레이션 되거나 또는 실물 로봇)을 필요로 하지 않도록 가짜(fake) 제어기를 이용하여 태스크를 데모 모드에서 실행하는 방법을 설명할 것이다. 또한 로봇 팔이 환경에서 시뮬레이션된 물체들과 상호작용하는 동안 Gazebo에서 시뮬레이션된 팔의 움직임을 어떻게 실제로 볼 수 있는지를 여러분에게 보여 줄 것이다.

계획 씬

우리가 정의해야 할 첫 번째 일은 환경에서 물체들을 정의하는 것인데, 팔이 이 물체들과 충돌하지 않으면서 상호작용하고 어떤 동작 수행 시 참조하기 위해 MoveIt!이 이 정보를 필요로 하기 때문이다. 여기에서 우리는 다음 씬을 고려할 것이다.

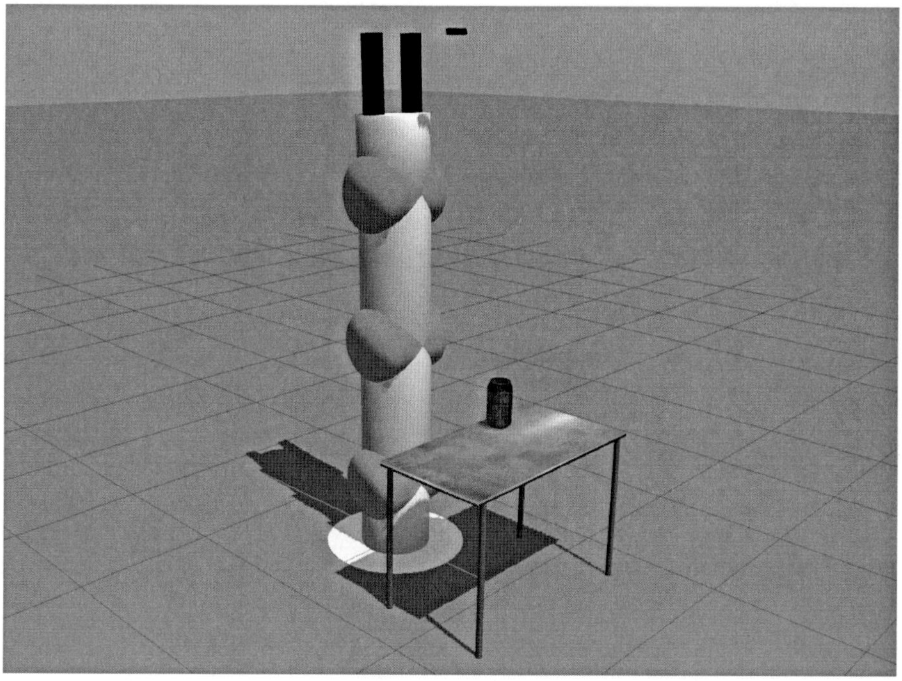

Gazebo에서 매니퓰레이터와 물체가 있는 환경

이 씬에는 로봇 매니퓰레이터로서 그립퍼와 **RGB-D** 센서가 있는 팔이 있다. 그 다음에 테이블과 코카콜라 캔도 하나 있는데, 이는 각각 평평한 지지면과 원통형 물체이다. 여러분은 이 씬을 다음 명령으로 Gazebo에서 실행할 수 있다.

```
$ roslaunch rosbook_arm_gazebo rosbook_arm_grasping_world.launch
```

이 씬은 실제 사용 사례를 모델링한 간단한 예제이다. 그러나 여전히 우리는 MoveIt!에게 계획 씬에 대해 알려줘야 한다. 이 시점에서 MoveIt!은 오직 로봇 매니퓰레이터에 대해서만 알고 있다. MoveIt!에게 테이블과 코카콜라 캔에 대해서도 알려줘야 한다. 이는 RGB-D 센서의 포인트 클라우드를 이용하는 3차원 인식 알고리즘을 이용하거나, 물체들의 자세와 모양을 기본적인 프리미티브를 이용하여 명시적으로 프로그래밍함으로써 가능하다. 우리는 다음의 접근 방법을 따름으로써 계획 씬을 정의할 수 있음을 보게 될 것이다.

집어서 놓기를 수행하는 코드는 `rosbook_arm_pick_and_place` 패키지에 있는 scripts 폴더에 위치한 `pick_and_place.py`라는 파이썬 프로그램이다. 계획 씬을 생성하는 중요한 부분은 `CokeCanPickAndPlace` 클래스에 있는 `__init__` 메소드이다.

```
self._scene = PlanningSceneInterface()
```

다음 절에서 테이블과 코카콜라 캔을 이 계획 씬에 추가할 것이다.

잡아야 할 목표 물체

이 경우 로봇이 잡아야 할 목표 물체는 코카콜라 캔이다. 이것은 상자로 근사화할 수 있는 실린더 형 물체인데, MoveIt! 계획 씬 API의 기본 프리미티브 중 하나이다.

```
# Retrieve params:
self._grasp_object_name = rospy.get_param('~grasp_object_name',
'coke_can')

# Clean the scene:
self._scene.remove_world_object(self._grasp_object_name)

# Add table and Coke can objects to the planning scene:
self._pose_coke_can = self._add_coke_can(self._grasp_object_name)
```

계획 씬에 있는 물체들은 유일한 식별자를 얻는데, 그것은 문자 스트링이다. 이 경우 coke_can은 코카콜라 캔을 위한 식별자이다. 우리는 복제된 물체가 씬에 있는 것을 피하기 위해 그것을 씬으로부터 제거하고 그후 씬에 추가한다. 다음의 `_add_coke_can` 메소드는 자세와 형상 규격을 정의함으로써 물체를 추가한다.

```
def _add_coke_can(self, name):
  p = PoseStamped()
  p.header.frame_id = self._robot.get_planning_frame()
  p.header.stamp = rospy.Time.now()

  p.pose.position.x = 0.75 - 0.01
  p.pose.position.y = 0.25 - 0.01
  p.pose.position.z = 1.00 + (0.3 + 0.03) / 2.0

  q = quaternion_from_euler(0.0, 0.0, 0.0)
  p.pose.orientation = Quaternion(*q)

  self._scene.add_box(name, p, (0.15, 0.15, 0.3))

  return p.pose
```

여기에서 중요한 것은 우리가 이전에 생성했던 계획 씬에 `box` 물체를 추가하는 `add_box` 메소드이다. 이 상자에는 이름과 자세, 규격이 주어져 있는데, 이 경우 규격은 이전에 본 Gazebo 공간에 있는 테이블 및 코카콜라 캔과 일치하도록 설정되었다. 또한 계획하는 프레임의 식별자에

frame_id를, 타임스탬프에 now를 정해준다. 계획 프레임을 사용하기 위해서는 RobotCommander가 필요한데, 이는 매니퓰레이터에 프로그램으로 명령을 보내는 MoveIt! 인터페이스이다.

```
self._robot = RobotCommander()
```

지지면

우리는 테이블용 물체들을 생성하는 것을 유사한 방식으로 진행하며, 테이블도 상자로 근사화한다. 그러므로, 이전에 있던 어떤 물체라도 간단히 지우고 테이블에 새로 추가한다. 이 경우 물체의 이름은 table이다.

```
# Retrieve params:
self._table_object_name = rospy.get_param('~table_object_name',
'table')

# Clean the scene:
self._scene.remove_world_object(self._table_object_name)

# Add table and Coke can objects to the planning scene:
self._pose_table = self._add_table(self._table_object_name)
```

다음의 _add_table 메소드는 계획 씬에 테이블을 추가한다.

```
def _add_table(self, name):
  p = PoseStamped()
  p.header.frame_id = self._robot.get_planning_frame()
  p.header.stamp = rospy.Time.now()

  p.pose.position.x = 1.0
  p.pose.position.y = 0.0
  p.pose.position.z = 1.0

  q = quaternion_from_euler(0.0, 0.0, numpy.deg2rad(90.0))
  p.pose.orientation = Quaternion(*q)

  self._scene.add_box(name, p, (1.5, 0.8, 0.03))

  return p.pose
```

또한 다음 명령을 실행함으로써 RViz에서 계획 씬에 있는 물체를 시각화할 수 있다.

```
$ roslaunch rosbook_arm_gazebo rosbook_arm_grasping_world.launch
$ roslaunch rosbook_arm_moveit_config moveit_rviz.launch
config:=true
$ roslaunch rosbook_arm_pick_and_place
grasp_generator_server.launch
$ rosrun rosbook_arm_pick_and_place pick_and_place.py
```

이것은 전체 집어서 놓기 태스크를 실제로 수행하며, 이에 관해 계속해서 설명할 것이다. `pick_and_place.py` 프로그램을 시작한 직후에 여러분은 테이블을 모델링한 상자와 녹색의 콜라 캔을 보게 되는데, 아래 그림에서 보듯이 RGB-D 센서가 보여주는 포인트 클라우드와 완벽하게 일치한다.

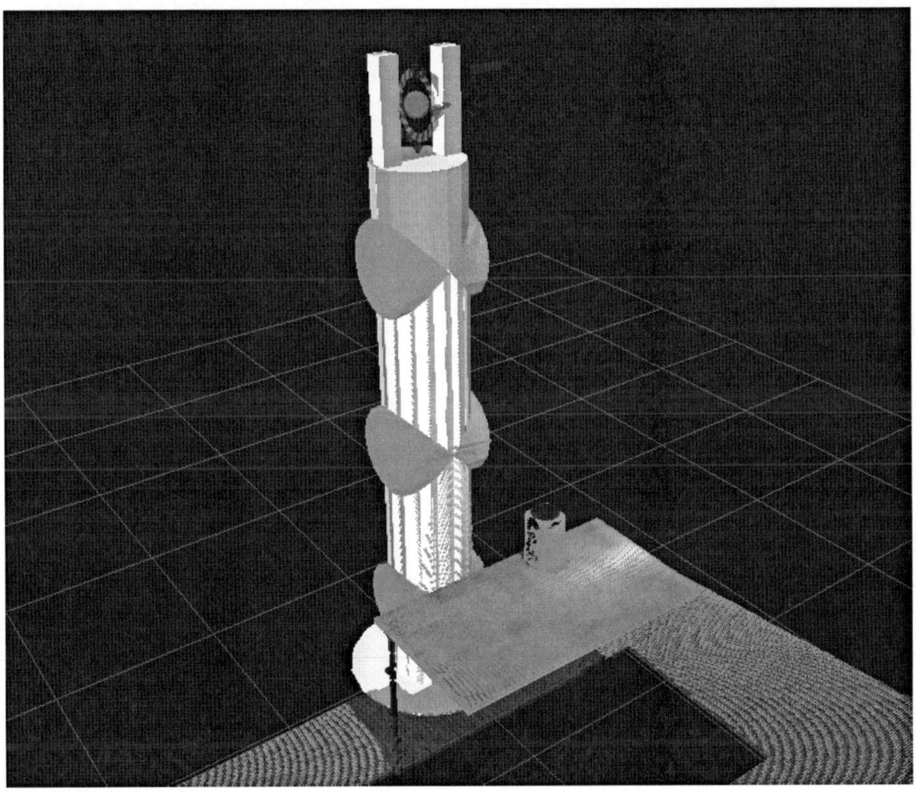

환경에 있는 RGB-D 센서에 의해 보여지는 포인트 클라우드

지각(Perception)

지지면을 인식하면 계획 씬에 수작업으로 물체를 넣는 것을 피할 수 있다. 이 경우 테이블은 포인트 클라우드에서 수평 평면으로 감지된다. 테이블이 인식되고 나면 원통 또는 상자로 근사화될 수 있는 목표 물체를 얻기 위해 테이블은 원래의 포인트 클라우드로부터 제거될 수 있다. 우리는 상자를 계획 씬에 넣기 위해 이전과 동일한 방법을 사용할 것이지만, 이 경우 물체의 자세와 크기(및 분류)는 3차원 지각 및 분할 알고리즘의 결과로 얻게 될 것이다.

RGB-D가 제공하는 포인트 클라우드에서 이러한 지각과 분할은 개념과 알고리즘을 이용하여 쉽게 수행할 수 있다. 그러나 어떤 경우에는 정확도가 물체를 적절히 잡기에 충분하지 않을 수 있다. 지각은 잡아야 할 물건에 붙여진 **ArUco**(`http://www.uco.es/investiga/grupos/ava/node/26`) 같은 기준점 마커들을 이용하여 도움을 받을 수 있으며, ArUco에는 `https://github.com/pal-robotics/aruco_ros`에서 찾을 수 있는 ROS 래퍼가 있다.

여기에서 우리는 수작업으로 계획 씬을 설정하며 지각 부분은 여러분의 몫으로 남겨둔다. 우리가 보았던 것처럼, 잡아야 할 목표 물체와 지지면은 RViz의 포인트 클라우드와의 대응이 잘 매치될 때까지 비교함으로써 수작업으로 코드에서 정의된다.

잡기(Grasping)

우리는 정의된 목표 물체를 씬에 가지고 있으므로, 그것을 들어올리기 위해 잡는 자세를 만들 필요가 있다. 이 목표를 달성하기 위해, 우리는 `https://github.com/davetcoleman/moveit_simple_grasps`에서 얻을 수 있는 `moveit_simple_grasps` 패키지로부터 잡기 생성 서버를 사용한다.

하지만 불행히도 ROS Kinetic용 Ubuntu에는 사용 가능한 debian 패키지가 없다. 그러므로 작업공간(작업공간의 `src` 폴더 안)에 `kinetic-devel` 브랜치를 추가하기 위해 다음 명령을 실행할 필요가 있다.

```
$ wstool set moveit_simple_grasps https://github.com/davetcoleman/
moveit_simple_grasps.git --git -version=kinetic-devel
$ wstool up moveit_simple_grasps
```

다음 명령을 이용하여 이를 빌드할 수 있다.

```
$ cd ..
$ catkin_make
```

이제 잡기 생성 서버를 다음과 같이 실행할 수 있다(`devel/setup.bash`를 소싱해야 함을 잊지 말자).

```
$ roslaunch rosbook_arm_pick_and_place grasp_generator_server.launch
```

잡기 생성 서버는 우리의 경우 아래와 같은 잡기 데이터 구성을 필요로 한다.

```
base_link: base_link

gripper:
end_effector_name: gripper

# Default grasp params
joints: [finger_1_joint, finger_2_joint]

pregrasp_posture: [0.0, 0.0]
pregrasp_time_from_start: &time_from_start 4.0

grasp_posture: [1.0, 1.0]
grasp_time_from_start: *time_from_start

postplace_time_from_start: *time_from_start

# Desired pose from end effector to grasp [x, y, z] + [R, P, Y]
grasp_pose_to_eef: [0.0, 0.0, 0.0]
grasp_pose_to_eef_rotation: [0.0, 0.0, 0.0]

end_effector_parent_link: tool_link
```

이는 우리가 물체를 잡기 위해 사용하려는 그립퍼와 잡기 이전/이후의 자세들을 기본적으로 정의한다.

이제 잡는 자세를 위한 동작 클라이언트의 질의(query)를 필요로 한다. 이는 pick_and_place.py 프로그램 안에서 우리가 목표 물체를 집어 들려고 시도하는 직전에 이뤄진다. 그러므로 다음 코드를 이용하여 동작 클라이언트를 생성한다.

```
# Create grasp generator 'generate' action client:
self._grasps_ac =
SimpleActionClient('/moveit_simple_grasps_server/generate',
GenerateGraspsAction)
if not self._grasps_ac.wait_for_server(rospy.Duration(5.0)):
```

```
    rospy.logerr('Grasp generator action client not available!')
    rospy.signal_shutdown('Grasp generator action client not
    available!')
    return
```

_pickup 메소드 안에서, 우리는 잡는 자세를 얻기 위해 다음 코드를 사용한다.

```
grasps = self._generate_grasps(self._pose_coke_can, width)
```

여기에서 폭(width) 인자는 잡아야 할 물체의 폭을 규정한다. _generate_grasps 메소드는 다음을 수행한다.

```
def _generate_grasps(self, pose, width):
  # Create goal:
  goal = GenerateGraspsGoal()

  goal.pose = pose
  goal.width = width

  # Send goal and wait for result:
  state = self._grasps_ac.send_goal_and_wait(goal)
if state != GoalStatus.SUCCEEDED:
  rospy.logerr('Grasp goal failed!: %s' %
  self._grasps_ac.get_goal_status_text())
  return None

grasps = self._grasps_ac.get_result().grasps

# Publish grasps (for debugging/visualization purposes):
self._publish_grasps(grasps)

return grasps
```

요약하면, 이 메소드는 대상 목표 자세(대부분 물체 중심점)를 잡기 위한 자세의 세트를 얻기 위해 actionlib 목표를 보낸다. 이 책에서 제공하는 코드에 주석이 달린 옵션들이 몇 가지가 있지만, 일부 각도와 위 또는 아래를 가리키는 것과 같은 특정 타입의 잡기에 대해서만 질의하는 것이 허용된다. 이 함수의 결과는 이후에 행해질 집기 자세가 시도할 모든 잡기 자세들이다. 여러 가지의 잡기 자세들을 만들면 성공적인 잡기의 가능성이 높아진다.

잡기 생성 서버에 의해 제공된 잡기 자세는 시각화와 디버깅을 위한 _publish_grasps 방법을 이용하여 PoseArray로도 발행된다. 우리는 RViz에서 이전과 같이 전체 집어서 놓기 작업을 실행할 수 있다.

```
$ roslaunch rosbook_arm_gazebo rosbook_arm_grasping_world.launch
$ roslaunch rosbook_arm_moveit_config moveit_rviz.launch
config:=true
$ roslaunch rosbook_arm_pick_and_place
grasp_generator_server.launch
$ rosrun rosbook_arm_pick_and_place pick_and_place.py
```

pick_and_place.py 프로그램을 실행한 지 몇 초 후에 목표 물체에 여러 개의 화살표가 있는 것을 보게 되는데, 이는 물건을 집기 위해 시도되는 잡기 자세에 해당되며, 아래의 그림에 나타나 있다.

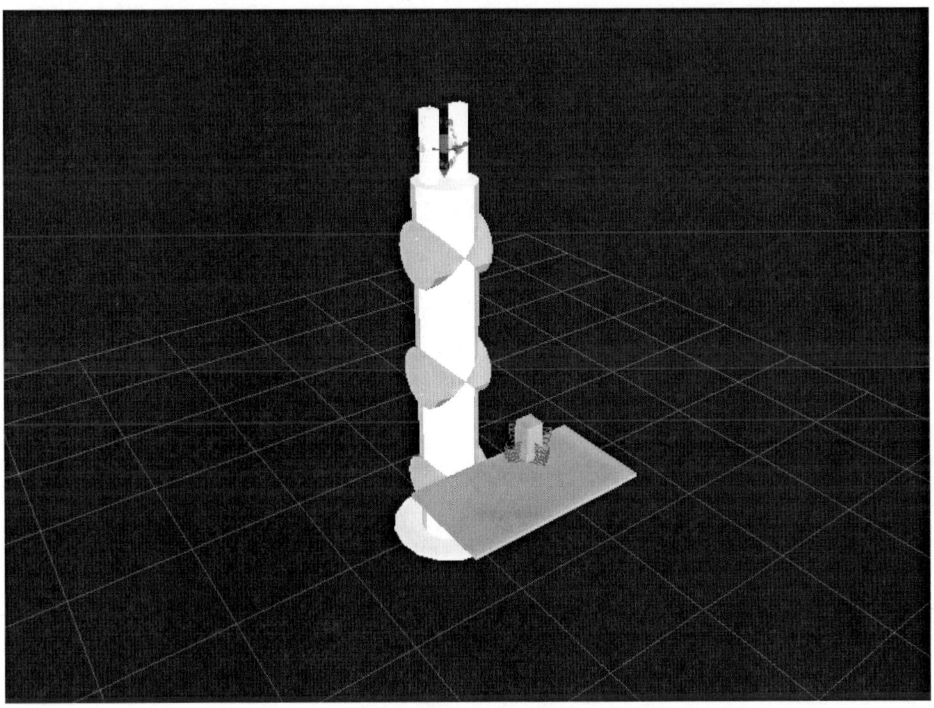

잡는 자세의 시각화

픽업 액션

잡는 자세들을 얻게 되었다면 우리는 MoveIt!의 /pickup 액션 서버를 사용해서 그 모두를 통과시키는 목표값을 보낼 수 있다. 이전과 같이 우리는 액션 클라이언트를 다음과 같이 생성한다.

```
# Create move group 'pickup' action client:
self._pickup_ac = SimpleActionClient('/pickup', PickupAction)
if not self._pickup_ac.wait_for_server(rospy.Duration(5.0)):
  rospy.logerr('Pick up action client not available!')
  rospy.signal_shutdown('Pick up action client not available!')
  return
```

그 다음에 성공할 때까지 코카콜라 캔을 최대한 많이 집는 것을 시도할 것이다.

```
# Pick Coke can object:
while not self._pickup(self._arm_group, self._grasp_object_name,
self._grasp_object_width):
  rospy.logwarn('Pick up failed! Retrying ...')
  rospy.sleep(1.0)
```

앞에서 설명한 바와 같이 _pickup 메소드 안에서 잡는 포즈를 생성한 직후에 MoveIt!을 위한 픽업 목표값을 생성한다.

```
# Create and send Pickup goal:
goal = self._create_pickup_goal(group, target, grasps)

state = self._pickup_ac.send_goal_and_wait(goal)
if state != GoalStatus.SUCCEEDED:
  rospy.logerr('Pick up goal failed!: %s' %
  self._pickup_ac.get_goal_status_text())
  return None

result = self._pickup_ac.get_result()

# Check for error:
err = result.error_code.val
if err != MoveItErrorCodes.SUCCESS:
```

```
    rospy.logwarn('Group %s cannot pick up target %s!: %s' % (group,
    target, str(moveit_error_dict[err])))

    return False

  return True
```

목표값이 보내지고, 로봇 매니퓰레이터가 물체를 집어올리는지 여부를 확인하기 위해 상태값이 사용된다. 픽업 목표값은 다음과 같이 `_create_pickup_goal` 메소드에서 생성된다.

```
  def _create_pickup_goal(self, group, target, grasps):
    # Create goal:
    goal = PickupGoal()

    goal.group_name = group
    goal.target_name = target

    goal.possible_grasps.extend(grasps)

    # Configure goal planning options:
    goal.allowed_planning_time = 5.0

    goal.planning_options.planning_scene_diff.is_diff = True
    goal.planning_options.planning_scene_diff.robot_state.is_
    diff = True
    goal.planning_options.plan_only = False
    goal.planning_options.replan = True
    goal.planning_options.replan_attempts = 10

    return goal
```

목표값에는 계획 그룹(이 경우 arm)과 목표 이름(이 경우 coke_can)이 필요하다. 그러면 모든 가능한 잡기가 정해지고, 허용된 계획 시간을 포함한 다양한 계획 옵션들이 필요한 경우 늘어난다.

목표 물체가 성공적으로 집어 올려지면, 다음 그림과 같이 그립퍼의 잡는 프레임에 붙어 있는 자주색 상자를 보게 된다(그림을 보면 유령같은 그립퍼가 잘못 위치해 있는 것처럼 보이지만 그것은 그저 시각화된 인공물일 뿐이다).

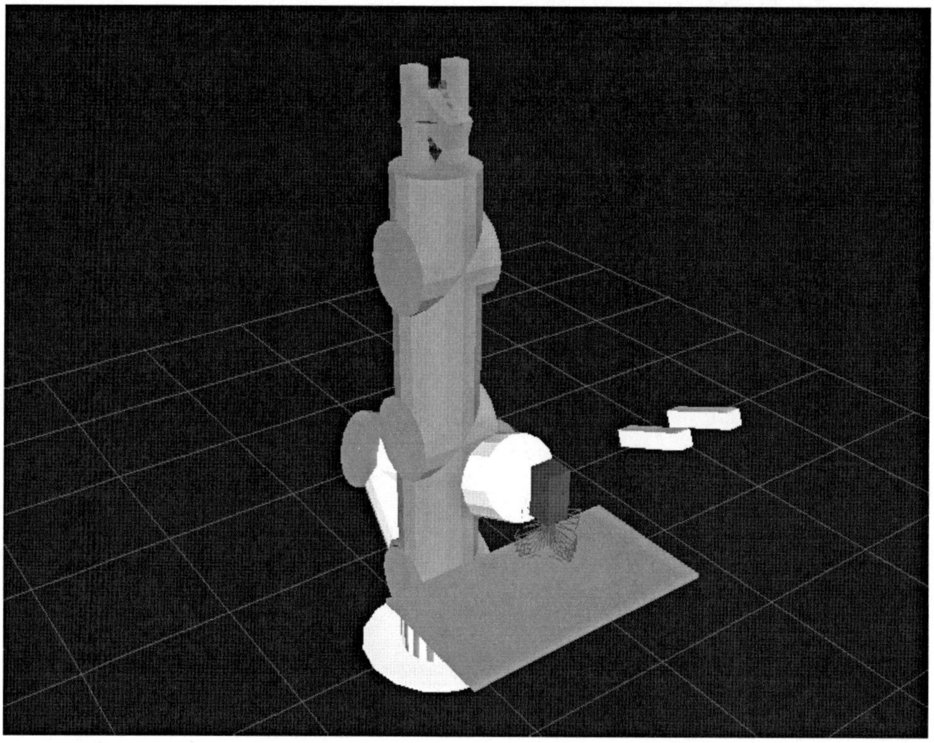

물체를 집는 로봇 팔

놓기 액션

물체를 집어 올린 직후에 매니퓰레이터는 놓는 동작을 취할 것이다. MoveIt!은 `/place` 액션 서버를 제공하므로, 첫 번째 단계는 집어 올려진 물체를 놓기 위해 원하는 장소에 놓기 목표(place goal)를 보내는 액션 클라이언트를 생성하는 것으로 구성된다.

```
# Create move group 'place' action client:
self._place_ac = SimpleActionClient('/place', PlaceAction)
if not self._place_ac.wait_for_server(rospy.Duration(5.0)):
  rospy.logerr('Place action client not available!')
  rospy.signal_shutdown('Place action client not available!')
  return
```

그러면 다음의 코드로 최종적으로 목표점에 물체를 놓기 위해 시도할 것이다.

```
# Place Coke can object on another place on the support surface
(table):
while not self._place(self._arm_group, self._grasp_object_name,
self. _pose_place):
  rospy.logwarn('Place failed! Retrying ...')
  rospy.sleep(1.0)
```

_place 메소드는 다음의 코드를 사용한다.

```
def _place(self, group, target, place):
  # Obtain possible places:
  places = self._generate_places(place)

  # Create and send Place goal:
  goal = self._create_place_goal(group, target, places)

  state = self._place_ac.send_goal_and_wait(goal)
  if state != GoalStatus.SUCCEEDED:
    rospy.logerr('Place goal failed!: ' %
    self._place_ac.get_goal_status_text())
    return None

result = self._place_ac.get_result()

# Check for error:
err = result.error_code.val
if err != MoveItErrorCodes.SUCCESS:
  rospy.logwarn('Group %s cannot place target %s!: %s' % (group,
  target, str(moveit_error_dict[err])))

  return False
return True
```

이 방법은 물체를 놓아 둘 다수의 가능한 장소를 생성하고, 놓기 목표를 만들고, 이를 보낸다. 그 다음에 물체가 놓여졌는지 아닌지를 검사하기 위해 그 결과를 확인한다. 물체를 놓기 위해서는 하나의 놓기 포즈를 사용할 수 있지만 다양한 옵션을 제공하는 것이 일반적으로 더 낫다.

이 경우 우리는 _generate_places 메소드를 가지고 있는데, 주어진 위치에 다른 각도들을 가진 장소를 생성한다.

장소가 생성되었을 때 그들은 PoseArray로도 발행되므로 아래의 스크린 샷에서 그들이 파란색 화살표로 표시된 것을 볼 수 있다.

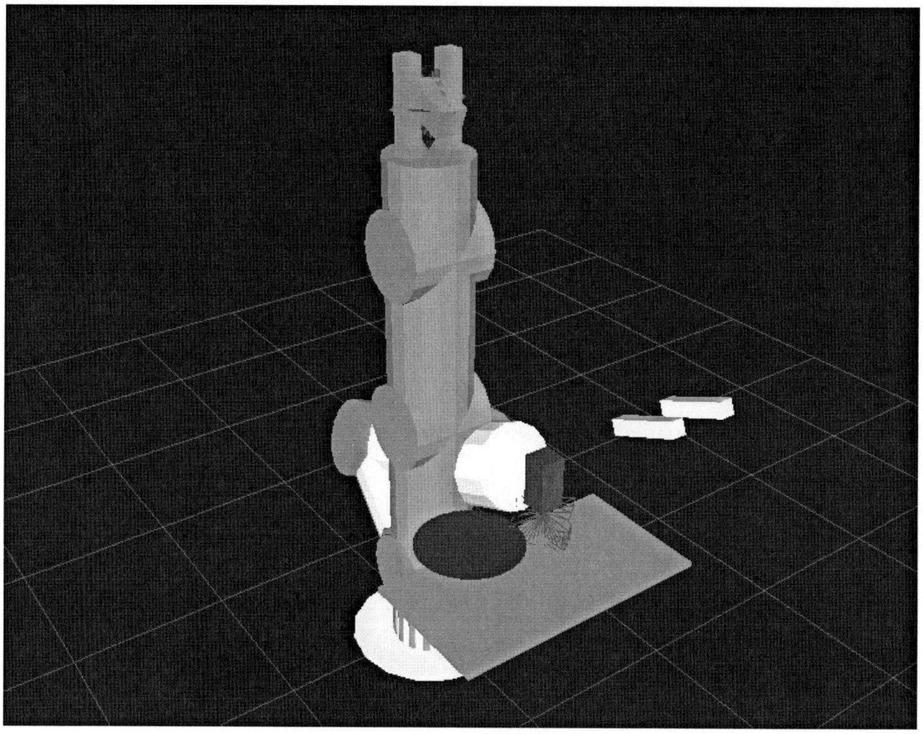

놓기 포즈들의 시각화

놓을 장소들을 구했다면, _create_place_goal 메소드가 다음과 같이 놓기 목표를 생성한다.

```
def _create_place_goal(self, group, target, places):
  # Create goal:
  goal = PlaceGoal()

  goal.group_name = group
  goal.attached_object_name = target

  goal.place_locations.extend(places)
```

```
    # Configure goal planning options:
    goal.allowed_planning_time = 5.0

    goal.planning_options.planning_scene_diff.is_diff = True
    goal.planning_options.planning_scene_diff.robot_state.is_
    diff = True
    goal.planning_options.plan_only = False
    goal.planning_options.replan = True
    goal.planning_options.replan_attempts = 10

    return goal
```

간단히 말해, 놓기 목표는 그룹(이 경우 arm)과 목표 물체(이 경우 coke_can)를 가지고 있으며, 이들은 그립퍼와 장소 또는 장소들(포즈들)에 부착되어 있다. 추가적으로 몇 개의 계획 옵션들이 계획 시간과 함께 제공되는데, 이 시간은 필요하면 늘어날 수 있다. 물체가 놓여지면 그것을 나타내는 녹색 상자가 테이블 위에 있는 것을 보게 되고, 아래의 스크린 샷에서 보듯이 팔은 다시 위로 올려질 것이다.

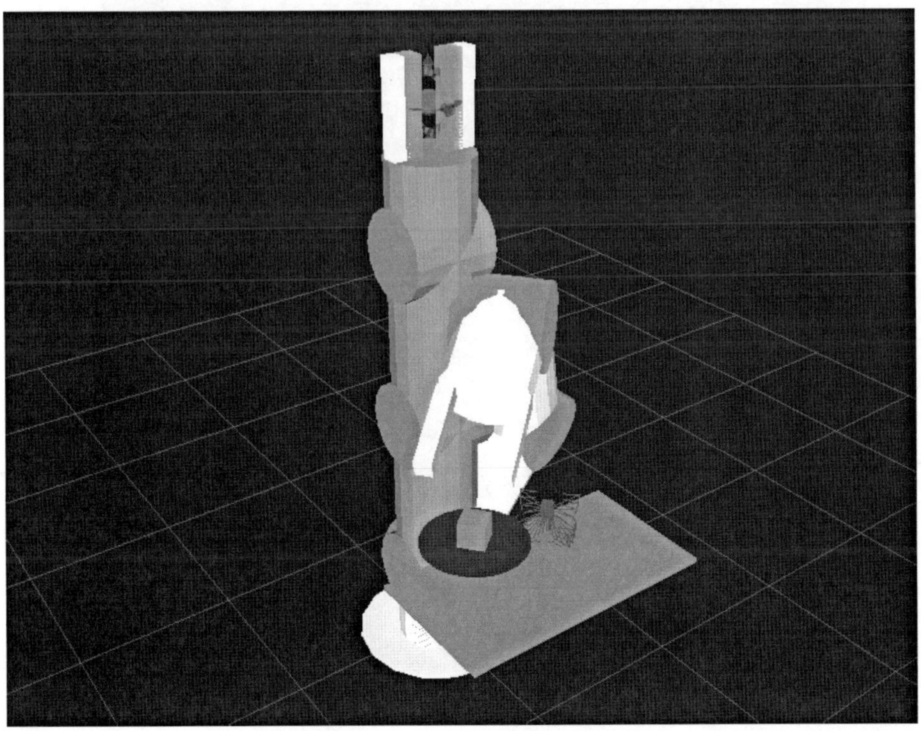

물체를 놓고 난 후의 로봇 팔

데모 모드

우리는 데모 모드에서 지각 없이, 즉 실제로 Gazebo 시뮬레이션 또는 실제 로봇 팔을 움직이지 않고, 집어서 놓기 작업 전체를 할 수 있다. 이 모드에서 물건 잡기를 포함한 집어서 놓기 작업을 수행하기 위한 모션 계획이 MoveIt!에 있으면 우리는 가짜 제어기를 이용하여 팔을 움직일 것이다. 동일한 코드는 실제 제어기에도 직접적으로 사용될 수 있다.

데모 모드에서 집어서 놓기를 수행하기 위해 다음 명령을 실행한다.

```
$ roslaunch rosbook_arm_moveit_config demo.launch
$ roslaunch rosbook_arm_pick_and_place grasp_generator_server.launch
$ rosrun rosbook_arm_pick_and_place pick_and_place.py
```

특별한 부분은 첫 번째 론치 파일인데, 이 파일은 단순히 RViz를 열고, Gazebo에서 로봇 팔을 복제하는 대신 가짜 제어기를 로드한다. 다음 그림은 앞의 명령을 실행한 결과 팔이 움직이며 집어서 놓기를 하는 과정을 스냅샷으로 보여준다.

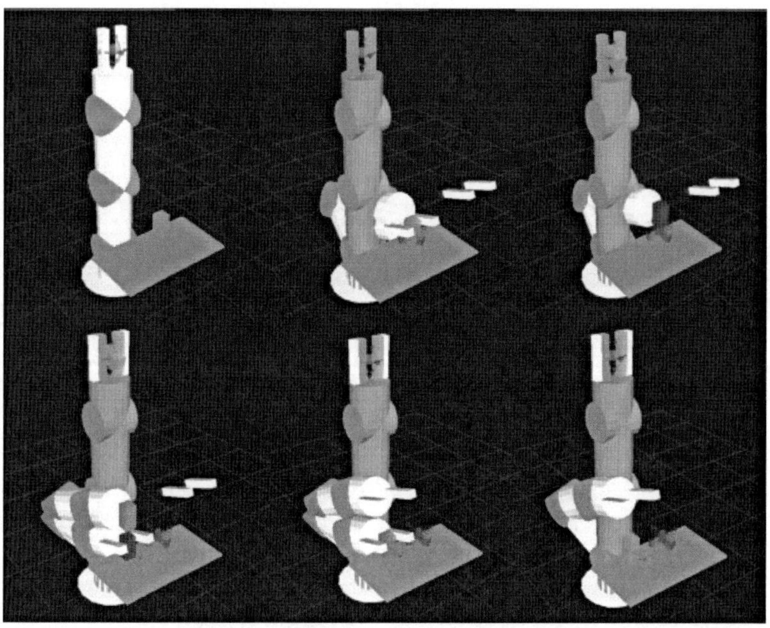

데모 모드에서 집어서 놓기를 수행하는 로봇 팔

Gazebo에서 시뮬레이션하기

우리는 데모 모드에서 사용한 코드를 그대로 사용하여 시뮬레이션(Gazebo) 안에서 혹은 실제 하드웨어를 사용해서 실제 제어기를 사용할 수 있다. 인터페이스는 동일하므로 실제 팔이나 Gazebo를 사용하는 것은 완전히 똑같다. 이 경우에 관절은 실제 움직이고, 잡기는 그립퍼가 잡는 물체(코카콜라 캔)와 실제 접촉이 있게 한다. 이를 위해 물체와 그립퍼가 Gazebo에서 잘 동작하도록 적절한 정의가 필요하다.

이 경우에 (앞에서 보인 것처럼) 집어서 놓기를 실행하기 위한 명령은 다음과 같다.

```
$ roslaunch rosbook_arm_gazebo rosbook_arm_grasping_world.launch
$ roslaunch rosbook_arm_moveit_config moveit_rviz.launch config:=true
$ roslaunch rosbook_arm_pick_and_place grasp_generator_server.launch
$ rosrun rosbook_arm_pick_and_place pick_and_place.py
```

오직 첫째 줄만 데모 모드에 따라 변하는 파일을 론칭하는데, 데모 모드에서 `demo.launch`를 교체한다. 이 경우 RGB-D 카메라뿐만 아니라 테이블과 코카콜라 캔을 포함하는 환경과 함께 로봇 매니퓰레이터를 Gazebo에서 복제한다. 그 다음에 `moveit_RViz.launch` 파일은 `demo.launch`와 동일한 인터페이스를 제공하며 MoveIt! 플러그인과 함께 RViz를 연다. 그러나 이 경우 `pick_and_place.py` 프로그램이 실행될 때 Gazebo안의 팔이 움직인다.

요약

이 장에서는 로봇 팔이 실생활 환경에서 어떻게 사용되는 지를 생생하게 보여주는 MoveIt!과 Gazebo로 로봇 팔을 통합하는 데 관련된 대부분의 내용들을 다뤘다. MoveIt!은 역기구학 솔버와 함께 이 프로세스를 용이하게 하는 광범위한 문서들을 이용하여 로봇팔의 모션을 계획하는 매우 간단하고 집약된 툴을 제공한다. 그러나 MoveIt!은 구조의 복잡도를 고려할 때 MoveIt!과 우리 로봇의 센서들 및 액추에이터들 간의 서로 다른 모든 상호작용들이 적절히 이해되었을 때에만 잘 동작할 수 있다.

우리는 MoveIt! API에 있는 다른 고차원 요소들을 대략 훑어보았는데, API 자신만을 자세히 다루는 데에도 책 한 권이 필요할 것이다. 단지 간단한 동작을 수행하기 위해 전체 API를 이해하는 데 드는 노력을 피하기 위해 이 책에서 사용한 접근법은 매우 간단한 모션 계획과, 씬 계획에서 가상적으로 생성된 물체와 포인트 클라우드를 생성하는 RGB-D 센서 양측 간의 상호작용으로 제한했다.

마지막으로, 물체를 집어서 놓는 작업을 수행하는 방법에 관한 매우 상세한 설명을 제공했다. 이것이 로봇 팔의 유일한 목적은 아니지만, 산업용 로봇에는 이 작업이 필수적이므로 이것으로 실험하는 것이 유익했으리라 생각된다. 그러나 MoveIt! 모션 계획과 3차원 지각을 이용하면 여러분은 복잡하고 동적인 환경에서도 이 작업을 할 수 있다. 로봇 팔의 이러한 특별한 목적을 위해 API에 대한 심층적인 이해와 MoveIt! 구조에 대한 이해 증진이 필요한데, 이렇게 하면 여러분은 MoveIt!의 가능성에 대해 보다 더 깊이 이해하게 될 것이다.

8장

ROS로 센서와 액추에이터 사용하기

여러분은 로봇을 생각할 때, 팔이 있고, 많은 센서가 있으며, 넓은 지역을 이동할 수 있는 사람 크기의 시스템을 생각할 것이다.

이제 ROS에서 프로그램을 작성하는 방법과 로봇 모델을 생성하고 동작을 시뮬레이션하는 방법을 배웠기 때문에, 실세계와 상호 작용할 수 있는 센서와 액추에이터에 관해 알아보도록 하자. 첫 번째 절에서 우리는 ROS를 이용하여 DIY 로봇 플랫폼을 제어하는 방법을 배울 것이다. 그 다음에 로봇 실험실에서 일반적으로 볼 수 있는 다양한 센서와 액추에이터를 인터페이스하는 방법을 알아볼 것이다.

중요사항

여러분은 `http://www.ros.org/wiki/Sensors`에서 ROS에서 지원하는 광범위한 장치의 리스트를 볼 수 있다.

센서 및 액추에이터는 거리측정기(rangefinder), 카메라, 자세 추정 장치 등의 다양한 범주로 구성되어 있다. 이 장치들은 당신이 찾고 있는 것을 더 빨리 찾을 수 있도록 도와 줄 것이다.

이 장에서는 다음 주제를 다룰 것이다.

- 여러분의 프로젝트를 위한 값싸면서도 보편적으로 사용되는 센서들
- Arduino를 이용해서 이들을 연결하기
- 2차원 레이저 거리측정기, Kinect 3차원 센서, GPS, 서보모터들

우리는 이 장에서 모든 종류의 센서를 다 설명하는 것은 불가능하다는 사실을 알고 있다. 이 때문에 우리는 대부분의 사용자(정기적 사용자, 산발적 사용자, 아마추어)가 이용할 수 있는 가장 보편적으로 사용되는 센서 중 일부를 선택했다. 우리는 이들을 이용해서 작은 로봇 플랫폼을 작동시키는 데 필요한 모든 요소를 연결하려고 한다.

조이스틱과 게임 패드 이용하기

단언컨대, 여러분은 조이스틱이나 비디오 컨솔의 게임 패드를 한 번 이상 써 보았을 것이다.

조이스틱은 버튼과 전위차계(potentiometer)를 직렬로 연결한 것일 뿐이다. 이 장치로 여러분은 광범위한 동작을 제어할 수 있다.

ROS에서 조이스틱은 로봇의 속도와 방향을 원격으로 제어하는 데 사용된다.

시작하기 전에, 우리는 몇 가지 패키지를 설치할 것이다. 세 개의 패키지를 우분투에서 설치하기 위해 아래 명령을 실행하자.

```
$ sudo apt-get install ros-kinetic-joystick-drivers
$ rosstack profile && rospack profile
```

이 패키지들에서 여러분은 조이스틱의 사용 방법을 배우기 위한 코드와 패키지를 생성하는 가이드를 발견할 수 있다.

맨 먼저 조이스틱을 컴퓨터에 연결하자. 다음은 아래의 명령을 이용해서 조이스틱이 인식되었는지를 확인하는 것이다.

```
$ ls /dev/input/
```

그 결과 아래의 출력을 볼 것이다.

```
by-id event0 event2 event4 event6 event8 js0 mouse0
by-path event1 event3 event5 event7 event9 mice
```

생성된 포트는 js0인데, 다음과 같이 jstest 명령으로 포트가 잘 동작하는지를 확인할 수 있다.

```
$ sudo jstest /dev/input/js0
```

```
Axes: 0: 0 1: 0 2: 0 Buttons: 0:off 1:off 2:off 3:off 4:off 5:off 6:off
7:off 8:off 9:off 10:off
```

우리의 조이스틱인 Logitech F710은 축이 8개이고 버튼이 11개 있는데, 조이스틱을 움직이면 이 값들이 바뀐다.

조이스틱을 확인했다면 ROS에서 테스트해 보자. 이를 위해 다음과 같이 joy와 joy_node 패키지를 사용할 수 있다.

```
$ rosrun joy joy_node
```

모든 것이 잘 되었다면, 다음과 같은 결과를 보게 될 것이다.

```
[ INFO] [1357571588.441808789]: Opened joystick: /dev/input/js0.
deadzone_: 0.050000.
```

joy_node가 조이스틱을 움직이는 원리

joy_node 패키지가 활성화된 상태에서 우리는 이 노드가 보내는 메시지를 보려고 한다. 이는 노드가 어떻게 축과 버튼에 대한 정보를 보내는지를 이해하는데 도움이 될 것이다.

노드에 의해 보내진 메시지를 보기 위해, 아래 명령을 쓸 수 있다.

```
$ rostopic echo /joy
```

그러면 보내진 메시지를 다음과 같이 볼 수 있다.

```
header:
  seq: 33
  stamp:
    secs: 1480289803
    nsecs: 599782892
  frame_id: ''
axes: [-0.0, -0.2219386249780655, 0.0, 0.0, 0.0, 0.0, 0.0, 0.0]
buttons: [0, 0, 0, 0, 0, 0, 0, 0, 0, 0, 0]
```

여러분은 두 개의 주된 벡터를 볼 것인데, 하나는 축에 대한 것이고 나머지는 버튼에 대한 것이다. 분명히 이 벡터들은 실제 하드웨어의 버튼과 축의 상태를 발행하는 데 사용된다.

만약 메시지 타입을 알고 싶다면, 쉘에서 다음의 명령을 입력하면 된다.

```
$ rostopic type /joy
```

그러면 여러분은 메시지에 사용된 타입을 얻게 되는데, 이 경우 `sensor_msgs/Joy`이다. 이제 메시지에 사용된 필드들을 보기 위해 아래의 명령줄을 사용한다.

```
$ rosmsg show sensor_msgs/Joy
```

그러면 다음과 같은 출력을 볼 것이다.

```
std_msgs/Header header
  uint32 seq
  time stamp
  string frame_id
float32[] axes
int32[] buttons
```

이는 여러분이 개발한 기술에 조이스틱을 사용하고자 하는 경우 반드시 사용해야 하는 메시지 구조이다. 다음 절에서 조이스틱 토픽에 구독하는 노드를 작성하는 방법과 로봇 모델을 움직이는 이동 명령을 생성하는 방법에 대해 배울 것이다.

조이스틱 데이터를 이용해서 로봇 모델 움직이기

이제 로봇 모델을 제어하기 위해 `joy_node`와 발행된 토픽에서 데이터를 얻는 노드를 생성할 것이다.

이제는 이전 장에서 보았던 로봇 3D 모델과 오도메트리가 있는 노드를 만들어야 한다. 저장소에서 `chapter8_tutorials/urdf` 폴더의 `urdf` 모델을 확인할 수 있으며, 폴더는 `/src`이고, 이름이 `c8_odom.cpp`인 파일에서 오도메트리를 위한 코드를 확인할 수 있다.

이 코드에서 오도메트리는 초기 위치 `0,0,0`과 `geometry_msgs::Twist`의 속도 정보를 사용하여 계산된다. 각 바퀴의 속도가 계산되고, 차동 드라이브 기구학을 사용하여 위치가 업데이트된다. 터미널에 다음을 입력하여 `roscore` 명령 이후에 오도메트리 노드를 실행할 수 있다.

```
$ rosrun chapter8_tutorials c8_odom
```

이 노드에서 사용된 토픽을 이해하기 위해 우리는 다음 명령줄을 이용하여 토픽의 리스트를 보일 수 있다.

```
$ rosnode info /odom
```

그러면 아래의 출력을 볼 것인데, 여기에서 /cmd_vel은 이 노드가 발행한 토픽이다.

```
--------------------------------------------------------------------------------
Node [/odom]
Publications:
 * /odom [nav_msgs/Odometry]
 * /rosout [rosgraph_msgs/Log]
 * /tf [tf2_msgs/TFMessage]

Subscriptions:
 * /cmd_vel [unknown type]

Services:
 * /odom/get_loggers
 * /odom/set_logger_level


contacting node http://daneel:35582/ ...
Pid: 30375
Connections:
 * topic: /rosout
    * to: /rosout
    * direction: outbound
    * transport: TCPROS
```

이제, /cmd_vel의 토픽 타입을 알 필요가 있다. 이를 알기 위해 다음 명령줄을 사용한다.

```
$ rostopic type /cmd_vel
```

그러면 결과는 다음과 같다.

```
geometry_msgs/Twist
```

이 메시지의 내용을 알기 위해 다음 명령줄을 실행한다.

```
$ rosmsg show geometry_msgs/Twist
```

그러면 여러분은 속도 값을 전송하는 데 사용되는 두 필드를 볼 것이다.

```
geometry_msgs/Vector3 linear
  float64 x
  float64 y
  float64 z
geometry_msgs/Vector3 angular
  float64 x
  float64 y
  float64 z
```

자, 이제 사용할 토픽과 그 구조를 찾았으므로 조이스틱으로부터 오는 데이터를 이용해서 속도 명령을 생성하는 프로그램을 만들 시간이다.

c8_teleop_joy.cpp라는 새 파일을 chapter8_tutorials/src 디렉토리에 만들고, 아래의 코드 조각을 입력하자.

```
#include<ros/ros.h>
#include<geometry_msgs/Twist.h>
#include<sensor_msgs/Joy.h>
#include<iostream>

using namespace std;
float max_linear_vel = 0.2;
float max_angular_vel = 1.5707;

class TeleopJoy{
  public:
  TeleopJoy();
  private:
  void callBack(const sensor_msgs::Joy::ConstPtr& joy);
  ros::NodeHandle n;
  ros::Publisher pub;
  ros::Subscriber sub;
  int i_velLinear, i_velAngular;
};

TeleopJoy::TeleopJoy()
{ i_velLinear = 1;
  i_velAngular = 0;
  n.param("axis_linear",i_velLinear,i_velLinear);
  n.param("axis_angular",i_velAngular,i_velAngular);
  pub = n.advertise<geometry_msgs::Twist>("/cmd_vel",1);
  sub = n.subscribe<sensor_msgs::Joy>("joy", 10,
  &TeleopJoy::callBack, this);
}

void TeleopJoy::callBack(const sensor_msgs::Joy::ConstPtr& joy)
{
  geometry_msgs::Twist vel;
```

```
  vel.angular.z = max_angular_vel*joy->axes[0];
  vel.linear.x = max_linear_vel*joy->axes[1];
  pub.publish(vel);
}

int main(int argc, char** argv)
{
  ros::init(argc, argv, "c8_teleop_joy");
  TeleopJoy teleop_robot;
  ros::spin();
}
```

이제 코드가 어떻게 동작하는 지를 나눠서 설명할 것이다. `main` 함수에서 `TeleopJoy` 클래스의 인스턴스를 다음과 같이 생성했다.

```
int main(int argc, char** argv)
{
  TeleopJoy teleop_joy;
}
```

생성자에서 네 개의 변수가 초기화된다. 처음 두 변수는 파라미터 서버의 데이터를 이용해서 채워진다. 이 변수들은 조이스틱 축의 값이다. 그 다음 두 변수는 광고자(advertiser)와 구독자(subscriber)이다. 광고자는 `geometry_msgs::Twist` 타입의 토픽을 발행한다. 구독자는 `Joy`라는 이름의 토픽으로부터 데이터를 얻는다. 조이스틱을 다루는 노드는 아래의 토픽을 보낸다.

```
TeleopJoy::TeleopJoy()
{ i_velLinear = 1;
  i_velAngular = 0;
  n.param("axis_linear",i_velLinear,i_velLinear);
  n.param("axis_angular",i_velAngular,i_velAngular);
  pub = n.advertise<geometry_msgs::Twist>("/cmd_vel",1);
  sub = n.subscribe<sensor_msgs::Joy>("joy", 10,
  &TeleopJoy::callBack, this);
}
```

이 노드가 메시지를 받을 때마다 `callBack` 함수가 호출된다. 우리는 `vel`이라는 이름을 가지는 새 변수를 생성했는데, 그것은 데이터를 발행하는 데 사용될 것이다. 조이스틱의 축 값들은 최대 속도를 할당하는 계수들을 이용해서 vel 변수에 할당된다. 이 부분에서 여러분은 받은 데이터를 발행하기 전에 이 값과 함께 프로세스를 생성할 수 있다.

```
void TeleopJoy::callBack(const sensor_msgs::Joy::ConstPtr& joy)
{
  geometry_msgs::Twist vel;
  vel.angular.z = max_angular_vel*joy->axes[0];
  vel.linear.x = max_linear_vel*joy->axes[1];
  pub.publish(vel);
}
```

마지막으로, 토픽은 pub.publish(vel)을 이용해서 발행된다.

우리는 이 예제를 위해 론치 파일을 생성할 것이다. 론치 파일에서 파라미터 서버에 대한 데이터를 선언하고, joy와 c8_teleop_joy 노드를 시작할 것이다.

```
<?xml version="1.0" ?>
<launch>
  <node pkg="chapter8_tutorials" type="c8_teleop_joy"
  name="c8_teleop_joy" />
  <param name="axis_linear" value="1" type="int" />
  <param name="axis_angular" value="0" type="int" />
  <node respawn="true" pkg="joy"type="joy_node" name="Joy_node">
    <param name="dev" type="string" value="/dev/input/js0" />
    <param name="deadzone" value="0.12" />
  </node>
</launch>
```

론치 파일에는 네 개의 파라미터가 있다. 이 파라미터들은 파라미터 서버에 데이터를 추가할 것이며, 노드가 이 데이터를 사용할 것이다. axis_linear와 axis_angular 파라미터는 조이스틱의 축을 설정하는 데 사용된다. 축의 설정을 바꾸고 싶다면, 그 값을 바꾸고 사용하고자 하는 축의 번호를 넣기만 하면 된다. dev와 deadzone 파라미터들은 조이스틱이 연결된 포트를 설정하는 데 사용되는데, 불감대(dead zone)는 장치에 의해 인식되지 못하는 움직임이 발생하는 영역이다.

```
$ roslaunch chapter8_tutorials chapter8_teleop_joy.launch
```

여러분은 조이스틱 축을 움직일 때 /cmd_vel 토픽을 발행하는 rostopic echo를 사용하여 코드가 작동하는지를 확인할 수 있다.

이제 조이스틱으로 움직이는 로봇 모델을 시각화하는 더 큰 론치 파일을 준비할 것이다. 아래의 코드 단계를 chapter8_tutorials/launch 디렉토리에 있는 chapter8_robot_model.launch라는 새 파일에 복사하자.

```
<?xml version="1.0"?>
<launch>
  <arg name="model" />
  <arg name="gui" default="False" />
  <param name="robot_description" textfile="$(find
  chapter8_tutorials)/urdf/robot2.urdf" />
  <param name="use_gui" value="$(arg gui)" />
  <node name="joint_state_publisher" pkg="joint_state_publisher"
  type="joint_state_publisher" />
  <node name="robot_state_publisher" pkg="robot_state_publisher"
  type="state_publisher" />
  <node name="rviz" pkg="rviz" type="rviz" args="-d $(find
  chapter8_tutorials)/config/config.rviz" />
  <node name="c8_odom" pkg="chapter8_tutorials" type="c8_odom" />
  <node name="joy_node" pkg="joy" type="joy_node" />
  <node name="c8_teleop_joy" pkg="chapter8_tutorials"
  type="c8_teleop_joy" />
</launch>
```

론치 파일에는 c8_teleop_joy, joy_node, c8_odom, joint_state_publisher와 rviz라는 여섯 개의 노드가 있다. 론치 파일 안에 있는 로봇 모델의 이름은 robot2.urdf이고, 이 파일은 chapter8_tutorials/urdf에서 찾을 수 있다.

예제를 시작하기 위해, 아래의 명령줄을 사용하자.

```
$ roslaunch chapter8_tutorials chapter8_robot_model.launch
```

여러분은 rosnode 리스트와 rostopic 리스트를 사용해서 실행 중인 노드와 토픽의 리스트를 확인함으로써 모든 것이 잘 진행되고 있는지를 알 수 있다. 이를 그래픽으로 보고 싶다면 rqt_graph를 사용하기 바란다.

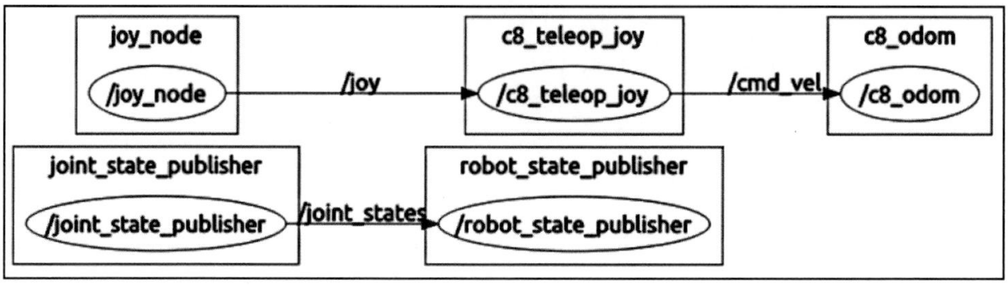

모두 성공적이었다면 여러분이 조이스틱으로 제어할 수 있는 로봇 모델을 RViz로 시각화할 수 있을 것이다.

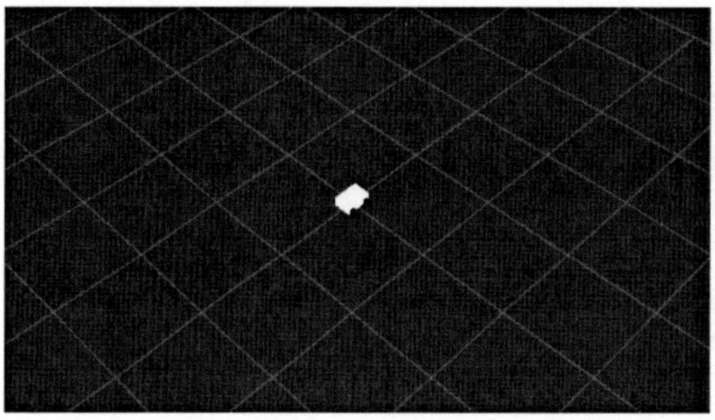

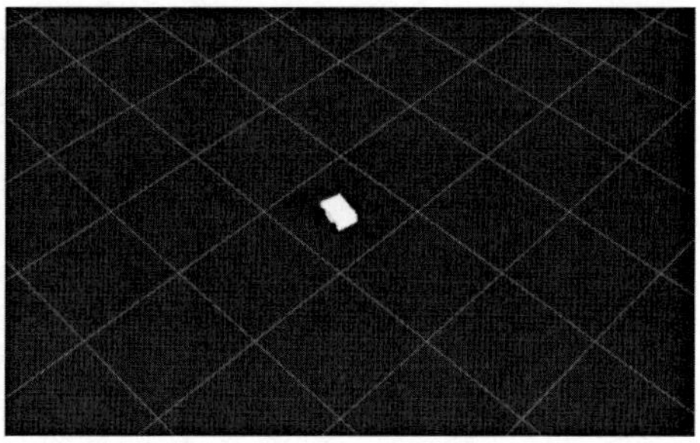

다음 절에서 ROS로 Arduino를 사용하는 법을 배울 것이다. 그 다음에 실제 로봇 모터를 제어하기 위해 조이스틱 예제 노드를 Arduino 노드에 연결할 것이다.

Arduino를 이용해서 더 많은 센서와 액추에이터 추가하기

Arduino는 유연하고 사용하기 편리한 하드웨어와 소프트웨어에 기반한 오픈소스 전자부품 프로토타입 플랫폼이다. Arduino는 예술가, 디자이너, 애호가, 그리고 상호 작용하는 물체나 환경을 만드는 데 흥미 있는 모든 사람들을 위해 만들어졌다. 아래 사진은 Arduino의 외형을 보인다.

ROS는 rosserial 패키지로 이러한 종류의 장치를 사용할 수 있다. 기본적으로 Arduino는 직렬 포트를 이용해서 컴퓨터에 연결되며, 이 포트를 이용해서 데이터가 전송된다. rosserial을 이용해서 직렬 연결에 의해 제어되는 많은 장치를 사용할 수 있는데, 예를 들면 GPS, 서보 제어기 등이다.

먼저 우리는 패키지를 설치해야 한다. 이를 위해 아래의 명령줄들을 사용한다.

```
$ sudo apt-get install ros-kinetic-rosserial-arduino
$ sudo apt-get install ros-kinetic-rosserial
```

그러면 catkin 작업 공간을 위해 rosserial 저장소를 작업 공간에 복사해서 가져온다. rosserial 메시지가 생성되고, ros_lib가 아래의 명령줄로 컴파일된다.

```
$ cd ~/dev/catkin_ws/src/
$ git clone https://github.com/ros-drivers/rosserial.git
$ cd ~/dev/catkin_ws/
$ catkin_make
$ catkin_make install
$ source install/setup.bash
```

자, 이제 Arduino IDE가 설치되었다고 가정한다. 그렇지 않다면 http://arduino.cc/en/Main/Software에서 설명된 단계들을 따라하면 된다. ROS Kinetic에 대해서 Arduino 코어는 rosserial_arduino 패키지로 설치된다. Arduino IDE의 새 버전은 www.arduino.cc에서 다운로드할 수 있다. Arduino IDE의 새 버전에서 sketchbook 폴더는 Arduino로 이름이 바뀌어서 여러분의 홈 폴더에 있다.

패키지와 IDE가 설치되면 ros_lib를 rosserial 패키지로부터, Arduino IDE를 실행한 후 컴퓨터에 생성된 sketchbook/libraries 폴더로 복사해야 한다. 그 다음에 여러분은 make_libraries.py를 실행해야 한다.

```
$ cd ~/Arduino/libraries
$ sudo rm -r ros_lib
$ rosrun rosserial_arduino make_libraries.py Arduino/libraries
```

Arduino 사용을 위한 예제 만들기

이제 IDE로부터 Arduino로 예제 프로그램을 업로드할 것이다. Hello World 샘플을 선택해서 스케치(sketch)를 업로드한다.

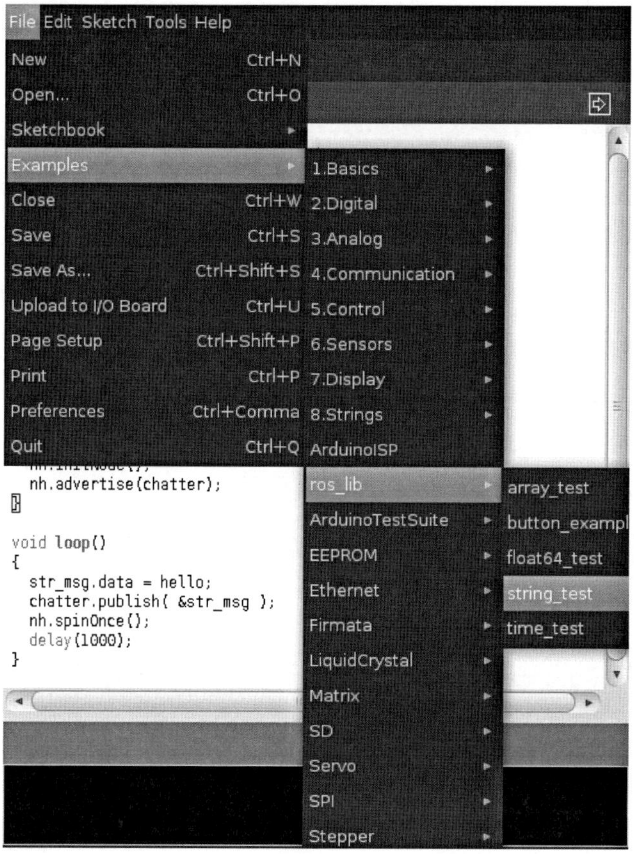

앞의 스크린 샷의 코드는 다음의 코드와 매우 비슷하다. 다음 코드에서는 ros.h 라이브러리를 include하는 줄을 볼 수 있다. 이 라이브러리는 rosserial 라이브러리인데 우리가 이전에 설치한 것이다. 또한 토픽과 함께 보낼 수 있는 메시지와 관련한 라이브러리를 볼 수 있는데, 바로 std_msgs/String 타입이다.

아래의 코드 조각은 c8_arduino_string.ino 파일에 있다.

```
#include <ros.h>
#include <std_msgs/String.h>

ros::NodeHandle nh;
```

```
std_msgs::String str_msg;
ros::Publisher chatter("chatter", &str_msg);
char hello[13] = "hello world!";

void setup()
{
  nh.initNode();
  nh.advertise(chatter);
}

void loop()
{
  str_msg.data = hello;
  chatter.publish( &str_msg );
  nh.spinOnce();
  delay(1000);
}
```

Arduino 코드는 크게 두 함수, `setup()`과 `loop()`으로 나뉜다. `setup()` 함수는 한 번 실행되며 대부분의 경우 Arduino 보드를 설정하는 데 사용된다. `setup()` 이후에 `loop()` 함수가 연속적으로 실행된다. `setup()` 함수에서는 토픽의 이름이 정해지는데 이 경우 `chatter`이다. 이제 ROS 네트워크에서 포트로부터 데이터를 수신하고 Arduino가 보낸 토픽을 발행하는 노드를 시작할 필요가 있다. 아래의 명령을 셸에서 입력하자. 이때 `roscore`가 실행 중이어야 한다.

```
$ rosrun rosserial_python serial_node.py /dev/ttyACM0
```

이제 다음과 같이 `rostopic echo` 명령으로 Arduino가 보낸 메시지를 볼 수 있다.

```
$ rostopic echo chatter
```

그러면 여러분은 셸에서 다음의 데이터를 보게 될 것이다.

```
data: "hello world!"
```

마지막 예제는 Arduino가 컴퓨터에 보낸 데이터에 관한 것이다. 이제 Arduino가 토픽을 구독하고 핀 13에 연결된 LED 상태를 바꾸는 예제를 사용할 것이다. 우리가 사용할 예제의 이름은 blink로서 이 코드는 Arduino IDE에서 **File** | **Examples** | ros_lib | **Blink**를 찾아가면 발견할 수 있다.

다음의 짧은 코드가 c8_arduino_led.ino 파일에 있다.

```
#include <ros.h>
#include <std_msgs/Empty.h>

ros::NodeHandle nh;
void messageCb( const std_msgs::Empty& toggle_msg){
  digitalWrite(13, HIGH-digitalRead(13)); // blink the led
}
ros::Subscriber<std_msgs::Empty> sub("toggle_led", &messageCb
);
void setup()
{
  pinMode(13, OUTPUT);
  nh.initNode();
  nh.subscribe(sub);
}

void loop()
{
  nh.spinOnce();
  delay(1);
}
```

Arduino 보드와 통신하기 위해 노드를 시작해야 함을 기억하자.

```
$ rosrun rosserial_python serial_node.py /dev/ttyACM0
```

이제 LED 상태를 바꾸고 싶다면, rostopic pub 명령을 이용해서 다음과 같이 새로운 상태를 발행할 수 있다.

```
$ rostopic pub -1 /toggle_led std_msgs/Empty "{}"

publishing and latching message for 3.0 seconds
```

그 결과 LED가 그 상태를 바꾸는 것을 확인할 수 있다. LED가 켜져 있었다면, 이제 꺼질 것이다. 다시 상태를 바꾸고 싶다면, 토픽을 한 번 더 발행하기만 하면 된다.

```
$ rostopic pub -1 /toggle_led std_msgs/Empty "{}"

publishing and latching message for 3.0 seconds
```

이제 여러분은 ROS상에서 Arduino가 사용 가능한 모든 장치들을 사용할 수 있다. 이는 매우 유용한데 여러분의 로봇을 구현하기 위해 저가의 센서와 액추에이터에 접속할 수 있기 때문이다.

중요사항

이 장을 쓰는 동안 Arduino Leonardo의 경우 `rosserial`이 Arduino에서 동작하지 않는 것을 발견했다. 그래서 이 패키지로 사용할 장치를 선택하는데 주의하기 바란다.
Arduino UNO R3, Genuino, Mega, Arduino Duemilanove, 또는 Arduino Nano로 작업할 때에는 아무런 문제가 발생하지 않았다.

ROS와 Arduino로 로봇 플랫폼 제어

이제 우리는 ROS로 Arduino를 사용하는 법을 이해했다. 이 절에서 우리의 첫 번째 액추에이터를 ROS에 연결할 준비가 되어 있다. Arduino 사용자에게는 ROS로 로봇을 제어하도록 선택할 수 있는 저렴한 키트가 많이 있다. 이 절에서는 4 x 4 로봇 키트 섀시를 사용하려고 한다.

Odroid C1, Arduino, 9 DOF Razor IMU와 조이스틱이 있는 4 x 4 로봇 플랫폼

로봇에 ROS를 사용하려면 Arduino뿐만 아니라 ROS가 설치된 임베디드 컴퓨터가 필요하다. Dragonboard, Raspberry Pi 또는 BeagleBone Black과 같이 ROS와 호환되는 많은 ARM 기반 보드가 있다. 이 경우 Ubuntu Xenial과 ROS Kinetic이 포함된 Odroid C1이 있다. 이 장에서는 관성측정장치(IMU) 또는 오도메트리를 계산하기 위한 일부 바퀴 엔코더와 같이 다양한 센서를 플랫폼에 연결하는 방법을 배우게 된다.

로봇 플랫폼에는 4개의 모터가 제어되어야 한다. 이를 위해 우리는 모터 제어기와 함께 Arduino를 사용할 것이다. Arduino와 인터페이스할 수 있는 모터 제어기가 많이 있다. 이 경우, 우리는 L298N 듀얼 모터 드라이버를 기반으로 하는 매우 일반적인 보드를 사용할 것이다. 두 바퀴, 두 개의 모터 및 두 개의 자기 인코더 키트가 그림에 표시되어 있다.

Arduino를 이용하여 로봇 모터를 ROS에 연결하기

우리는 4개의 모터를 가지고 있기 때문에 플랫폼의 동일한 면에 동일한 출력의 모터를 연결한다. 모터의 동작을 제어하기 위해 디지털 신호를 L298N 보드에 연결한다.

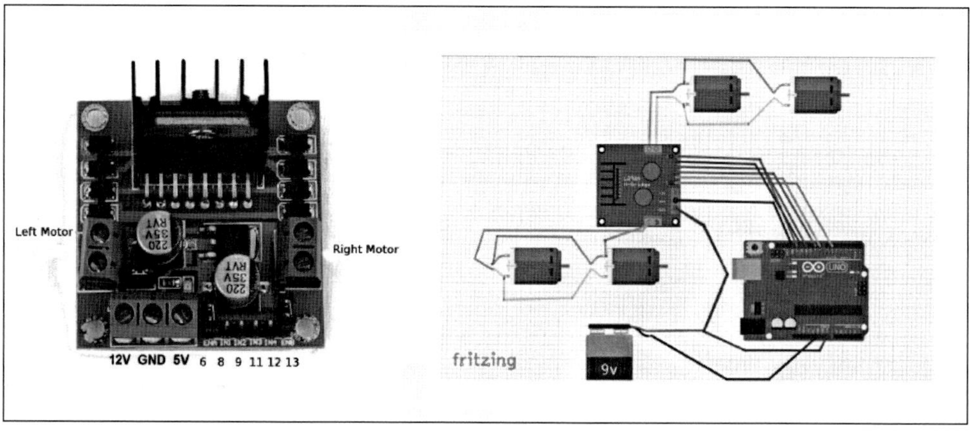

각 채널은 3개의 신호를 제어해야 한다. **IN1**과 **IN2**는 모터의 회전 센서를 설정하는 데 사용되는 디지털 신호이다. **ENA**는 Arduino의 **Pulse Width Modulation(PWM)** 신호를 사용하여 모터의 속도를 제어하는 데 사용된다. 이 신호는 왼쪽 모터를 제어하고, 오른쪽 모터에 대해서는 **IN3, IN4** 및 **ENB**가 제어 신호가 된다. 앞에서 언급한 그림에는 연결 다이어그램이 있다. Arduino에서 L298N 및 프로그래밍 INx 신호에 전선을 연결할 때 주의가 필요하다. 일단 모터를 L298N 모터 컨트롤러에 연결한 후, 제어 신호를 Arduino에 연결하기 바란다.

우리는 모터 제어 프로그램을 시작할 수 있는데, `chapter8_tutorials/src/c8_robot_with_motors/c8_robot_with_motors.ino`에서 전체 코드를 찾을 수 있다. 그리고 Arduino IDE를 사용하여 스케치 코드를 작성한다. 먼저 의존성을 선언하고 L298N 모터 컨트롤러에 연결된 Arduino 핀을 정의할 것이다.

```
#include <ros.h>
#include <std_msgs/Int16.h>

#define ENA 6
#define ENB 11
#define IN1 8
#define IN2 9
#define IN3 12
#define IN4 13
```

그런 다음 두 개의 콜백 함수를 선언하여 각 모터를 활성화한다. 왼쪽 바퀴에 대한 명령 메시지가 수신되면 명령의 부호에 따라 모터의 방향이 설정된다. 디지털 신호 `IN1`과 `IN2`는 모터 방향을 앞이나 뒤로 설정한다. `ENA`는 모터 전압을 제어하는 PWM 신호이며, 이 신호는 모터의 속도를 조절할 수 있다. 오른쪽 바퀴 명령에 대한 콜백은 첫 번째 콜백과 유사하다.

```
void cmdLeftWheelCB( const std_msgs::Int16& msg)
{
  if(msg.data >= 0)
  {
    analogWrite(ENA,msg.data);
    digitalWrite(IN1, LOW);
    digitalWrite(IN2, HIGH);
  }
  else
  {
    analogWrite(ENA,-msg.data);
```

```
    digitalWrite(IN1, HIGH);
    digitalWrite(IN2, LOW);
  }
}

void cmdRightWheelCB(const std_msgs::Int16& msg)
{
  if(msg.data >= 0)
    {
    analogWrite(ENB,msg.data);
    digitalWrite(IN3, LOW);
    digitalWrite(IN4, HIGH);
  }
  else
  {
    analogWrite(ENB,-msg.data);
    digitalWrite(IN3, HIGH);
    digitalWrite(IN4, LOW);
  }
}
```

그 다음에 두 구독자가 선언되고, 토픽들이 cmd_left_wheel로 명명되고, std::msgs::Int16 토픽 타입이 사용되고, 콜백 함수가 표시된다.

```
ros::Subscriber<std_msgs::Int16> subCmdLeft("cmd_left_wheel",
cmdLeftWheelCB );
ros::Subscriber<std_msgs::Int16>
subCmdRight("cmd_right_wheel",cmdRightWheelCB );
```

Arduino setup() 함수에서 핀은 출력으로 선언되고, nh 노드는 초기화되고, 항목에 대한 구독이 시작된다.

```
void setup() {
  // put your setup code here, to run once:
  pinMode(ENA, OUTPUT);
  pinMode(ENB, OUTPUT);
  pinMode(IN1, OUTPUT);
```

```
  pinMode(IN2, OUTPUT);
  pinMode(IN3, OUTPUT);
  pinMode(IN4, OUTPUT);
  analogWrite(ENA,0);
  analogWrite(ENB, 0);
  digitalWrite(IN1, LOW);
  digitalWrite(IN2, HIGH);
  digitalWrite(IN3, LOW);
  digitalWrite(IN4, HIGH);

  nh.initNode();
  nh.subscribe(subCmdRight);
  nh.subscribe(subCmdLeft);
}
```

loop 함수는 다음과 같다.

```
void loop()
{
  nh.spinOnce();
}
```

이제 보드에 코드를 업로드하고 터미널에서 Arduino 노드를 실행할 수 있다.

```
$ roscore
$ rosrun rosserial_python serial_node.py /dev/ttyACM0
```

다른 터미널에서는 왼쪽 및 오른쪽 모터에 몇 가지 명령을 수동으로 발행할 수 있다.

```
$ rostopic pub /cmd_right_wheel std_msgs/Int16 "data: 190"
$ rostopic pub /cmd_left_wheel std_msgs/Int16 "data: -100"
```

명령 신호는 -255에서 255 사이가 되어야 하며, 모터는 0 값으로 정지되어야 한다.

이제 로봇 모터가 ROS에 연결되었으므로 조이스틱으로 로봇 모터를 제어할 차례이다. 차동 드라이브의 기구학 방정식과 ROS `geometry_msgs::Twist` 토픽을 사용하여 속도 토픽을 통합할 수 있다. 이 방법으로 우리가 사용하는 로봇의 타입에 관계없이 표준 메시지를 오도메트리 노드에 보낼 수 있다. 이 타입의 토픽을 보내기 위해 `c8_teleop_joy` 노드를 준비했으므로 조이스틱으로 바퀴를 제어할 수 있다.

우리는 새로운 스케치 이름인 c8_robot_with_motors_w_twist.ino를 생성할 것이다. 이전 스케치를 복사할 것이고, geometry_msgs::Twist를 사용하기 위해 스케치 시작 부분에 새로운 include를 추가해야 한다.

```
#include <geometry_msgs/Twist.h>
float L = 0.1; //distance between wheels
```

그 다음에 새로운 구독자와 콜백 함수를 포함시킬 것이다.

```
void cmdVelCB( const geometry_msgs::Twist& twist)
{
  int gain = 4000;
  float left_wheel_data = gain*(twist.linear.x -
  twist.angular.z*L);
  float right_wheel_data = gain*(twist.linear.x +
  twist.angular.z*L);
  {
    analogWrite(ENA,abs(left_wheel_data));
    digitalWrite(IN1, LOW);
    digitalWrite(IN2, HIGH);
  }
  else
  {
    analogWrite(ENA,abs(left_wheel_data));
    digitalWrite(IN1, HIGH);
    digitalWrite(IN2, LOW);
  }
  if(right_wheel_data >= 0)
  {
    analogWrite(ENB,abs(left_wheel_data));
    digitalWrite(IN3, LOW);
    digitalWrite(IN4, HIGH);
  }
  else
  {
    analogWrite(ENB,abs(left_wheel_data));
    digitalWrite(IN3, HIGH);
    digitalWrite(IN4, LOW);
```

```
    }
  }
  ros::Subscriber<geometry_msgs::Twist> subCmdVel("cmd_vel",
  cmdVelCB);
```

자, 이제 코드를 Arduino 보드에 업로드할 수 있다. 모든 노드를 보다 쉽게 실행하기 위해 조이스틱, RViz 시각화 프로그램의 로봇 모델, Arduino 노드를 관리하는 실행 파일을 생성 할 것이다.

여러분은 터미널에서 다음 명령을 사용하여 예제를 시작할 수 있다.

```
$ roslaunch chapter8_tutorials chapter8_robot_with_motors.launch
$ rosrun rosserial_python serial_node.py /dev/ttyACM0
```

이제 조이스틱으로 로봇을 제어할 수 있으며, 로봇 모델이 이동하는 것을 RViz 시각화 프로그램에서 볼 수도 있다. 디스플레이 없이 임베디드 ARM 컴퓨터에서 코드를 테스트하는 경우 론치 파일에서 rviz 노드에 주석을 달 수 있다.

로봇에 엔코더 연결하기

Dagu 인코더는 각 바퀴마다 두 부분으로 구성되는데, 8극 자기 디스크(북쪽에 4개의 극과 남쪽에 4개의 극이 있음)와 홀센서(Hall effect sensor)이다. 마그네틱 디스크는 바퀴의 샤프트에 위치하고, 홀센서는 최대 3mm 거리에서 마주보아야 한다.

센서와 자석이 있는 Dagu 인코더의 설치 예

바퀴에 인코더를 설치했기 때문에 Arduino에 인코더를 연결할 수 있다. 홀센서를 검정색, 접지 및 흰색의 3개의 전선에 직접 납땜한다.

검정색 선은 센서의 접지이며 Arduino 접지에 연결해야 한다. 빨간색은 전원 공급용이며 5V에 연결해야 한다. 흰색 선은 신호인데, 이진수 신호로서 자석 디스크가 회전하여 다른 극이 센서를 향하면 그 값이 높은 레벨에서 낮은 레벨로 변경된다.

따라서 신호선을 Arduino 디지털 핀에 연결하는 것이 바람직하다. 그러나 엔코더의 신호는 모터의 회전 수와 엔코더의 극수/스텝수에 따라 매우 빠르게 변할 수 있다. 그러므로 신호 변화를 더 빠르게 읽을 수 있도록 엔코더 신호를 Arduino 인터럽트 핀에 연결하는 것을 추천한다.

Arduino/Genuino Uno의 경우 인터럽트 핀은 디지털 핀 2와 디지털 핀 3이다. 우리는 이 핀에 엔코더를 연결한다. 엔코더의 작동 방식을 확인하고 Arduino 인터럽트를 사용하는 방법을 배우려면 다음 코드를 사용하면 된다.

```
#include <std_msgs/Float32.h>
#include <TimerOne.h>
#define LOOP_TIME 200000
#define left_encoder_pin 3
#define right_encoder_pin 2
```

우리는 바퀴 속도를 발행하기 위해 인코더의 각 틱(tick)을 세고 토픽을 만드는 새로운 변수를 선언한다.

```
unsigned int counter_left=0;
unsigned int counter_right = 0;

ros::NodeHandle nh;
std_msgs::Float32 left_wheel_vel;
ros::Publisher left_wheel_vel_pub("/left_wheel_velocity",
&left_wheel_vel);

std_msgs::Float32 right_wheel_vel;
ros::Publisher right_wheel_vel_pub("/right_wheel_velocity",
&right_wheel_vel);
```

엔코더의 인터럽트를 처리하는 두 가지 함수를 만들어야 한다. 오른쪽 또는 왼쪽 엔코더 핀에서 변경이 감지될 때마다 카운트가 증가한다.

```
void docount_left() // counts from the speed sensor
{
  counter_left++; // increase +1 the counter value
```

```
}

void docount_right() // counts from the speed sensor
{
  counter_right++; // increase +1 the counter value
}
```

타이머는 각 바퀴의 속도를 발행하는 데 사용된다. 우리는 `speed:void timerIsr()`을 계산하기 위해 엔코더 카운터, 휠 반경 및 타이머 지속 시간을 사용한다.

```
{
  Timer1.detachInterrupt(); //stop the timer
  //Left Motor Speed
  left_wheel_vel.data = counter_left;
  left_wheel_vel_pub.publish(&left_wheel_vel);
  right_wheel_vel.data = counter_right;
  right_wheel_vel_pub.publish(&right_wheel_vel);
  counter_right=0;
  counter_left=0;
  Timer1.attachInterrupt( timerIsr ); //enable the timer
}
```

마지막으로 설정 함수에서 인코더 핀은 `INPUT_PULLUP`으로 선언된다. 이는 Arduino가 이들을 입력으로 처리하고 내부적으로 이 핀에 풀업(pull-up) 저항을 연결하는 것을 의미한다.

```
//Setup for encoders
pinMode(right_encoder_pin, INPUT_PULLUP);
pinMode(left_encoder_pin, INPUT_PULLUP);
Timer1.initialize(LOOP_TIME);
attachInterrupt(digitalPinToInterrupt(left_encoder_pin),
docount_left, CHANGE); // increase counter when speed sensor pin
goes High
attachInterrupt(digitalPinToInterrupt(right_encoder_pin),
docount_right, CHANGE); // increase counter when speed sensor pin
goes High
```

또한 발행될 메시지가 설정 시 광고되었다.

```
nh.advertise(left_wheel_vel_pub);
nh.advertise(right_wheel_vel_pub);
Timer1 .attachInterrupt( timerIsr ); // enable the timer
```

여러분은 보드에 코드를 업로드하고 Arduino 노드를 실행할 수 있다.

```
$ roscore
$ rosrun rosserial_python serial_node.py /dev/ttyACM0
```

다음 코드를 다른 터미널에서 입력하면

```
$ rostopic list
```

다음을 볼 것이다.

```
/cmd_left_wheel
/cmd_right_wheel
/diagnostics
/left_wheel_velocity
/right_wheel_velocity
/rosout
/rosout_agg
```

이제 토픽의 echo를 만들고 바퀴를 굴리거나 `rqt_graph`를 실행할 수 있다. 또한, `rostopic hz`로 각 발행의 빈도를 확인할 수 있다.

```
subscribed to [/left_wheel_velocity]
average rate: 5.008
        min: 0.198s max: 0.201s std dev: 0.00127s window: 5
average rate: 5.004
        min: 0.197s max: 0.201s std dev: 0.00146s window: 10
^Caverage rate: 5.006
        min: 0.197s max: 0.201s std dev: 0.00156s window: 14
luis@daneel:~$ rostopic hz /right_wheel_velocity
subscribed to [/right_wheel_velocity]
average rate: 5.007
        min: 0.198s max: 0.201s std dev: 0.00095s window: 5
average rate: 5.011
        min: 0.198s max: 0.201s std dev: 0.00083s window: 10
average rate: 5.009
        min: 0.198s max: 0.201s std dev: 0.00078s window: 15
^Caverage rate: 5.007
        min: 0.198s max: 0.201s std dev: 0.00081s window: 16
```

자, 이제 우리는 이전에 `/cmd_vel`로 했던 것처럼 `geometry msgs::Twist`에 있는 두 토픽을 통합 할 수 있다. 플랫폼의 속도와 이 메시지의 토픽 발행자를 보내려면 새로운 `geometry_msgs::Twist`를 만들어야 한다.

```
geometry_msgs::Twist sensor_vel;
ros::Publisher sensor_vel_pub("/sensor_velocity", &sensor_vel);
```

그리고 timerISR() 함수에서 기구학 방정식을 사용하여 선형 및 각속도를 계산한다.

```
sensor_vel.linear.x = radius*(left_wheel_vel.data +
right_wheel_vel.data)/2;
sensor_vel.linear.y = 0;
sensor_vel.linear.z = 0;
sensor_vel.angular.x = 0;
sensor_vel.angular.y = 0;
sensor_vel.angular.z = radius*(left_wheel_vel.data +
right_wheel_vel.data)/L;
sensor_vel_pub.publish(&sensor_vel);
```

그 후에 오도메트리 노드를 수정하여 /sensor_vel 토픽에 발행된 엔코더 센서의 실제 오도메트리 데이터를 구독할 수 있다.

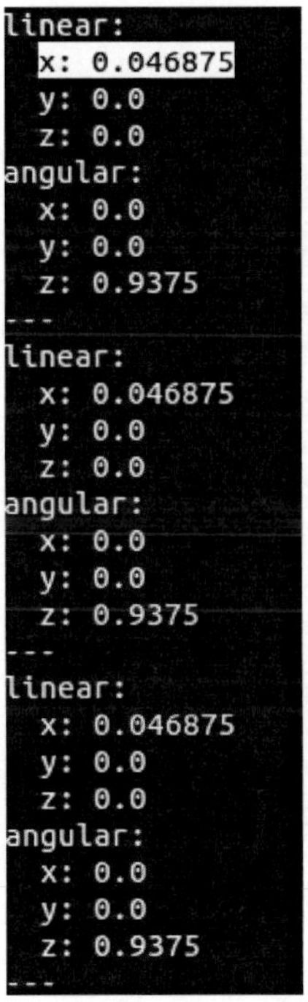

다음 명령으로 예제를 체크할 수 있다.

```
$ roslaunch chapter8_tutorials chapter8_robot_encoders.launch
$ rosrun rosserial_python serial_node.py /dev/ttyACM0
```

바퀴 속도 제어

이제 우리는 조이스틱을 사용하여 로봇의 바퀴에 명령 값을 보내거나, 수동으로 /cmd_vel 토픽을 출판하거나, 네비게이션 알고리즘을 사용할 수 있다. 또한 엔코더 데이터 덕분에 차량의 오도메트리를 계산하고 위치를 추정할 수 있다. 그러나 /sensor_velocity 데이터가 /cmd_vel 명령과 가까운지의 여부를 확인해야 한다.

/cmd_vel 명령과 /sensor_velocity의 데이터를 검사하면 그 값이 같지 않음을 알 수 있다. 여러분은 /cmd_vel 명령 함수에서 다른 이득(gain)을 설정하여 실제 속도로 속도 명령을 조정할 수는 있지만 이를 수행하는 가장 좋은 방법은 아니다. 해결책은 전원 공급 장치, 차량의 무게 또는 로봇을 운전하는 바닥 표면에 따라 달라진다.

조금 더 깊이 들어가서, 제어 알고리즘을 탐색해 보자. 우리에게 로봇의 원하는 속도, /cmd_vel, 엔코더 센서로부터의 피드백이 있으므로, 로봇 플랫폼의 /cmd_vel에 도달하기 위해 폐루프(closed-loop) 제어 알고리즘을 구현할 수 있다. 예를 들어 PID 알고리즘은 이런 상황에서 많이 사용된다. 따라서 Arduino에서 자신의 플랫폼 제어 알고리즘을 수행해 보자. 지금까지의 과정을 잘 수행했다면, 이것도 할 수 있을 것이다.

플랫폼에 장착 된 바퀴, 모터, 그리고 엔코더

여러분이 직접 제어 알고리즘을 개발하지 않고 제어를 시도하는 경우에는 코드 저장소에서 PID를 사용하는 폐루프 제어 알고리즘의 예를 찾을 수 있다.

저가의 9자유도 IMU

> "관성측정장치 또는 IMU(inertial measurement unit)는 가속도계와 자이로스코프, 때로는 자력계(magnetometer)의 조합을 사용하여 비행기의 속도와 방향 및 중력을 측정 및 보고하는 전자장치이다. IMU는 일반적으로 무인 공중 이동체(UAV)를 포함한 항공기와, 위성 및 착륙선을 포함한 우주선을 기동시키는 데 사용된다."
>
> - 위키피디아

이 절에서 우리는 9 자유도(Degrees of Freedom, DoF)를 가지는 저가 센서에 관해 배울 것이다. 이 센서에는 가속도계(x3), 자력계(x3), 기압계(x1) 및 자이로스코프(x3)가 있다. 9DoF Razor IMU 및 9DoF 센서 스틱은 여러분의 로봇 프로젝트에 사용할 수 있는 저렴한 IMU이다. 두 개의 보드는 HMCL5883 자력계, ADXL345, ITG3200 자이로스코프를 갖추고 있다. 구 버전은 자력계가 다르다. 두 보드의 주요 차이점은 Razor IMU에 **ATMega328** 마이크로컨트롤러가 포함되어 있기 때문에 피치(pitch), 롤(roll), 요가(yaw)가 원래 데이터에서 계산되어 TTL로 전송된다는 것이다. Razor IMU를 연결하려면 3.3V TTL-to-USB 변환기가 필요하다. 센서 스틱에는 3개의 센서만 있으며 I2C 통신이 있다.

9DoF Razor IMU는 Arduino UNO에서 사용하는 것과 동일한 마이크로컨트롤러인 ATMega328을 기반으로 하므로 Arduino IDE를 사용하여 펌웨어를 직접 업데이트하거나 자신의 코드를 쉽게 개발할 수 있다. 여러분은 I2C를 사용하는 센서 스틱을 제어하기 위해 자신의 Arduino를 사용할 수 있다.

이 절에서 설명한 센서의 대략적인 비용은 70달러였다. 이러한 저렴한 가격 덕분에 이 센서들을 많은 프로젝트에서 사용할 수 있다. 현재 Sparkfun은 가격이 50달러인 새로운 9DoF Razor IMU M0으로 업그레이드했는데, 이 내용은 `https://www.sparkfun.com/products/14001` 링크에서 확인할 수 있다.

다음 사진에서 9DoF Razor IMU 센서를 볼 수 있다. 이 센서는 작으며 다음과 같은 주요 구성 요소를 가지고 있다.

9자유도 Razor IMU

이 보드에는 다음과 같은 센서가 있다.

- ADXL345: 이 센서는 ±16g(중력 가속도의 단위, 역자주)까지를 13 비트로 표현하는 고해상도 3축 가속도 센서이다. 이 센서는 모바일 장치에 널리 적용되며, 기울기 측정을 위해 정적인 중력 가속도를 측정할 뿐만 아니라 모션이나 충격 측정을 위해 동적인 가속도도 측정 가능하다.
- HMC5883L: 이 센서는 저비용 컴파스 및 자력계와 같은 장치를 위한 디지털 인터페이스를 가진 저자계(low-field) 자력감지용으로 설계되었다.
- BMP085: 이 센서는 고급 모바일 장치에서 사용되는 고해상도 기압측정 센서이다. 0.03hPa까지 절대적인 정확도로 측정하는 탁월한 성능이 있으며, 소비전력도 3μA로서 매우 낮다.
- L3G4200D: 이 센서는 초당 2,000도(**degrees per second, dps**)를 16비트로 표현하는 고해상도 3축 자이로스코프로서 센서를 장착한 장치가 세 개의 축을 중심으로 얼마나 회전하는 지를 측정한다.

앞서 말했듯이, 센서 스틱은 I2C 프로토콜을 사용해서 제어되고 우리는 Arduino를 사용하여 센서를 제어할 것이다. 다음 사진은 두 전자회로 보드를 어떻게 연결하는 지를 보여준다.

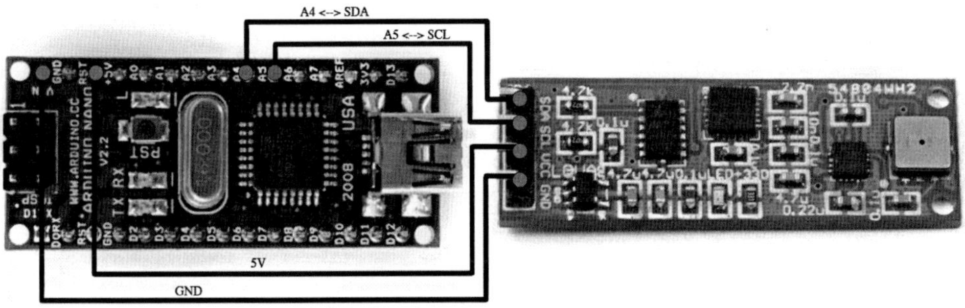

Arduino Nano와 센서 스틱

Arduino UNO의 경우 연결되는 핀들은 사진의 Arduino Nano의 핀들과 같다. 두 보드가 잘 동작하기 위해서 여러분은 네 개의 선을 연결하기만 하면 된다. 이때 센서의 **GND**와 **VCC**를 Arduino의 **GND**와 **5V**에 각각 연결해야 한다.

Serial Data Line(SDL)은 아날로그 4번 핀에 연결되어야 하고, **Serial Clock(SCK)**은 아날로그 5번 핀에 연결되어야 한다. 이 핀들을 잘못 연결하면 Arduino는 센서와 통신을 할 수 없다.

Razor IMU ROS 라이브러리 설치하기

ROS를 위한 Razor IMU 라이브러리를 설치하기 위해 우리는 다음 명령으로 비주얼 파이썬을 설치해야 한다.

```
$ sudo apt-get install python-visual
```

그 다음에 우리의 작업공간인 /src로 가서 GitHub로부터 *Kristof Robot*의 `razor_imu_9dof` 저장소를 복제하고 컴파일해야 한다.

```
$ cd ~/dev/catkin_ws/src
$ git clone https://github.com/KristofRobot/razor_imu_9dof.git
$ cd ..
$ catkin_make
```

먼저 Arduino IDE가 설치되어 있어야 하는데, 이에 관해 이 장의 Arduino 절에서 이미 설명했다. 다음은 Arduino IDE인 `/dev/catkin_ws/src/Razor_AHRS/Razor_AHRS.ino`를 열고, 하드웨어 옵션을 선택해야 한다. 코드에서 이 섹션을 검색하고 여러분의 상황에 맞는 라인의 주석 처리를 제거한다.

```
/*****************************************************************/
/********* USER SETUP AREA! Set your options here! ***********/
/*****************************************************************/
// HARDWARE OPTIONS
/*****************************************************************/
// Select your hardware here by uncommenting one line!
//#define HW__VERSION_CODE 10125 // SparkFun "9DOF Razor IMU"
version "SEN-10125" (HMC5843 magnetometer)
#define HW__VERSION_CODE 10736 // SparkFun "9DOF Razor IMU"
version "SEN-10736" (HMC5883L magnetometer)
//#define HW__VERSION_CODE 10183 // SparkFun "9DOF Sensor Stick"
version "SEN-10183" (HMC5843 magnetometer)
//#define HW__VERSION_CODE 10321 // SparkFun "9DOF Sensor Stick"
version "SEN-10321" (HMC5843 magnetometer)
//#define HW__VERSION_CODE 10724 // SparkFun "9DOF Sensor Stick"
version "SEN-10724" (HMC5883L magnetometer)
```

필자의 경우 9DoF Razor IMU 버전 SEN-10736을 사용하고 있다. 이제 코드를 저장하고 업로드할 수 있다. Arduino IDE에서 올바른 프로세서를 선택하도록 주의하기 바란다. 필자의 Razor IMU의 경우 Arduino Pro 또는 Pro Mini를 선택해야 하며 ATMega 3.3V 8MHz를 프로세서로 선택해야 한다.

razor_imu 패키지의 경우, 여러분은 my_razor.yaml이라는 구성 파일을 준비해야 하며, 다음 코드로 기본 파일을 my_razor.yaml 구성 파일에 복사할 수 있다.

```
$ roscd razor_imu_9dof/config
$ cp razor.yaml my_razor.yaml
```

파일을 열어 구성이 여러분의 것과 일치하는지 확인할 수 있다. 이제 가장 중요한 것은 포트를 올바르게 설정하는 것인데, 센서 스틱과 Arduino를 사용하고 있는지 확인한다. 필자의 경우 기본적으로 다음과 같다.

```
port: /dev/ttyUSB0
```

여러분이 IMU를 보정(calibration)할 경우 올바른 방향 측정을 위해 이 파일에 모든 보정 파라미터를 포함할 수 있다.

다음 론치 명령으로 razor_imu 또는 스틱을 사용할 수 있다.

```
$ roslaunch razor_imu_9dof razor-pub-and-display.launch
```

그러면 두 개의 창이 나타날 것인데, 하나는 IMU의 자세를 나타내는 3차원 그림이고, 나머지는 **Roll**, **Pitch**, **Yaw**가 있는 2차원 그림이다.

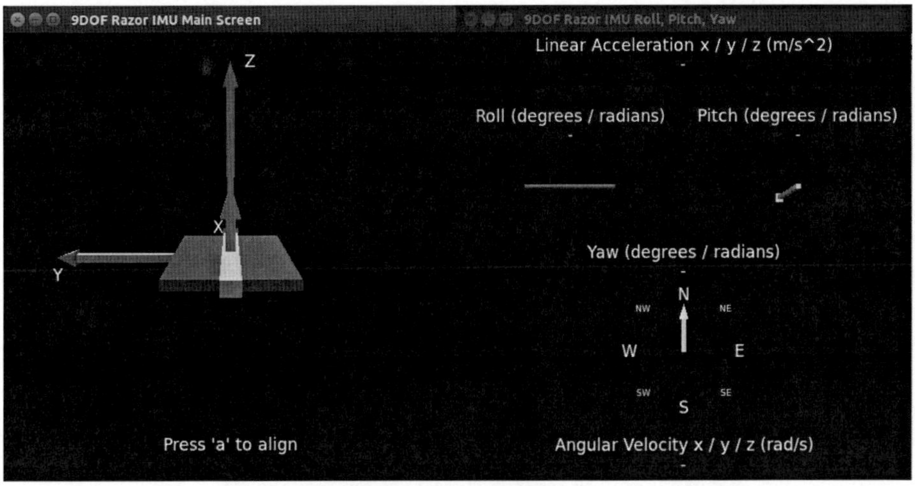

Razor IMU 디스플레이

몇 초 후 센서의 `msgs::IMU`가 전송되기 시작하고, 센서를 움직이면 파라미터가 어떻게 변하는 지 알 수 있다.

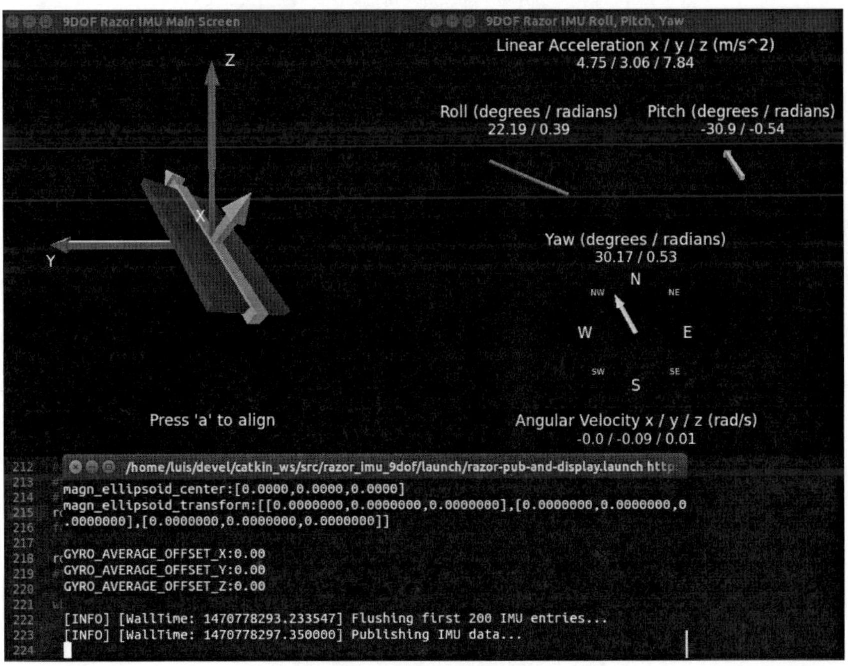

다른 방향의 Razor IMU

ROS에서 Razor가 어떻게 데이터를 보내는가?

모든 것이 잘 되었다면, 여러분은 rostopic 명령을 이용하여 토픽 리스트를 볼 수 있다.

```
$ rostopic list
```

노드는 세 가지 토픽을 발행한다. 이 절에서 우리는 /imu/data로 작업할 것이다. 무엇보다 이 토픽이 보낸 타입과 데이터를 보게 될 것이다. 그 타입과 필드를 보기 위해 다음 명령줄을 사용하자.

```
$ rostopic type /imu
$ rosmsg show sensor_msgs/Imu
```

```
std_msgs/Header header
  uint32 seq
  time stamp
  string frame_id
geometry_msgs/Quaternion orientation
  float64 x
  float64 y
  float64 z
  float64 w
float64[9] orientation_covariance
geometry_msgs/Vector3 angular_velocity
  float64 x
  float64 y
  float64 z
float64[9] angular_velocity_covariance
geometry_msgs/Vector3 linear_acceleration
  float64 x
  float64 y
  float64 z
float64[9] linear_acceleration_covariance
```

`/imu` 토픽은 `sensor_msg/Imu`이다. 필드는 방향, 가속도, 속도를 나타내기 위해 사용된다. 우리의 예에서는 방향 필드를 사용한다. 보낸 데이터의 실제 예를 보려면 메시지를 확인한다. 다음 명령을 사용하여 수행할 수 있다.

```
$ rostopic echo /imu
```

다음의 출력과 비슷한 결과를 볼 것이다.

```
header:
  seq: 43264
  stamp:
    secs: 1480621387
    nsecs: 926049947
  frame_id: base_imu_link
orientation:
  x: -0.664401936806
  y: 0.459286679427
  z: -0.562455021343
  w: 0.176833711254
orientation_covariance: [0.0025, 0.0, 0.0, 0.0, 0.0025, 0.0, 0.0, 0.0, 0.0025]
angular_velocity:
  x: -0.02
  y: -0.04
  z: -0.0
angular_velocity_covariance: [0.02, 0.0, 0.0, 0.0, 0.02, 0.0, 0.0, 0.0, 0.02]
linear_acceleration:
  x: 5.8836
  y: -7.60960921875
  z: -2.98087078125
linear_acceleration_covariance: [0.04, 0.0, 0.0, 0.0, 0.04, 0.0, 0.0, 0.0, 0.04]
---
```

방향 필드를 관찰하면 아마 3개를 예상했을 텐데 4개의 변수가 표시된다. 이는 ROS에서 공간 방향이 쿼터니언을 사용하여 표현되기 때문이다. 인터넷에서 이렇게 간결하고, 모호하지 않은 방향 표현에 관한 많은 문헌을 찾을 수 있다.

로봇의 9자유도 센서로부터 데이터를 사용하기 위해 ROS 노드 생성하기

이제 저가형 IMU가 ROS에서 작동하기 때문에 우리는 Razor IMU에서 `imu/data` 토픽에 구독하는 새로운 노드를 만들 것이다. 예를 들어 우리는 IMU 데이터에 따라 피치, 롤 및 헤딩을 로봇 모델에서 볼 수 있다. 그래서 `c8_odom.cpp`를 기반으로 새로운 노드를 만들어 볼 것이다. 이 파일의 이름은 `c8_odom_imu.cpp`이다.

이제 우리는 몇 가지 수정을 할 것이다. 먼저 IMU 토픽을 구독할 수 있도록 `sensor_msgs/Imu`가 포함된다.

```
#include <sensor_msgs/Imu.h>
```

또한 IMU 데이터를 저장할 전역변수가 필요하다.

```
sensor_msgs::Imu imu;
```

그 다음에 IMU 데이터를 얻기 위해 콜백 함수를 생성할 것이다.

```
void imuCallback(const sensor_msgs::Imu &imu_msg)
{
  imu = imu_msg;
}
```

main 함수에서 우리는 /imu_data 토픽의 구독자를 선언할 필요가 있다.

```
ros::Subscriber imu_sub = n.subscribe("imu_data", 10,
imuCallback);
```

그리고 각 odom 변환에 올바른 IMU 방향 데이터를 할당해야 한다.

```
odom_trans.transform.rotation.x = imu.orientation.x;
odom_trans.transform.rotation.y = imu.orientation.y;
odom_trans.transform.rotation.z = imu.orientation.z;
odom_trans.transform.rotation.w = imu.orientation.w;
```

또한 로봇의 자세에 IMU로부터 얻은 방향 데이터를 할당해야 한다.

```
odom.pose.pose.orientation.x = imu.orientation.x;
odom.pose.pose.orientation.y = imu.orientation.y;
odom.pose.pose.orientation.z = imu.orientation.z;
odom.pose.pose.orientation.w = imu.orientation.w;
```

일단 이 파일을 만들고 컴파일하면 이 예제를 실행할 수 있다.

```
$ roslaunch razor_imu_9dof razor-pub-and-display.launch
$ roslaunch chapter8_tutorials chapter8_robot_imu.launch
```

그 결과 RViz 시각화 프로그램에 Razor IMU 디스플레이와 로봇 모델이 표시된다. 로봇 모델은 Razor IMU의 자세와 방향을 가진다.

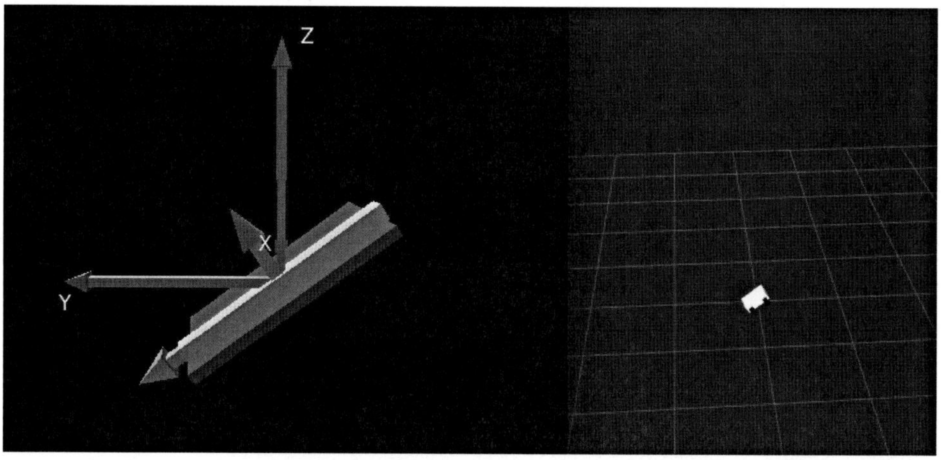

RViz에서 Razor IMU 디스플레이와 로봇 모델

로봇에 센서 데이터를 융합하기 위해 로봇 위치측정 사용하기

이제 우리는 로봇을 가지고 있으며, 바퀴 엔코더와 9DoF Razor IMU와 같이 로봇의 위치를 측정하는 데 사용할 수 있는 여러 가지 소스가 있다. 우리는 로봇 위치 추정을 향상시키기 위해 이 센서의 데이터를 결합하는 새로운 패키지를 설치하려고 한다. `robot_localization` 패키지는 **Extended Kalman Filter(EKF)**를 사용하여 여러 센서의 데이터를 사용하여 새 추정값을 계산한다.

이 패키지를 설치하기 위해 터미널에서 아래의 명령을 입력한다.

```
$ sudo apt-get install ros-kinetic-robot-localization
```

이 패키지를 설치하면 다음 단계에서는 이를 사용하는 방법을 배우게 된다. 따라서 우리는 `ekf_template.launch`라는 이름의 론치 파일인 패키지 내부를 살펴볼 것이다.

```
$ rosed robot_localization ekf_template.launch
```

파일을 열면, 아래의 코드를 볼 것이다.

```
<launch>
  <node pkg="robot_localization" type="ekf_localization_node"
  name="ekf_se" clear_params="true">
    <rosparam command="load" file="$(find
    robot_localization)/params/ekf_template.yaml" />
    <!-- Placeholder for output topic remapping
<remap from="odometry/filtered" to=""/>
<remap from="accel/filtered" to=""/>
-->
  </node>
</launch>
```

`ekf_localization_node`를 시작하고 `ekf_template.yaml`에 저장되어 있는 일부 파라미터를 로드하기 위해 관련 코드를 보자. yaml 파일은 다음 형식과 유사하다.

```
#Configuation for robot odometry EKF
#
frequency: 50

odom0: /odom
odom0_config: [false, false, false,
false, false, false,
```

```
true, true, true,
false, false, true,
false, false, false]
odom0_differential: false

imu0: /imu_data
imu0_config: [false, false, false,
false, false, true,
false, false, false,
false, false, true,
true, false, false]
imu0_differential: false

odom_frame: odom
base_link_frame: base_footprint
world_frame: odom
```

이 파일에서 우리는 IMU 토픽의 이름, 오도메트리 토픽, 또한 base_link_frame을 정의한다. EKF 필터는 IMU와, 참 또는 거짓으로 채워진 6 x 3 매트릭스로 선택된 오도메트리 토픽의 데이터만 사용한다.

이 yaml 파일을 chapter8_tutorials/config에 robot_localization.yaml이라는 이름으로 저장하려고 한다. 그리고 robot_localization.launch라는 이름의 챕터의 론치 폴더에 새로운 실행 파일을 생성할 것이다.

```
<launch>
  <node pkg="robot_localization" type="ekf_localization_node"
  name="ekf_localization">
    <rosparam command="load" file="$(find
    chapter8_tutorials)/config/robot_localization.yaml" />
  </node>
</launch>
```

마침내 우리 로봇의 코드를 모두 작성했으며 모든 부분들을 테스트할 수 있다.

```
$ roscore
$ rosrun rosserial_python serial_node.py /dev/ttyACM0
$ roslaunch razor_imu_9dof razor-pub-and-display.launch
$ roslaunch chapter8_tutorials chapter8_robot_encoders.launch
$ roslaunch chapter8_tutorials robot_localization.launch
```

IMU 사용하기: Xsens MTi

아래 이미지는 이 절에서 사용될 Xsens MTi이다.

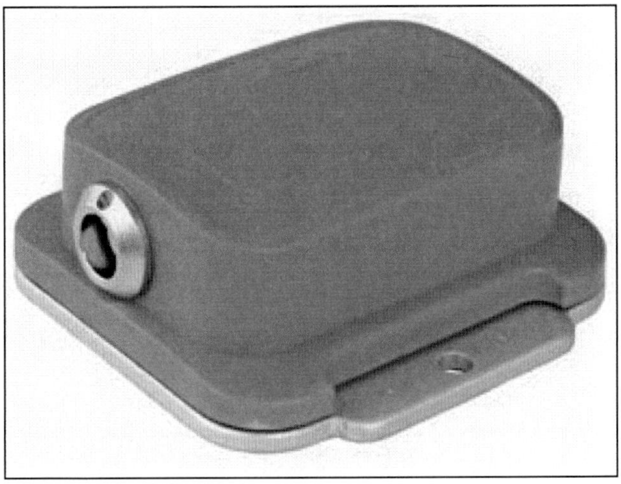

Xsens Mti

Xsens IMU는 로봇에 사용되는 전형적인 관성 센서이다. 이 절에서 여러분은 ROS에서 이 센서를 사용하는 방법과 센서에서 발행되는 토픽을 사용하는 방법을 배울 것이다.

ROS에서는 전에 사용했던 Razor IMU와 같은 다수의 IMU 장치를 사용할 수 있다. 이 절에서는 XSens IMU를 사용할 것인데 이에 적합한 드라이버를 설치할 필요가 있다. 그런데 여러분이 MicroStrain 3DM-GX2나 Wii Motion Plus와 함께 Wiimote를 사용하고자 한다면 아래의 드라이버를 다운로드해야 한다.

중요사항

MicroStrain 3DM-GX2 IMU의 드라이버는 `http://www.ros.org/wiki/microstrain_3dmgx2_imu`에서 다운로드가 가능하다.
Wii Motion Plus와 함께 Wiimote를 사용할 때의 드라이버는 `http://www.ros.org/wiki/wiimote`에서 다운로드가 가능하다.

우리의 디바이스를 사용하기 위해 `xsens_driver`를 이용할 것이다. 여러분은 아래의 명령을 사용해서 이 드라이버를 설치할 수 있다.

```
$ sudo apt-get install ros-kinect-xsens-driver
```

다음의 명령을 사용해서 여러분은 이 드라이버가 필요로 하는 두 패키지를 설치할 수 있다.

```
$ rosstack profile
$ rospack profile
```

이제 IMU를 시작하고 어떻게 작동하는 지를 보도록 하자. 쉘에서는 아래의 명령을 론칭한다.

```
$ roslaunch xsens_driver xsens_driver.launch
```

이 드라이버는 USB 포트와 보레이트(baud rate)를 아무런 변화 없이 직접 감지한다.

어떻게 Xsens는 ROS에 데이터를 보내는가?

모든 것이 순조롭게 진행되었다면, 여러분은 `rostopic` 명령어를 사용해서 토픽 리스트를 볼 수 있다.

```
$ rostopic list
```

이 노드는 세 개의 토픽을 발행할 것이다. 이 절에서는 `/imu/data`로 작업을 하며, 무엇보다 먼저 이 토픽이 보낸 타입과 데이터를 본다. 타입과 필드를 보기 위해 아래 명령줄을 사용하자.

```
$ rostopic type /imu/data
$ rostopic type /imu/data | rosmsg show
```

`/imu/data` 토픽은 `sensor_msg/Imu`이다. 이 필드들은 방향과 가속도, 속도를 표시하는 데 사용되며, 우리 예제에서는 방향 필드를 사용할 것이다. 보내진 데이터의 실례를 보기 위해 다음 명령으로 메시지를 확인하자.

```
$ rostopic echo /imu/data
```

이 결과 여러분은 아래와 유사한 출력을 보게 될 것이다.

```
---
header:
seq: 288
stamp:
secs: 1330631562
nsecs: 789304161
frame_id: xsens_mti_imu
orientation:
x: 0.00401890464127
```

```
y: -0.00402884092182
z: 0.679586052895
w: 0.73357373476
---
```

방향 필드를 잘 관찰하면, 예상했던 세 개가 아닌 네 개의 변수들을 보게 된다. 그 이유는 ROS에서는 공간적 방향이 4원수(quaternion)로 표현되기 때문이다. 이 표현법은 간결하면서도 모호하지 않은 방향 표현법으로서 인터넷에서 많은 문서 자료들을 찾을 수 있다.

rviz 실행 시 imu 디스플레이 표시를 추가하면 IMU의 방향을 관찰할 수 있다.

```
$ rosrun rviz rviz
```

GPS 시스템 사용하기

Global Positioning System(GPS, 지구측위시스템)은 지구 표면이나 근방의 어떤 곳에 대해서도 날씨와 상관없이 위치와 시간에 관한 정보를 제공하는 공간기반 위성 시스템이다. 여러분이 유효한 데이터를 얻기 위해서는 네 개의 GPS 위성이 방해받지 않는 직선 경로를 가져야 한다.

GPS로부터 받은 데이터는 **National Maritime Electronics Association(NMEA)**에 의해 정해진 통신 기준을 따르고 다른 종류의 문장들로 구성된 프로토콜을 추종한다. 그 안에서 우리는 수신기의 위치에 관한 모든 정보를 찾을 수 있다.

중요사항

NMEA 메시지의 모든 타입에 대해 더 읽고 싶다면 http://www.gpsinformation.org/dale/nmea.htm을 방문하기 바란다.

GPS에 관한 가장 흥미로운 부분의 하나는 GGA 문장들에 담겨 있다. 그 문장들은 GPS의 3차원 위치에 대한 현재의 고정 데이터(fix data)를 제공한다. 이 문장과 각 필드에 대한 설명과 관련된 한 예제는 다음과 같다.

```
$GPGGA,123519,4807.038,N,01131.000,E,1,08,0.9,545.4,M,46.9,M,,*47
Where:
GGA          Global Positioning System Fix Data
123519       Fix taken at 12:35:19 UTC
```

```
4807.038,N  Latitude 48 deg 07.038' N
01131.000,E Longitude 11 deg 31.000' E
1 Fix quality: 0 = invalid
1 = GPS fix (SPS)
2 = DGPS fix
3 = PPS fix
4 = Real Time Kinematic
5 = Float RTK
6 = estimated (dead reckoning) (2.3 feature)
7 = Manual input mode
8 = Simulation mode
08 Number of satellites being tracked
0.9 Horizontal dilution of position
545.4,M Altitude, Meters, above mean sea level
46.9,M Height of geoid (mean sea level) above WGS84
ellipsoid
(empty field) time in seconds since last DGPS update
(empty field) DGPS station ID number
*47 the checksum data, always begins with *
```

GPS 수신기의 종류에 따라 우리는 다른 성능과 정밀도를 선택할 수 있다. 우리는 UAV처럼 다른 응용분야에 공통적으로 사용되는 저가의 간단한 GPS를 구할 수 있는데, 그 오차는 수 미터 범위에 이른다. 또한 우리는 차분(differential) GPS로 설정되거나 **Real Time Kinematics(RTK)** 모드(위치를 알고 있는 두 번째 GPS에서 첫 번째 GPS에 교정 신호를 보냄)에서 동작할 수 있는 고가의 GPS 장치도 찾을 수 있다. 이 GPS는 정밀도 면에서 훌륭한 결과를 얻을 수 있는데, 위치 오차가 10cm 이하이다.

일반적으로 GPS는 받은 데이터를 직렬 통신 프로토콜을 사용해서 컴퓨터나 Arduino 같은 마이크로 컨트롤러에 전송한다. 우리는 TTL이나 RS232를 사용하는 장치들을 구할 수 있고, 이들은 USB 어댑터를 이용해서 컴퓨터에 쉽게 연결될 수 있다. 이 절에서는 저가의 GPS(NEO-Bloc 6M)와 RTK 모드의 GR-3 Topcon 같은 매우 정확한 시스템을 사용할 것이다. 이로써 동일한 드라이버로 두 장치의 위도와 경도, 그리고 고도 정보를 얻을 수 있다는 사실을 알 수 있다.

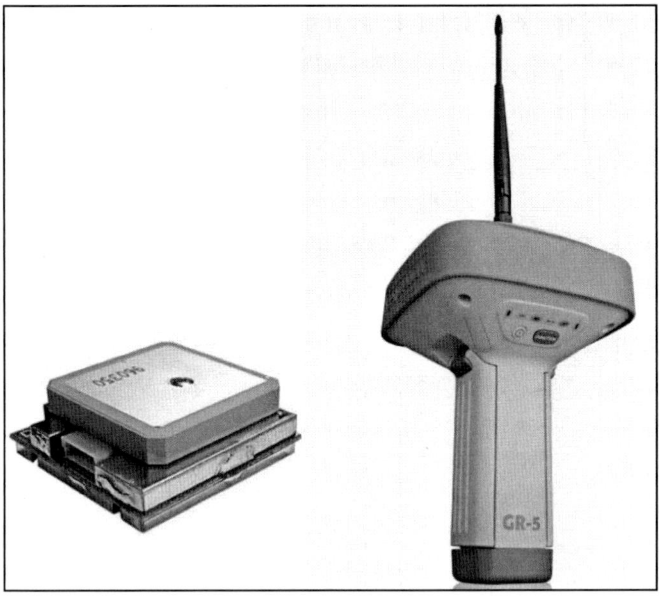

Em406a와 Topcon GPS

ROS로 GPS 센서를 제어하기 위해 아래의 명령줄을 이용하여 NMEA GPS 드라이버 패키지를 설치한다(그 이후에 rosstack과 rospack profile을 사용하는 것을 잊어선 안 된다).

```
$ sudo apt-get install ros-kinetic-nmea-gps-driver
$ rosstack profile && rospack profile
```

GPS 드라이버를 실행하기 위해 우리는 nmea_gpst_driver.py 파일을 실행할 것이다. 이렇게 하기 위해 두 인수를 지시해야 하는데, GPS가 연결되는 포트와 보레이트이다.

```
$ rosrun nmea_gps_driver nmea_gps_driver.py _port:=/dev/ttyUSB0
_baud:=4800
```

EM-406a GPS의 경우 앞의 명령줄에서 보인 것처럼 보레이트가 4800Hz이다. Topcon GR-3의 경우 보레이트는 더 높은데 약 115,200Hz에 이른다. 이를 ROS에서 사용하려면 _baud 인수를 다음 명령줄과 같이 수정해야 한다.

```
$ rosrun nmea_gps_driver nmea_gps_driver.py _port:=/dev/ttyUSB0
_baud:=115200
```

GPS는 어떻게 메시지를 보내는가

모든 것이 잘 되었다면, 다음 명령을 입력하면 토픽 리스트에서 `/fix`라고 불리는 토픽을 보게 될 것이다.

```
$ rostopic list
```

어떤 종류의 데이터를 사용하는 것인지를 알기 위해, `rostopic` 명령을 입력했다. NMEA GPS 드라이버는 GPS 위성 정보를 보내기 위해 `sensor_msgs/NavSatFix` 메시지를 사용한다.

```
$ rostopic type /fix
sensor_msgs/NavSatFix
```

`/fix` 토픽은 `sensor_msg/NavSatFix`이다. 이 필드들은 위도와 경도, 고도, 상태, 서비스 질, 그리고 공분산(covariance) 행렬을 알려주는 데 사용된다. 우리의 예제에서는 **Universal Transverse Mercator(UTM)**라고 불리는 2차원 카테시안(Cartesian) 좌표계 시스템에 투영하기 위해 위도와 경도를 사용한다.

보내진 데이터의 실제 예를 보기 위해 메시지를 확인하자. 다음 명령으로 그렇게 할 수 있다.

```
$ rostopic echo /fix
```

여러분은 아래의 출력과 유사한 결과를 얻을 것이다.

```
---
header:
seq: 3
stamp:
secs: 1404993925
nsecs: 255094051
frame_id: /gps
status:
status: 0
service: 1
latitude: 28.0800916667
longitude: -15.451595
altitude: 315.3
position_covariance: [3.24, 0.0, 0.0, 0.0, 3.24, 0.0, 0.0, 0.0,
12.96]
position_covariance_type: 1
---
```

GPS를 사용하기 위한 예제 프로젝트 만들기

이 예제에서 우리는 GPS의 위도와 경도를 2차원 카테시안 공간에 투영하고자 한다. 이를 위해 Chuck Gantz에 의해 작성된 함수(위도와 경도를 UTM 좌표로 변환함)를 사용할 것이다. 노드는 GPS 데이터를 보내는 `/fix` 토픽을 구독한다. 여러분은 그 코드를 `c8_fixtoUTM.cpp` 파일에 있는 `chapter8_tutorials`에서 구할 수 있다.

```
#include <ros/ros.h>
#include <tf/transform_broadcaster.h>
#include <nav_msgs/Odometry.h>
#include <stdio.h>
#include <iostream>
#include <sensor_msgs/NavSatFix.h>
geometry_msgs::Point global_position;
ros::Publisher position_pub;
void gpsCallBack(const sensor_msgs::NavSatFixConstPtr& gps)
{
  double northing, easting;
  char zone;
  LLtoUTM(gps->latitude, gps->longitude, northing, easting ,
&zone);
  global_position.x = easting;
  global_position.y = northing;
  global_position.z = gps->altitude;
}

int main(int argc, char** argv){
  ros::init(argc, argv, "Geoposition");
  ros::NodeHandle n;
  ros::Subscriber gps_sub = n.subscribe("fix",10, gpsCallBack);
  position_pub = n.advertise<geometry_msgs::Point>
  ("global_position", 1);
  ros::Rate loop_rate(10);
  while(n.ok())
  {
    ros::spinOnce();
```

```
        loop_rate.sleep();
    }
}
```

먼저 여러분은 #include <sensor_msgs/NavSatFix.h>를 이용하여 NavSatFix 메시지를 선언해야 한다.

이 방법으로 ros::Subscriber gps_sub = n.subscribe("fix", 10, gpsCallBack) 메인 함수에 있는 /fix 토픽을 구독해야 한다.

모든 기능은 gpsCallBack() 함수에서 발생한다. 우리는 위도와 경도를 UTM 공간으로 변환하기 위해 LltoUTM() 함수를 사용할 것이다. 우리는 /global_position으로 명명된 geometry_msg/Point 토픽을 UTM의 북향(northing) 및 동향(easting) 좌표와 GPS의 고도 좌표와 함께 발행할 것이다.

이 코드를 사용해 보기 위해, GPS 드라이버를 실행한 후 다음 명령을 사용할 수 있다.

```
$ rosrun chapter8_tutorials c8_fixtoUTM
```

여러분은 Kalman 필터를 사용하여 주행 거리 측정 및 IMU와 NavSatFix 데이터를 융합하여 로봇 위치측정을 향상시키는 데에 GPS 데이터를 사용할 수 있다.

레이저 거리측정기 사용하기: Hokuyo URG-04lx

이동 로봇들에게는 장애물이 어디에 있는지와 방의 전체모양 등을 아는 것이 매우 중요하다. 로봇은 미지의 공간에서 이동하며 길을 찾기 위해 지도를 이용한다. 이러한 목적으로 사용되는 센서가 LIDAR인데, 이 센서는 로봇과 물체 간의 거리를 측정하는 역할을 한다.

이 절에서는 로봇공학에서 널리 사용되는 저가 버전의 LIDAR를 사용하는 방법을 배울 것이다. 이 센서는 Hokuyo URG-04lx 거리측정기이며, http://www.hokuyo-aut.jp/에서 더 자세한 정보를 얻을 수 있다. Hokuyo 거리측정기는 실시간으로 길을 찾으면서 지도를 그리는 데 사용되는 장치이다.

Hokuyo URG-041x

Hokuyo URG-04lx 모델은 로봇공학에서 공통적으로 사용되는 저가의 거리측정기이다. 이 모델의 해상도는 매우 높으며, 사용하기에 아주 편리하다. 이를 사용하기 위해서는 먼저 레이저에 대한 드라이버를 다음 명령으로 설치한다.

```
$ sudo apt-get install ros-kinetic-urg-node
$ rosstack profile && rospack profile
```

설치가 끝났으면 모두 잘 되었는지를 확인한다. 여러분의 레이저를 연결한 후 시스템이 이를 인식하고 정확하게 설정되었는지를 확인하자.

```
$ ls -l /dev/ttyACM0
```

레이저가 연결되면 시스템은 이를 인식한 후 앞의 명령의 결과로서 아래와 같은 출력을 보여줄 것이다.

```
crw-rw---- 1 root dialout 166, 0 Jan 13 11:09 /dev/ttyACM0
```

이 경우 레이저 장치를 재설정해서 ROS가 레이저에 접근할 수 있게 할 필요가 있다. 즉, 다음 명령으로 이를 적절히 허용한다.

```
$ sudo chmod a+rw /dev/ttyACM0
```

그리고 다음의 명령줄로 재구성을 확인한다.

```
$ ls -l /dev/ttyACM0
crw-rw-rw- 1 root dialout 166, 0 Jan 13 11:09 /dev/ttyACM0
```

모든 것이 잘 되었다면, 레이저를 켠다. `roscore`를 하나의 쉘에서 시작하고, 다른 쉘에서는 다음 명령을 실행한다.

```
$ rosrun hokuyo_node hokuyo_node
```

모두 잘 동작한다면, 다음과 같은 결과를 볼 것이다.

```
[ INFO] [1358076340.184643618]: Connected to device with ID: H1000484
```

ROS에서 레이저가 어떻게 데이터를 보내는지 이해하기

노드가 데이터를 보내는지 확인하기 위해 아래처럼 `rostopic`을 사용하자.

```
$ rostopic list
```

그 출력으로 다음의 토픽들을 보게 될 것이다.

```
/diagnostics
/hokuyo_node/parameter_descriptions
/hokuyo_node/parameter_updates
/rosout
/rosout_agg
/scan
```

`/scan` 토픽은 노드가 발행되는 토픽이다. 노드가 사용하는 데이터의 타입은 다음 명령으로 볼 수 있다.

```
$ rostopic type /scan
```

그러면 레이저에 관한 정보를 보내는 데 사용된 메시지 타입을 다음과 같이 보게 될 것이다.

```
sensor_msgs/LaserScan
```

아래의 명령을 사용하면 메시지의 구조를 볼 수 있다.

```
$ rosmsg show sensor_msgs/LaserScan
```

레이저가 어떻게 동작하고 어떤 데이터를 보내는지 조금 더 배우기 위해 실제 메시지를 보게 하는 rostopic 명령을 사용해 보자.

```
$ rostopic echo /scan
```

그러면 레이저가 보낸 다음의 메시지를 볼 것이다.

```
---
header:
seq: 3895
stamp:
secs: 1358076731
nsecs: 284896750
frame_id: laser
...
ranges: [1.1119999885559082, 1.1119999885559082,
1.1109999418258667, ...]
intensities: []
---
```

이 데이터를 사람이 이해하기에는 어렵다. 여러분이 이 데이터를 좀 더 친숙하게 그래픽으로 보고자 한다면, rviz를 사용하면 된다. 아래 명령줄을 쉘에 입력해서 올바른 구성 파일과 함께 rviz를 시작하자.

```
$ rosrun rviz rviz -d $(rospack find chapter8_tutorials)
/config/laser.rviz
```

다음의 스크린 샷은 메시지를 그래픽으로 표현한 것을 보여준다.

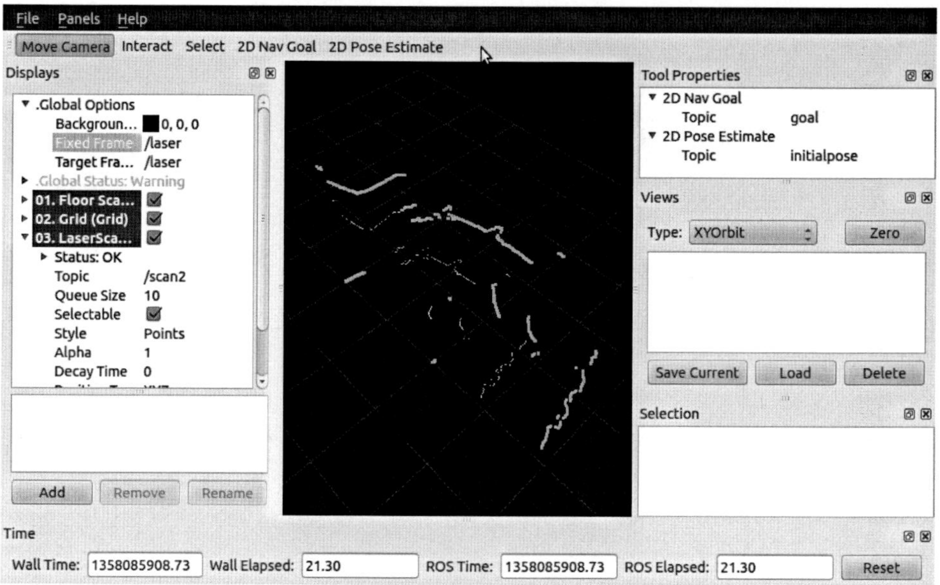

RViz에서 레이저 시각화

여러분은 스크린에서 등고선(contour)을 볼 것이다. 여러분이 레이저 센서를 움직이면 등고선도 바뀌는 것을 볼 수 있다.

레이저 데이터에 접속해서 수정하기

이제 레이저 데이터를 얻고, 이를 통해 어떤 작업을 하며, 새로운 데이터를 발행하는 노드를 만들 것이다. 이는 나중에 유익할 수 있으며, 이 예제로 그것을 하는 방법을 배울 것이다.

다음의 코드를 여러분의 `/chapter8_tutorials/src` 디렉토리에 있는 `c8_laserscan.cpp` 코드조각에 복사하자.

```
#include <ros/ros.h>
#include "std_msgs/String.h"
#include <sensor_msgs/LaserScan.h>

#include<stdio.h>
using namespace std;
class Scan2{
  public:
  Scan2();
  private:
  ros::NodeHandle n;
```

```
  ros::Publisher scan_pub;
  ros::Subscriber scan_sub;
  void scanCallBack(const sensor_msgs::LaserScan::ConstPtr&
  scan2);
};
Scan2::Scan2()
{
  scan_pub = n.advertise<sensor_msgs::LaserScan>("/scan2",1);
  scan_sub = n.subscribe<sensor_msgs::LaserScan>("/scan",1,
  &Scan2::scanCallBack, this);
}

void Scan2::scanCallBack(const sensor_msgs::LaserScan::ConstPtr&
scan2)
{
  int ranges = scan2->ranges.size();
  //populate the LaserScan message
  sensor_msgs::LaserScan scan;
  scan.header.stamp = scan2->header.stamp;
  scan.header.frame_id = scan2->header.frame_id;
  scan.angle_min = scan2->angle_min;
  scan.angle_max = scan2->angle_max;
  scan.angle_increment = scan2->angle_increment;
  scan.time_increment = scan2->time_increment;
  scan.range_min = 0.0;
  scan.range_max = 100.0;
  scan.ranges.resize(ranges);
  for(int i = 0; i < ranges; ++i)
  {
    scan.ranges[i] = scan2->ranges[i] + 1;
  }
  scan_pub.publish(scan);
}
int main(int argc, char** argv)
{
  ros::init(argc, argv, "laser_scan_publisher");
```

```
  Scan2 scan2;
  ros::spin();
}
```

코드를 나눠서 각 부분별로 무엇을 하는지를 보도록 하자.

main 함수에서는 example2_laser_scan_publisher라는 이름으로 노드를 초기화하고 파일에서 생성한 클래스의 인스턴스를 만든다.

생성자에서는 두 개의 토픽을 만들 것이다. 하나는 다른 토픽(레이저 센서로부터 얻은 원래 데이터)에 구독할 것이고, 두 번째 토픽은 레이저 센서로부터 새로 수정된 데이터를 발행할 것이다.

이 예제는 매우 간단한데, 레이저로부터 얻은 데이터에 한 유닛을 추가해서 그것을 다시 발행하는 것이다. scanCallBack() 함수가 이 작업을 할 것이다. 입력 메시지를 얻어서 그것의 모든 필드를 다른 변수에 복사한다. 그 다음에 데이터가 저장된 곳의 필드를 가져와서 한 유닛을 추가한다. 새로운 변수가 저장되면, 아래와 같이 새 토픽을 발행한다.

```
void Scan2::scanCallBack(const sensor_msgs::LaserScan::ConstPtr&
scan2)
{
  ...
  sensor_msgs::LaserScan scan;
  scan.header.stamp = scan2->header.stamp;
  ...
  ...
  scan.range_max = 100.0;
  scan.ranges.resize(ranges);

  for(int i = 0; i < ranges; ++i){
    scan.ranges[i] = scan2->ranges[i] + 1;
  }
  scan_pub.publish(scan);
}
```

론치 파일 생성

모든 것을 시작하기 위해, chapter8_laserscan.launch라는 론치 파일을 생성한다.

```
<launch>
  <node pkg="hokuyo_node" type="hokuyo_node" name="hokuyo_node"/>
  <node pkg="rviz" type="rviz" name="rviz"
  args="-d $(find chapter8_tutorials)/config/laser.rviz"/>

  <node pkg="chapter8_tutorials" type="c8_laserscan"
  name="c8_laserscan" />
</launch>
```

이제 chapter8_laserscan.launch 파일을 론칭하면, 세 개의 노드(hokuyo_node, rviz, c8_laserscan)가 시작될 것이다. 여러분은 두 개의 레이저 등고선이 그려져 있는 RViz 스크린을 볼 수 있다. 아래 스크린 샷에서 녹색 등고선은 새로운 데이터를 나타낸다.

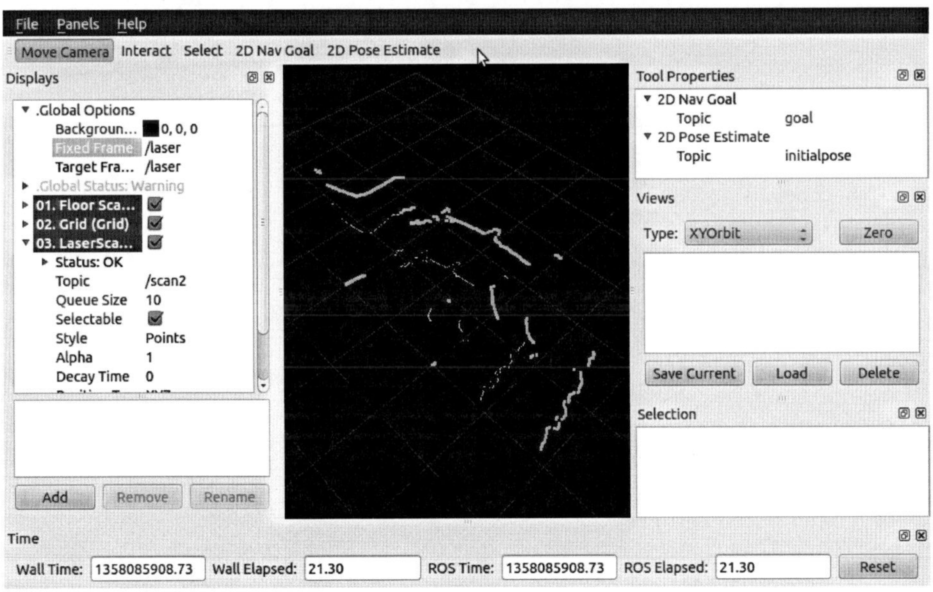

3차원에서 물체를 보기 위해 Kinect 센서 사용하기

Kinect 센서는 작은 플랫폼 위에 놓인 평평하고 검은 박스이며, 이 플랫폼은 여러분이 Xbox 360과 함께 사용하는 TV 근처의 테이블이나 선반에 놓여 있다. 이 장치에는 아래의 세 가지 센서가 있는데 비전과 로봇의 태스크에 사용될 수 있다.

- 환경을 천연색으로 볼 수 있는 컬러 VGA 비디오 카메라
- 적외선 프로젝터와 모노크롬(monochrome) CMOS 센서가 함께 동작하는 깊이(depth) 센서가 있으며 3차원에서 물체를 인식함
- 방에서 생기는 잡음과 사용자의 음성을 분리하는 데 사용되는 다중배열 마이크로폰

Kinect

ROS에서 우리는 이 센서들 중 두 개를 사용할 것인데, RGB 카메라와 깊이 센서이다. ROS의 최신 버전에서는 세 개를 사용할 수도 있다.

이를 사용하기 전에, 패키지와 드라이버들을 설치해야 한다. 설치를 위해 다음의 명령줄을 이용하자.

```
$ sudo apt-get install ros-kinetic-openni-camera ros-kinetic-
openni-launch
$ rosstack profile && rospack profile
```

패키지와 드라이버가 설치되었으면, Kinect 센서를 연결한다. 그리고 이를 사용하기 위해 노드를 실행한다. 하나의 쉘에서 `roscore`를 시작하고, 다른 쉘에서는 다음의 명령을 실행한다.

```
$ rosrun openni_camera openni_node
$ roslaunch openni_launch openni.launch
```

모든 것이 잘 되었다면 어떤 오류 메시지도 나타나지 않을 것이다.

어떻게 Kinect가 센서로부터 데이터를 보내고 우리는 어떻게 볼 수 있는가?

이제 이 노드들로 무엇을 할 수 있는지를 보려고 한다. 아래 명령을 이용해서 생성한 토픽들을 열거해 보자.

```
$ rostopic list
```

그러면 많은 토픽들을 볼 것인데, 그 중에서 가장 중요한 것은 다음과 같다.

```
...
/camera/rgb/image_color
/camera/rgb/image_mono
/camera/rgb/image_raw
/camera/rgb/image_rect
/camera/rgb/image_rect_color
...
```

우리는 노드에 의해 생성된 많은 토픽들을 보게 된다. 예를 들어 여러분이 센서들 중 RGB 카메라를 보고 싶다면 `/camera/rgb/image_color` 토픽을 사용할 수 있다. 센서로부터 이미지를 보고 싶다면, 우리는 `image_view` 패키지를 사용할 것이다. 아래 명령을 쉘에 입력하자.

```
$ rosrun image_view image_view image:=/camera/rgb/image_color
```

파라미터의 이미지를 사용해서 이미지 토픽을 `/camera/rgb/image_color`로 이름을 바꿀(rename 또는 remap) 필요가 있음에 유의하자. 모든 것이 잘 되었다면 Kinect로부터 이미지를 보여주는 새로운 창이 나타난다.

만약 깊이 센서 데이터를 보고 싶다면, 바로 위의 명령줄에서 토픽만 바꾸면 된다.

```
$ rosrun image_view image_view image:=/camera/depth/image
```

그러면 아래 스크린화면과 유사한 이미지를 보게 될 것이다.

Kinect로부터 얻은 RGB와 깊이 이미지

다른 중요한 토픽은 포인트 클라우드를 보내는 토픽이다. 이러한 종류의 데이터는 깊이 이미지의 3차원 표현이라고 할 수 있다. 여러분은 이 데이터를 /camera/depth/points와 /camera/depth_registered/points 등의 토픽으로부터 얻을 수 있다.

메시지의 타입을 보기 위해 rostopic type 명령을 사용한다. 그리고 메시지의 필드를 보기 위해 rostopic type /topic_name | rosmsg show 명령을 사용한다. 이 경우 /camera/depth/points 토픽을 사용할 것이다.

```
$ rostopic type /camera/depth/points | rosmsg show
```

중요사항

메시지의 공식적인 규정을 보려면 http://ros.org/doc/api/sensor_msgs/html/msg/PointCloud2.html 사이트를 방문하기 바란다.

이러한 종류의 데이터를 시각화하기 원하면, 아래처럼 새로운 쉘에서 rviz를 실행하고 새로운 PointCloud2 데이터 시각화를 추가한다.

```
$ rosrun rviz rviz
```

Add를 클릭하고, 디스플레이 타입에 따라 토픽을 정렬하고, PointCloud2를 선택한다. 여러분이 PointCloud2 디스플레이 타입을 추가했다면, camera/depth/points 토픽의 이름을 선택해야 한다.

그 결과 컴퓨터에서 3차원 이미지를 실시간으로 볼 수 있으며, 센서 앞에서 움직이면 아래 스크린화면처럼 3차원에서 자신이 움직이는 것을 보게 될 것이다.

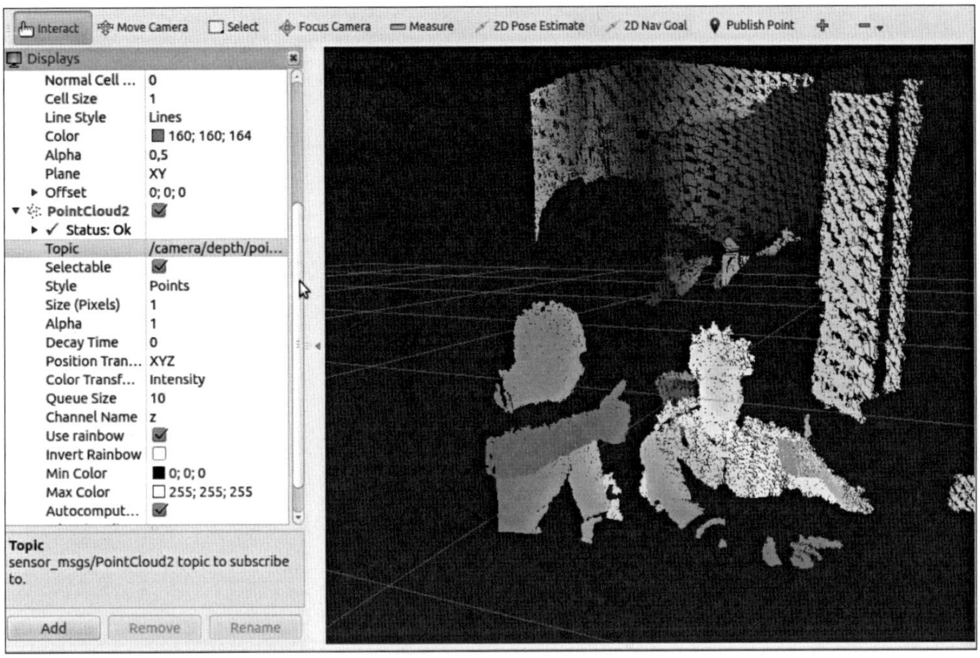

Kinect로부터 얻은 3차원 포인트 클라우드 데이터

Kinect를 사용하는 예제 만들기

이제 우리는 Kinect 센서로부터 얻은 포인트 클라우드 데이터를 필터링하는 노드를 생성하는 프로그램을 구현할 것이다. 이 노드는 원래 데이터의 포인트 수를 줄이는 필터를 적용하여 데이터 다운 샘플링 한다.

여러분의 `chapter8_tutorials/src` 디렉토리에 `c8_kinect.cpp`라는 파일을 새로 만들고 다음과 같은 코드들을 입력하자.

```
#include <ros/ros.h>
#include <sensor_msgs/PointCloud2.h>
// PCL specific includes
#include <pcl_conversions/pcl_conversions.h>
#include <pcl/point_cloud.h>
#include <pcl/point_types.h>
#include <pcl/filters/voxel_grid.h>
```

```
#include <pcl/io/pcd_io.h>

ros::Publisher pub;
void cloud_cb (const pcl::PCLPointCloud2ConstPtr& input)
{
  pcl::PCLPointCloud2 cloud_filtered;
  pcl::VoxelGrid<pcl::PCLPointCloud2> sor;
  sor.setInputCloud (input);
  sor.setLeafSize (0.01, 0.01, 0.01);
  sor.filter (cloud_filtered);
  // Publish the dataSize
  pub.publish (cloud_filtered);
}

int main (int argc, char** argv)
{
  // Initialize ROS
  ros::init (argc, argv, "c8_kinect");
  ros::NodeHandle nh;
  // Create a ROS subscriber for the input point cloud
  ros::Subscriber sub = nh.subscribe ("/camera/depth/points", 1,
    cloud_cb);
  // Create a ROS publisher for the output point cloud
  pub = nh.advertise<sensor_msgs::PointCloud2> ("output", 1);
  // Spin
  ros::spin ();
}
```

이 샘플은 **Point Cloud Library(PCL)**라는 튜토리얼에 기반하고 있다.

중요사항

이 튜토리얼의 주소는 http://pointclouds.org/documentation/tutorials/voxel_grid.php#voxelgrid이다.

모든 작업은 cb() 함수에서 이뤄진다. 이 함수는 메시지가 도착하면 호출된다. 우리는 VoxelGrid 타입으로 sor 변수를 생성하고, 그리드의 범위는 sor.setLeafSize()에서 바꾼다. 이 값들은 필터를 위해 사용된 그리드를 바꿀 것이다. 이 값을 증가시키면, 여러분은 포인트 클라우드에서 더 낮은 해상도와 더 적은 수의 점들을 얻게 될 것이다.

```
cloud_cb (const pcl::PointCloud2ConstPtr& input)
{
  ...
  pcl::VoxelGrid<pcl::PointCloud2> sor;
  ...
  sor.setLeafSize(0.01f,0.01f,0.01f);
  ...
}
```

새 노드를 실행시키면서 rviz를 열면 창에서 새로운 포인트 클라우드를 볼 수 있다. 그런데 해상도가 원래 데이터보다 감소했음을 아래 스크린 샷에서 확인할 수 있다.

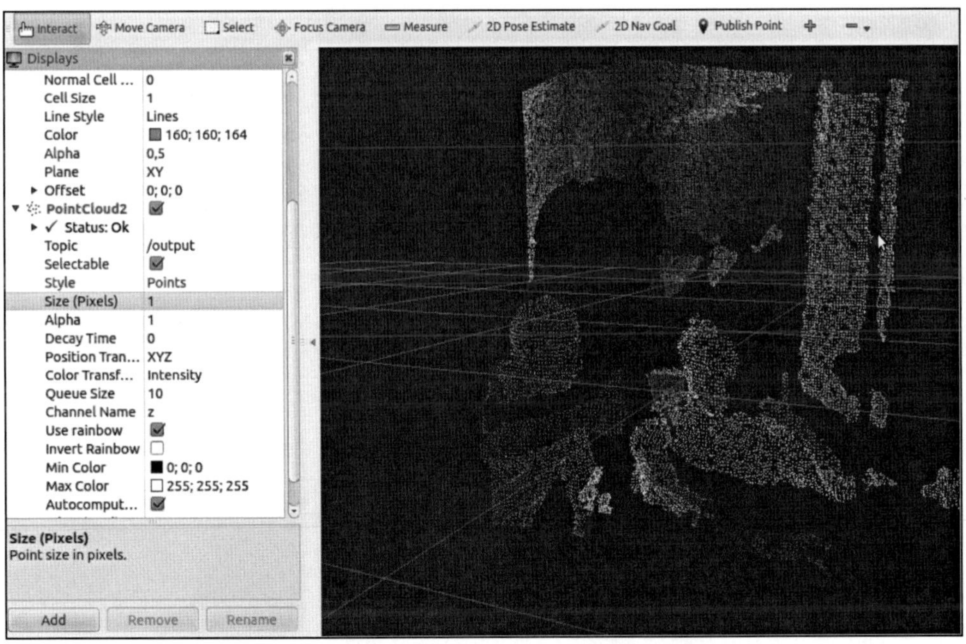

다운 샘플링 후의 3차원 포인트 클라우드

`rviz`에서 메시지가 가지고 있는 점들의 수를 볼 수 있다. 원 데이터에는 219,075개의 점이 있었지만 새 포인트 클라우드에는 16,981개의 점이 있다. 여기에서 알 수 있듯이 데이터의 수가 크게 줄어들었다.

`http://pointclouds.org/`에서 여러분은 이러한 종류의 데이터를 어떻게 사용하는 지에 관한 더 많은 필터와 튜토리얼을 찾을 수 있다.

서보모터 사용하기 - Dynamixel

서보모터는 이동 로봇에 광범위하게 사용된다. 이러한 종류의 액추에이터는 센서와 바퀴, 로봇 팔을 움직이는 데 사용된다. 저비용을 위한 해결책은 RC 서보모터를 사용하는 것인데, 180도의 회전 범위와 높은 토크를 제공한다.

이 절에서 설명할 서보모터는 로봇공학을 위해 설계되고 사용되는 새로운 타입의 서보모터로서 Dynamixel 서보모터이다.

Dynamixel은 한국의 제조사인 로보티즈(ROBOTIS)에 의해 개발되었으며, 라인업을 갖춘, 높은 퍼포먼스의 네트워크화된 액추에이터이다. 로보티즈는 OLLO, Bioloid, 그리고 ROBOTIS-OP DXL을 개발하고 제작했다. 이 로봇들은 수많은 회사와 대학, 애호가 들이 사용하고 있는데 다기능 확장 능력, 강력한 피드백 함수, 위치, 속도, 내부 온도, 입력 전압과 간단한 데이지 체인형의 배선 연결 특성 때문이다.

아래의 사진에서 Dynamixel AX-12와 USB 인터페이스를 볼 수 있는데, 둘 다 예제에서 사용된다.

Dynamixel AX-12+ 모터

먼저 필요한 패키지와 드라이버를 설치하기 위해 쉘에서 아래의 명령줄을 입력하자.

```
$ sudo apt-get install ros-kinetic-dynamixel-motor
$ rosstack profile && rospack profile
```

필요한 패키지와 드라이버가 설치되었다면, 컴퓨터에 동글(dongle)을 연결하고 감지 여부를 확인한다. 보통 `/dev/folder`에 `ttyUSBX`라는 이름으로 새로운 포트를 만들 것이다. 여러분이 이 포트를 보게 되면 모두 잘 된 것이다. 이제 노드가 서보모터를 움직이게 해 보자.

하나의 쉘에서 `roscore`를 시작하고 다른 쉘에서 아래의 명령줄을 입력한다.

```
$ roslaunch dynamixel_tutorials controller_manager.launch
```

모터가 연결되어 있다면, 드라이버에 의해 감지된 모터들을 볼 것이다. 이 경우 ID가 6인 모터가 감지되었고 설정되었다.

```
process[dynamixel_manager-1]: started with pid [3966]
[INFO] [WallTime: 1359377042.681841] pan_tilt_port: Pinging motor
IDs 1 through 25...
[INFO] [WallTime: 1359377044.846779] pan_tilt_port: Found 1 motors -
1 AX-12 [6], initialization complete.
```

Dynamixel은 움직임을 위해 어떻게 명령을 보내고 받는가?

여러분이 `controller_manager.launch` 파일을 론칭했다면, 토픽의 리스트를 볼 것이다. 이 토픽들을 보려면 아래의 명령줄을 사용해야 한다는 것을 기억하자.

```
$ rostopic list
```

이 토픽은 설정된 모터의 상태를 다음과 같이 보여줄 것이다.

```
/diagnostics
/motor_states/pan_tilt_port
/rosout
/rosout_agg
```

rostopic echo 명령을 이용해서 `/motor_states/pan_tilt_port`를 보면 모든 모터(우리의 경우 ID가 6인 모터만)의 상태를 볼 것이다. 그러나 이 토픽들로 모터를 움직일 수 없으므로 다음의 론치 파일을 실행할 필요가 있다.

이 론치 파일은 다음과 같이 모터를 움직이는 데 필요한 토픽들을 생성할 것이다.

```
$ roslaunch dynamixel_tutorials controller_spawner.launch
```

이 토픽 리스트에는 리스트에 새롭게 추가된 두 개의 토픽이 있다. 새 토픽 중 하나는 아래와 같이 서보모터를 움직이는데 사용된다.

```
/diagnostics
/motor_states/pan_tilt_port
/rosout
/rosout_agg
/tilt_controller/command
/tilt_controller/state
```

모터를 움직이기 위해, `rostopic pub` 명령으로 토픽을 발행하는 `/tilt_controller/command`를 사용한다. 먼저 토픽의 필드와 타입을 보기 위해 아래의 명령줄을 사용한다.

```
$ rostopic type /tilt_controller/command

std_msgs/Float64
```

보다시피 토픽의 타입은 `Float64` 변수이다. 이 변수는 모터를 라디안 단위로 측정된 위치로 회전시키는 데 사용된다. 그래서 토픽을 발행하기 위해 아래의 명령을 사용한다.

```
$ rostopic pub /tilt_controller/command std_msgs/Float64 -- 0.5
```

명령이 실행되면, 모터가 회전하다 0.5 라디안 또는 28.6478898도에 멈추는 것을 볼 수 있다.

서보모터를 사용하기 위한 예제 생성

이제 노드를 이용해서 어떻게 모터를 회전시키는지를 보자. 여러분의 `/c_tutorials/src` 디렉토리에 `c8_dynamixel.cpp`라는 새 파일을 만들고, 아래의 코드를 입력하자.

```
#include<ros/ros.h>
#include<std_msgs/Float64.h>
#include<stdio.h>

using namespace std;

class Dynamixel{
```

```
  private:
  ros::NodeHandle n;
  ros::Publisher pub_n;
  public:
  Dynamixel();
  int moveMotor(double position);
};

Dynamixel::Dynamixel(){
  pub_n = n.advertise<std_msgs::Float64>
  ("/tilt_controller/command",1);
}
int Dynamixel::moveMotor(double position)
{
  std_msgs::Float64 aux;
  aux.data = position;
  pub_n.publish(aux);
  return 1;
}

int main(int argc,char** argv)
{
  ros::init(argc, argv, "c8_dynamixel");
  Dynamixel motors;

  float counter = -180;
  ros::Rate loop_rate(100);
  while(ros::ok())
  {
    if(counter < 180)
    {
      motors.moveMotor(counter*3.14/180);
      counter++;
    }else{
      counter = -180;
    }
```

```
        loop_rate.sleep();
    }
}
```

이 노드는 모터를 -180도에서 180도까지 계속 회전시킬 것이다. 이 코드는 간단한 예이지만, 좀 더 복잡한 동작이나 더 많은 모터를 제어하는 데 사용될 수 있다. 여러분이 코드를 잘 이해할 것이므로 굳이 설명할 필요가 없다고 생각된다. 여러분이 /tilt_controller/command 토픽(모터의 이름)에 데이터를 발행하고 있음에 유의하자.

요약

로봇공학에서 센서와 액추에이터를 사용하는 것은 매우 중요한데, 실세계와 상호작용하는 유일한 방법이기 때문이다. 이 장에서 여러분은 보편적인 센서와 액추에이터를 어떻게 사용하고, 설정하고, 얼마나 정확한지 좀 더 조사하는 것을 배웠는데, 로봇공학계의 수많은 사람들이 이를 사용하고 있다. 여러분이 다른 종류의 센서를 사용하고 싶다면 인터넷과 ROS 문서에서 그것을 어떻게 사용하는지에 관한 정보를 문제없이 발견할 것이라고 믿는다.

우리의 의견으로는 Arduino는 상당히 흥미로운 장치인데, 당신은 자신만의 로봇을 만들 수 있고, 더 많은 장치와 값싼 센서를 컴퓨터에 추가할 수 있으며, ROS 프레임 워크 내에서 쉽고 투명하게 이를 사용할 수 있다. Arduino는 거대한 커뮤니티를 가지고 있어서 여러분이 상상할 수 있는 다양한 분야를 커버하는 수많은 센서에 관한 정보를 얻을 수 있다.

마지막으로, 이후의 장에서 거리측정 레이저는 매우 유용한 센서가 될 것이라고 말하고 싶다. 그 이유는 고주파와 고정밀도로 제공되는 거리 판독 값에 의존하는 네비게이션 스택을 구현하는 데 필수적인 장치이기 때문이다.

9장

컴퓨터 비전

ROS는 기본적으로 컴퓨터 비전을 제공한다. 먼저, 다른 카메라와 프로토콜 드라이버가 사용 가능한데, 특별히 FireWire(IEEE1394a 또는 IEEE1394b) 카메라에 대해 잘 되어 있다. 영상 파이프라인은 카메라 보정(calibration) 프로세스와 왜곡(distortion), 교정(rectification), 컬러 복호화(decoding), 기타 저수준 연산에 도움이 된다. 또한 보다 복잡한 작업에 대해서는 **OpenCV**를 사용하고, 인터페이스와 토픽을 구독하고 발행하려면 `cv_bridge`와 `image_transport` 라이브러리를 사용할 수도 있다. 마지막으로, ROS에는 물체 인식, 증강 현실(augmented reality), 시각적 오도메트리 등을 구현하는 여러 패키지가 있다.

비록 FireWire 카메라가 ROS에 가장 잘 통합되어 있지만, USB나 Gigabit Ethernet 같이 다른 프로토콜을 사용하는 것도 어렵지 않다. USB 카메라가 대부분 덜 비싸고 구하기 쉽기 때문에 이 장에서 우리는 이 카메라의 다양한 옵션을 논의하고, OpenCV 비디오 캡처 API를 사용해서 영상 파이프라인에 부드럽게 통합되는 드라이버도 제공할 것이다.

이 장에서는 카메라 보정과 그 결과를 영상 파이프라인에 통합하는 것을 자세하게 설명할 것이다. ROS는 보정 패턴을 이용해서 카메라 보정을 도와주는 GUI를 제공한다. 또한 스테레오 카메라를 다루며 둘 이상의 카메라로 구성되는 리그(rig)를 관리하는 방법을 설명한다. 스테레오 비전은 주어진 한도와 특정 조건에 따라 주변환경의 깊이 정보를 알려준다. 그러므로 우리는 그 정보를 포인트 클라우드로 어떻게 조사하는지, 그리고 우리 카메라의 품질과 구성으로 어떻게 품질을 가능한 최대로 향상시킬 수 있는지를 볼 것이다.

여기에서 우리는 **ROS 영상 파이프라인**을 설명할 것인데, 카메라로부터 얻은 원(RAW) 영상을 monochrome(흑백)과 컬러 영상으로 변환하는 과정을 간단하게 만든 것이다. 가끔씩 원 영상이 베이어(Bayer) 패턴으로 코딩된 경우 이 과정은 원 영상을 역베이어(debayer) 처리한다는 것을 의미한다. 카메라가 보정되었다면, 이 보정 정보는 영상을 교정(왜곡을 고치기)하는 데 사용된다. 스테레오 영상의 경우 왼쪽과 오른쪽 카메라에 기준선(baseline)이 있기 때문에 잘 튜닝되었다면 불일치(disparity) 영상을 계산함으로써 깊이 정보와 3차원 포인트 클라우드를 얻을 수 있다. 여기에서 튜닝에 관한 조언을 할 것인데, 때로는 좋은 보정 결과를 미리 요구하기 때문에 저품질 카메라로는 매우 힘들다. 마지막으로, ROS에서 아직 버전 2.x이긴 하지만(버전 3.x는 아직 지원되지 않음) OpenCV를 사용하게 되면 넓은 범위의 컴퓨터 비전과 기계 학습(machine learning) 알고리즘을 구현할 수 있거나 라이브러리에 이미 있는 알고리즘이나 예제를 실행할 수 있다. 그러나 OpenCV API는 이 책의 범위를 벗어나기 때문에 여기에서 다루지는 않을 것이다. 독자들이 `http://docs.opencv.org`에서 온라인 문서를 읽어보거나 OpenCV와 컴퓨터 비전에 관한 책을 읽어보기를 권한다. 여기에서 우리는 두 영상 간의 호모그라피(homography) 계산을 위한 특징점 검출, 서술자(descriptor) 추출, 매칭 등의 예제를 통해 여러분의 노드에서 OpenCV를 어떻게 사용하는지를 보여주는 내용만을 다룰 것이다. 추가적으로, 이 장은 ROS에서 구현된 시각적 오도메트리 라이브러리를 구성하고 실행하는 튜토리얼로 끝을 맺는데, `libviso2`라는 시각적 오도메트리 라이브러리의 `viso2_ros` 래퍼(wrapper)이다. 이때 하나의 지지 막대기에 두 개의 저가 웹캠을 부착하여 만든 스테레오 쌍을 사용한다. `fovis` 같이 다른 시각적 오도메트리 라이브러리에 관해서 이를 시작하는 것에 대한 권고사항과 Kinect 같은 RGBD 센서의 결과를 어떻게 하면 개선할 수 있는지를 설명하고, 센서 융합(sensor fusion)이나 단안(monocular) 비전의 경우 필요한 추가적인 정보에 관해 언급할 것이다.

ROS 카메라 드라이버 제공

사용할 수 있는 다양한 카메라 드라이버와 ROS에서 카메라를 사용하는 다양한 방법은 다음 절에서 설명한다. 본질적으로, FireWire와 USB 카메라는 다르다.

우리가 해야 할 최초의 몇 단계는 카메라를 컴퓨터에 연결하기, 드라이버 실행하기, 그리고 얻은 영상을 ROS에서 보기이다. ROS에 들어가기 전에 외부 도구를 사용하여 카메라가 실제로 시스템(우리의 경우 Ubuntu 배포판)에서 인식되는지 확인하는 것이 좋다. 우리는 ROS에 의해 잘 지원되는 FireWire 카메라로 시작하고, 이후에 USB 카메라를 다룰 것이다.

FireWire IEEE1394 카메라

여러분의 카메라를 FireWire IEEE1394a 또는 IEEE1394b 슬롯이 있는 컴퓨터에 연결하자. 그 다음에 Ubuntu에서 여러분이 해야 하는 것은 `coriander`를 통해 카메라가 인식되고 동작하는지를 확인하는 것이다. 만약 설치되어 있지 않다면, `coriander`를 설치한다. 이제 다음 명령을 실행하자(Ubuntu 구버전에서는 sudo로 실행해야 함).

```
$ coriander
```

그러면 이 명령은 아래의 스크린 샷과 같이 자동으로 여러분의 FireWire 카메라를 감지할 것이다.

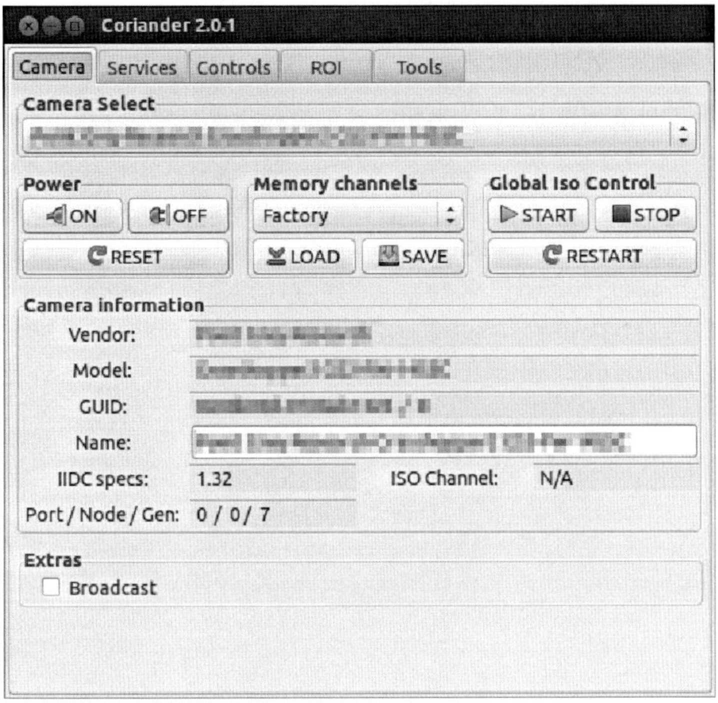

coriander의 놀라운 기능은 우리가 영상을 보고 카메라를 설정할 수 있다는 것이다. 이후에 보겠지만, 사실 우리는 coriander 패키지의 카메라 인터페이스 설정을 사용하고 그 값들을 ROS로 가져오는 것을 권하는데, 이후에 보여줄 것이다. 이러한 접근법의 장점으로서 coriander는 일부 파라미터의 차원 값들을 알려주는 것이며, ROS에서는 간혹 설정하는 데 실패하는 일부 파라미터(즉 gamma)가 있으므로 차선책으로 coriander에서 사전에 설정할 필요가 있다.

이제 카메라가 동작한다는 것을 확인했으므로, coriander를 닫고, roscore가 실행 중인 상태에서 ROS FireWire 카메라 드라이버를 실행한다. 카메라 드라이버 패키지는 다음 명령으로 설치할 수 있다.

```
$ sudo apt-get install ros-kinetic-camera1394
```

아직 ROS Kinetic에서 사용할 수 없는 경우 작업 공간의 source에서 빌드한다. 이는 https://github.com/ros-drivers/camera1394에서 얻을 수 있으며, 단순히 저장소를 작업 공간에 복제하고 빌드한다.

카메라 드라이버는 다음 명령으로 실행된다.

```
$ rosrun  camera1394  camera1394_node
```

roscore와 이전 명령을 실행해 보자. 버스에서 첫 번째 카메라를 시작하지만 coriander 패키지의 GUI에서 볼 수 있는 GUID로 카메라를 선택할 수 있다.

FireWire 카메라에서 지원하는 파라미터가 나열되고 다음 코드와 같이 camera1394/config/firewire_camera/format7_mode0.yaml 파일에 적절한 값이 지정된다.

```
guid: 00b09d0100ab1324  # (defaults to first camera on bus)
iso_speed: 800  # IEEE1394b
video_mode: format7_mode0  # 1384x1036 @ 30fps bayer pattern
# Note that frame_rate is overwritten by frame_rate_feature; some
useful values:
# 21fps (480)
frame_rate: 21 # max fps (Hz)
auto_frame_rate_feature: 3 # Manual (3)
frame_rate_feature: 480
format7_color_coding: raw8 # for bayer
bayer_pattern: rggb
bayer_method: HQ
auto_brightness: 3 # Manual (3)
brightness: 0
auto_exposure: 3 # Manual (3)
exposure: 350
auto_gain: 3 # Manual (3)
gain: 700
# We cannot set gamma manually in ROS, so we switch it off
auto_gamma: 0 # Off (0)
#gamma: 1024 # gamma 1
auto_saturation: 3 # Manual (3)
saturation: 1000
auto_sharpness: 3 # Manual (3)
sharpness: 1000
auto_shutter: 3 # Manual (3)
#shutter: 1000 # = 10ms
shutter: 1512 # = 20ms (1/50Hz), max. in 30fps
auto_white_balance: 3 # Manual (3)
white_balance_BU: 820
white_balance_RV: 520
frame_id: firewire_camera
```

```
camera_info_url:
package://chapter5_tutorials/calibration/firewire_
camera/calibration_firewire_camera.yaml
```

이 값들은 coriander에서 획득한 영상을 보고 더 좋은 영상을 만드는 값들을 설정하는 방식으로 조정되어야 한다. GUID 파라미터는 고유한 값이며 카메라를 선택하는 데 사용된다. 깜빡거림을 피하기 위해서는 방안에 있는 전등의 주파수 혹은 그 배수로 셔터 스피드를 정해야 한다. 햇빛이 비치지 않는 곳에서는 적절한 양의 빛을 제공하는 값을 설정하면 된다. 이득 값을 크게 할 수도 있지만, 노이즈가 생기게 된다. 그러나 일반적으로 낮은 셔터 속도(대부분의 빛을 수광하기 위해)의 소금-후추 노이즈(salt-and-pepper noise)가 있는 것이 좋다. 여러분도 알다시피 설정은 환경의 조명 조건에 달려 있으며, 그 조건에 맞춰 설정해야 한다. coriander나 rqt_reconfigure 인터페이스는 사용하기가 무척 쉬운데, 다음 코드를 실행하면 나타나는 스크린 샷을 보면 알 수 있다.

```
$ rosrun rqt_reconfigure rqt_reconfigure /camera
$ coriander
```

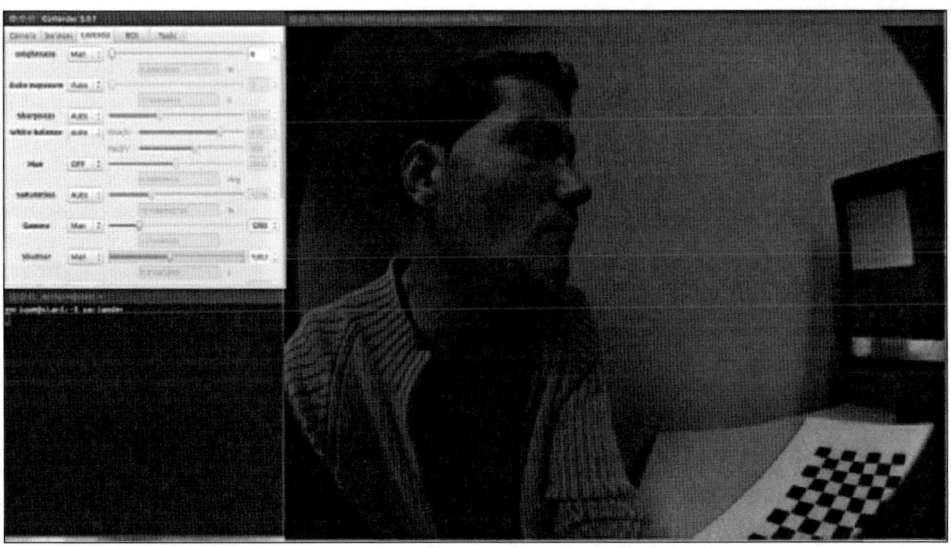

고품질의 영상을 얻기 위해 카메라의 파라미터를 어떻게 알고리즘으로 적절히 설정하는 지에 대해 더 잘 이해하려면, 사진 촬영의 기초 개념, 예를 들어 셔터 속도와 ISO, 렌즈 구경(aperture)의 조합인 노출삼각(exposure triangle)에 대해 좀 더 찾아보기를 권한다.

여기에서 카메라의 이름 공간은 /camera이다. 이렇게 하면 우리가 3장에서 보았던 camera1394 동적 재설정을 위한 .cfg 파일에 있는 파라미터들을 바꿀 수 있다. 여기에서는 편의성을 위해 하나의 론치 파일을 생성한다고 가정하며, 이는 launch/firewire_camera.launch에도 있다.

```
<launch>
  <!-- Arguments -->
  <!-- Show video output (both RAW and rectified) -->
  <arg name="view" default="false"/>
  <!-- Camera params (config) -->
  <arg name="params" default="$(find
  chapter9_tutorials)/config/firewire_camera/format7_mode0.yaml"
  />
  <!-- Camera driver -->
  <node pkg="camera1394" type="camera1394_node"
  name="camera1394_node">
    <rosparam file="$(arg params)"/>
  </node>

  <!-- Camera image processing (color + rectification) -->
  <node ns="camera" pkg="image_proc" type="image_proc"
  name="image_proc"/>
```

```
    <!-- Show video output -->
    <group if="$(arg view)">
      <!-- Image viewer (non-rectified image) -->
      <node pkg="image_view" type="image_view"
      name="non_rectified_image">
        <remap from="image" to="camera/image_color" />
      </node>
      <!-- Image viewer (rectified image) -->
      <node pkg="image_view" type="image_view"
      name="rectified_image">
        <remap from="image" to="camera/image_rect_color" />
      </node>
    </group>
  </launch>
```

camera1394 드라이버는 지금까지 설명한 파라미터로 시작된다. 그리고 역베이어(**Debayer**) **알고리즘**과 보정 파라미터(카메라가 보정되었다면)를 이용해서 색상이 교정된 영상을 얻기 위해 영상 파이프라인을 실행하는 데, 이는 이후에 보게 될 것이다. 마지막으로, 우리에겐 image_view(또는 rqt_image_view)를 이용해서 컬러 영상과 색깔이 교정된 영상을 시각화하는 조건화된 그룹이 있다.

종합하면, ROS에서 FireWire 카메라를 실행하기 위해서는 파라미터 파일에서 GUID를 설정한 후 다음 명령을 실행하기만 하면 된다.

```
$ roslaunch chapter9_tutorials firewire_camera.launch view:=true
```

그러면 여러분은 rqt_reconfigure를 이용해서 동적으로도 이를 설정할 수 있다.

USB 카메라

이제 우리는 똑같은 과정을 USB 카메라에 대해 적용할 것이다. 여기서 유일한 문제점은 놀랍게도 ROS가 이 카메라를 내부적으로 지원하지 않는다는 것이다. 여러분이 카메라를 컴퓨터에 연결했다면 제일 먼저 카메라를 Skype나 Cheese 같은 채팅이나 비디오 미팅 프로그램으로 테스트해 보기 바란다. 카메라 자원은 /dev/video?에 나타나며, ?은 0으로 시작하는 숫자이다(노트북 컴퓨터를 사용한다면 아마 여러분의 내부 웹캠일 것이다).

ROS에서 가능한 USB 카메라 드라이버로 소개할 만한 것에는 두 가지 방법이 있다. 첫째로 usb_cam이 있는데, 설치를 위해 아래 명령을 사용한다.

```
$ sudo apt-get install ros-kinetic-usb-cam
```

그 다음에 다음 명령을 실행한다.

```
$ roslaunch chapter9_tutorials usb_cam.launch view:=true
```

이 명령은 단순히 rosrun usb_cam usb_cam_nodes를 실행하며 image_view(또는 rqt_image_view)로 아래의 스크린 샷과 비슷한 카메라 영상을 보여 줄 것이다. 이는 USB의 원(RAW) 영상이며 색상이 입혀져 있다.

마찬가지로, 또 다른 좋은 옵션은 gscam인데, 다음 코드를 사용하여 설치한다.

```
$ sudo apt-get install ros-kinetic-gscam
```

그 다음에 아래 명령을 실행한다.

```
$ roslaunch chapter9_tuturials gscam.launch view:=true
```

usb_cam처럼 이 론치 파일은 rosrun gscam을 실행하고 카메라의 파라미터도 정해준다. 또한 이 론치 파일은 image_view(또는 rqt_image_view)로 아래 스크린 샷에서 보는 것과 같이 카메라의 영상을 시각화한다.

gscam이 요구하는 파라미터는 다음과 같다(config/gscam/logitech.yaml 참고).

```
gscam_config: v4l2src device=/dev/video0 ! video/x-raw-
rgb, framerate=30/1 ! ffmpegcolorspace
frame_id: gscam
camera_info_url: package://chapter9_tutorials/config/gscam/
calibration_gscam.yaml
```

gscam_config 파라미터는 카메라를 실행하기 위해 적절한 인수와 함께 v4l2src 명령을 호출한다. 나머지 파라미터들은 카메라가 보정되어서 ROS 영상 파이프라인에 사용되고 있다면 유용할 것이다.

OpenCV로 자신만의 USB 카메라 드라이버 만들기

우리에게 이전의 두 가지 옵션이 있지만 이 책에는 cv::VideoCapture 클래스를 이용하여 OpenCV의 최상단에 구현된, 이 책만의 USB 카메라 드라이버가 있다. 이 드라이버는 카메라를 실행하고, 또한 카메라 펌웨어에 의해 지원되는 동안 여러분이 파라미터의 일부를 바꿀 수 있게 한다. 또한 이 드라이버는 FireWire 카메라에서 했던 것과 같은 방식으로 보정 정보를 정할 수 있게 한다. usb_cam으로는 이렇게 하기가 불가능한데, 그 이유는 CameraInfo 메시지를 사용할 수 없기 때문이다. gscam에 대해서는 더 많은 제어가 가능하다. 카메라 설정을 바꾸고 ROS에서 어떻게 카메라 영상과 정보를 발행하는 지를 볼 수 있다. OpenCV를 이용해서 카메라 드라이버를 구현하기 위해 카메라로부터 어떻게 영상을 읽어오는 지에 관한 두 가지 옵션이 있다. 첫째, 우리는 목표 **Frames Per Second(FPS**, 초당 프레임)을 폴링(polling)할 수 있다. 둘째, 그

같은 FPS 주기에 관한 타이머를 정할 수 있고, 타이머 콜백 시 실질적으로 영상을 읽어올 수도 있다. FPS에 따라 CPU 사용 면에서 하나의 해결책이 다른 방법들보다 나을 수도 있다. 폴링은 OpenCV 읽기 기능이 영상이 준비될 때까지 대기하므로 아무 것도 차단하지 않지만, 한편으로 다른 프로세스는 CPU를 사용한다. 일반적으로 빠른 FPS들에 대해서는 폴링을 사용하는 것이 더 유리하므로, 타이머와 그 콜백을 사용함으로 인해 시간 지연을 겪지는 않는다. 낮은 FPS에 대해서는 타이머는 폴링과 유사해야 하고 코드는 더 깨끗해야 한다. 독자들이 한 번 src/camera_polling.cpp와 src/camera_timer.cpp 파일을 구현하여 비교해 보기를 권한다. 공간의 부족으로 여기에서는 타이머 기반 접근법을 보이고자 한다. 마지막 드라이버는 이후에 보듯이 카메라 정보 관리 기능까지 포함하는 것에 유의하자.

패키지에서 우리는 OpenCV와의 의존도, ROS 영상 메시지 라이브러리, 그리고 이와 연관된 사항을 정해야 한다. 이는 다음과 같은 패키지들이다.

```
<depend package="sensor_msgs"/>
<depend package="opencv2"/>
<depend package="cv_bridge"/>
<depend package="image_transport"/>
```

결과적으로, src/camera_timer.cpp에 다음의 헤더가 있다.

```
#include <ros/ros.h>
#include <image_transport/image_transport.h>
#include <cv_bridge/cv_bridge.h>
#include <sensor_msgs/image_encodings.h>
#include <opencv2/highgui/highgui.hpp>
```

image_transport API는 여러 개의 전송 포맷을 이용해서 연속으로 영상을 발행하는 것을 허용하는데, 이는 ROS 시스템에 설치된 플러그인(예를 들면 compressed와 theora)을 기반으로 해서 다른 코덱(codec)으로 압축된 영상일 수 있다. cv_bridge는 OpenCV 영상들을 ROS의 영상 메시지로 변환하는 데 사용된다. 흑백/컬러 변환의 경우 이를 위해 sensor_msgs의 영상 부호화(encoding)가 필요하다. 마지막으로 cv::VideoCapture를 사용하기 위해 OpenCV (opencv2)의 highgui API도 필요하다.

여기에서는 카메라 드라이버를 구현하는 클래스를 가지고 있는 src/camera_timer.cpp 안의 코드의 주요 부분들을 설명할 것이다.

```
ros::NodeHandle nh;
image_transport::ImageTransport it;
image_transport::Publisher pub_image_raw;
```

```
cv::VideoCapture camera;
cv::Mat image;
cv_bridge::CvImagePtr frame;

ros::Timer timer;

int camera_index;
int fps;
```

언제나처럼 우리는 노드 핸들이 필요하다. 그리고 영상이 끊어지지 않고 모든 가능한 포맷으로 전송되는 데 사용되는 `ImageTransport`가 있어야 한다. 코드에서 오직 하나의 `Publisher`를 사용할 필요가 있지만, `image_transport` 라이브러리를 특화한 것임을 주의하자.

그 다음에, 영상과 프레임을 캡처하기 위한 OpenCV 자료를 가지고 있다. 프레임의 경우 우리는 `CvImagePtr`인 `cv_bridge` 프레임을 직접 사용하는데, 그 이유는 프레임이 가지는 영상 필드에 접근할 수 있기 때문이다.

마지막으로 타이머와, 드라이버가 동작하기 위한 기본적인 카메라 파라미터들이 있다. 이는 가장 기본적인 드라이버이다. 이 파라미터들은 카메라 인덱스, 즉 `/dev/video?` 장치의 숫자(예를 들면 `/dev/video0`에 대해서는 0)이며, 이 인덱스는 `cv::VideoCapture`에 전달된다. 그리고 `fps` 파라미터는 카메라의 FPS(가능하다면)와 타이머를 정한다. 여기에서 우리는 `int` 값을 사용하고, 최종 버전인 `src/camera.cpp`에서는 `double`이 될 것이다.

드라이버는 타이머의 구성이나 초기화를 위한 클래스 생성자와, 노드, 그리고 카메라를 다음과 같이 사용한다.

```
nh.param<int>( "camera_index", camera_index, DEFAULT_CAMERA_INDEX
);

if ( not camera.Open(camera_index) )
{
  ROS_ERROR_STREAM( "Failed to open camera device!" );
  ros::shutdown();
}

nh.param<int>( "fps", fps, DEFAULT_FPS );
ros::Duration period = ros::Duration( 1. / fps );
```

```
pub_image_raw = it.advertise( "image_raw", 1 );

frame = boost::make_shared< cv_bridge::CvImage >();
frame->encoding = sensor_msgs::image_encodings::BGR8;

timer = nh.createTimer( period, &CameraDriver::capture, this );
```

먼저, 카메라를 열고, 열리지 않으면 중지한다. 다음과 같이 camera_index가 파라미터에 의해 전달되는 속성 생성자(attribute constructor)에서 이렇게 해야 함을 주의하자.

```
camera( camera_index )
```

그 다음에 fps 파라미터를 읽어 와서 타이머 주기를 계산하는데, 이는 타이머를 생성하고 마지막에 capture 콜백을 정하는 데 사용된다. 우리는 영상 전송 API를 이용해서 image_raw(RAW 영상)에 대해 영상 발행자를 광고하고 frame 변수를 초기화한다.

캡처 콜백 메소드는 다음과 같이 영상을 읽어오고 발행한다.

```
camera >> frame->image;
if( not frame->image.empty() )
{
  frame->header.stamp = ros::Time::now();
  pub_image_raw.publish( frame->toImageMsg() );
}
```

이 메소드는 영상을 캡처하고, 프레임이 실제로 캡처되었는지 확인하고, 그 경우 타임스탬프를 정하고 영상을 발행하는데, 이 영상은 ROS 이미지로 변환된다.

여러분은 이 노드를 다음의 명령으로 실행할 수 있다.

```
$ rosrun chapter9_tutorials camera_timer camera_index:=0 _fps:=15
```

이 명령은 /dev/video0 카메라를 15fps로 열 것이다.

그러면 image_viewer rqt_image_view를 사용해서 영상을 볼 수 있다. 이와 비슷하게, 폴링을 구현했을 때는 다음 명령을 사용하면 된다.

```
$ roslaunch chapter9_tutorials camera_polling.launch camera_index:=0
fps:=15 view:=true
```

이 명령으로 /camera/image_raw 토픽 메시지를 보게 될 것이다.

타이머 구현에 대해 우리에게 camera.launch 파일이 있는데, 최종 버전을 실행하고 이 장 전체에서 살펴 볼 많은 옵션들을 제공한다. 최종 버전의 주된 기여는 동적인 재설정 파라미터를 제공하고, 카메라 보정을 포함하는 카메라 정보를 제공한다는 점이다. 우리는 이렇게 하는 방법에 관해 간단히 보여 줄 것이며, 보다 자세히 이해하기 위해서는 소스 코드를 읽어보기를 권한다.

FireWire 카메라처럼 카메라 파라미터의 동적인 재설정을 지원할 수 있다. 그러나 대부분의 USB 카메라는 파라미터를 바꾸는 것을 지원하지 않는다. 우리가 할 것은 모든 OpenCV 지원 파라미터를 공개하고 오류 발생 시 경고하거나 파라미터 중 일부를 사용하지 못하게 하는 것이다. 설정 파일은 cfg/Camera.cfg 안에 있으므로 자세한 것을 확인하기 바란다. 이 파일은 아래의 파라미터들을 지원한다.

- camera_index: 이 파라미터는 /dev/video? 장치를 선택하는 데 사용된다.
- frame_width와 frame_height: 이 파라미터들은 영상 해상도를 정한다.
- fps: 이 파라미터는 FPS를 정한다.
- fourcc: 이 파라미터는 **FOURCC** 포맷(http://www.fourcc.org)으로 카메라 픽셀 포맷을 규정한다. 이 파일 포맷은 전형적으로 **YUVY** 또는 **MJPEG**이지만, 대부분의 USB 카메라에서 OpenCV로 포맷을 바꾸는 것에는 실패한다.
- brightness, contrast, saturation, hue: 이 파라미터들은 카메라의 특성을 정한다. 디지털 카메라에서는 센서로부터의 데이터 획득 과정이나 단순히 결과적 영상에서 소프트웨어로 이렇게 할 수 있다.
- gain: 이 파라미터는 센서의 **Analog-to-Digital Converter(ADC)** 이득을 정한다. 이는 영상에 소금-후추 노이즈를 만들지만 어두운 환경에서 밝기를 증가시킨다.
- exposure: 이 파라미터는 이득과 셔터 속도를 조절함으로써 영상의 밝기를 정한다. 저가의 카메라에서 이 값은 센서에 들어온 빛의 시간을 더한 값이다.
- frame_id: 이 파라미터는 카메라 프레임이며, *viso2로 비주얼 오도메트리 사용하기* 절에서 다룰 네비게이션에 사용하면 유용하다.
- camera_info_url: 카메라의 정보(기본적으로 보정 정보)를 알려주는 경로를 제공한다.

그 다음에 드라이버 안에 있는 아래의 코드 명령줄에서 우리는 동적 재설정 서버를 사용한다.

```
#include <dynamic_reconfigure/server.h>
```

그리고 생성자에 다음과 같이 콜백을 둔다.

```
server.setCallback( boost::bind( &CameraDriver::reconfig, this,
_1, _2 ) );
```

setCallback 생성자는 카메라를 재구성한다. 우리는 카메라를 바꾸는 것과 camera_index가 바뀔 때 현재 값을 중지하는 것도 허용한다. 그 다음에 OpenCV의 cv::VideoCapture 클래스를 사용해서 카메라의 특성을 정하는데, 이들은 앞의 코드에서 보인 파라미터 중 일부이다. 예를 들어, frame_width의 경우, 우리는 다음의 명령을 사용한다.

```
newconfig.frame_width = setProperty( camera,
CV_CAP_PROP_FRAME_WIDTH, newconfig.frame_width );
```

이는 setProperty라고 불리는 프라이비트 메소드에 의존하는데, 이 메소드는 cv::VideoCapture의 set 메소드를 호출하고, ROS 경고 메시지를 출력하는데 실패하는 경우를 제어한다. FPS는 타이머 자체에서 바뀌며 대부분의 카메라에서는 수정되지 못하는 점에 유의하자. 마지막으로, 드라이버를 재설정하는 동안 영상을 획득하는 것을 피하기 위해 이 모든 재설정은 잠김 상태의 뮤텍스(mutex) 내에서 이뤄진다는 사실을 기억하자.

ROS에는 camera_info_manager 라이브러리가 있어서, 다음 명령줄처럼 카메라의 정보를 정할 수 있한다.

```
#include <camera_info_manager/camera_info_manager.h>
```

CameraInfo 메시지를 얻기 위해 라이브러리를 이용해 보자. 타이머의 capture 콜백에서 image_transport::CameraPublisher를 사용하는데, 영상만을 위한 것은 아니다. 그 코드는 아래와 같다.

```
camera >> frame->image;
if( not frame->image.empty() )
{
  frame->header.stamp = ros::Time::now();

  *camera_info = camera_info_manager.getCameraInfo();
  camera_info->header = frame->header;

  camera_pub.publish( frame->toImageMsg(), camera_info );
}
```

이는 앞에서 재설정 방법에 대해 설명한 뮤텍스 안에서 실행된다. 우리는 드라이버의 첫 번째 버전처럼 할 것이지만 매니저로부터 카메라 정보도 불러온다. 이 정보들은 노드 핸들러, 카메라 이름, 재설정 방법(로딩 때 항상 한 번만 호출됨)에 있는 camera_info_url로부터 정해진다. 그 다음에 영상/프레임(ROS의 Image) 모두와 CameraImage 메시지를 발행한다.

드라이버를 사용하기 위해, 아래의 명령을 사용한다.

```
$ roslaunch chapter9_tutorials camera.launch view:=true
```

이 명령은 config/camera/webcam.yaml 파라미터를 기본으로 사용할 것인데, 지금까지 봐왔던 모든 동적인 재설정 파라미터들을 정한다.

여러분은 rostopic list와 rostopic hz/camera/image_raw로 카메라가 작동하고 있는 지를 확인할 수 있으며, image_view나 rqt_image_view로도 확인할 수 있다.

이 드라이버를 구현하면서 우리는 카메라, 영상, 그리고 컴퓨터 비전 작업을 위해 ROS에서 가능한 모든 자원들을 사용했다. 다음 절에서는 명확성을 위해 각각을 따로 설명할 것이다.

ROS 영상

ROS는 sensor_msgs::Image 메시지를 제공하여 노드 간에 영상을 전송한다. 그러나 일반적으로 유용한 작업을 하기 위해 영상 처리를 위한 데이터 타입이나 객체가 필요하다. 이를 위한 가장 일반적인 라이브러리는 OpenCV이다. 따라서 ROS는 OpenCV에서 ROS 이미지를 앞뒤로 변환하는 bridge 클래스를 제공한다.

우리에게 OpenCV 영상, 즉 cv::Mat 영상이 있으면 그것을 ROS의 이미지 메시지로 변환하고 발행하기 위해 cv_bridge 라이브러리가 있어야 한다. 우리에게는 CvShare 또는 CvCopy를 사용해서 각각 영상을 공유하거나 복사할 수 있는 선택권이 있다. 그러나 가능하면 cv_bridge에 의해 제공되는 CvImage 클래스 안에 있는 OpenCV 영상 필드를 사용하는 것이 더 간편하다. 이는 카메라 드라이버에서 포인터로 사용하는 바로 그 방법이다.

```
cv_bridge::CvImagePtr frame;
```

frame은 포인터이기 때문에 아래와 같은 방식으로 초기화한다.

```
frame = boost::make_shared<cv_bridge::CvImage>();
```

영상 부호화를 이미 알고 있다면 아래의 코드를 사용할 수 있다.

```
frame->encoding = sensor_msgs::image_encodings::BGR8;
```

그 다음으로 어떤 시점(예를 들어 카메라로부터 캡처하는 시점)에서 OpenCV 영상을 정한다.

```
camera >> frame->image;
```

보통 이 시점에 메시지의 타임스탬프를 정한다.

```
frame->header.stamp = ros::Time::now();
```

이제 우리는 그것을 발행하기만 하면 된다. 이를 위해 발행자가 필요하며, 발행자는 ROS의 `image_transport` API를 사용해야 한다. 이는 다음 절에서 설명할 것이다.

ImageTransport로 영상 발행하기

각 영상들을 `ros::Publisher`로 발행할 수 있지만 `image_transport` 발행자를 사용하는 것이 더 낫다. 이렇게 하면 해당하는 카메라 정보와 함께 영상을 발행할 수 있기 때문이다. 이는 이전에 카메라 드라이버에 대해 우리가 했던 바로 그 방식이다. `image_transport` API는 다른 전송 포맷을 끊김없이 제공하는 데 유용하다. 여러분이 발행하는 영상들은 여러 토픽들에 실제로 나타난다. 기본적이고 압축되지 않은 영상은 별도로 하고, 여러분은 압축된 영상 혹은 그 이상을 볼 것이다. 지원되는 전송법의 수는 여러분 시스템에 설치된 플러그인에 의존하는데, 대부분 `compressed`와 `theora` 전송법일 것이다.

여러분은 `rostopic info`를 이용해서 사용된 전송법을 볼 수 있다. 모든 플러그인을 설치하기 위해, 다음 명령을 사용하기 바란다.

```
$ sudo apt-get install ros-kinetic-image-transport-plugins
```

여러분의 코드에서 영상 전송과 이후의 발행자를 생성하기 위해 노드를 다룰 필요가 있다. 이 예제에서 우리는 단순한 영상 발행자를 사용할 것인데, `CameraPublisher` 사용을 위해 마지막 USB 카메라 드라이버를 확인하기 바란다.

```
ros::NodeHandle nh;
image_transport::ImageTransport it;
image_transport::Publisher pub_image_raw;
```

노드를 다루는 것과 영상 전송은 (클래스의 속성 생성자에서) 아래 코드로 생성된다.

```
nh( "~" ),
it( nh )
```

`image_raw` 토픽의 발행자는 노드의 이름공간 안에서 다음의 방법으로 생성된다.

```
pub_image_raw = it.advertise( "image_raw", 1 );
```

그러므로 이전 절에서 보았던 프레임은 아래의 코드로 발행될 수 있다.

```
pub_image_raw.publish( frame->toImageMsg() );
```

ROS의 OpenCV

ROS는 가장 널리 사용되는 오픈소스 컴퓨터 비전 라이브러리인 OpenCV와 매우 간단하게 통합된다. 그러나 ROS Kinetic을 위한 특정 Debian은 사용자에게 단일 버전을 사용하도록 요구하기 때문에 특정 Debian을 제공하지 않는다. 그 대신 시스템에서 최신 OpenCV 라이브러리를 사용할 수 있으며 ROS에서 OpenCV를 사용할 수 있는 추가 통합 도구를 제공한다. 다음 절에서는 OpenCV 및 그 추가 도구를 설치하는 방법을 설명한다.

OpenCV 3.0 설치하기

우리는 일부 패키지가 OpenCV 2.*과 의존관계가 있거나 OpenCV 3.0과의 호환성 문제가 있는 이전 버전과 달리, OpenCV 3.0을 사용하여 ROS Kinetic을 시작할 수 있다.

설치는 Ubuntu 패키지를 설치하는 표준 작업의 흐름을 따르므로 다음을 수행하면 된다.

```
$ sudo apt-get install libopencv-dev
```

또는 라이브러리를 설치하는 ROS 패키지를 다음과 같이 설치할 수도 있다.

```
$ sudo apt-get install ros-kinetic-opencv3
```

ROS에서 OpenCV 사용하기

ROS는 여러분의 시스템에 설치된 단독 OpenCV 라이브러리를 사용한다. 그러나 opencv2 패키지의 빌드와 실행 의존관계를 package.xml 파일에 다음과 같이 규정해야 한다.

```
<build_depend>opencv2</build_depend>
<run_depend>opencv2</run_depend>
```

그리고 CMakeLists.txt에 다음의 명령줄을 넣어야 한다.

```
find_package(OpenCV)
include_directories(${catkin_INCLUDE_DIRS} ${OpenCV_INCLUDE_DIRS})
```

그 다음에 OpenCV를 사용하는 각 라이브러리나 실행파일에 대해 target_link_libraries에 ${OpenCV_LIBS}를 추가해야 한다(chapter9_tutorials 패키지를 위한 CMakeLists.txt 참고).

우리 노드의 .cpp 파일에는 필요로 하는 어떤 OpenCV 라이브러리라도 포함시킨다. 예를 들어 highui.hpp에 대해 다음의 코드를 사용한다.

```
#include <opencv2/highgui/highgui.hpp>
```

이제 어떤 OpenCV API 클래스나 함수 등이라도 여러분의 코드에서 지금까지 해왔던 것처럼 사용할 수 있다. 여러분 코드의 cv 이름공간을 사용하고 이것이 처음이라면 어떤 OpenCV 튜토리얼이라도 잘 따라하기만 하면 된다. 이 책은 OpenCV를 위한 것이 아니고, ROS에서 어떻게 컴퓨터 비전을 하는 것인가에 관한 것임을 유의하자.

rqt_image_view로 카메라 입력 영상의 시각화

3장에서 우리는 ROS 프레임워크에서 발행되는 영상을 image_view 패키지의 image_view 노드를 이용하거나 rqt_image_view를 이용해서 어떻게 시각화하는지를 설명했다. 다음 코드는 이러한 논의를 요약한다.

```
$ rosrun image_view image_view image:=/camera/image_raw
```

여기서 중요한 것은 영상 전송을 사용하여 필요할 경우 압축 포맷을 사용하여 영상을 볼 수 있는 여러 토픽을 선택할 수 있다는 사실이다. 또한 나중에 보겠지만, 스테레오 비전의 경우 rqt rviz를 사용하여 불일치 영상으로부터 얻은 포인트 클라우드를 볼 수 있다.

카메라 보정

대부분의 카메라 특히 광각(wide-angle) 카메라의 영상에는 큰 왜곡(distortion)이 발생한다. 하지만 그러한 왜곡을 방사형(radial) 또는 접선형(tangential)으로 모델링 하고 보정 알고리즘을 이용해서 모델의 계수들을 계산할 수 있다. 카메라 보정 알고리즘은 렌즈의 초점 거리(focal distance)와 주점(principle point)을 포함하는 보정 행렬을 얻음으로써 획득한 영상를 사용하여 실세계의 거리를 측정하는 방법을 제공한다. 나중에 보겠지만 스테레오 비전의 경우 깊이 정보(카메라에 대한 픽셀 거리)를 검색할 수도 있다. 결과적으로 우리는 세계의 3차원 정보를 어느 정도 얻게 된다.

보정은 알려진 보정 패턴(전형적으로 체스보드/체커보드)으로 불리는 영상을 여러 시점에서 보여줌으로써 시행된다. 이는 또한 원의 배열 또는 원의 비대칭적 패턴이 될 수도 있는데, 원을 카메라로 경사 촬영(skew view)하면 타원이 된다는 점에 주의하자. 검출 알고리즘은 체스보드에 있는 격자의 내부 모서리 점을 얻어서 카메라의 내부와 외부 파라미터를 추정한다. 간단히 말하면, 외부 파라미터는 카메라의 자세, 즉 카메라를 고정된 위치에 두었을 때 카메라에 대한 패턴의 자세이다. 우리가 원하는 것은 내부 파라미터인데 그 이유는 이 값들은 변하지 않고, 어떤 자세의 카메라에도 사용 가능하며, 이 값들을 이용해서 영상의 거리를 측정하고 영상 왜곡을 고치는 것(교정)이 가능하기 때문이다.

카메라 보정 방법

카메라 드라이버가 동작하면 카메라를 보정하기 위한 ROS의 보정 툴을 사용할 수 있다. 카메라 드라이버가 `CameraInfo` 메시지를 제공하고, 보정 결과 파일의 경로를 정할 수 있게 하는 `camera_info_set` 서비스를 제공하는 것을 기억할 필요가 있다. 이후에 이 보정 정보는 카메라를 사용할 때 항상 영상 파이프라인에 의해 로딩된다. 이러한 필요조건을 만족시키는 카메라 드라이버 중 하나가 FireWire 카메라를 위한 `camera1394` 드라이버이다. 여러분의 FireWire 카메라를 보정하기 위해 다음의 명령을 사용하자.

```
$ roslaunch chapter9_tutorials calibration_firewire_camera_
chessboard. launch
```

이 명령을 통해 자동으로 보정 패턴의 뷰를 선택하는 GUI가 열리고 검색된 뷰가 각 축을 어떻게 덮고 있는지 보여주는 막대가 제공된다. 이 GUI는 x축(수평축)과 y축(수직축)으로 구성되어 있으며, 영상 평면에서 이 축들의 양끝에 대해 패턴이 얼마나 가까운지를 보여준다. 그 다음에 눈금(scale)이 가까운 곳에서 먼 곳(탐지가 가능한 최대 거리까지)으로 이동한다. 마지막으로, skew는 x축과 y축 모두에서 패턴 기울기 뷰가 필요하다. 바 아래에 있는 세 개의 버튼은 아래의 스크린 샷에서 보듯이 기본적으로 비활성화되어 있다.

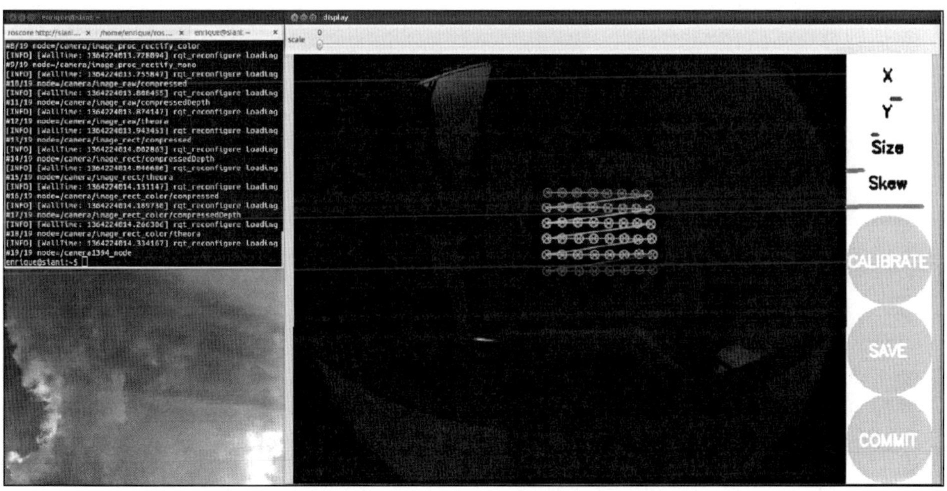

여러분은 검출기가 점들을 검출할 때마다 그 점들이 패턴 위에 덧입혀져 표현되어 있는 것을 볼 것이다. 뷰는 자동으로 선택되어 대표적인 수의 다양한 뷰를 커버하므로 다음 절에서 설명하는 지침에 따라 바가 한쪽에서 다른 쪽까지 녹색이 되도록 뷰를 표시해야 한다. 이론적으로 두 개의 뷰면 충분하지만, 실제적으로 10개 정도가 필요하다. 사실, 이 인터페이스는 훨씬 많이(30에서 40) 캡처한다. 여러분은 빠른 움직임을 피해야 하는데, 번짐이 있는 영상은 검출이 잘 되지 않기 때문이다. 이 툴이 충분한 뷰를 얻었다면 여러분은 보정을 할 수 있는데, 다른 말로 하면 보정 패턴 뷰에서 검출된 점들로 핀홀 카메라 모델 시스템을 풀기 위해 최적화 기법(optimizer)을 시작할 수 있다.

이를 아래 스크린 샷에서 나타냈다.

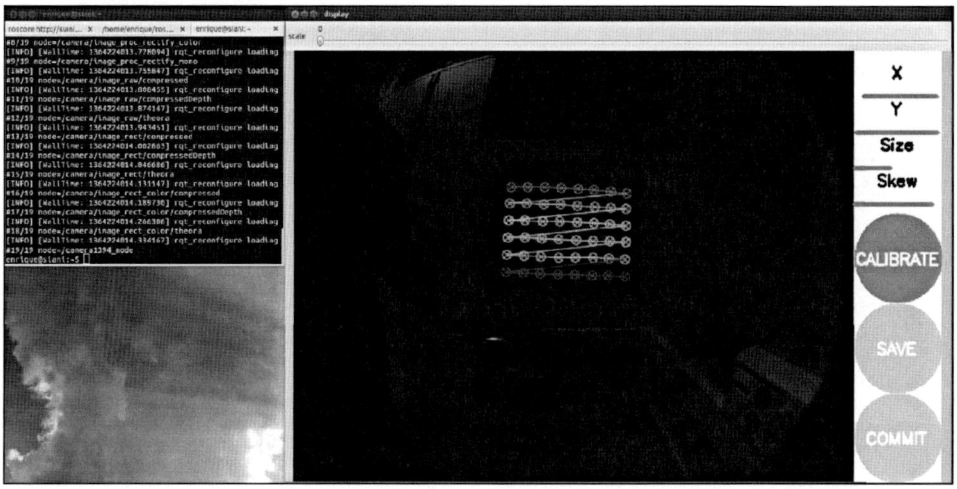

이후 보정 데이터를 저장하고 보정 결과를 카메라에 적용할 수 있다. 즉, `camera_info_set` 서비스를 사용하여 카메라에 보정을 적용하면 나중에 ROS 이미지 파이프 라인에 의해 자동으로 감지된다.

보정을 위해 제공되는 론치 파일은 다음과 같이 `camera_calibration` 패키지의 `cameracalibrator.py`만을 이용한다.

```
<node pkg="camera_calibration" type="cameracalibrator.py"
name="cameracalibrator" args="--size 8x6 --square 0.030"
output="screen">
  <remap from="image" to="camera/image_color" />
  <remap from="camera" to="camera" />
</node>
```

이 보정 툴은 패턴의 특성(사각형의 개수와 크기이며, 이 경우 `--size 8x6` 및 `--square 0.030`)과 `image` 토픽, 그리고 `camera` 이름공간만을 필요로 한다.

론치 파일은 영상 파이프라인도 실행하지만, 여기서 필요하지는 않다. 사실 image_color 항목 대신 image_raw 항목을 사용할 수도 있었다.

save 버튼으로 보정 자료를 저장했다면 여러분의 /tmp 디렉토리에 파일이 생성된다. 이 파일은 보정에 사용된 보정 패턴 보기를 포함하는데, 이 보기를 /tmp/calibration.tar.gz에서 찾을 수 있다. 이 책에서 보정에 사용된 것들은 calibration 디렉토리와 FireWire 카메라에 대한 firewire_camera 하위 폴더에서 찾을 수 있다. 유사한 방식으로 터미널(stdout 출력)에서 얻어진 보기와 보정 결과에 관한 정보를 볼 수 있다. 이 책에서 얻어진 것들은 보정 데이터와 동일한 폴더에 있다. 보정 결과는 calibrationdata.tar.gz 압축파일 안에 있는 ost.txt 파일을 참고해서 얻을 수 있다. 이 작업 후에 보정 행렬과 왜곡 모델의 계수와 함께 보정 파일이 업데이트된다. 이렇게 하기 위한 좋은 방법은 보정 전에 아무것도 없는(dummy) 보정 파일을 생성해 두는 것이다. 우리의 패키지 중에서 그 파일은 calibration/firewire_camera/calibration_firewire_camera.yaml인데 아래의 파라미터 파일에 의해 참조된다.

```
camera_info_url:
package://chapter9_tutorials/calibration/firewire_camera/calib
ration_firewire_camera.yaml
```

이제 영상 파이프라인으로 카메라를 다시 사용할 수 있고, 교정된 영상에서 왜곡이 보정되었을 것인데 이는 카메라가 잘 보정되었다는 명백한 신호이다. ROS는 OpenCV로 구현된 Zhang 보정법을 사용하므로, 자세한 내용은 http://docs.opencv.org/doc/tutorials/calib3d/camera_calibration/camera_calibration.html에서 참고하기 바란다.

마지막으로, 여러분은 일례로 FireWire 카메라를 위해 원과 비대칭 원(https://raw.githubusercontent.com/opencv/opencv/05b15943d6a42c99e5f921b7dbaa8323f3c042c6/doc/acircles_pattern.png)들을 위한 다음의 론치 파일을 사용하는 다른 보정 패턴으로도 여러 가지를 할 수 있다.

```
roslaunch chapter9_tutorials calibration_firewire_camera_circles.
launch
roslaunch chapter9_tutorials calibration_firewire_camera_acircles.
launch
```

또한 크기가 다른 패턴을 사용한 단일 보정을 위해 다양한 체스보드 패턴을 사용할 수 있다. 그러나 고품질로 프린트된 체스보드 하나면 충분하다고 생각된다. 사실 우리는 USB 카메라 드라이버를 위해 하나의 체스보드만 사용했다.

USB 카메라 드라이버의 경우, 우리에게는 카메라 보정 노드가 통합되어 있는 보다 강력한 론치 파일이 있는데, FireWire 카메라에는 독립형 보정 노드가 있다. 그러므로 여러분의 카메라를 보정하기 위해 아래의 방법을 사용해 보자.

```
$ roslaunch chapter9_tutorials camera.launch calibrate:=true
```

아래의 스크린 샷에서 FireWire 카메라와 동일한 방식으로 GUI 상에서 보정 프로세스의 과정들을 볼 수 있다. 이는 `camera_info_set` 서비스가 동작 중임을 의미한다.

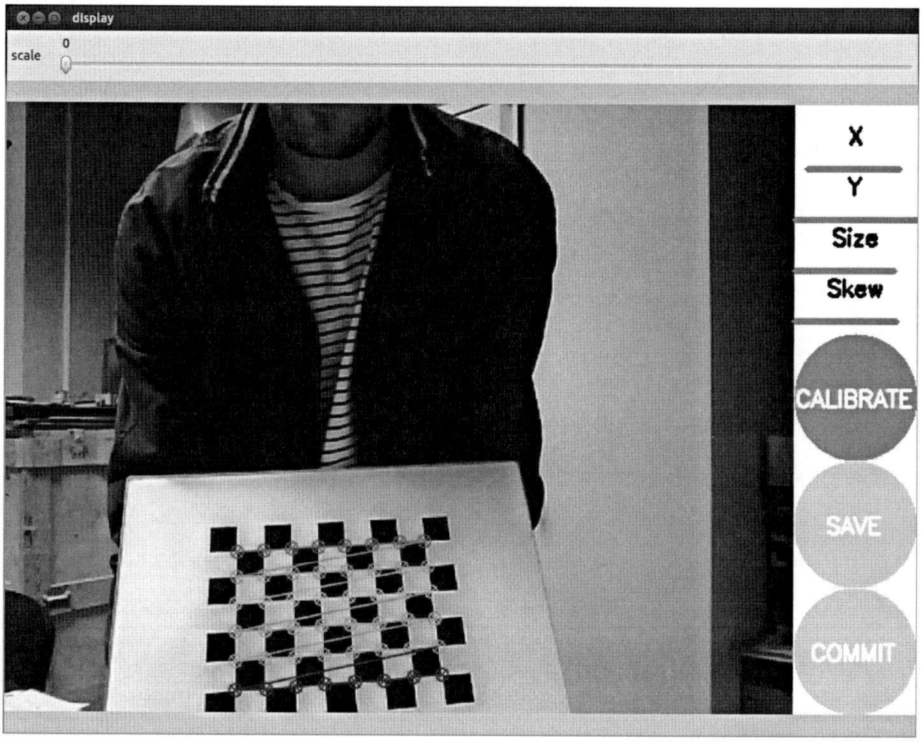

CALIBRATE 버튼을 누르면 보정 최적화 알고리즘이 카메라 내부와 외부 파라미터를 검색하느라 시간이 조금 걸린다. 그 과정이 끝나면 **SAVE**와 **COMMIT**이 가능해진다. 아래의 스크린샷은 이를 보여준다.

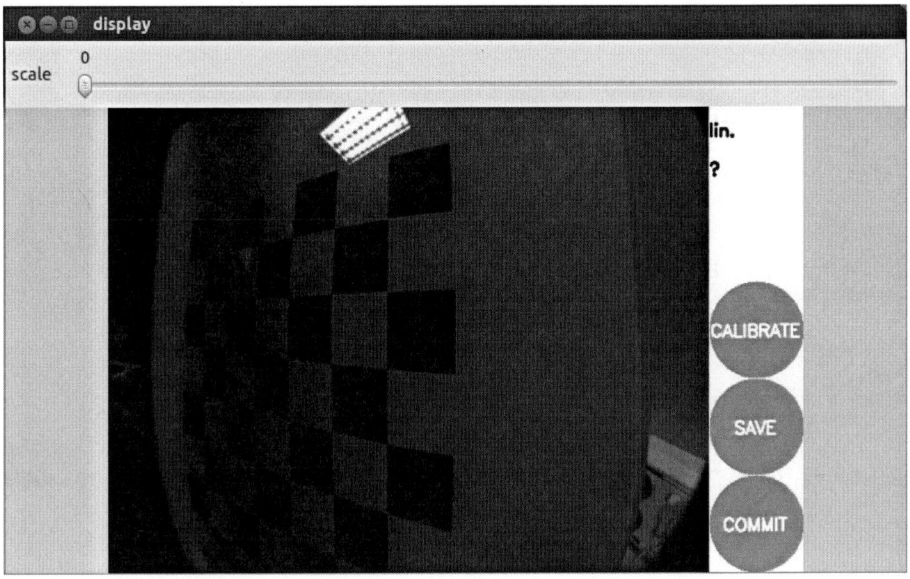

스테레오 보정

다음 단계는 스테레오 카메라로 작업을 하는 것이다. 한 가지 방법은 두 개의 단안(monocular) 카메라를 사용하는 것이지만, 영상은 동기화되어야 하기 때문에 일반적으로 전체 스테레오 쌍을 하나의 센서로 간주하는 것이 더 낫다. ROS에는 FireWire 스테레오 카메라가 없지만 우리는 아래의 명령줄을 이용해서 스테레오로 확장할 수 있다.

```
$ git clone git://github.com/srv/camera1394stereo.git
```

그러나 FireWire 스테레오 카메라 쌍은 상당히 비싸다. 이러한 이유로, 이 책에서는 USB 카메라를 위한 스테레오 카메라 드라이버를 제공한다. 우리는 Logitech C120 USB 웹캠을 사용하는데 매우 싸다. 이 카메라에는 노이즈가 생기긴 하지만 보정 후에 이것으로 많은 것을 할 수 있다는 것을 보게 될 것이다. 스테레오 쌍에서는 카메라가 비슷하지만, 서로 다른 카메라로도 해 볼 수 있다. 아래의 영상에서 카메라의 장치들을 볼 수 있는데, 같은 방향에 있는 두 카메라가 평행 방향을 가리키면 된다.

이에 대한 기준선은 약 12cm로 설정했는데 이는 스테레오 보정 프로세스에서도 계산될 것이다. 다음 스크린 샷에서 볼 수 있듯이 카메라를 지퍼(zip tie)로 단단히 고정할 수 있는 막대만 있으면 된다.

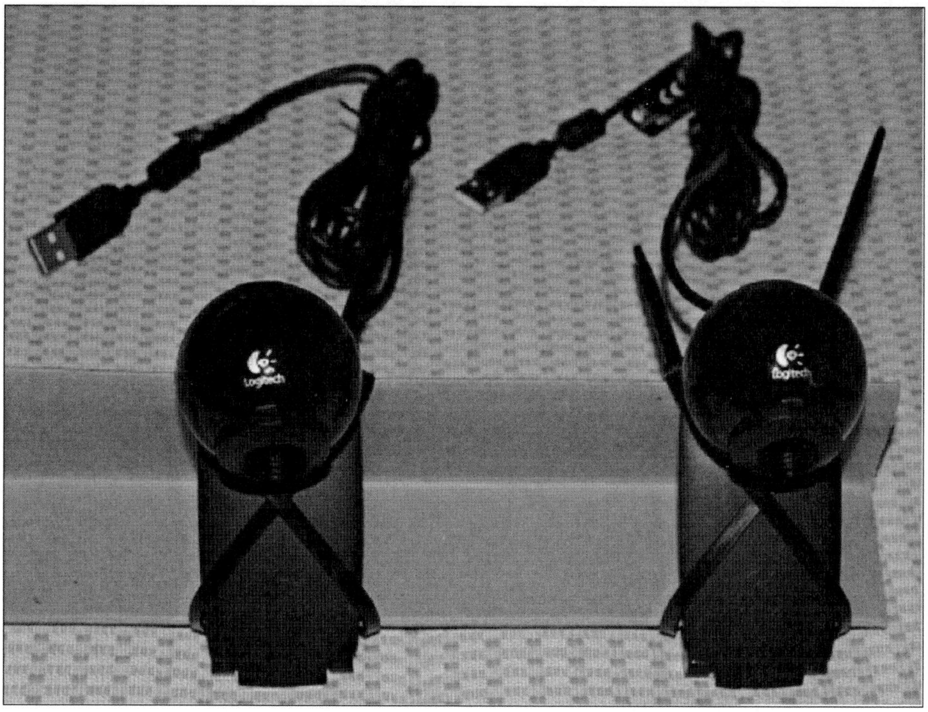

이제 카메라를 USB 슬롯에 연결하자. 왼쪽 카메라를 먼저 꽂고 오른쪽 카메라를 그 다음에 꽂으면 좋다. 이 방식으로 카메라들은 각각 `/dev/video0`와 `/dev/video1` 장치 또는 (0이 이미 사용 중이면) 1과 2에 할당된다. 또는 `udev` 규칙을 생성해도 된다.

그 다음에 각 카메라를 단일 카메라에서 했듯이 개별적으로 테스트할 수 있다. 이에 유용하다고 판단 되는 툴은 카메라를 위한 video4linux 제어 툴들이다.

```
$ sudo apt-get install v4l-utils qv4l2
```

하지만 혹시 다음과 같은 문제가 발생할 지도 모른다.

```
In case of problems with stereo:
libv4l2: error turning on stream: No space left on device
```

이 문제는 각 카메라를 다른 USB 제어기에 연결해야 되기 때문에 발생한다. 어떤 USB 슬롯은 동일한 제어기로 관리되기 때문에 단일 카메라 이상의 대역폭을 다룰 수 없음을 기억하자.

여러분에게 USB 제어기만 있다면 시도해 볼 수 있는 다른 선택들이 있다. 먼저, MJPEG 같은 압축된 픽셀 포맷을 양쪽 카메라에 사용해 보기 바란다. 카메라가 그것을 지원하는지를 다음 명령으로 확인할 수 있다.

```
$ v4l2-ctl -d /dev/video2 --list-formats
```

이 명령은 아래와 유사한 결과를 생성할 것이다.

```
ioctl: VIDIOC_ENUM_FMT
Index : 0
Type : Video Capture
Pixel Format: 'YUYV'
Name : YUV 4:2:2 (YUYV)

Index : 1
Type : Video Capture
Pixel Format: 'MJPG' (compressed)
Name : MJPEGioctl: VIDIOC_ENUM_FMT
Index : 0
Type : Video Capture
Pixel Format: 'YUYV'
Name : YUV 4:2:2 (YUYV)

Index : 1
Type : Video Capture
Pixel Format: 'MJPG' (compressed)
```

MJPEG이 지원되면, 동일한 USB 제어기에 대해 하나 이상의 카메라를 사용할 수 있다. 그렇지 않다면 압축되지 않은 픽셀 포맷으로 우리는 다른 USB 제어기를 사용하거나 해상도를 320 x 240 또는 그 이하로 낮춰야 한다. 유사한 방식으로, `qv4l2` GUI로 이를 체크하고 카메라를 확인할 수 있다. 또한 원하는 픽셀 포맷을 정하는 것이 가능한지도 확인할 수 있다. 실제로 이는 OpenCV `set` 메소드를 사용하는 USB 카메라에서는 작동하지 않으므로 다른 USB 컨트롤러로 관리되는 USB 슬롯을 사용한다.

이 책에서 나오는 USB 스테레오 카메라 드라이버는 지금까지 설명된 USB 카메라에 근거한다. 기본적으로, 드라이버는 왼쪽과 오른쪽의 영상과 카메라의 정보를 전송하는 카메라 발행자를 지원하기 위해 카메라를 확장한다. 다음 명령으로 이를 실행하고 영상을 볼 수 있다.

```
$ roslaunch chapter9_tutorials camera_stereo.launch view:=true
```

또한 이 명령은 왼쪽과 오른쪽 카메라의 불일치 영상도 보여주는데, 이 영상들은 ROS 영상 파이프라인에 사용되기 때문에 카메라가 보정되었다면 유용하게 사용된다. 카메라들을 보정하기 위해서 다음 명령을 사용하면 된다.

```
$ roslaunch chapter9_tutorials camera_stereo.launch calibrate:=true
```

여러분은 아래 스크린 샷과 유사한 단안 카메라용 GUI를 보게 될 것이다.

앞의 영상을 얻었을 때 보정을 시작하기에 충분한 보기를 보여 줬다. 보정 패턴은 보정 최적화 과정에 포함되기 위해 양쪽 카메라에 동시에 검출되어야 한다. 설치 상황에 따라 이렇게 하는 데는 상당한 솜씨가 필요할 수도 있으므로 패턴을 카메라로부터 적절한 거리에 두어야 한다. 아래 영상에서 보정을 위해 이 책에서 사용한 장치를 볼 수 있다.

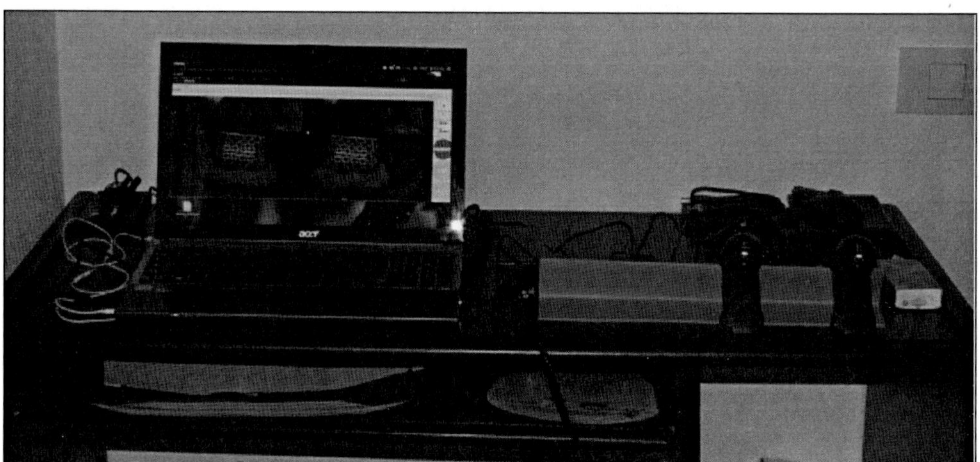

단안 카메라에 사용된 cameracalibrator.py 노드를 동일하게 사용해서 보정이 이뤄진다. 왼쪽과 오른쪽의 카메라 영상을 통과시키므로 이 툴은 우리가 스테레오 보정을 한다는 것을 인식한다. 아래는 론치 파일에 있는 노드이다.

```
<node ns="$(arg camera)" name="cameracalibrator"
pkg="camera_calibration" type="cameracalibrator.py"
```

```
args="--size 8x6 --square 0.030" output="screen">
  <remap from="left" to="left/image_raw"/>
  <remap from="right" to="right/image_raw"/>
  <remap from="left_camera" to="left"/>
  <remap from="right_camera" to="right"/>
</node>
```

보정 결과는 단안 카메라의 결과와 같지만 이 경우 우리는 각 카메라에 대해 한 개씩, 총 두 개의 보정 파일을 얻게 된다. `config/camera_stereo/logitech_c120.yaml` 안에 있는 파라미터 파일과 부합하여 우리에게 다음 코드가 있다.

```
camera_info_url_left:
package://chapter9_tutorials/calibration/camera_stereo/
${NAME}.yaml
camera_info_url_right:
package://chapter9_tutorials/calibration/camera_stereo/
${NAME}.yaml
```

`${NAME}`은 왼쪽 및 오른쪽 카메라에 대해 각각 `logitech_c120_left` 및 `logitech_c120_right`로 결정된 카메라의 이름이다. 보정을 수행한 후 이 파일들은 각 카메라의 보정과 함께 업데이트된다. 이 파일에는 보정 행렬, 왜곡 모델 계수, 베이스 라인(영상 평면의 x축에서 각 카메라 사이의 간격)을 포함한 교정 및 투영(projection) 행렬들이 있다. 또한 파라미터 파일에서 조명이 있는 실내 공간을 위해 설정된 카메라의 특성값들을 볼 수 있는데, 사용된 카메라 모델에는 자동교정(auto correction) 기능이 있다. 때로는 영상이 좋지 않을 수도 있지만 대부분의 경우 이 값들이 잘 작동하는 것 같다.

ROS 영상 파이프라인

ROS 영상 파이프라인은 `image_proc` 패키지로 실행된다. 이 패키지는 카메라로부터 얻은 원 영상으로부터 단색이나 컬러 영상을 얻을 수 있는 모든 변환 기법들을 제공한다. 영상을 코딩하는데 베이어 패턴을 사용하는 FireWire 카메라의 경우, 파이프라인은 컬러 영상을 얻기 위해 역베이어 연산을 한다. 카메라를 보정했다면, 영상 파이프라인은 그 정보를 포함하는 `CameraInfo` 메시지를 얻고 영상을 교정한다. 여기에서 교정(rectification)은 영상의 왜곡을 제거하는 것을 의미하므로, 왜곡 모델의 계수를 취하여 반경 및 접선 왜곡을 보정한다.

그 결과 이름공간에서 카메라를 위한 더 많은 토픽을 볼 수 있다. 아래의 스크린 샷에서 image_raw, image_mono, 그리고 image_color 토픽들을 볼 수 있는데, 각각 원 영상, 단색 영상, 그리고 컬러 영상을 표시한다.

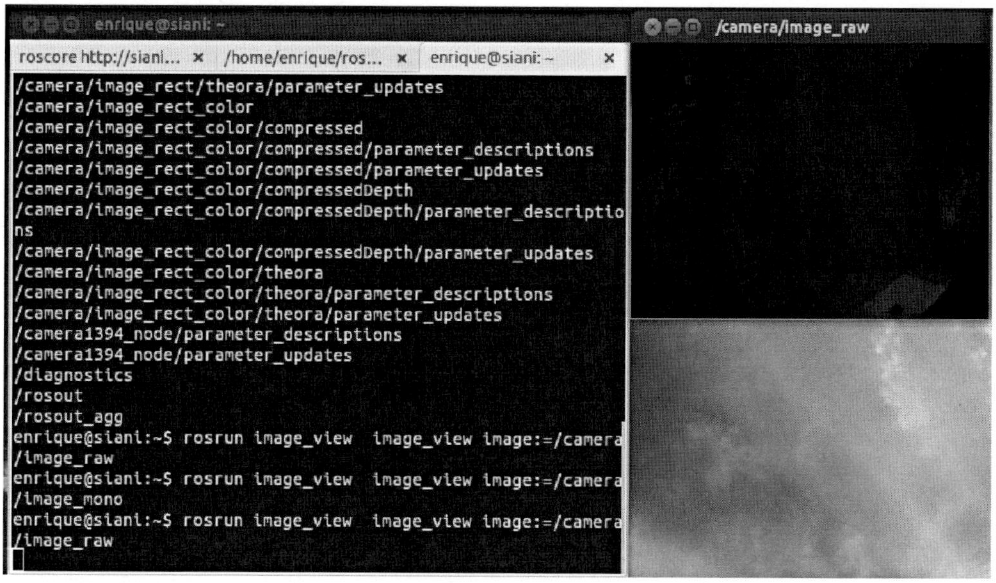

이 경우 단색은 다음의 원 영상과 동일하다. 좋은 카메라의 경우 원 영상은 일반적으로 카메라 센서의 셀에 대해 베이어 패턴을 사용하므로 모노 컬러와 동일하지 않다.

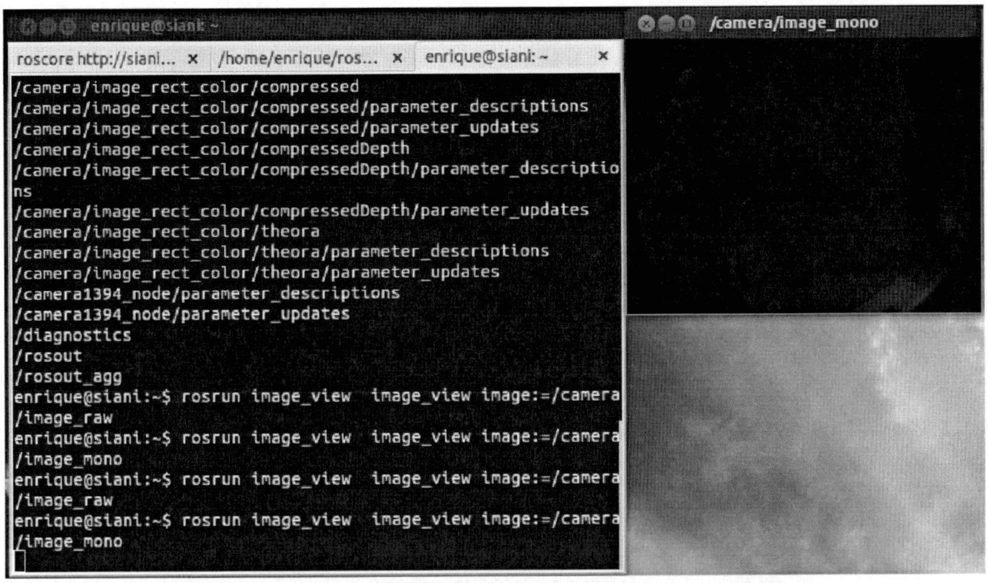

마지막으로, 실제로 카메라가 컬러를 지원하는 경우 단색과는 다른 다음의 컬러 영상이 표시된다. 그렇지 않으면 이 또한 모노 컬러이다.

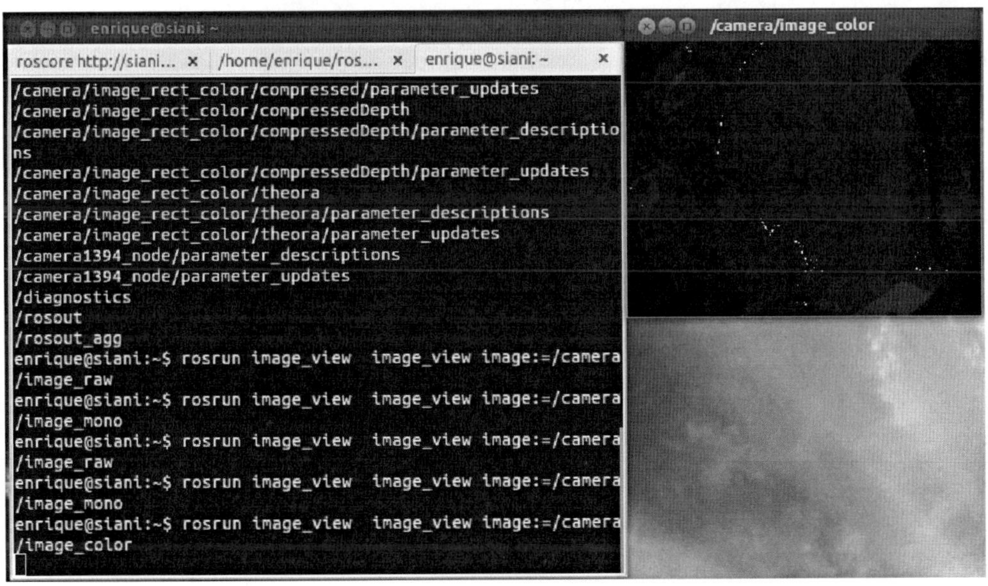

교정된 영상들은 image_rect 토픽과 image_rect_color 토픽에서 흑백영상(monochrome)과 컬러로 제공된다. 아래 영상에서 우리는 보정되지 않고 왜곡된 원래 영상들을 교정된 영상들과 비교했다. 스크린 샷에 보인 패턴은 오직 교정된 영상에서만 직선이 있기 때문에 교정 효과를 알 수 있는데, 영상(센서)의 주점으로부터 먼 영역에서 특히 더 그렇다.

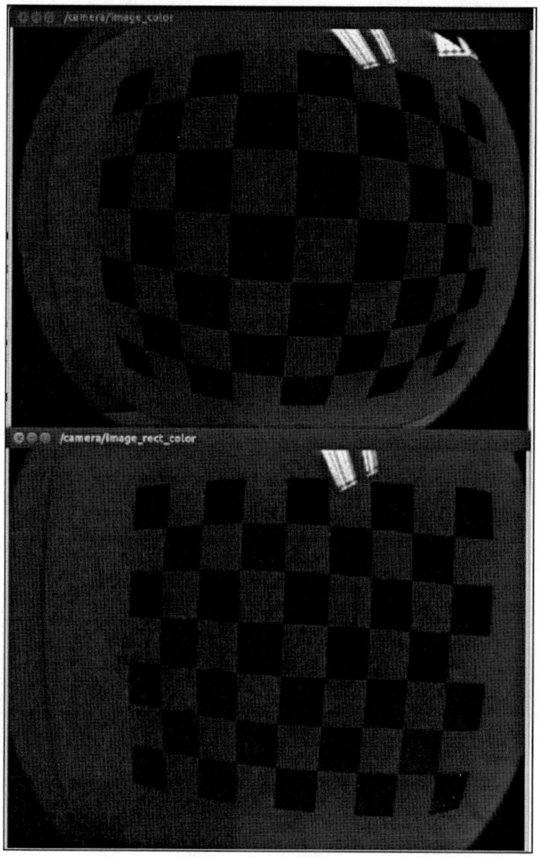

여러분은 rostopic list나 rqt_graph를 이용해서 image_transport 토픽을 포함한 모든 토픽을 볼 수 있다.

다음 명령으로 단안 카메라의 image_raw 토픽을 직접 볼 수 있다.

```
$ roslaunch chapter9_tutorials camera.launch view:=true
```

다른 토픽들을 보기 위해 변할 수도 있지만 이 카메라에 대해서 원 영상은 이미 컬러이다. 그러나 교정된 영상을 보려면 image_view 또는 rqt_image_view로 image_rect_color를 사용하거나 론치 파일을 바꿔야 한다. image_proc 노드는 이 모든 토픽을 가능하게 만드는데 사용된다. 다음 코드는 이를 보여준다.

```
<node ns="$(arg camera)" pkg="image_proc" type="image_proc"
name="image_proc"/>
```

스테레오 카메라를 위한 영상 파이프라인

스테레오 카메라의 경우, 왼쪽 카메라와 오른쪽 카메라가 동일하다. 그러나 불일치 영상을 계산하고 보기 위해 왼쪽과 오른쪽의 영상을 사용할 수 있기 때문에 이 영상들을 위한 특별한 시각화 툴들이 있어야 한다. 어떤 알고리즘은 각 픽셀의 깊이(불일치 영상)를 추정하기 위해 스테레오 보정과 양쪽 영상의 텍스처(texture)를 이용한다. 좋은 결과를 얻기 위해 우리는 이와 같은 영상을 계산하는 알고리즘을 조정해야 한다. 아래의 스크린 샷에서 stereo_image_proc(스테레오 영상을 위한 영상 파이프라인을 만드는 노드)을 위한 rqt_reconfigure와 함께 왼쪽 영상, 오른쪽 영상, 불일치 영상을 볼 수 있으며, 론치 파일에서 아래의 명령줄 만을 필요로 한다.

```
<node ns="$(arg camera)" pkg="stereo_image_proc"
      type="stereo_image_proc"
      name="stereo_image_proc" output="screen">
  <rosparam file="$(arg params_disparity)"/>
</node>
```

이 명령줄은 불일치 파라미터를 필요로 하는데, 아래 스크린 샷에서 보듯이 rqt_reconfigure로 정해지고 rosparam dump/stereo/stereo_image_proc로 저장된다.

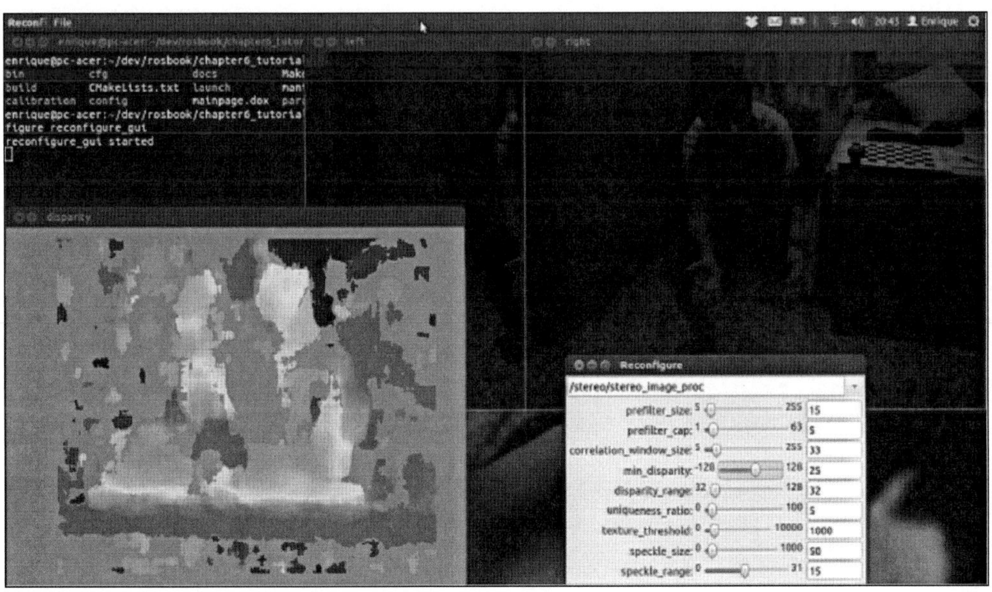

우리는 config/camera_stereo/disparity.yaml 파라미터 파일 안에 이 책의 데모에서 사용되는 환경을 위한 좋은 값들을 가지고 있다. 아래의 코드에 이 값들이 있다.

```
{correlation_window_size: 33, disparity_range: 32,
min_disparity: 25, prefilter_cap: 5,
prefilter_size: 15, speckle_range: 15, speckle_size: 50,
texture_threshold: 1000,
uniqueness_ratio: 5.0}
```

그러나 이 파라미터들은 보정 품질과 환경에 크게 영향을 받으므로 여러분의 실험에 맞춰 조절해야 한다. 이렇게 하는 데 많은 시간이 들고 솜씨가 좋아야 하지만 다음의 가이드라인을 잘 따르면 된다. 여러분은 기본적으로 충분한 블롭(blob)이 나타나는 disparity_range 값을 설정하는 것으로 시작한다. 또한 min_disparity를 설정해야 하는데, 이렇게 하면 전 영역의 깊이(적색에서 녹색/보라색까지)를 모두 포함하는 영역을 볼 수 있다. 그런 다음 결과를 미세 조정하여 작고 노이즈가 낀 블롭을 제거하도록 speckle_size를 설정할 수 있다. 또한 uniqueness_ratio와 texture_threshold를 수정하여 더 큰 블롭을 만들 수도 있다. correlation_window_size는 초기 블롭의 검출에 영향을 미치기 때문에 중요하다.

만약 좋은 결과를 얻기가 어렵다면, 재보정(recalibration)을 하거나 여러분의 환경과 조명 조건에 대해 더 좋은 카메라를 사용해야 한다. 또는 다른 환경이나 더 많은 조명에서 다시 시도할 수도 있다. 예를 들어 평평하고 흰 벽에서는 어떤 불일치도 찾을 수 없을 것이다. 또한 기준선에 따라 다르긴 하지만 카메라에 아주 가까운 경우에는 깊이 정보를 검색할 수 없다. 스테레오 네비게이션의 경우에는 기준선을 12cm 또는 그 이상으로 크게 잡는 것이 낫다. 이후에 비주얼 오도메트리를 사용해 볼 것이므로 여기에서 이것을 사용한다. 이 설정으로 카메라로부터 1m 떨어진 곳의 깊이 정보만 얻을 수 있다. 반면에 기준선을 더 작게 하면 좀 더 가까운 물체에 대해 깊이 정보를 얻을 수 있다. 이 방법은 멀리 떨어진 곳에서의 해상도가 나빠지기 때문에 탐색에는 좋지 않지만 지각과 파악에는 좋다.

보정문제 해결을 위해 단안/스테레오 카메라 론치 파일 양쪽에 통합되어 있는 cameracheck.py 노드를 이용해서 다음과 같이 보정 결과를 확인할 수 있다.

```
$ roslaunch chapter9_tutorials camera.launch view:=true check:=true
$ roslaunch chapter9_tutorials camera_stereo.launch view:=true
check:=true
```

단안 카메라에 대해, 우리의 보정 작업은 다음의 RMS 오차를 출력한다(자세한 내용은 calibration/camera/cameracheck-stdout.log 참조).

```
Linearity RMS Error: 1.319 Pixels    Reprojection RMS Error: 1.278
Pixels
Linearity RMS Error: 1.542 Pixels    Reprojection RMS Error: 1.368
Pixels
Linearity RMS Error: 1.437 Pixels    Reprojection RMS Error: 1.112
Pixels
Linearity RMS Error: 1.455 Pixels    Reprojection RMS Error: 1.035
Pixels
Linearity RMS Error: 2.210 Pixels    Reprojection RMS Error: 1.584
Pixels
Linearity RMS Error: 2.604 Pixels    Reprojection RMS Error: 2.286
Pixels
Linearity RMS Error: 0.611 Pixels    Reprojection RMS Error: 0.349
Pixels
```

스테레오 카메라에 대해서는 epipolar error와 보정 패턴 셀 크기의 추정치를 얻을 수 있다(자세한 내용은 calibration/camera_stereo/camerackeckstdout.log 파일 참고).

```
epipolar error: 0.738753 pixels dimension: 0.033301 m
epipolar error: 1.145886 pixels dimension: 0.033356 m
epipolar error: 1.810118 pixels dimension: 0.033636 m
epipolar error: 2.071419 pixels dimension: 0.033772 m
epipolar error: 2.193602 pixels dimension: 0.033635 m
epipolar error: 2.822543 pixels dimension: 0.033535 m
```

이 결과를 얻기 위해서 카메라에 보정 패턴을 보여주기만 하면 되는데, 그 이유는 우리가 론치 파일에 view:=true 또한 전달했기 때문이다. 2픽셀 이상의 RMS 오차는 상당히 커서 대책이 필요하긴 한데, 이 카메라는 상당히 저가의 제품이라는 것을 기억하기 바란다. 일반적으로 1픽셀 이하의 오차를 가지는 것이 바람직하다. 스테레오 쌍에 대해서는 epipolar error 또한 1픽셀 이하여야 하는데, 우리의 경우 상당히 크다(대부분 3 픽셀보다 큼). 그러나 이에 대해 우리는 더 많은 것을 할 수 있다. 사실 불일치 영상은 각 픽셀의 깊이를 stereo_view 노드로 보여주는 것이다. 또한 우리에게는 rviz로 시각화하고 텍스처화 할 수 있는 3차원 포인트 클라우드가 있다. 다음과 같은 시각적 오도메트리 데모에서 이를 보게 될 것이다.

컴퓨터 비전 태스크를 위한 ROS 패키지들

ROS에서 컴퓨터 비전을 하는 것의 큰 장점은 "바퀴(wheel)를 재발명할 필요가 없다"는 사실이다. 많은 타사 소프트웨어를 사용할 수 있으며, 실제 로봇에 비전 장비를 연결하거나 시뮬레이션을 수행할 수도 있다. 여기에서 우리는 가장 보편적인 시각적 작업들을 위한 재미있는 컴퓨터 비전 툴들을 열거할 것이지만, 나중에 설정 단계들을 포함해서 그 중 하나만을 자세하게 설명할 것이다. 우리는 비주얼 오도메트리를 위해 이렇게 하지만, 다른 패키지들 또한 설치하기 쉽고 그것으로 여러 가지를 해보는 것도 쉽다. 여기에서 제공된 링크의 튜토리얼이나 매뉴얼을 그저 따라가기만 하면 된다.

- 비주얼 서보잉(visual servoing): 비전기반 로봇 제어로 알려져 있기도 하며, 이 기술은 비전 센서로부터 얻은 피드백 정보를 이용해서 로봇의 모션(특히 암 로봇으로 물건 잡기)을 제어하는 기술이다. ROS에서는 **Visual Servoing Platform(ViSP)** 소프트웨어(`http://www.irisa.fr/lagadic/visp/visp.html`, `http://www.ros.org/wiki/vision_visp`)의 래퍼가 있다. ViSP는 비주얼 트래킹 및 비주얼 서보잉에서 애플리케이션의 프로토타입을 만들고 개발하는 것을 가능하게 하는 완전한 크로스 플랫폼 라이브러리이다. ROS 래퍼는 `visp_auto_tracker`(모델 기반 추적기)뿐만 아니라 `visp_tracker`(이동 에지 추적기) 노드로 실행할 수 있는 추적기(tracker)를 제공한다. 또한 카메라를 보정하고 손에서 눈으로(hand-to-eye) 보정하는 작업을 수행하는 데 도움이 된다. 이는 비주얼 서보잉을 하는 데 중요하다.
- 증강현실(Augmented Reality, AR): 증강현실 애플리케이션은 실세계에 가상세계의 영상을 입히는 것을 포함한다. 이러한 목적의 잘 알려진 라이브러리는 ARToolkit이다(`http://www.hitl.washington.edu/artoolkit/`). 이 애플리케이션의 가장 큰 문제는 사용자가 실세계를 보고 있는 시점에 따라 가상의 상을 그려주기 위해 사용자의 시점을 추종하는 것이다. **ARToolkit** 비디오 트래킹 라이브러리들은 실시간으로 물리적인 마커를 기준으로 상대적인 실제 카메라의 위치와 방향을 계산한다. ROS에는 `ar_pose`(`http://www.ros.org/wiki/ar_pose`)라는 래퍼가 있다. 이를 통해 우리는 가상 영상(예: 3D 모델)을 렌더링할 수 있는 단일 또는 다중 마커를 추적할 수 있다.
- 지각와 객체 인식: 대부분의 기본적인 지각와 객체 인식은 OpenCV 라이브러리로 가능하다. 그러나 `tabletop_object_detector`를 제공하여 테이블의 객체를 감지하는 `object_recognition` 스택과 같은 객체 인식 파이프 라인을 제공하는 여러 패키지가 있다. 예를 들어 **Object Recognition Kitchen(ORK)**에서 제공하는 보다 일반적인 솔루션은 `http://wg-perception.github.io/object_recognition_core`에서 찾을 수 있다. **RoboEarth**(`http://www.roboearth.org`)라고 불리는 툴을 언급할 필요가

있는데, 이 툴은 여러분이 물리적 물체들을 탐지하여 3차원 모델을 만들고, 세계에 있는 어떤 로봇(혹은 사람)도 접속할 수 있는 전세계 데이터베이스에 접속하는 것을 가능하게 한다. 저장된 모델은 2차원 또는 3차원일 수 있으며 유사한 객체 및 해당 시점을 인식하는 데 사용할 수 있다. 즉 카메라/로봇이 무엇을 보고 있는지 식별하는 데 사용할 수 있다. 저장된 모델들은 2차원 혹은 3차원 모델이며 유사한 물체나 그들의 시점(카메라나 로봇이 보고 있는 것이 무엇인지를 식별하기 위함)을 인식하는데 사용될 수 있다. RoboEarth 프로젝트는 ROS에 통합되어 있으며 최신 ROS 버전을 공식적으로 지원하지는 않지만 실행 시스템(`http://www.ros.org/wiki/roboearth`)을 갖기 위해 많은 자습서가 제공된다.

- **비주얼 오도메트리**: 비주얼 오도메터(odometer)는 정적인 환경이라는 가정 하에 환경 속에 있는 영상들을 이용해서 특징을 트래킹하고 로봇의 동작을 추정하는 알고리즘이다. 이 알고리즘은 단안 또는 스테레오 시스템에서 6자유도의 로봇 포즈를 계산할 수 있는데, 단안 시스템의 경우 부가적인 정보를 필요로 할 수도 있다. 비주얼 오도메트리를 위한 두 개의 주요 라이브러리가 있는데, `libviso2(http://www.cvlibs.net/software/libviso2.html)`와 `libfovis(http://www.ros.org/wiki/fovis_ros)`이며, 둘 다 ROS를 위한 래퍼를 가지고 있다. 래퍼는 그들의 라이브러리들을 ROS에 노출하는데, 이들은 각각 `viso2`와 `fovis` 패키지들이다. 다음 절에서 `viso2`의 `viso2_ros` 노드를 이용해서 우리가 직접 만든 스테레오 카메라로 어떻게 비주얼 오도메트리를 할 수 있는지를 볼 것이다. 또한 이들 패키지를 설치하는 방법을 보여 줄 것인데, 이 패키지는 ROS Kinetic을 공식적으로 지원하지 않기 때문에 현재 소스에서 수행해야 한다. 그러나 ROS에 통합된 다른 대안은 없다. `libviso2` 라이브러리는 단안/스테레오 비주얼 오도메트리를 가능하게 한다. 그러나 단안 오도메트리를 위해서 지면 추정용 피치(pitch)와 지향(heading) 정보 또한 필요하다. 여러분은 하나의 카메라와 IMU로 단안 오도메트리를 해 볼 수 있지만(4장 참고), 이 장에서 지금까지 보았듯이 정확하게 보정된 스테레오 쌍으로부터 항상 더 좋은 결과를 얻게 된다. 마지막으로, `libfovis`는 단안의 경우를 지원하지 않고 Kinect 센서처럼 RGBD 카메라를 지원한다(6장 참고). 스테레오의 경우 두 라이브러리를 모두 시도해 보고 어떤 것이 더 잘 작동하는지 확인할 수 있다. 여기에서 우리는 ROS에서 `viso2`를, Kinect와 함께 `fovis`를 설치하고 실행하는 방법에 대한 단계별 튜토리얼을 보일 것이다.

비주얼 오도메트리

비주얼 오도메트리는 비전을 사용하여 이동 로봇 또는 센서의 상대 변위를 평가하는 알고리즘에 사용되는 이름이다. 오도메트리는 환경에서 초기 포즈를 기준으로 로봇 또는 센서 자세의 전역 추정을 제공하기 위해 연속적인 상대 변위를 누적하지만, 각 상대 변위의 오차가 경계 없이 누적되어 커지기 때문에 표류(drift)가 누적된다는 것을 명심하자. 이 문제를 해결하려면 전역 위치측정 또는 루프 폐쇄(loop closure) 감지 알고리즘이 필요하다. 이것은 비주얼 SLAM 시스템의 구성 요소 중 하나이지만 자세 추정을 위한 레퍼런스 추측을 생성하려면 비주얼 오도메트리가 필요하다.

viso2로 비주얼 오도메트리 사용하기

viso2를 사용하기 위해 여러분의 catkin 작업 공간(~/catkin_ws)으로 가서 다음 명령을 사용한다.

```
$ cd src
$ wstool init
$ wstool set viso2 --git git://github.com/srv/viso2.git
$ wstool update
```

이제 빌드하기 위해 다음 명령을 실행한다.

```
$ cd ..
$ catkin_make
```

빌드되고 나면, 다음 명령으로 환경을 구성한다.

```
$ source devel/setup.bash
```

이제 우리는 stereo_odometer 같은 viso2_ros 노드를 실행할 수 있는데, 여기에서 사용하려는 노드이다. 그러나 그 전에 카메라와 로봇 또는 로봇의 베이스 링크 사이에 좌표계 변환을 발행할 필요가 있다. 스테레오 카메라 드라이버는 이미 변환이 준비되었지만 다음 절에서 어떻게 이렇게 하는지를 설명할 것이다.

카메라 포즈 보정

우리의 로봇 시스템에서 다른 좌표계 간의 변환을 정하기 위해 변환에 대한 tf 메시지를 발행해야 한다. 이를 위한 가장 적절하고 일반적인 방법은 camera_pose 스택을 사용하는 것으로 구성되는데, 이 저장소로부터 가장 최신 버전(https://github.com/jbohren-forks/camera_pose에서 찾을 수 있음)을 사용한다. 이 스택은 서로에 대해 카메라 자세를 보정하는 일련의 시작 파일을 제공한다. 그것은 2개, 3개, 또는 더 많은 카메라에 대한 실행 파일을 제공한다. 우리의 경우 두 개의 카메라(스테레오) 밖에 없으므로 이 방법으로 진행한다. 먼저, 다음과 같이 camera_pose로부터 calibration_tf_publisher.launch를 호출하는 calibrate_pose 인수와 함께 camera_stereo.launch를 확장한다.

```
<include file="$(find
camera_pose_calibration)/blocks/calibration_
tf_publisher.launch">
  <arg name="cache_file"
  value="/tmp/camera_pose_calibration_cache.bag"/>
</include>
```

이제 다음 명령을 실행하자.

```
$ roslaunch chapter9_tutorials camera_stereo.launch calibrate_pose:=true
```

calibration_tf_publisher는 보정이 정확히 되자마자 좌표계 변환(tf)을 발행할 것이다. 보정은 지금까지 봤던 것과 비슷하지만, 아래 명령으로 실행되는 camera_pose라는 툴을 쓰는 것이 다르다.

```
$ roslaunch camera_pose_calibration calibrate_2_camera.launch
camera1_ns:=/stereo/left camera2_ns:=/stereo/right checker_rows:=6
checker_cols:=8 checker_size:=0.03
```

이 호출로 우리는 이전의 보정 툴에서 사용했던 동일한 패턴을 사용할 수 있다. 그러나 영상을 정적으로 유지해야 한다. 일부 바는 영상의 한 면에서 다른 면으로 이동할 수 있으며 모든 카메라의 영상이 충분한 시간 동안 정적인(static) 경우 녹색으로 바뀐다. 이는 다음의 스크린 샷에서 볼 수 있다.

우리의 노이즈 섞인 카메라를 이용하려면 보정 패턴의 지지대가 필요한데, 아래 영상과 같이 삼각대 또는 패널 같은 것이면 된다.

그러면 다음 스크린 샷과 같이 보정할 수 있다.

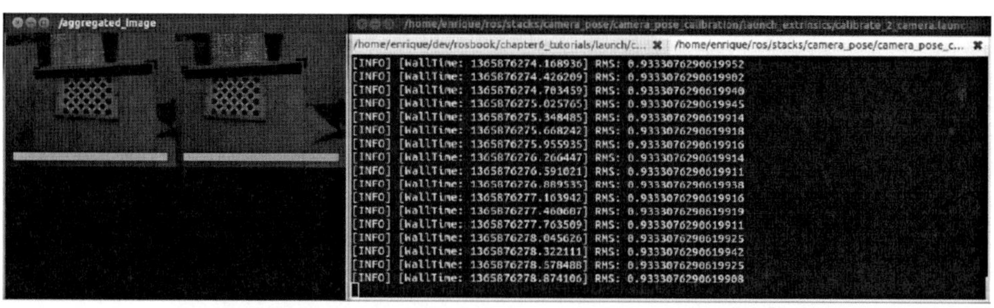

이는 왼쪽 카메라로부터 오른쪽 카메라까지의 tf를 생성한다. 이것이 카메라 자세 보정을 행하기 위한 가장 적절한 방법이긴 하지만 우리는 스테레오 쌍에 대해 충분한, 더 간단한 접근법을 사용할 것이다. 이는 viso2에도 필요한데, 모든 스테레오 쌍의 프레임을 단일한 유닛/센서로 필요로 하기 때문이다. viso2는 내부적으로 cameracalibrator.py의 스테레오 보정 결과를 사용하여 기준선을 검색한다.

우리에게는 카메라 링크로부터 베이스 링크(로봇 베이스)까지의 변환과 카메라 링크로부터 광학 카메라 링크까지의 변환(광학 카메라는 회전을 필요로 하기 때문)을 위해 static_transform_publisher를 사용하는 론치 파일이 있다. 카메라 프레임의 z축은 카메라의 광학 렌즈로부터 앞쪽으로 향하는 방향이지만, 다른 프레임들(환경, 네비게이션, 오도메트리)의 z축은 위쪽으로 향하는 방향임을 기억하자. 아래의 론치 파일은 launch/frames/stereo_frames.launch 안에 있다.

```
<launch>
  <arg name="camera" default="stereo" />

  <arg name="baseline/2" value="0.06"/>
  <arg name="optical_translation" value="0 -$(arg baseline/2) 0"/>

  <arg name="pi/2" value="1.5707963267948966"/>
  <arg name="optical_rotation" value="-$(arg pi/2) 0 -$(arg
  pi/2)"/>

  <node pkg="tf" type="static_transform_publisher" name="$(arg
  camera)_link"
  args="0 0 0.1 0 0 0 /base_link /$(arg camera) 100"/>
  <node pkg="tf" type="static_transform_publisher" name="$(arg
  camera)_optical_link"
  args="$(arg optical_translation) $(arg optical_rotation)
  /$(arg camera) /$(arg camera)_optical 100"/>
</launch>
```

이 론치 파일은 스테레오 카메라의 론치 파일 안에 포함되어 있고 이러한 정적 변환을 발행한다. 그러므로 우리는 론치 파일이 변환들을 발행하도록 아래의 명령을 실행하기만 하면 된다.

```
$ roslaunch chapter9_tutorials camera_stereo.launch tf:=true
```

그러면 여러분은 rqt_rviz에서 tf 디스플레이로 그들이 발행되었는지를 확인할 수 있는데, 다음 절에서 viso2를 실행하면 그 내용을 볼 수 있다. 이를 위해 rqt_tf_tree를 사용해도 된다(3장 참고).

viso2 온라인 데모 실행하기

이제 우리는 비주얼 오도메트리 알고리즘을 실행할 준비가 되었다. 우리의 스테레오 카메라는 보정이 되었고, 이들의 좌표계는 viso2를 위해 적절한 이름을 가졌으며(_optical로 끝이 남), 카메라와 광학 좌표계간에 tf가 발행되었다. 그러나 스테레오 쌍을 사용하기 전에, http://srv.uib.es/public/viso2_ros/sample_bagfiles/ 안에 제공된 bag 파일들로 viso2를 테스트 할 것이다. 모든 bag 파일(합쳐서 약 4GB)들을 얻기 위해 bag/viso2_demo/download_amphoras_pool_bag_files.sh를 실행한다. 그러면 단안/스테레오 오도미터 양쪽에 대한 론치 파일을 launch/visual_odometry 폴더 안에 가질 수 있다. 스테레오 데모를 실행하기 위해, bag 파일을 재생하고 그 내용물을 조사 및 시각화할 수 있게 하는 론치 파일을 맨 위에 둔다. 예를 들어, 불일치 영상 알고리즘을 보정하기 위해 다음의 명령을 실행한다.

```
$ roslaunch chapter9_tutorials viso2_demo.launch
config_disparity:=true view:=true
```

이를 실행하면 왼쪽 영상, 오른쪽 영상, 불일치 영상 그리고 rqt_reconfigure 인터페이스가 이러한 불일치 알고리즘을 구성하는 것을 볼 것이다. 이와 같이 튜닝을 해야 하는 이유는 bag 파일은 원 영상만을 가지고 있기 때문이다. 우리는 config/viso2_demo/disparity.yaml에 있는 좋은 파라미터들을 발견했다. 아래의 스크린 샷에서 이를 이용해서 얻은 결과를 볼 수 있는데, 스테레오 영상에 있는 바위들의 깊이를 명확하게 식별할 수 있다.

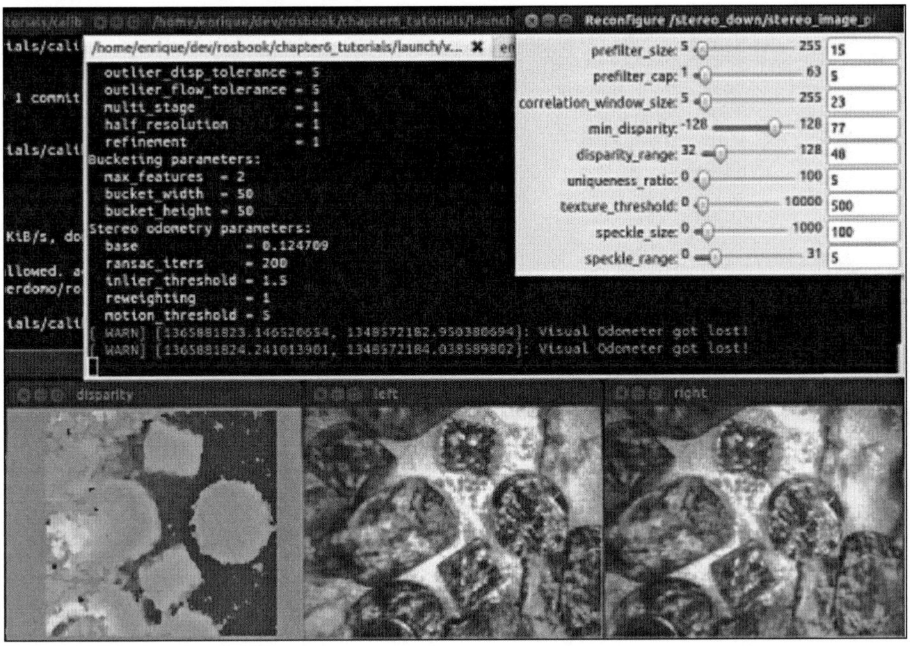

스테레오 오도메트리를 실행하고 rqt_rviz에서 그 결과를 보기 위해, 아래 명령을 실행한다.

```
$ roslaunch chapter9_tutorials viso2_demo.launch odometry:=true
rviz:= true
```

우리가 config/viso2_demo/rviz.rviz에서 rqt_rviz에 대한 적절한 구성을 제공했음을 유의하자. 이 구성 파일은 시작 파일에 의해 자동으로 로드된다. 다음의 영상 시퀀스는 텍스처링된 3차원 포인트 클라우드의 다른 인스턴스와, 스테레오 주행 거리계에서 카메라 포즈 추정치를 표시하는 /odom 및 /stereo_optical 좌표계를 보여준다. 세 번째 영상은 포인트 클라우드에 대해 소실 시간(decay time)이 3초일 때 시간에 따라 점들이 어떻게 덧입혀지는지를 볼 수 있다. 이런 방법으로 좋은 영상과 오도메트리가 있으면 rqt_rviz로 그려진 지도를 볼 수도 있지만, 이렇게 하기는 상당히 힘들어서 SLAM 알고리즘을 일반적으로 많이 쓴다(8장 참고). 이 모든 것들이 아래 스크린 샷에 담겨 있다.

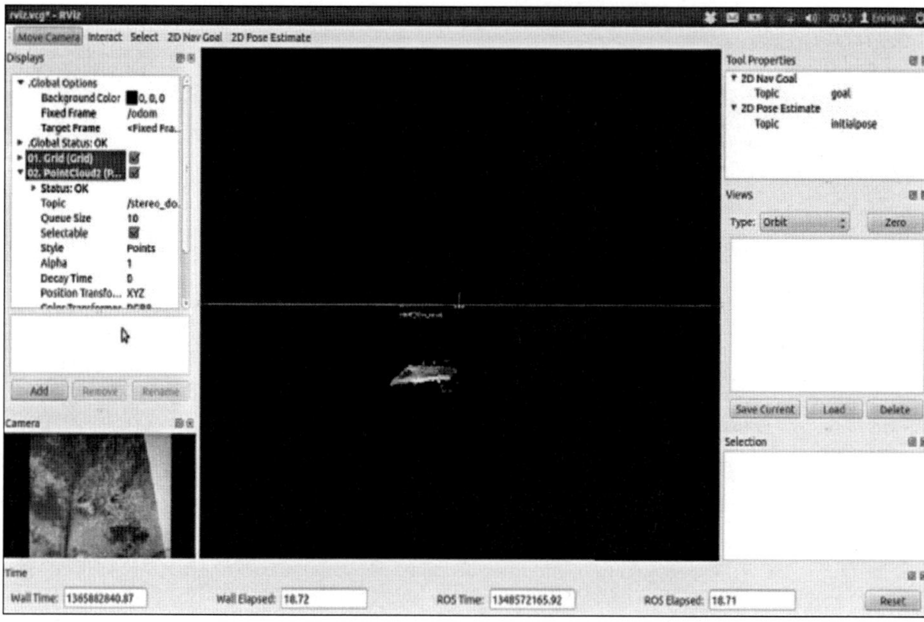

새로운 프레임이 생기면 알고리즘은 다음 스크린 샷과 같이 해저에서 바위의 높이를 볼 수 있는 3차원 재구성을 생성할 수 있다.

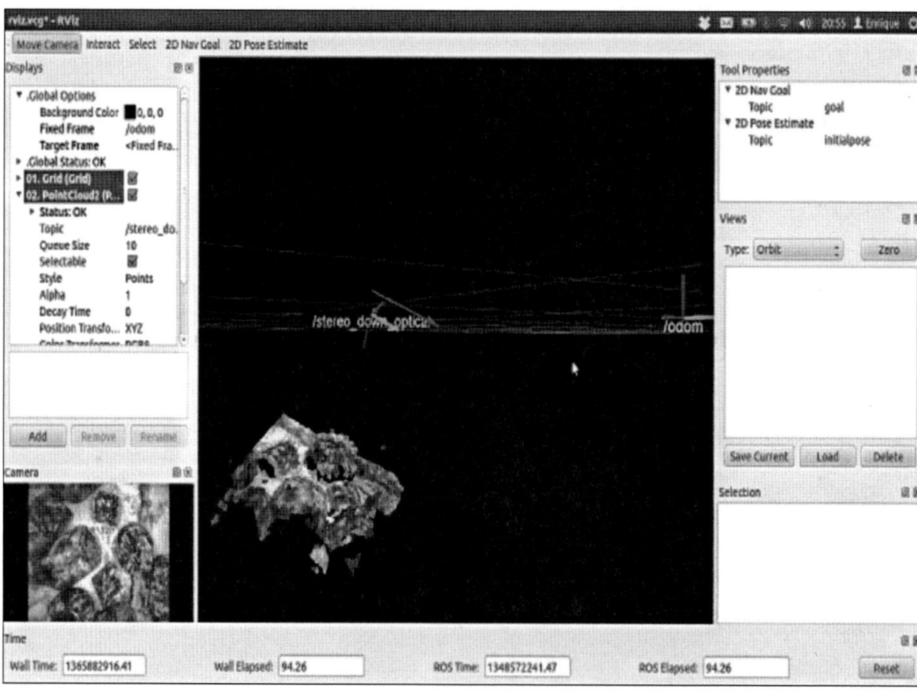

Decay Time을 3초로 설정하면 연속적인 프레임과 다른 포인트 클라우드가 함께 표시되므로 바다 밑바닥의 지도를 볼 수 있다. 시각적 오도메트리 알고리즘의 편차 때문에 지도에 몇 가지 오류가 있음을 기억하기 바란다.

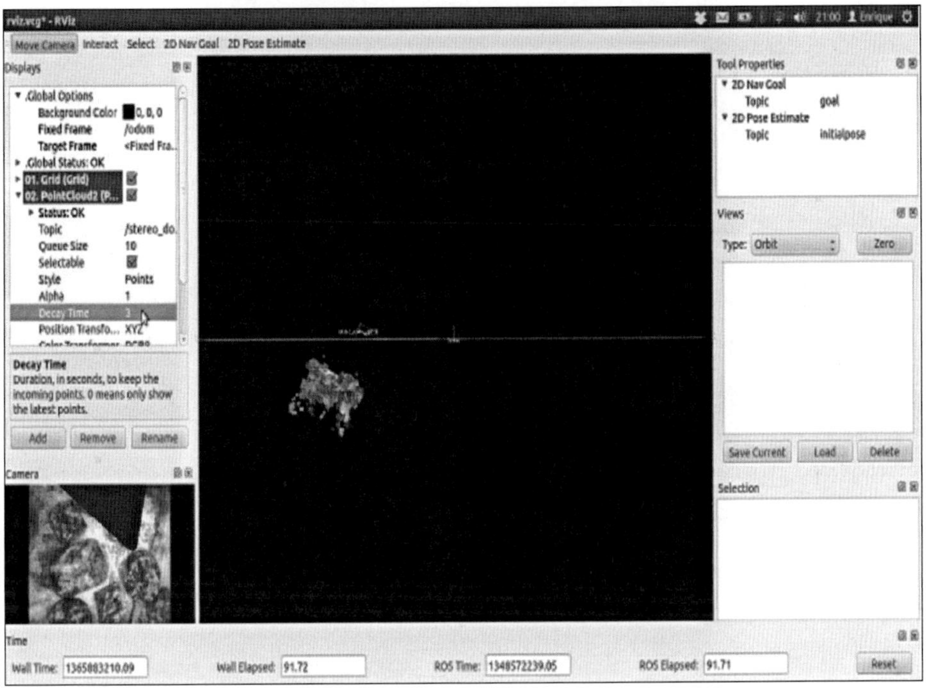

스테레오 카메라와 viso2로 비주얼 오도메트리 실행하기

마지막으로 우리는 스테레오 쌍으로 `viso2_demo`를 할 수도 있다. 스테레오 오도메트리를 실행하고 `rqt_rviz`(tf 트리가 기본적으로 발행되는 것을 주의)로 그 결과를 보기 위해서 다음 명령을 실행한다.

```
$ roslaunch chapter9_tutorials camera_stereo.launch odometry:=true
rviz:=true
```

다음의 영상은 우리의 저가 스테레오 카메라에 대해 동작하는 비주얼 오도메트리 시스템의 일례를 보인다. 여러분은 카메라를 움직이면 `/odom` 좌표계가 움직이는 것을 보게 될 것이다. 보정이 나쁘거나 카메라에 노이즈가 매우 많다면, 오도메트리가 사라지면서 터미널에 경고 메시지가 표시된다. 이러한 경우 더 좋은 카메라를 찾아보거나 재보정을 함으로써 더 좋은 결과를 얻을 수 있다. 또한 불일치 알고리즘에 더 좋은 파라미터를 찾아야 할 수도 있다.

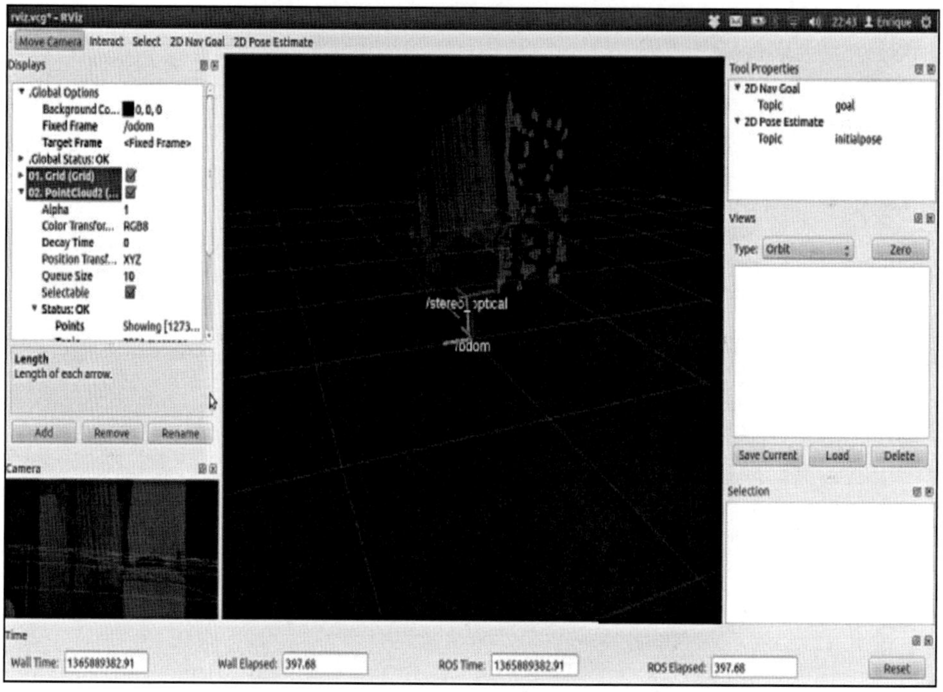

RGBD 카메라로 비주얼 오도메트리 수행하기

이제 우리는 fovis를 이용해서 RGBD 카메라로 비주얼 오도메트리를 수행할 것이다.

fovis 설치하기

fovis는 데비안 패키지에서 제공되지 않기 때문에 여러분의 catkin 작업공간에서 빌드해야 한다(chapter9_tutorials를 위해 사용한 동일한 작업공간 사용). 그러므로 어느 작업 공간에서든 다음의 명령을 실행한다.

```
$ cd src
$ git clone https://github.com/srv/libfovis.git
$ git clone https://github.com/srv/fovis.git
$ cd ..
$ catkin_make
```

이는 fovis 소프트웨어를 ROS에 통합시키는 두 저장소를 복제한다. 원래의 코드는 http://fovis.github.io/에 있는 구글 코드 프로젝트에 호스트 되었음을 기억하자.

성공적으로 빌드되었다면, 소프트웨어를 사용하기 전에 이 작업공간을 위한 환경을 다음과 같이 구성한다.

```
$ source devel/setup.bash
```

Kinect RGBD 카메라로 fovis 사용하기

이제 Kinect RGBD 카메라를 위해 fovis를 실행해 보자. 이는 비주얼 오도메트리를 계산하기 위해 3차원 정보를 사용하는 것을 의미하므로, 스테레오 영상이나 (viso2처럼) 단안 카메라를 사용할 때보다 더 나은 결과를 기대할 수 있다.

먼저 Kinect RGBD 카메라 드라이버와 fovis를 시작해야 한다. 편의성을 위해 양쪽을 다 실행시키는 단일 launch 파일을 제공한다.

```
$ roslaunch chapter9_tutorials fovis_demo.launch
```

카메라를 이리저리 움직여 보면, 카메라가 만드는 궤적의 오도메트리 추정을 훌륭하게 하는 것을 볼 수 있을 것이다. 다음 그림은 카메라를 움직이기 전 초기 상태에서 이것을 rviz에서 나타낸 것이다. 아래의 스크린 샷에서 RGBD 포인트 클라우드와 오도메트리 및 카메라 현재 위치를 나타내는 두 개의 화살표를 볼 수 있다.

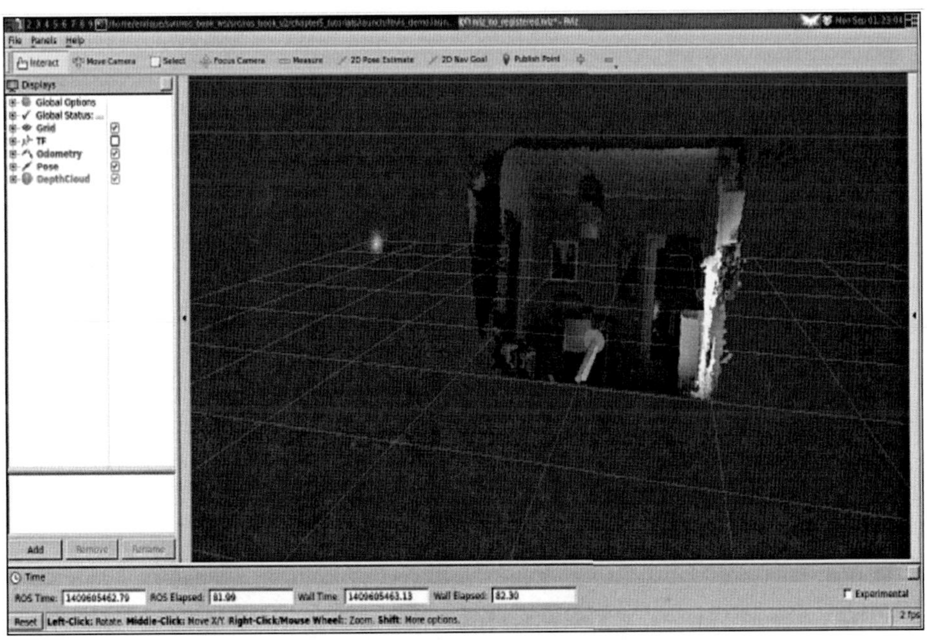

카메라를 움직인 후에 여러분은 카메라의 자세를 보여주는 화살표들을 아래 스크린 샷과 같이 볼 수 있을 것이다. 여러분이 사용하고 있는 컴퓨터에 따라 소프트웨어가 오도메트리를 계산하는 데 시간이 필요할 수 있기 때문에 카메라를 매우 천천히 움직여야 한다.

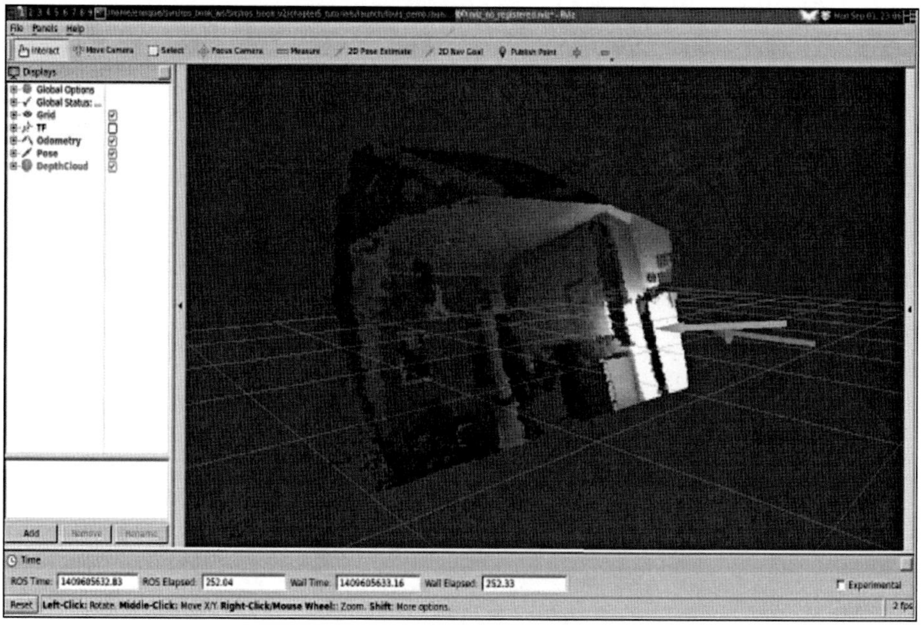

기본적으로 fovis_demo.launch 파일은 깊이 정보로 no_registered를 사용한다. 이는 깊이 영상은 등록되어 있지 않거나 RGB 카메라 좌표계로 변환되지 않음을 의미한다. 깊이 영상을 등록하는 것이 더 낫지만, 이렇게 하면 Kinect 센서가 원래 제공하는 30Hz의 처리량(throughput)이 컴퓨팅 자원에 따라 2.5Hz 근처까지 큰 폭으로 떨어지게 된다.

여러분은 등록된 버전을 사용하기 위해 RGB 카메라 좌표계에서 throttle을 사용할 수 있다. 이는 제공된 launch 파일에서 자동으로 이뤄진다. 여러분은 no_registered(기본), hw_registered 그리고 sw_registered 모드 중에서 선택할 수 있다. 원칙적으로 Kinect 센서는 하드웨어등록 모드(hw_registered)를 지원하지 않는데, 이는 가장 빠른 모드일 것으로 예상된다. 그러므로 여러분은 소프트웨어 등록 모드(sw_registered)를 사용해 볼 수 있는데, 이는 RGB 카메라 메시지의 처리량을 2.5Hz로 떨어뜨린다. 이를 fovis_sw_registered.launch에서 다음과 같이 바꿀 수 있다.

```
$ roslaunch chapter9_tutorials fovis_demo.launch
mode:=sw_registered
```

두 영상의 호모그래피 계산하기

호모그래피(homography) 행렬은 주어진 영상에서 새로운 영상으로 스케일까지 변환을 제공하는 3x3 행렬인데, 이 변환은 동일평면(coplanar)상에서 이뤄져야 한다. `src/homography.cpp` 파일 안에 카메라에 의해 얻은 첫 번째 영상을 가져와서 이 영상을 기준으로 모든 새로운 영상에 대한 호모그래피를 계산하는 다양한 예제가 있다. 이 예제를 실행하기 위해 책의 커버와 같은 평면적인 물체를 사용해서 다음 명령을 실행한다.

```
$ roslaunch chapter9_tutorials homography.launch
```

이 명령은 카메라 드라이버가 여러분의 카메라(웹캠)로부터 프레임을 획득하고, 특징을 검출하고(기본적으로 SURF), 각 프레임들에 대한 서술자를 검출하고, 첫 번째 영상에 대해 크로스첵 필터로 Flann 기반 매칭을 이용하여 얻어진 서술자들과 이 서술자들의 짝을 맞춘다. 프로그램이 짝을 찾으면 호모그래피 행렬 `H`가 계산된다. 이 `H`로 우리는 원래 영상을 얻기 위해 아래 스크린샷과 같이 새 프레임을 휘게 할 수 있다(위쪽에서 짝을 맞추고 H로 영상을 휘게 하는데, 그 내용이 터미널의 문장에 나타나 있다).

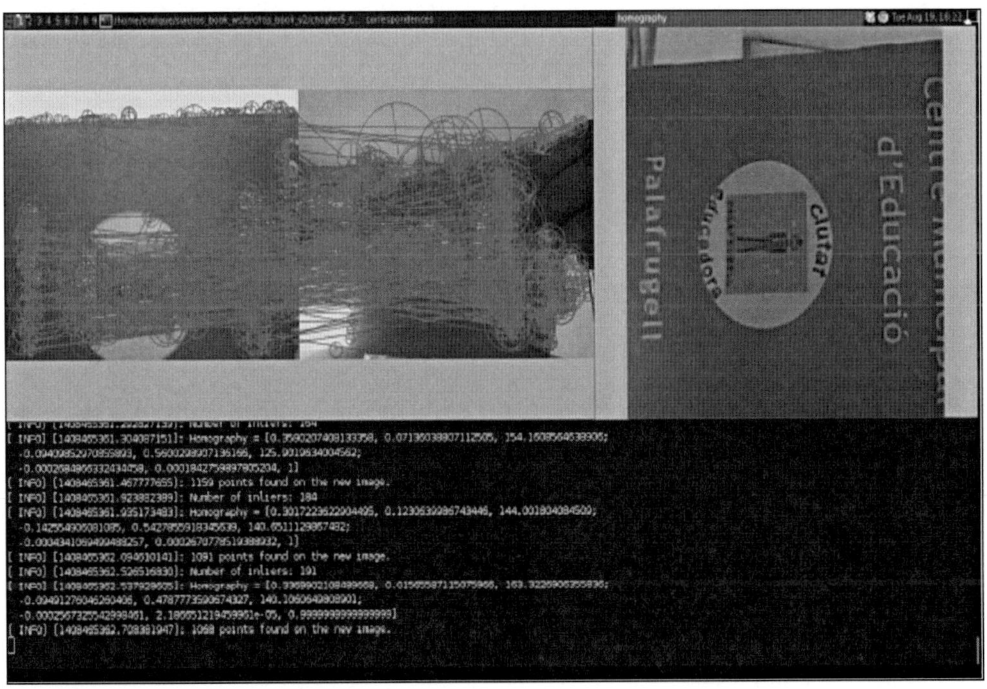

요약

이 장에서는 ROS가 제공하는 컴퓨터 영상 툴의 개요를 설명했다. 몇 종류의 카메라(특별히 FireWire와 USB 카메라)를 어떻게 연결하고 실행하는지를 보여주는 것부터 시작했다. 그들의 파라미터를 바꾸는 기본적인 기능을 설명했으므로, 이제 여러분은 좋은 품질의 영상을 얻기 위해 특정 파라미터를 조절할 수 있을 것이다. 추가적으로 우리는 완전한 USB 카메라 드라이버 예제들을 제공했다.

그 다음으로 어떻게 카메라를 보정할 수 있는지를 알아 보았다. 보정은 광각 카메라(특히 저가의 카메라들)의 왜곡을 고칠 수 있다는 점에서 중요하다. 또한 보정 행렬은 여러분이 많은 컴퓨터 비전 태스크들(예를 들어 비주얼 오도메트리와 인지 기능)을 수행할 수 있게 한다.

우리는 ROS에서 어떻게 스테레오 비전을 할 수 있는지와 어떻게 두 대의 저가 웹캠으로 쉽게 스테레오 비전을 구성할 수 있는지를 보였다. 또한 영상 파이프라인, `cv_bridge`나 `image_transport` 같이 ROS에서 컴퓨터 비전을 수행하는 몇 가지 API, 그리고 OpenCV를 ROS 패키지에 통합시키는 것에 대해서도 설명했다.

마지막으로 ROS에서 개발된 툴들에 의해 제공되는 유용한 컴퓨터 비전 태스크와 토픽들을 열거했다. 특별히 `viso2`와 `fovis` 라이브러리를 이용해서 비주얼 오도메트리를 구현하는 예를 보였다. 고품질 카메라와 제안된 저가의 스테레오 쌍으로 기록한 데이터와 관련한 예제도 보였다. 마지막으로, 두 영상 간의 호모그래피를 어떻게 얻는지를 예시하기 위해 특징 검출, 서술자 추출, 그리고 매칭 기법들을 보였다. 무엇보다도 이 장의 코드를 읽고 실행한 후에 여러분은 ROS에서 컴퓨터 비전을 수행하는 기본 사항을 보았을 것이다.

다음 장에서 여러분은 PCL을 이용해서 포인트 클라우드로 작업하는 것을 배울 것인데, 우리는 PCL로 RGBD 카메라를 사용할 수 있다.

10장

포인트 클라우드

포인트 클라우드(point cloud)는 시간 경과 거리(time-of-flight) 카메라나 레이저 스캐너 같은 3차원 센서가 제공하는 정보를 직관적으로 표현하고 다루는 로봇 툴박스에 포함되어 있는데, 공간은 3차원 기준좌표계에서 유한한 점의 집합으로 샘플링된다. **포인트 클라우드 라이브러리**(Point Cloud Library, PCL)는 샘플링된 공간에서의 점들뿐만 아니라 샘플링된 공간의 다른 특성들(색깔, 수직 벡터 등)을 나타내는 다수의 데이터 타입과 구조를 제공한다. 또한 PCL은 필터링, 모델 추정, 표면 재구성(reconstruction) 등과 같이 데이터 샘플의 데이터 처리를 수행하는 많은 최신의 알고리즘들을 제공한다.

ROS는 PCL 포인트 클라우드들과 효과적으로 통신할 수 있는 메시지 기반 인터페이스를 제공하고, OpenCV 영상으로 했던 것과 매우 비슷한 방법으로 네이티브 PCL 타입을 ROS 메시지로 변환하는 함수 세트도 제공한다. ROS API의 표준적인 성능과는 별도로, ROS에는 공통적으로 사용되는 3차원 센서들(예를 들어 Microsoft Kinect 또는 Hokuyo 레이저 등)과 상호작용하는 데 사용되고 RViz로 다른 기준좌표계에서 시각화할 수 있는 표준적인 패키지가 많이 있다.

이 장은 나머지 절들 전체에서 사용될 PCL 라이브러리, 연관된 데이터 타입, 그리고 ROS 인터페이스 메시지에 관한 배경 지식을 제공한다. 그후에 PCL 라이브러리를 이용해서 어떻게 데이터 처리를 하는지와 ROS를 통해 입출력되는 데이터와 어떻게 통신하는지에 관한 많은 기법들을 제시할 것이다.

포인트 클라우드 라이브러리 이해하기

본격적으로 코드를 들여다보기 전에, 포인트 클라우드 라이브러리와 ROS용 PCL 인터페이스 양쪽의 기본 개념을 이해하는 것이 중요하다. 앞서 말했듯이, 전자는 3차원 데이터 처리의 데이터 구조 세트와 알고리즘을 제공하고, 후자는 메시지와 PCL 데이터 구조 간의 메시지와 변환 함수 세트를 제공한다. 이 모든 소프트웨어 패키지와 라이브러리는 ROS에서 제공하는 분산 통신 레이어의 성능과 연계하여 로봇공학 분야에서 새로운 응용에 대한 많은 가능성을 활짝 열어준다.

일반적으로, PCL은 하나의 매우 중요한 데이터 구조체를 가지고 있는데 바로 `PointCloud`이다. 이 데이터 구조체는 템플릿 파라미터로 사용되는 점들의 타입을 가지는 템플릿 클래스로 설계되었다. 그 결과, 포인트 클라우드 클래스는 포인트 유형에 관계없이 모든 포인트 클라우드에 필요한 모든 공통 정보를 포함하는 포인트 컨테이너이다. 다음은 포인트 클라우드에서 가장 중요한 퍼블릭(public) 필드이다.

- `header`: 이 필드는 `pcl::PCLHeader` 타입이고, 포인트 클라우드를 얻는 시간을 규정한다.
- `points`: 이 필드는 `std::vector<PointT, ...>` 타입이고, 모든 점들이 저장되는 컨테이너이다. 벡터 정의의 `PointT`는 클래스 템플릿 파라미터, 즉 포인트 타입에 해당한다.
- `width`: 이 필드는 영상을 구성하는 포인트 클라우드의 폭이다. 그렇지 않은 경우 이는 클라우드 안의 점들의 수를 포함한다.
- `height`: 이 필드는 영상을 구성하는 포인트 클라우드들의 높이이다. 그렇지 않은 경우 이 값은 언제나 1이다.
- `is_dense`: 이 필드는 클라우드가 무한값 또는 NaN(수가 아님) 같은 무효값을 포함하는지를 알려준다.
- `sensor_origin_`: 이 필드는 `Eigen::Vector4f` 타입이며, 좌표계 원점으로부터의 이동이라는 관점에서 센서 취득 자세를 정의한다.
- `sensor_orientation`: 이 필드는 `Eigen::Quaternionf` 타입이며, 좌표계 회전으로서 센서 취득 자세를 정의한다.

이 필드들은 PCL 알고리즘이 데이터 처리를 수행하는 데 사용되고, 사용자들이 자신만의 알고리즘을 생성하는 데 사용될 수 있다. 포인트 클라우드 구조를 이해하고 나면, 그 다음 단계는 포인트 클라우드가 포함할 수 있는 다른 포인트 타입들을 이해하고, 어떻게 PCL이 동작하며, ROS에 대해 PCL이 어떻게 인터페이스 기능을 하는지를 이해하는 것이다.

다른 포인트 클라우드 타입들

앞에서 설명했듯이, `pcl::PointCloud`는 점들의 컨테이너 역할을 하는 필드를 포함하는데, 이 필드는 `PointT` 타입이다. 이 필드는 `pcl::PointCloud` 클래스의 템플릿 파라미터이며 저장되는 포인트 클라우드의 타입을 정의한다. PCL은 많은 종류의 점들을 정의하지만, 가장 많이 사용되는 타입들의 일부를 설명하면 다음과 같다.

- `pcl::PointXYZ`: 가장 간단한 점 타입이며 가장 많이 사용되는 것인데, 오직 3차원 XYZ 정보를 저장한다.

- pcl::PointXYZI: 이 타입의 점은 이전 점과 매우 유사하지만 점의 강도(intensity) 필드도 포함한다. 강도는 센서로부터 돌아오는 레벨에 기반해서 점을 얻을 때 유용하다. 이와는 다른 두 종류의 표준적인 점 타입이 있는데, 하나는 강도 대신에 강점(strength)을 저장하는 필드가 있는 pcl::InterestPoint이고, 다른 하나는 강도나 강점 대신에 거리(range)를 저장하는 필드를 가진 pcl::PointWithRange이다.
- pcl::PointXYZRGBA: 이 타입의 점은 3차원 정보뿐만 아니라 색상(RGB=붉은색, 녹색, 파란색)과 투명도(A=Alpha)도 저장한다.
- pcl::PointXYZRGB: 이 타입은 위의 점 타입과 유사하지만 투명도 필드가 없다는 점이 다르다.
- pcl::Normal: 이는 가장 많이 사용되는 점 타입이며, 주어진 점에서의 표면 법선(normal)과 그 점에서의 곡률(curvature)을 나타낸다.
- pcl::PointNormal: 이 타입은 이전 것과 정확히 같은데, 주어진 점에서의 표면 법선과 곡률 정보를 포함하지만, 그 점의 3차원 XYZ 좌표 또한 포함한다. 이 점의 변형은 PointXYZRGBNormal과 PointXYZINormal인데, 이름이 의미하는 것처럼 전자는 색상을, 후자는 강도를 포함한다.

이러한 공통적인 점 타입들과는 별도로, PointWithViewpoint, MomentInvariants, Boundary, PrincipalCurvatures, Histogram 등의 수많은 표준 PCL 타입들이 있다. 더 중요한 것은 PCL 알고리즘은 모두 템플릿으로 변환되어 사용 가능한 유형을 사용할 수 있을 뿐만 아니라 의미 상 유효한 사용자 정의 유형을 사용할 수 있다.

PCL의 알고리즘

PCL은 포인트 클라우드 처리 알고리즘을 정의하기 위해 전체 라이브러리에서 매우 특별한 디자인 패턴을 사용한다. 일반적으로 이러한 종류의 알고리즘의 문제는 그들을 구성하는 것이 매우 용이해야 하며, 모든 잠재적 가능성을 활용하기 위해 공통적으로 사용되는 기본값들과 모든 요구 파라미터들을 사용자가 규정할 수 있는 메커니즘을 라이브러리가 제공해야 한다는 점이다.

이 문제를 해결하기 위해, PCL 개발자는 각각의 알고리즘을 특정 공통성(specific commonalities)이 있는 클래스들의 계층구조에 속하는 클래스로 만들기로 결정했다. 이 접근법을 이용하면 PCL 개발자는 계층구조에 있는 기존의 알고리즘을 계층구조로부터 도출하고 새 알고리즘에 필요한 파라미터를 추가함으로써 재사용할 수 있다. 그리고 이 접근법을 통해 사용자는 나머지 기본 값들은 그대로 두고 접근자(accessor)를 통해 원하는 파라미터 값들을 쉽게 제공할 수 있다. 아래의 코드 조각들이 PCL 알고리즘을 사용하는 것이 어떤 모습인지를 보여준다.

```
pcl::PointCloud<pcl::PointXYZ>::Ptr cloud(new
    pcl::PointCloud<pcl::PointXYZ>);
pcl::PointCloud<pcl::PointXYZ>::Ptr result(new
    pcl::PointCloud<pcl::PointXYZ>);

pcl::Algorithm<pcl::PointXYZ> algorithm;
   algorithm.setInputCloud(cloud);
   algorithm.setParameter(1.0);
   algorithm.setAnotherParameter(0.33);
   algorithm.process (*result);
```

이 접근법은 라이브러리 내에서 필요할 때만 따라야 하므로 동일한 요구 사항에 구속되지 않는 입출력 기능과 같은 규칙에 대해 예외가 있을 수 있다.

ROS에 대한 PCL 인터페이스

ROS에 대한 PCL 인터페이스는 ROS가 제공하는 메시지 기반 통신 시스템을 통해 PCL 데이터 구조를 통신하는 데 필요한 수단을 제공한다. 이를 위해, PCL 알고리즘으로부터 얻은 다른 데이터 결과와 함께 포인트 클라우드를 유지하는 목적으로 정의된 다양한 메시지 타입들이 있다. 이 메시지 타입들과 조합하여 네이티브 PCL 데이터 타입을 메시지로 변환하는 변환함수 세트도 제공된다. 가장 유용한 메시지 타입의 일부는 다음과 같다.

- `std_msgs::Header`: 이는 메시지 타입이 아니라, 일반적으로 모든 ROS 메시지의 일부이다. 이는 메시지가 보내진 시간, 일련번호(sequence number), 프레임 이름에 관한 정보를 담고 있다. PCL에 해당하는 것은 `pcl::Header` 타입이다.
- `sensor_msgs::PointCloud2`: 이는 아마 가장 중요한 타입일 것인데, 이 메시지는 `pcl::PointCloud` 타입을 전달하는 데 사용된다. 그러나 PCL의 향후 버전은 이 메시지보다 `pcl::PCLPointCloud2`를 선호할 것이라는 사실을 고려할 필요가 있다.
- `pcl_msgs::PointIndices`: 이 타입은 포인트 클라우드에 속하는 점들의 인덱스들을 저장하며, PCL의 대등한 타입은 `pcl::PointIndices`이다.
- `pcl_msgs::PolygonMesh`: 이는 메쉬(꼭지점과 다각형)를 표현하는데 필요한 정보를 담고 있으며, PCL의 대등한 타입은 `pcl::PolygonMesh`이다.
- `pcl_msgs::Vertices`: 이 타입은 일례로 다각형을 표현하기 위해 꼭지점의 한 세트를 배열의 인덱스로 담고 있다. PCL의 대등한 타입은 `pcl::Vertices`이다.
- `pcl_msgs::ModelCoefficients`: 이는 모델의 다른 계수들의 값을 저장하는데, 예를 들어 네 개의 계수들은 하나의 평면을 표현한다. PCL의 대등한 타입은 `pcl::ModelCoefficients`이다.

이전의 메시지는 ROS PCL 패키지에서 제공하는 변환함수를 이용해서 PCL 타입과 양방향으로 변환될 수 있다. 모든 함수들은 유사한 서명(signature)을 가지고 있는데, 이는 우리가 하나의 타입을 변환하는 방법을 알게 되면 모두를 변환하는 법을 알게 되는 것을 의미한다. 아래의 함수는 `pcl_conversions` 이름공간에 의해 제공된다.

```
void fromPCL(const <PCL Type> &, <ROS Message type> &);
void moveFromPCL(<PCL Type> &, <ROS Message type> &);
void toPCL(const <ROS Message type> &, <PCL Type> &);
void moveToPCL(<ROS Message type> &, <PCL Type> &);
```

여기에서 PCL 타입은 이전에 규정된 PCL 타입으로, ROS 메시지 타입은 그들의 메시지 대응타입(counterpart)으로 대체된다. `sensor_msgs::PointCloud2`는 다음과 같이 변환을 수행하는 특정 함수 세트를 가지고 있다.

```
void toROSMsg(const pcl::PointCloud<T> &, sensor_msgs::PointCloud2
&);
void fromROSMsg(const sensor_msgs::PointCloud2 &,
pcl::PointCloud<T> &);
void moveFromROSMsg(sensor_msgs::PointCloud2 &, pcl::PointCloud<T>
&);
```

여러분은 각 함수와 그 함수의 이동(move) 버전의 차이가 무엇이지에 대해 궁금할 것이다. 이에 대한 대답은 간단한데, 보통의 버전은 데이터의 깊은 복사(deep copy)를 수행하는 반면, 이동 버전은 얕은 복사(shallow copy)를 수행하고 소스 데이터 컨테이너를 무력화한다. 이를 **move semantics**라고 부른다.

나의 첫 번째 PCL 프로그램

이 절에서는 PCL과 ROS를 어떻게 통합하는지를 배운다. 비록 단순화를 위해 그 과정이 반복되겠지만, 어떻게 ROS 패키지가 배치되고 어떻게 컴파일 되는지를 이해하고 아는 것이 필요하다. 지금 설명하는 첫 번째 PCL 프로그램에 사용된 예제는 성공적으로 컴파일될 것이지만 유효한 ROS 노드로 역할을 하는 것 외에는 아무 용도가 없다.

첫 번째 단계는 여러분의 작업공간에 이 장 전체를 위한 ROS 패키지를 만드는 것이다. 이 패키지는 `pcl_conversions`, `pcl_ros`, `pcl_msgs`, 그리고 `sensor_msgs` 패키지들이다.

```
$ catkin_create_pkg chapter10_tutorials pcl_conversions pcl_ros
pcl_msgs sensor_msgs
```

다음 단계는 아래 명령을 써서 패키지의 소스 디렉토리를 만드는 것이다.

```
$ rospack profile
$ roscd chapter10_tutorials
$ mkdir src
```

이 새로운 디렉토리에서 여러분은 아래의 코드와 함께 `pcl_sample.cpp`라고 불리는 파일을 만들어야 하는데, 이 파일은 ROS 노드를 생성하고 100개의 요소로 구성된 포인트 클라우드를 발행한다. 다시 말해, 이 코드는 PCL을 사용하고 문제없이 컴파일되는 유효 노드를 가지는 것만을 목적으로 하기 때문에 여러분과는 큰 관계가 없을 수 있다.

```
#include <ros/ros.h>
#include <pcl/point_cloud.h>
#include <pcl_ros/point_cloud.h>
#include <pcl_conversions/pcl_conversions.h>
#include <sensor_msgs/PointCloud2.h>

main (int argc, char** argv)
{
  ros::init (argc, argv, "pcl_sample");
  ros::NodeHandle nh;
  ros::Publisher pcl_pub =
  nh.advertise<sensor_msgs::PointCloud2> ("pcl_output", 1);

  sensor_msgs::PointCloud2 output;
  pcl::PointCloud<pcl::PointXYZ>::Ptr cloud (new
  pcl::PointCloud<pcl::PointXYZ>);

  // Fill in the cloud data
  cloud->width = 100;
  cloud->height = 1;
  cloud->points.resize (cloud->width * cloud->height);

  //Convert the cloud to ROS message
  pcl::toROSMsg (*cloud, output);
```

```
    pcl_pub.publish(output);
    ros::spinOnce();

    return 0;
}
```

다음 단계는 ROS 노드의 실행 파일을 시스템의 PCL 라이브러리에 적절히 연결하기 위해 CMakeLists.txt에 PCL 라이브러리를 추가하는 것이다.

```
find_package(PCL REQUIRED)

include_directories(include ${PCL_INCLUDE_DIRS})
link_directories(${PCL_LIBRARY_DIRS})
```

마지막으로, 다음과 같이 실행 파일을 생성하고 적절한 라이브러리에 연결하는 명령줄들이 추가되었다.

```
add_executable(pcl_sample src/pcl_sample.cpp)
target_link_libraries(pcl_sample ${catkin_LIBRARIES}
${PCL_LIBRARIES})
```

마지막 단계에 도달하면 작업 공간인 root 디렉토리에서 늘 그랬듯이 이 패키지는 catkin_make를 호출함으로써 컴파일된다.

포인트 클라우드 생성

첫 번째 예제에서 여러분은 유사 랜덤(pseudorandom) 점만으로 구성된 PCL 포인트 클라우드를 어떻게 생성하는지를 배울 것이다. 그 다음에 이 PCL 포인트 클라우드는 /pcl_output이라는 이름의 토픽을 통해 정기적으로 발행된다. 이 예제는 사용자 정의 데이터로써 포인트 클라우드를 생성하는 방법과 포인트 클라우드를 구독자에게 방송하기 위해 이를 상응하는 ROS 메시지 타입으로 변환하는 방법에 대한 실질적인 지식을 제공한다. 첫 번째 예제의 소스 코드는 chapter10_tutorials/src 폴더에서 찾을 수 있으며, 이름이 pcl_create.cpp이다.

```
#include <ros/ros.h>
#include <pcl/point_cloud.h>
#include <pcl_conversions/pcl_conversions.h>
#include <sensor_msgs/PointCloud2.h>

main (int argc, char **argv)
```

```
{
  ros::init (argc, argv, "pcl_create");

  ros::NodeHandle nh;
  ros::Publisher pcl_pub =
  nh.advertise<sensor_msgs::PointCloud2> ("pcl_output", 1);
  pcl::PointCloud<pcl::PointXYZ> cloud;
  sensor_msgs::PointCloud2 output;

  // Fill in the cloud data
  cloud.width = 100;
  cloud.height = 1;
  cloud.points.resize(cloud.width * cloud.height);

  for (size_t i = 0; i < cloud.points.size (); ++i)
  {
    cloud.points[i].x = 1024 * rand () / (RAND_MAX + 1.0f);
    cloud.points[i].y = 1024 * rand () / (RAND_MAX + 1.0f);
    cloud.points[i].z = 1024 * rand () / (RAND_MAX + 1.0f);
  }

  //Convert the cloud to ROS message
  pcl::toROSMsg(cloud, output);
  output.header.frame_id = "odom";

  ros::Rate loop_rate(1);
  while (ros::ok())
  {
    pcl_pub.publish(output);
    ros::spinOnce();
    loop_rate.sleep();
  }

  return 0;
}
```

이 코드와 모든 다른 코드 조각의 첫 번째 단계는 적절한 헤더파일을 포함하는 것이다. 이 경우 우리는 표준 ROS 헤더와 `PointCloud2` 메시지의 선언을 포함하는 헤더와 함께 소수의 PCL 특정 헤더를 포함할 것이다.

```
#include <ros/ros.h>
#include <pcl/point_cloud.h>
#include <pcl_conversions/pcl_conversions.h>
#include <sensor_msgs/PointCloud2.h>
```

노드 초기화 후 `PointCloud2`라는 ROS 발행자가 생성되고 광고되는데, 이 발행자는 이후에 PCL을 통해 생성된 포인트 클라우드를 발행하는 데 사용될 것이다. 발행자가 생성되었다면 두 변수가 정의된다. `PointCloud2` 타입인 첫 번째 변수는 발행자를 통해 보내질 정보를 저장하는 데 사용되는 메시지 타입이다. `PointCloud<PointXYZ>` 타입인 두 번째 변수는 제일 먼저 포인트 클라우드를 생성하는 데 사용될 네이티브 PCL 타입이다.

```
ros::Publisher pcl_pub = nh.advertise<sensor_msgs::PointCloud2>
("pcl_output", 1);
pcl::PointCloud<pcl::PointXYZ> cloud;
sensor_msgs::PointCloud2 output;
```

다음 단계는 관련된 데이터로 포인트 클라우드를 생성하는 것이다. 이렇게 하기 위해 우리는 포인트 클라우드 구조체에서 적절한 필드를 설정하는 것뿐만 아니라 요구되는 메모리 공간을 할당해야 한다. 이 경우 생성된 포인트 클라우드의 크기는 100이다. 이 포인트 클라우드는 이미지를 나타내는 데 사용되지 않기 때문에, 높이의 크기는 1이다.

```
// Fill in the cloud data
cloud.width = 100;
cloud.height = 1;
cloud.points.resize(cloud.width * cloud.height);
```

할당된 공간과 적절하게 정해진 필드로 포인트 클라우드는 0과 1024 사이의 랜덤한 점들로 채워진다.

```
for (size_t i = 0; i < cloud.points.size (); ++i)
{
  cloud.points[i].x = 1024 * rand () / (RAND_MAX + 1.0f);
  cloud.points[i].y = 1024 * rand () / (RAND_MAX + 1.0f);
  cloud.points[i].z = 1024 * rand () / (RAND_MAX + 1.0f);
}
```

이 시점에서 클라우드가 생성되고 데이터로 채워진다. 이 노드는 데이터 소스를 위한 것이므로, 이 코드 조각의 다음이자 마지막 단계는 PCL 포인트 클라우드 타입을 ROS 메시지 타입으로 변환하고 그것을 발행하는 것이다. 이러한 변환을 수행하기 위해 `toROSMsg` 함수가 사용되는데, 이 함수는 PCL 포인트 클라우드 타입으로부터 얻은 데이터를 `PointCloud2` 메시지로 깊은 복사를 수행한다.

마지막으로 PointCloud2 메시지는 불변이지만 일정한 정보 소스를 갖기 위해 1Hz의 속도로 주기적으로 발행된다.

```
//Convert the cloud to ROS message
pcl::toROSMsg(cloud, output);
output.header.frame_id = "odom";

ros::Rate loop_rate(1);
while (ros::ok())
{
  pcl_pub.publish(output);
  ros::spinOnce();
  loop_rate.sleep();
}
```

아마 여러분은 메시지 헤더의 `frame_id` 필드가 `odom` 값으로 정해진 것을 알 수 있을 것이다. 이는 `PointCloud2` 메시지를 RViz로 시각화하기 위함이다.

이 예제를 실행하기 위한 첫 번째 단계는 터미널을 열고 다음과 같이 `roscore` 명령을 실행하는 것이다.

```
$ roscore
```

다른 터미널에는 다음 명령이 예제를 실행할 것이다.

```
rosrun chapter10_tutorials pcl_create
```

포인트 클라우드를 시각화하기 위해, 다음의 명령으로 RViz가 실행되어야 한다.

```
$ rosrun rviz rviz
```

`rviz`가 로드되었다면, **Add**를 클릭하고 `pcl_output` 토픽을 추가함으로써 `PointCloud2` 객체를 추가할 필요가 있다. 독자는 반드시 `odom`을 **Global Options** 섹션에서 고정 프레임으로 설정해야 한다. 모든 것이 잘 되었다면, 아래 스크린 샷에서처럼 무작위로 뿌려진 포인트 클라우드를 볼 수 있다.

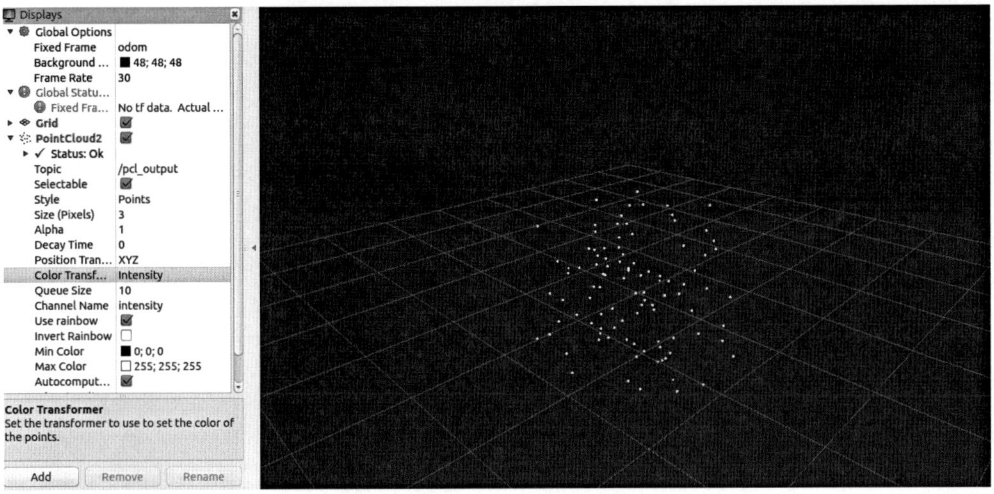

포인트 클라우드를 디스크에 로드하고 저장하기

PCL은 포인트 클라우드를 디스크에 로드하고 저장하는 표준 파일 포맷을 제공하는데, 흥미 있는 데이터 세트를 다른 사람들이 가지고 실험하도록 공유하는 것이 연구자들 간의 통상적인 관례이기 때문이다. 이 포맷은 PCD라고 불리며 PCL-특정 확장자를 제공하도록 설계되었다.

이 포맷은 매우 간단한데, 점 타입과 포인트 클라우드 요소의 개수에 관한 정보를 담고 있는 헤더로부터 시작하고, 정해진 타입에 부합하는 점들의 리스트가 뒤따른다. 아래의 명령줄들은 PCD 파일 헤더의 한 예를 나타낸다.

```
# .PCD v.5 - Point Cloud Data file format
FIELDS x y z intensity distance sid
SIZE 4 4 4 4 4 4
TYPE F F F F F F
COUNT 1 1 1 1 1 1
WIDTH 460400
HEIGHT 1
POINTS 460400
DATA ascii
```

PCD 파일 읽기는 PCL API를 통해 수행할 수 있으므로 매우 간단하다. 아래의 예제는 `chapter10_tutorials/src`에서 찾을 수 있으며 파일의 이름은 `pcl_read.cpp`이다. 이 예제는 PCD 파일을 로드하는 방법과 그 결과 생성된 포인트 클라우드를 ROS 메시지로 발행하는 방법을 보여준다.

```
#include <ros/ros.h>
#include <pcl/point_cloud.h>
#include <pcl_conversions/pcl_conversions.h>
#include <sensor_msgs/PointCloud2.h>
#include <pcl/io/pcd_io.h>

main(int argc, char **argv)
{
  ros::init (argc, argv, "pcl_read");

  ros::NodeHandle nh;
  ros::Publisher pcl_pub =
  nh.advertise<sensor_msgs::PointCloud2> ("pcl_output", 1);

  sensor_msgs::PointCloud2 output;
  pcl::PointCloud<pcl::PointXYZ> cloud;

  pcl::io::loadPCDFile ("test_pcd.pcd", cloud);

  pcl::toROSMsg(cloud, output);
  output.header.frame_id = "odom";

  ros::Rate loop_rate(1);
  while (ros::ok())
  {
    pcl_pub.publish(output);
    ros::spinOnce();
    loop_rate.sleep();
  }

  return 0;
}
```

항상 그렇듯이, 첫 단계는 필요한 헤더 파일을 포함하는 것이다. 이 특별한 경우에 새로 추가된 유일하게 새로운 헤더 파일은 `pcl/io/pcd_io.h`이다. 여기에는 포인트 클라우드를 PCD와 다른 파일 포맷으로 읽어오고 저장하는 데 필요한 정의들을 담고 있다.

이전의 예제와 새로운 예제와의 주된 차이는 단지 포인트 클라우드를 얻는 데 사용된 메커니즘이다. 첫 번째 예제에서 우리가 랜덤하게 분포된 점들로 포인트 클라우드를 채웠다면, 이 경우에는 단순히 디스크에서 점들을 읽어온다.

```
pcl::io::loadPCDFile ("test_pcd.pcd", cloud);
```

우리가 볼 수 있듯이, PCD 파일을 읽어오는 프로세스는 전혀 복잡하지 않다. PCD 파일 포맷의 이후 버전은 포인트 클라우드의 현재 원점과 좌표를 읽고 쓰는 것 또한 허용한다.

이전의 예제를 실행하기 위해 우리에게 제공 된 패키지에서 데이터에 직접적으로 접속할 필요가 있는데, 이 패키지에는 이 장에서 이후에 사용 될 포인트 클라우드를 포함하고 있는 다음의 예제 PCD 파일이 있다.

```
$ roscd chapter10_tutorials/data
$ rosrun chapter10_tutorials pcl_read
```

이전의 예제와 같이 포인트 클라우드는 RViz를 통해 쉽게 시각화할 수 있다.

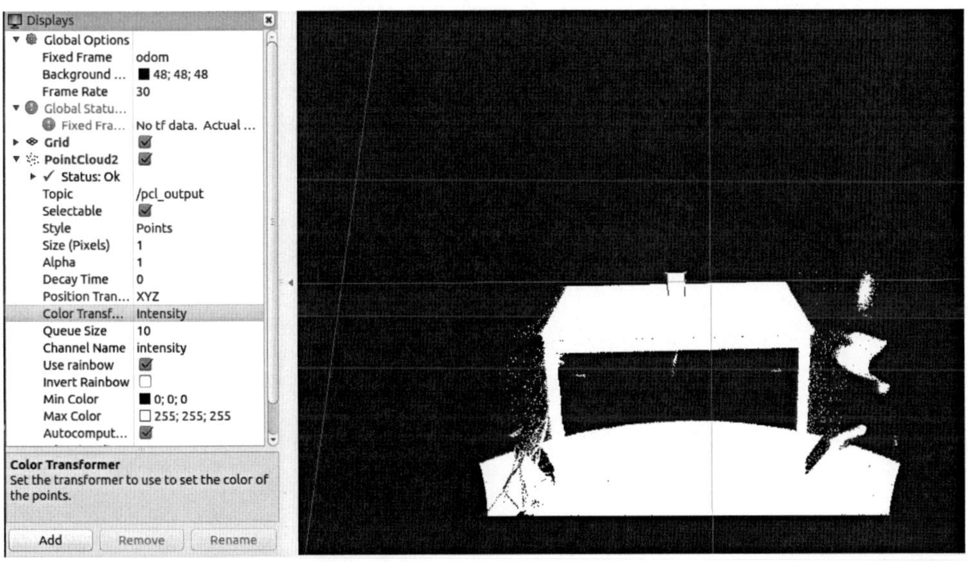

당연하게 들리겠지만 PCD 파일을 다룰 때 두 번째로 흥미 있는 작업은 그것을 생성하는 것이다. 다음 예제에서 우리의 목표는 `sensor_msgs/PointCloud2` 토픽을 구독하고, 수신된 포인트 클라우드를 파일로 저장하는 것이다. 이 코드는 `chapter10_tutorials`에서 찾을 수 있으며, 파일 이름은 `pcl_write.cpp`이다.

```
#include <ros/ros.h>
#include <pcl/point_cloud.h>
#include <pcl_conversions/pcl_conversions.h>
#include <sensor_msgs/PointCloud2.h>
#include <pcl/io/pcd_io.h>

void cloudCB(const sensor_msgs::PointCloud2 &input)
{
  pcl::PointCloud<pcl::PointXYZ> cloud;
  pcl::fromROSMsg(input, cloud);
  pcl::io::savePCDFileASCII ("write_pcd_test.pcd", cloud);
}

main (int argc, char **argv)
{
  ros::init (argc, argv, "pcl_write");

  ros::NodeHandle nh;
  ros::Subscriber bat_sub = nh.subscribe("pcl_output", 10,
  cloudCB);

  ros::spin();

  return 0;
}
```

구독이 된 토픽, 즉 `pcl_output`은 이전의 두 예제에 사용된 것과 동일하므로 테스트를 위해 함께 링크될 수 있다.

```
ros::Subscriber bat_sub = nh.subscribe("pcl_output", 10, cloudCB);
```

메시지가 도착하면, `callback` 함수가 호출된다. 이 `callback` 함수의 첫 번째 단계는 PCL 클라우드를 정의하고 `fromROSMsg`의 `pcl_conversions` 함수를 이용해서 수신된 `PointCloud2`를 변환하는 것이다. 마지막으로 이 포인트 클라우드는 디스크에 ASCII 포맷으로 저장된다. 그러나 이는 이진 포맷으로도 저장되는데, 이렇게 하면 더 작은 PCD 파일이 생성되기 때문이다.

```
void cloudCB(const sensor_msgs::PointCloud2 &input)
{
  pcl::PointCloud<pcl::PointXYZ> cloud;
  pcl::fromROSMsg(input, cloud);
  pcl::io::savePCDFileASCII ("write_pcd_test.pcd", cloud);
}
```

이 예제를 실행할 수 있도록 pcl_output 토픽으로 포인트 클라우드를 제공하는 발행자가 필요하다. 이러한 특별한 경우에 우리는 이전에 설명한 pcl_read 예제를 사용할 것인데, 이러한 필요성에 잘 부합하기 때문이다. 세 개의 다른 터미널에서 roscore, pcl_read, 그리고 pcl_write 노드를 실행할 것이다.

```
$ roscore
$ roscd chapter10_tutorials/data && rosrun chapter10_tutorials
pcl_read
$ roscd chapter10_tutorials/data && rosrun chapter10_tutorials
pcl_write
```

모든 것이 잘 동작한다면, 첫 번째(혹은 두 번째) 메시지가 만들어진 후에 pcl_write 노드는 chapter10_tutorials 패키지의 데이터 디렉토리에 있고 write_pcd_test.pcd라는 이름의 파일을 생성해야 한다.

포인트 클라우드 시각화

PCL은 포인트 클라우드를 시각화하는 여러 가지 방법을 제공한다. 첫 번째이자 가장 간단한 방법은 기본적인 클라우드 뷰어를 사용하는 것인데, 사용자 상호작용을 위한 콜백 세트를 제공하는 동시에 어떤 종류의 PCL 포인트 클라우드도 3차원 뷰어로 표현할 수 있다. 아래의 예제에서 우리는 sensor_msgs/PointCloud2에 구독하는 작은 노드를 만들 것이고 그 노드는 cloud_viewer(basic)를 이용해서 sensor_msgs/PointCloud2를 보여줄 것이다. 이 예제를 위한 코드는 chapter10_tutorials/src 디렉토리에서 찾을 수 있으며, 이름은 pcl_visualize.cpp이다.

```
#include <iostream>
#include <ros/ros.h>
#include <pcl/visualization/cloud_viewer.h>
#include <sensor_msgs/PointCloud2.h>
#include <pcl_conversions/pcl_conversions.h>
```

```
class cloudHandler
{
public:
  cloudHandler()
  : viewer("Cloud Viewer")
  {
    pcl_sub = nh.subscribe("pcl_output", 10,
    &cloudHandler::cloudCB, this);
    viewer_timer = nh.createTimer(ros::Duration(0.1),
    &cloudHandler::timerCB, this);
  }

  void cloudCB(const sensor_msgs::PointCloud2 &input)
  {
    pcl::PointCloud<pcl::PointXYZ> cloud;
    pcl::fromROSMsg(input, cloud);

    viewer.showCloud(cloud.makeShared());
  }

  void timerCB(const ros::TimerEvent&)
  {
    if (viewer.wasStopped())
    {
       ros::shutdown();
    }
  }

protected:
  ros::NodeHandle nh;
  ros::Subscriber pcl_sub;
  pcl::visualization::CloudViewer viewer;
  ros::Timer viewer_timer;
};

main (int argc, char **argv)
```

```
{
  ros::init (argc, argv, "pcl_visualize");

  cloudHandler handler;

  ros::spin();

  return 0;
}
```

이 특별한 예제의 코드는 다른 패턴을 제시하는데, 이 경우 기능들이 클래스 안에 캡슐화(encapsulation)되어서 전역변수를 쓰는 것과는 반대로 callback 함수와 변수를 공유하는 깔끔한 방법을 제공한다.

생성자(constructor)는 기본 생성자를 통해 함축적으로 노드 핸들러를 초기화하는데, 기본 생성자는 초기화 리스트에서 빠진 객체에 대해 자동으로 호출된다. 클라우드 핸들러는 모든 것이 정확하게 초기화된 후에 창의 이름에 해당하는 매우 간단한 스트링으로 명시적으로 초기화된다. pcl_output 토픽의 구독자는 매 100밀리초마다 콜백을 발생시키는 타이머와 함께 정해진다. 이 타이머는 창이 닫혔는지를 정기적으로 확인하는 데 사용되고, 이 경우 노드를 셧다운한다.

```
cloudHandler()
: viewer("Cloud Viewer")
{
  pcl_sub = nh.subscribe("pcl_output", 10, &cloudHandler::cloudCB,
  this);
  viewer_timer = nh.createTimer(ros::Duration(0.1),
  &cloudHandler::timerCB, this);
}
```

포인트 클라우드 callback 함수는 이 특별한 경우에 showCloud 함수를 통해 PCL 포인트 클라우드가 뷰어에 직접적으로 전달된다는 점을 제외하고는 이전의 예제와 큰 차이가 없는데, showCloud 함수는 디스플레이를 자동으로 업데이트한다.

```
void cloudCB(const sensor_msgs::PointCloud2 &input)
{
  pcl::PointCloud<pcl::PointXYZ> cloud;
  pcl::fromROSMsg(input, cloud);
```

```
  viewer.showCloud(cloud.makeShared());
}
```

뷰어 윈도우에는 창을 닫는 단축키와 더불어 끝내기 버튼이 함께 있으므로, 이 이벤트를 고려하여 그에 따라 일례로서 노드를 끝내는 것이 중요하다. 이 경우 우리는 콜백에서 창의 현재 상태를 다루고 있는데, 이 콜백은 매 100밀리초마다 ROS 타이머를 통해 호출된다. 만약 뷰어가 닫혔다면, 노드를 그냥 닫으면 된다.

```
void timerCB(const ros::TimerEvent&)
{
  if (viewer.wasStopped())
  {
    ros::shutdown();
  }
}
```

이 예제 또는 다른 연관된 것들을 실행하기 위해, 첫 번째 단계는 `roscore` 명령을 터미널에 입력하는 것이다.

```
$ roscore
```

두 번째 터미널에서 아래의 명령을 이용하여 `pcl_read` 예제와 미리 알림(reminder)과 같은 데이터 소스를 실행한다.

```
$ roscd chapter10_tutorials/data
$ rosrun chapter10_tutorials pcl_read
```

마지막으로, 세 번째 터미널에서 다음의 명령을 실행한다.

```
$ rosrun chapter10_tutorials pcl_visualize
```

이 코드를 실행하면 창이 하나 열리고, 이 창에는 예제에서 제공된 테스트 PCD 파일에 포함되어 있는 포인트 클라우드를 보여줄 것이다. 다음의 스크린 샷은 이것을 보여준다.

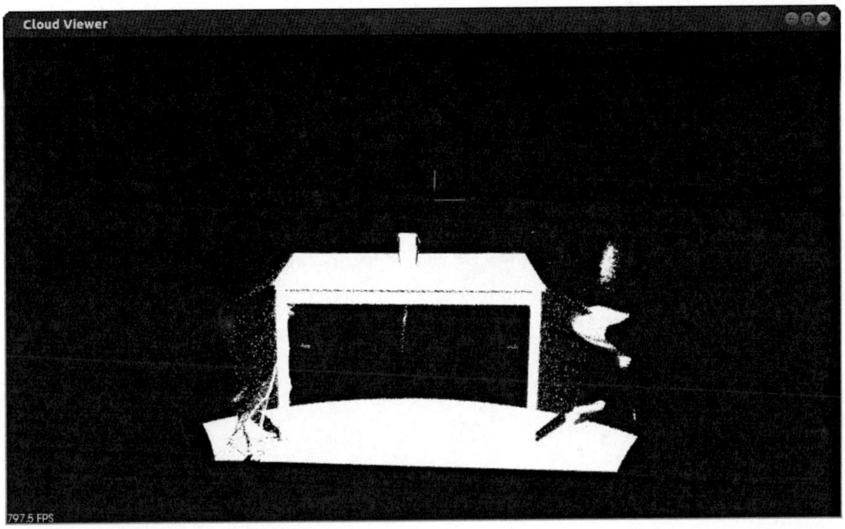

현재의 예제는 가능한 가장 간단한 뷰어(즉 PCL `cloud_viewer`)를 사용하지만, 라이브러리는 **PCL Visualizer**라고 불리는 훨씬 복잡하면서도 완전한 시각화 컴포넌트도 제공한다. 이 시각화기법은 다수의 뷰포트(viewport)와 색상 공간뿐만 아니라, 포인트 클라우드와 격자, 표면을 보여 줄 수 있다. 이 특별한 시각화기법을 사용하는 방법에 관한 예제는 `chapter10_tutorials` 소스 디렉토리에 있는 `pcl_visualize2.cpp` 파일에 들어 있다.

일반적으로 PCL에 의해 제공되는 모든 시각화기법은 동일한 기초적 기능과 작업을 거의 같은 방식으로 사용한다. 여러분은 마우스를 사용하여 3차원 뷰를 이동할 수 있는데, 영상을 이동할 수 있으며 제어와 연동하여 이미지를 회전할 수 있다. 마지막으로 H를 누르면 현재 터미널에 도움말들이 출력되는데, 아래의 스크린 샷과 비슷할 것이다.

```
$ rosrun chapter6_tutorials pcl_visualize
| Help:
-------
          p, P   : switch to a point-based representation
          w, W   : switch to a wireframe-based representation (where available)
          s, S   : switch to a surface-based representation (where available)

          j, J   : take a .PNG snapshot of the current window view
          c, C   : display current camera/window parameters
          f, F   : fly to point mode

          e, E   : exit the interactor
          q, Q   : stop and call VTK's TerminateApp

           +/-   : increment/decrement overall point size
     +/- [+ ALT] : zoom in/out

          g, G   : display scale grid (on/off)
          u, U   : display lookup table (on/off)

    r, R [+ ALT] : reset camera [to viewpoint = {0, 0, 0} -> center_{x, y, z}]

    ALT + s, S   : turn stereo mode on/off
    ALT + f, F   : switch between maximized window mode and original size

          l, L           : list all available geometric and color handlers for the current actor map
    ALT + 0..9 [+ CTRL]  : switch between different geometric handlers (where available)
          0..9 [+ CTRL]  : switch between different color handlers (where available)

    SHIFT + left click   : select a point

          x, X   : toggle rubber band selection mode for left mouse button
```

필터링과 다운샘플링

포인트 클라우드를 처리하고자 할 때 만나게 되는 두 가지 주요 이슈는 과도한 노이즈와 과도한 밀도이다. 전자는 우리의 알고리즘이 데이터를 잘못 해석하고 오류가 있거나 부정확한 결과를 만들어내는 반면, 후자는 우리의 알고리즘이 연산을 완성하기까지 너무 긴 시간이 걸리게 한다. 이 절에서는 우리의 포인트 클라우드의 잡음이나 이상치(outlier)의 양을 감소시키는 방법과 중요 정보를 잃지 않은 채로 점들의 밀도를 감소시키는 방법에 관한 통찰력을 제공하고자 한다.

첫 번째 부분은 pcl_output 토픽에서 만들어진 포인트 클라우드의 이상치를 필터링하는 것과 그것을 pcl_filtered 토픽을 통해 다시 돌려보내는 것이다. 다음 예제는 chapter10_tutorials 패키지의 source 디렉토리에 있는 pcl_filter.cpp 파일이다.

```
#include <ros/ros.h>
#include <pcl/point_cloud.h>
#include <pcl_conversions/pcl_conversions.h>
#include <sensor_msgs/PointCloud2.h>
#include <pcl/filters/statistical_outlier_removal.h>

class cloudHandler
{
public:
  cloudHandler()
  {
    pcl_sub = nh.subscribe("pcl_output", 10,
    &cloudHandler::cloudCB, this);
    pcl_pub =
    nh.advertise<sensor_msgs::PointCloud2>("pcl_filtered", 1);
  }

  void cloudCB(const sensor_msgs::PointCloud2& input)
  {
    pcl::PointCloud<pcl::PointXYZ> cloud;
    pcl::PointCloud<pcl::PointXYZ> cloud_filtered;
    sensor_msgs::PointCloud2 output;

    pcl::fromROSMsg(input, cloud);
```

```
    pcl::StatisticalOutlierRemoval<pcl::PointXYZ> statFilter;
    statFilter.setInputCloud(cloud.makeShared());
    statFilter.setMeanK(10);
    statFilter.setStddevMulThresh(0.2);
    statFilter.filter(cloud_filtered);

    pcl::toROSMsg(cloud_filtered, output);
    pcl_pub.publish(output);
  }

protected:
  ros::NodeHandle nh;
  ros::Subscriber pcl_sub;
  ros::Publisher pcl_pub;
};

main(int argc, char** argv)
{
  ros::init(argc, argv, "pcl_filter");

  cloudHandler handler;

  ros::spin();

  return 0;
}
```

이전의 예제와 같이 이 코드는 callback 함수에서 사용된 멤버 변수로서 발행자를 포함하고 있는 클래스를 사용한다. 이 callback 함수는 두 개의 PCL 포인트 클라우드를 정의하는데, 하나는 입력 메시지이고, 다른 하나는 필터링된 포인트 클라우드이다. 언제나 그렇듯이, 입력 포인트 클라우드는 다음과 같은 표준 변환 함수를 이용해서 변환된다.

```
pcl::PointCloud<pcl::PointXYZ> cloud;
pcl::PointCloud<pcl::PointXYZ> cloud_filtered;
sensor_msgs::PointCloud2 output;

pcl::fromROSMsg(input, cloud);
```

이제 여기서부터 재미있는 일들이 시작된다. 필터링을 수행하기 위해 우리는 PCL에서 제공하는 통계적 이상치 제거 알고리즘을 사용할 것이다. 이 알고리즘은 포인트 클라우드 분석을 수행하고 특정 통계적 특성(이 경우 이웃점들과의 평균 거리)을 만족시키지 않는 점(평균값에서 너무 크게 벗어나는 모든 점)들을 제거한다. 평균값 계산에 사용되는 이웃점의 수는 `setMeanK` 함수에 의해 정해지고, 표준편차 문턱값(threshold)에 곱해지는 값은 `setStddevMulThresh`에 의해서도 정해질 수 있다.

아래의 코드 들은 필터링을 다루고 `cloud_filtered` 포인트 클라우드를 새로운 노이즈 없는 클라우드로 만들어 준다.

```
pcl::StatisticalOutlierRemoval<pcl::PointXYZ> statFilter;
statFilter.setInputCloud(cloud.makeShared());
statFilter.setMeanK(10);
statFilter.setStddevMulThresh(0.2);
statFilter.filter(cloud_filtered);
```

마지막으로, 항상 그렇듯이 필터링된 클라우드는 `PointCloud2`로 변환되고 발행되는데, 우리의 다른 알고리즘이 이 새로운 포인트 클라우드를 이용하여 좀 더 정확한 결과를 만들어 낼 수 있다.

```
pcl::toROSMsg (cloud_filtered, output);
pcl_pub.publish(output);
```

이전의 코드를 테스트 PCD 파일이 제공한 포인트 클라우드에 적용했을 때의 결과를 아래의 스크린 샷에서 볼 수 있다. 좌측에 볼 수 있는 것은 원래의 포인트 클라우드이고, 우측은 필터링한 것이다. 필터링한 결과는 완전하지는 않지만 얼마나 많은 노이즈가 사라졌는지를 알 수 있는데, 이는 필터링된 포인트 클라우드의 밀도를 감소시키는 작업을 계속할 수 있음을 의미한다.

포인트 클라우드나 그와 관련된 다른 데이터 세트의 밀도를 감소시키는 것을 **다운샘플링**(downsampling)이라고 한다. 포인트 클라우드를 다운샘플링하는 몇 가지 기법들이 있지만 그들 중 일부는 좀 더 까다롭거나 다른 것에 비해 더 좋은 결과를 제공한다.

일반적으로 포인트 클라우드를 다운샘플링하는 목적은 알고리즘의 성능을 개선시키는 것이며, 이 때문에 알고리즘의 최종 결과가 크게 변하지 않도록 우리의 포인트 클라우드의 속성과 구조를 유지하는 다운샘플링 알고리즘이 필요하다.

아래의 예제에서 **Voxel Grid Filter**로 포인트 클라우드에 다운샘플링을 수행하는 것을 데모로 보여줄 것이다. 이 경우 입력 포인트 클라우드는 이전 예제로 필터된 것을 사용하는데, 이는 이후의 알고리즘에서 좀 더 나은 결과를 얻기 위해 양쪽 예제를 연관시키기 위함이다. 예제는 `chapter10_tutorials` 패키지의 `source` 디렉토리에서 얻을 수 있고, 이름은 `pcl_downsampling.cpp`이다.

```
#include <ros/ros.h>
#include <pcl/point_cloud.h>
#include <pcl_conversions/pcl_conversions.h>
#include <sensor_msgs/PointCloud2.h>
#include <pcl/filters/voxel_grid.h>

class cloudHandler
{
public:
  cloudHandler()
  {
    pcl_sub = nh.subscribe("pcl_filtered", 10,
    &cloudHandler::cloudCB, this);
    pcl_pub =
    nh.advertise<sensor_msgs::PointCloud2>("pcl_downsampled",
    1);
  }

  void cloudCB(const sensor_msgs::PointCloud2 &input)
  {
    pcl::PointCloud<pcl::PointXYZ> cloud;
    pcl::PointCloud<pcl::PointXYZ> cloud_downsampled;
    sensor_msgs::PointCloud2 output;
```

```
        pcl::fromROSMsg(input, cloud);

        pcl::VoxelGrid<pcl::PointXYZ> voxelSampler;
        voxelSampler.setInputCloud(cloud.makeShared());
        voxelSampler.setLeafSize(0.01f, 0.01f, 0.01f);
        voxelSampler.filter(cloud_downsampled);

        pcl::toROSMsg(cloud_downsampled, output);
        pcl_pub.publish(output);

    }
protected:
    ros::NodeHandle nh;
    ros::Subscriber pcl_sub;
    ros::Publisher pcl_pub;
};

main(int argc, char **argv)
{
    ros::init(argc, argv, "pcl_downsampling");

    cloudHandler handler;

    ros::spin();

    return 0;
}
```

이 예제는 구독되고 발행되는 토픽(이 경우 `pcl_filtered`와 `pcl_downsampled`)이 다르고, 포인트 클라우드를 필터링하는 데 사용되는 알고리즘이 다르다는 점을 제외하고는 이전의 예제와 정확히 똑같다.

앞에서 언급한 것처럼 사용된 알고리즘은 Voxel Grid Filter인데, 포인트 클라우드를 복셀(좀 더 정확히 말하면 3차원 그리드)로 나누고 각 복셀에 포함되어 있는 모든 점들을 그 하위 클라우드(subcloud)의 중심점(centroid)으로 바꾼다. 각 복셀의 크기는 `setLeafSize`를 통해 규정되고 우리 포인트 클라우드의 밀도를 결정한다.

```
pcl::VoxelGrid<pcl::PointXYZ> voxelSampler;
voxelSampler.setInputCloud(cloud.makeShared());
voxelSampler.setLeafSize(0.01f, 0.01f, 0.01f);
voxelSampler.filter(cloud_downsampled);
```

아래의 영상은 필터링된 결과와 다운샘플링된 영상을 원 영상과 비교했을 때를 보여준다. 여러분은 그 구조가 유지되면서도 밀도는 감소되었고 많은 잡음들이 완전히 제거되었음을 알수 있다.

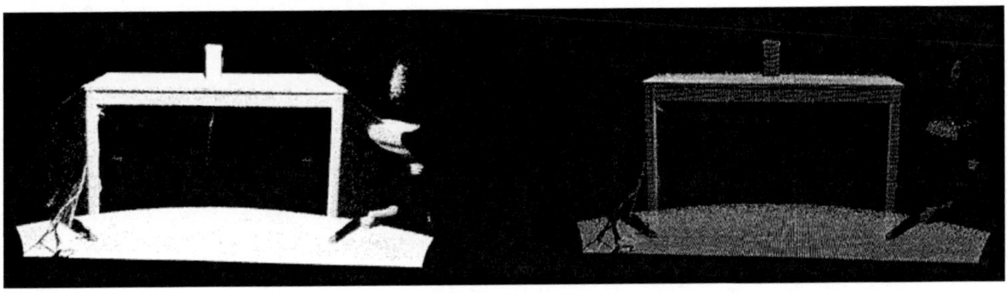

양쪽 예제를 실행하기 위해 언제나처럼 roscore를 실행한다.

```
$ roscore
```

두 번째 터미널에서 pcl_read 예제와 데이터 소스를 다음과 같이 실행한다.

```
$ roscd chapter10_tutorials/data
$ rosrun chapter10_tutorials pcl_read
```

세 번째 터미널에서 필터링 예제를 실행할 것인데, 다운샘플링 예제를 위해 pcl_filtered 영상을 생성할 것이다.

```
$ rosrun chapter10_tutorials pcl_filter
```

마지막으로 네 번째 터미널에서 우리는 다운샘플링 예제를 실행할 것이다.

```
$ rosrun chapter10_tutorials pcl_downsampling
```

항상 그렇듯이 결과는 rviz에서 볼 수 있다. 이 경우 여러분이 구독 토픽을 약간 수정해야 할지도 모르지만 패키지에 있는 pcl_visualize2 예제 또한 사용할 수 있다.

등록과 매칭

등록과 매칭은 두 개의 데이터 세트에서 공통적인 구조나 특징을 찾고 그들을 이용해서 데이터 세트를 이어붙이는(stitch) 기술을 요하는 몇 가지 분야에서 흔히 사용되는 방법이다. 포인트 클라우드 처리의 경우 하나의 포인트 클라우드가 끝나는 곳과 다른 포인트 클라우드가 시작되는 곳을 쉽게 찾을 수 있다. 이 기술은 움직이는 소스에서 높은 속도로 포인트 클라우드를 얻을 때 매우 유용하며 소스의 움직임을 예측할 수 있다. 이 알고리즘으로 그러한 포인트 클라우드의 각 점들을 이어붙이고, 센서로 추정한 자세의 불확실성을 줄일 수 있다.

PCL은 등록과 매칭을 수행하기 위해 **Iterative Closest Point(ICP)**라고 불리는 알고리즘을 제공한다. 우리는 다음의 예제에서 이 알고리즘을 사용할 것인데, `chapter10_tutorials` 패키지의 `source` 디렉토리에 있는 `pcl_matching.cpp`라는 파일에 담겨 있다.

```
#include <ros/ros.h>
#include <pcl/point_cloud.h>
#include <pcl/registration/icp.h>
#include <pcl_conversions/pcl_conversions.h>
#include <sensor_msgs/PointCloud2.h>

class cloudHandler
{
public:
  cloudHandler()
  {
    pcl_sub = nh.subscribe("pcl_downsampled", 10,
    &cloudHandler::cloudCB, this);
    pcl_pub =
    nh.advertise<sensor_msgs::PointCloud2>("pcl_matched", 1);
  }

  void cloudCB(const sensor_msgs::PointCloud2 &input)
  {
    pcl::PointCloud<pcl::PointXYZ> cloud_in;
    pcl::PointCloud<pcl::PointXYZ> cloud_out;
    pcl::PointCloud<pcl::PointXYZ> cloud_aligned;
    sensor_msgs::PointCloud2 output;

    pcl::fromROSMsg(input, cloud_in);
```

```
    cloud_out = cloud_in;

    for (size_t i = 0; i < cloud_in.points.size (); ++i)
    {
      cloud_out.points[i].x = cloud_in.points[i].x + 0.7f;
    }

    pcl::IterativeClosestPoint<pcl::PointXYZ, pcl::PointXYZ>
    icp;
    icp.setInputSource(cloud_in.makeShared());
    icp.setInputTarget(cloud_out.makeShared());

    icp.setMaxCorrespondenceDistance(5);
    icp.setMaximumIterations(100);
    icp.setTransformationEpsilon (1e-12);
    icp.setEuclideanFitnessEpsilon(0.1);

    icp.align(cloud_aligned);

    pcl::toROSMsg(cloud_aligned, output);
    pcl_pub.publish(output);
  }

protected:
  ros::NodeHandle nh;
  ros::Subscriber pcl_sub;
  ros::Publisher pcl_pub;
};

main(int argc, char **argv)
{
  ros::init(argc, argv, "pcl_matching");

  cloudHandler handler;

  ros::spin();
```

```
  return 0;
}
```

이 예제는 알고리즘의 성능을 향상시키기 위해 포인트 클라우드의 입력 소스로서 pcl_downsampled 토픽을 사용하고, 마지막 결과는 pcl_matched 토픽에 발행한다. 등록과 매칭에 사용된 알고리즘은 세 개의 포인트 클라우드를 가지는데, 첫 번째는 변환을 위한 포인트 클라우드이고, 두 번째는 첫 번째가 정렬되어야 하는 고정된 클라우드이고, 세 번째는 마지막 결과가 되는 포인트 클라우드이다.

```
pcl::PointCloud<pcl::PointXYZ> cloud_in;
pcl::PointCloud<pcl::PointXYZ> cloud_out;
pcl::PointCloud<pcl::PointXYZ> cloud_aligned;
```

우리에게는 연속적인 포인트 클라우드 소스가 없기 때문에 문제를 단순화하기 위해 고정된 클라우드로서 동일한 원래 포인트 클라우드를 x축 상에서 이동하여 사용할 것이다. 이 알고리즘의 예상되는 동작은 두 포인트 클라우드를 모두 정렬하는 것이다.

```
cloud_out = cloud_in;

for (size_t i = 0; i < cloud_in.points.size (); ++i)
{
  cloud_out.points[i].x = cloud_in.points[i].x + 0.7f;
}
```

다음 단계는 등록과 매칭을 수행하기 위해 ICP 알고리즘을 호출하는 것이다. 이 반복 알고리즘은 고정된 포인트 클라우드와의 차이를 감소시키기 위해 입력 포인트 클라우드에서 해야 하는 변환을 계산하기 위해 **Singular Value Decomposition(SVD)**을 사용한다. 이 알고리즘에는 다음과 같은 세 가지 기본적인 정지 조건이 있다.

- 이전 변환과 현재 변환과의 차이가 문턱값(threshold)보다 작다. 이 문턱값은 setTransformationEpsilon 함수를 통해 정해진다.
- 반복 횟수가 사용자 지정 최대값에 도달했다. 이 최대값은 setMaximumIterations 함수를 통해 정해질 수 있다.
- 마지막으로 반복 루프 안에서 두 개의 인접한 스텝 간의 유클리디안 제곱오차(Euclidean squared error)의 합이 특정 문턱값 이하이다. 이 문턱값은 setEuclideanFitnessEpsilon 함수를 통해 설정될 수 있다.

결과의 정확도를 높이기 위해 사용되는 다른 파라미터 중 흥미 있는 것은 유사성 차이(correspondence distance)인데, 이 값은 setMaxCorrespondanceDistance 함수로 정할 수 있다. 이 파라미터는 정렬 프로세스에서 두 개의 대응점이 고려해야 할 최소 거리를 정의한다.

이 알고리즘은 이러한 모든 파라미터와 고정된 포인트 클라우드, 입력 포인트 클라우드를 사용하여 등록과 매칭을 수행하고, 반복적인 변환 후 마지막 결과 포인트 클라우드를 반환할 수 있다.

```
pcl::IterativeClosestPoint<pcl::PointXYZ, pcl::PointXYZ> icp;
icp.setInputSource(cloud_in.makeShared());
icp.setInputTarget(cloud_out.makeShared());
icp.setMaxCorrespondenceDistance(5);
icp.setMaximumIterations(100);
icp.setTransformationEpsilon (1e-12);
icp.setEuclideanFitnessEpsilon(0.1);
icp.align(cloud_aligned);
```

마지막으로, 결과값으로 얻은 포인트 클라우는 PointCloud2로 변환되고 해당 토픽을 통해 발행된다.

```
pcl::toROSMsg(cloud_aligned, output);
pcl_pub.publish(output);
```

이 예제를 실행하기 위해 필터링과 다운샘플링 예제의 동일한 사용법을 따를 필요가 있는데, 아래와 같이 한 터미널에서 roscore를 시작한다.

```
$ roscore
```

두 번째 터미널에서 pcl_read 예제와 데이터 소스를 다음과 같이 사용할 것이다.

```
$ roscd chapter10_tutorials/data
$ rosrun chapter10_tutorials pcl_read
```

세 번째 터미널에서 필터링 예제를 실행한다.

```
$ rosrun chapter10_tutorials pcl_filter
```

네 번째 터미널에서 다운샘플링 예제를 실행한다.

```
$ rosrun chapter10_tutorials pcl_downsampling
```

마지막으로 pcl_downsampled 토픽을 필요로 하는 등록과 매칭 노드를 실행할 것인데, 이전에 실행된 노드와 연결하여 생성한다.

```
$ rosrun chapter10_tutorials pcl_matching
```

마지막 결과는 아래의 영상에서 볼 수 있는데, rviz에 의해 구현되었다. 파란색 포인트 클라우드는 PCD 파일에 의해 얻어진 원래 포인트 클라우드이고, 흰색은 ICP 알고리즘을 이용해서 얻어진 포인트 클라우드이다. 원래의 포인트 클라우드를 x축으로 이동시켰으므로 결과값이 이동된 영상에 완전히 겹쳐지면서 포인트 클라우드와 일치하는 것에 주목하자.

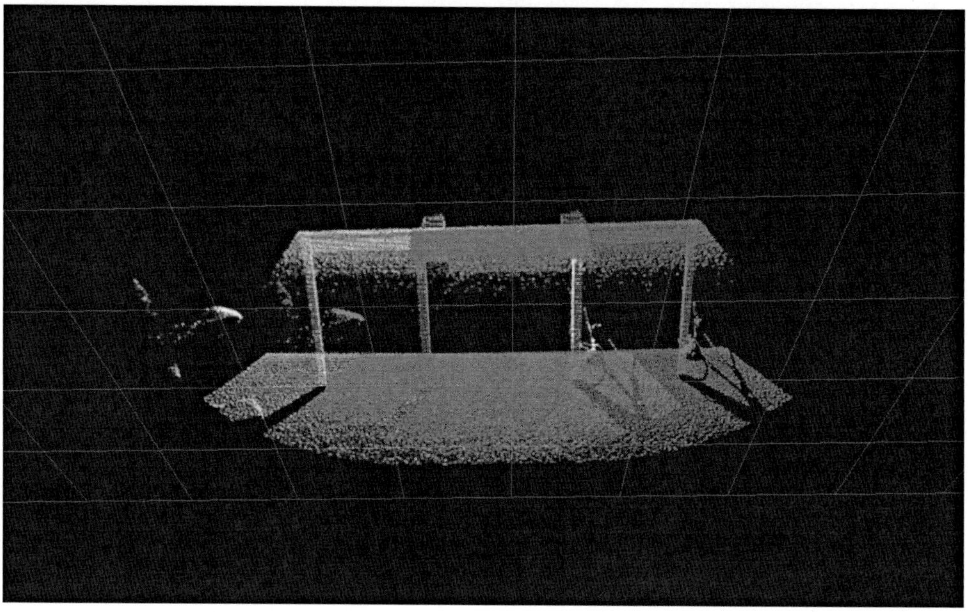

포인트 클라우드 구획

포인트 클라우드를 처리할 때 종종 포인트 클라우드의 지역 영역에 접근하거나 특정 점 근처를 조작해야 하는 작업을 수행해야 할 때도 있다. 포인트 클라우드는 일차원 데이터 구조에 데이터를 저장하기 때문에 이러한 종류의 연산은 본질적으로 복잡하다. 이러한 문제를 해결하기 위해 PCL은 **kd-tree**와 **octree**라고 불리는 두 개의 공간 데이터 구조를 제공하며, 이를 이용하여 어떤 포인트 클라우드라도 대안적이고 좀 더 구조화된 방식으로 표현할 수 있다.

이름에서 알 수 있듯이, octree는 각 노드가 8개의 자녀를 가지고 있는 트리 구조를 가지며, 자녀 노드는 3차원 공간을 분할하는 데 사용될 수 있다. 이와 대조적으로 kd-tree는 각 노드들이 k-차원의 점들을 표현하는 이진 트리이다. 두 가지 데이터 구조는 매우 흥미롭지만 이 특별한 예제에서는 특정점 주변의 모든 점들을 탐색하고 불러오기 위해 어떻게 octree를 사용하는지를 배울 것이다. 이 예제는 chapter10_tutorials 패키지의 소스 디렉토리에 있으며, 이름은 pcl_partitioning.cpp이다.

```
#include <ros/ros.h>
#include <pcl/point_cloud.h>
#include <pcl_conversions/pcl_conversions.h>
#include <sensor_msgs/PointCloud2.h>
#include <pcl/octree/octree.h>

class cloudHandler
{
public:
  cloudHandler()
  {
    pcl_sub = nh.subscribe("pcl_downsampled", 10,
    &cloudHandler::cloudCB, this);
    pcl_pub =
    nh.advertise<sensor_msgs::PointCloud2>("pcl_partitioned",
    1);
  }

  void cloudCB(const sensor_msgs::PointCloud2 &input)
  {
    pcl::PointCloud<pcl::PointXYZ> cloud;
    pcl::PointCloud<pcl::PointXYZ> cloud_partitioned;
    sensor_msgs::PointCloud2 output;

    pcl::fromROSMsg(input, cloud);

    float resolution = 128.0f;
    pcl::octree::OctreePointCloudSearch<pcl::PointXYZ> octree
    (resolution);

    octree.setInputCloud (cloud.makeShared());
    octree.addPointsFromInputCloud ();
    pcl::PointXYZ center_point;
    center_point.x = 0 ;
```

```
    center_point.y = 0.4;
    center_point.z = -1.4;

    float radius = 0.5;
    std::vector<int> radiusIdx;
    std::vector<float> radiusSQDist;
    if (octree.radiusSearch (center_point, radius, radiusIdx,
    radiusSQDist) > 0)
    {
      for (size_t i = 0; i < radiusIdx.size (); ++i)
      {
        cloud_partitioned.points.push_back
        (cloud.points[radiusIdx[i]]);
      }
    }

    pcl::toROSMsg(cloud_partitioned, output);
    output.header.frame_id = "odom";
    pcl_pub.publish(output);
  }

protected:
  ros::NodeHandle nh;
  ros::Subscriber pcl_sub;
  ros::Publisher pcl_pub;
};

main(int argc, char **argv)
{
  ros::init(argc, argv, "pcl_partitioning");

  cloudHandler handler;

  ros::spin();

  return 0;
}
```

대부분 그렇듯이, 이 예제는 pcl_downsampled 토픽을 포인트 클라우드의 입력 소스로 사용하고, 결과적으로 분할된 포인트 클라우드를 pcl_partitioned 토픽으로 발행한다. 핸들러 기능은 입력 포인트 클라우드를 PCL 포인트 클라우드로 변환하여 시작한다. 다음 단계는 트리의 최하위 레벨에서 복셀의 크기를 결정하는 해상도 값을 전달해야 하므로 트리의 깊이와 같은 다른 속성을 요구하는 octree 검색 알고리즘을 만드는 것이다. 또한 이 알고리즘은 점들을 명시적으로 읽어오기 위해 포인트 클라우드를 전달받을 필요가 있다.

```
float resolution = 128.0f;
pcl::octree::OctreePointCloudSearch<pcl::PointXYZ>
  octree(resolution);

octree.setInputCloud (cloud.makeShared());
octree.addPointsFromInputCloud ();
```

그 다음 단계는 파티션의 중심점을 결정하는 것인데, 이 경우 포인트 클라우드의 꼭대기에 가깝도록 직접 손으로 정했다.

```
pcl::PointXYZ center_point;
center_point.x = 0 ;
center_point.y = 0.4;
center_point.z = -1.4;
```

이제 우리는 octree 검색 알고리즘에 있는 radiusSearch 함수를 이용하여 특정 점 주위의 반경 이내에서 탐색을 수행할 수 있다. 이 특별한 함수는 반경 안에 있는 점들의 인덱스들과, 제공된 중심점과 이 점들과의 거리의 제곱을 반환하는 인수들을 출력하는 데 사용된다. 이 인덱스들로 우리는 그 파티션에 속하는 점들만을 포함하는 새로운 포인트 클라우드를 생성할 수 있다.

```
float radius = 0.5;
std::vector<int> radiusIdx;
std::vector<float> radiusSQDist;
if (octree.radiusSearch (center_point, radius, radiusIdx,
radiusSQDist) > 0)
{
  for (size_t i = 0; i < radiusIdx.size (); ++i)
  {
    cloud_partitioned.points.push_back
    (cloud.points[radiusIdx[i]]);
  }
}
```

마지막으로, 이 포인트 클라우드는 PointCloud2 메시지 타입으로 변환되고 출력 토픽에 발행된다.

```
pcl::toROSMsg( cloud_partitioned, output );
output.header.frame_id = "odom";
pcl_pub.publish( output );
```

이 예제를 실행하기 위해, roscore로 시작함으로써 노드의 기본적 연결을 실행할 필요가 있다.

```
$ roscore
```

두 번째 터미널에서 다음 코드로 pcl_read 예제와 데이터 소스를 실행할 수 있다.

```
$ roscd chapter10_tutorials/data
$ rosrun chapter10_tutorials pcl_read
```

세 번째 터미널에서 다음과 같은 필터링 예제를 실행한다.

```
$ rosrun chapter10_tutorials pcl_filter
```

네 번째 터미널에서 다운샘플링 예제를 실행한다.

```
$ rosrun chapter10_tutorials pcl_downsampling
```

마지막으로 앞의 예제를 실행한다.

```
$ rosrun chapter10_tutorials pcl_partitioning
```

아래의 영상에서, 우리는 분할 프로세스의 최종 결과를 볼 수 있다. 우리가 포인트 클라우드의 정점 주변의 점을 손으로 선택했으므로, 컵과 테이블 부분을 추출할 수 있었다. 이 예제는 octree 데이터 구조의 잠재력 중 극히 일부만 보여 주지만 이해를 돕기에 충분한 시작점이다.

분할

분할(segmentation)은 어떤 데이터 세트를 특정 기준을 만족시키는 서로 다른 데이터 블록으로 나누는 프로세스이다. 분할 프로세스는 많은 상이한 방법과 다양한 기준으로 시행되는데, 때로는 통계적인 특성에 기반하여 포인트 클라우드로부터 구조화된 정보를 추출하는 것을 포함하고, 다른 경우에는 특정 색깔 범위에서 점들을 단순히 추출하는 것을 필요로 할 수 있다.

많은 경우, 데이터는 평면, 선, 또는 구와 같은 정해진 수학적 모델에 잘 맞춰져야 한다. 이 경우 모델 추정 알고리즘을 사용하여 데이터를 제공하는 모델의 매개 변수를 계산할 수 있다. 이 파라미터들을 사용하면 그 모델에 속하는 점들을 추출하고 그 점들이 얼마나 모델에 잘 맞는지를 평가하는 것이 가능하다.

이 예제에서 우리는 포인트 클라우드의 모델 기반 분할을 어떻게 수행하는 지를 보일 것이다. 우리는 평면 모델에 국한해서 이 작업을 할 텐데, 평면 모델은 여러분이 포인트 클라우드에 맞추기 위해 가장 많이 사용하는 수학적 모델 중의 하나이다. 우리는 이 예제를 위해 널리 사용되는 모델 추정 알고리즘인 **Random Sample Consensus(RANSAC)**도 사용할 것인데, 이 알고리즘은 이상치가 존재할 때도 정확한 추정이 가능한 반복적 알고리즘이다.

예제 코드는 `chapter10_tutorials` 패키지 안에 있으며 파일 이름은 `pcl_planar_segmentation.cpp`이다.

```
#include <ros/ros.h>
#include <pcl/point_cloud.h>
#include <pcl_conversions/pcl_conversions.h>
#include <pcl/ModelCoefficients.h>
#include <pcl/sample_consensus/method_types.h>
#include <pcl/sample_consensus/model_types.h>
#include <pcl/segmentation/sac_segmentation.h>
#include <pcl/filters/extract_indices.h>
#include <sensor_msgs/PointCloud2.h>

class cloudHandler
{
public:
  cloudHandler()
  {
    pcl_sub = nh.subscribe("pcl_downsampled", 10,
    &cloudHandler::cloudCB, this);
```

```
  pcl_pub =
  nh.advertise<sensor_msgs::PointCloud2>("pcl_segmented", 1);
  ind_pub =
  nh.advertise<pcl_msgs::PointIndices>("point_indices", 1);
  coef_pub =
  nh.advertise<pcl_msgs::ModelCoefficients>("planar_coef",
  1);
}

void cloudCB(const sensor_msgs::PointCloud2 &input)
{
  pcl::PointCloud<pcl::PointXYZ> cloud;
  pcl::PointCloud<pcl::PointXYZ> cloud_segmented;

  pcl::fromROSMsg(input, cloud);

  pcl::ModelCoefficients coefficients;
  pcl::PointIndices::Ptr inliers(new pcl::PointIndices());

  pcl::SACSegmentation<pcl::PointXYZ> segmentation;
  segmentation.setModelType(pcl::SACMODEL_PLANE);
  segmentation.setMethodType(pcl::SAC_RANSAC);
  segmentation.setMaxIterations(1000);
  segmentation.setDistanceThreshold(0.01);
  segmentation.setInputCloud(cloud.makeShared());
  segmentation.segment(*inliers, coefficients);

  pcl_msgs::ModelCoefficients ros_coefficients;
  pcl_conversions::fromPCL(coefficients, ros_coefficients);
  ros_coefficients.header.stamp = input.header.stamp;
  coef_pub.publish(ros_coefficients);

  pcl_msgs::PointIndices ros_inliers;
  pcl_conversions::fromPCL(*inliers, ros_inliers);
  ros_inliers.header.stamp = input.header.stamp;
  ind_pub.publish(ros_inliers);
```

```
    pcl::ExtractIndices<pcl::PointXYZ> extract;
    extract.setInputCloud(cloud.makeShared());
    extract.setIndices(inliers);
    extract.setNegative(false);
    extract.filter(cloud_segmented);

    sensor_msgs::PointCloud2 output;
    pcl::toROSMsg(cloud_segmented, output);
    pcl_pub.publish(output);
  }

protected:
  ros::NodeHandle nh;
  ros::Subscriber pcl_sub;
  ros::Publisher pcl_pub, ind_pub, coef_pub;
};

main(int argc, char **argv)
{
  ros::init(argc, argv, "pcl_planar_segmentation");

  cloudHandler handler;

  ros::spin();

  return 0;
}
```

여러분도 알 수 있듯이, 광고된 토픽들에는 두 가지 새로운 메시지 유형이 사용되고 있다. 그 이름이 의미하듯이, `ModelCoefficients` 메시지는 수학적 모델의 계수들을 저장하고 `PointIndices`는 포인트 클라우드의 점들의 인덱스를 저장한다. 우리는 추출된 정보를 표현하는 대안적인 방법으로 이들을 발행할 것인데, 이 정보들은 그후 원래의 포인트 클라우드(`pcl_downsampled`)와 연계하여 정확한 점들을 추출하는 데 사용될 수 있다. 한 가지 힌트를 준다면, 다음과 같이 발행된 객체의 타임스탬프를 원래 포인트 클라우드 메시지의 타임스탬프와 동일하게 설정하고 ROS 메시지 필터를 사용함으로써 이러한 작업을 수행할 수 있다.

```
pcl_pub = nh.advertise<sensor_msgs::PointCloud2>("pcl_segmented",
1);
ind_pub = nh.advertise<pcl_msgs::PointIndices>("point_indices",
1);
coef_pub =
nh.advertise<pcl_msgs::ModelCoefficients>("planar_coef", 1);
```

항상 그렇듯이, callback 함수에서 우리는 `PointCloud2` 메시지를 포인트 클라우드 타입으로 변환하는 작업을 한다. 이 경우 원래의 `ModelCoefficients`와 `PointIndices` 타입에 해당되는 두 개의 새로운 객체를 다음과 같이 정의한다.

```
pcl::PointCloud<pcl::PointXYZ> cloud;
pcl::PointCloud<pcl::PointXYZ> cloud_segmented;

pcl::fromROSMsg(input, cloud);

pcl::ModelCoefficients coefficients;
pcl::PointIndices::Ptr inliers(new pcl::PointIndices());
```

우리는 분할 알고리즘으로 `ModelType`과 `MethodType`을 정의할 수 있는데, 전자는 근사화하고자 하는 수학적 모델이고 후자는 사용하고자 하는 알고리즘이다. 앞에서 설명했듯이 우리는 이상치에 대한 강인성 때문에 RANSAC을 사용하고 있다. 이 알고리즘은 두 개의 정지 조건, 즉 최대 반복횟수(`setMaxIterations`)와 모델과의 최대거리(`setDistanceThreshold`)를 정의할 수 있게 한다. 이러한 매개 변수를 설정하고 입력 포인트 클라우드를 추가하면 알고리즘이 수행되어 inlier(모델에 포함 된 점, 내부점)들과 모델의 계수가 반환된다.

```
pcl::SACSegmentation<pcl::PointXYZ> segmentation;
segmentation.setModelType(pcl::SACMODEL_PLANE);
segmentation.setMethodType(pcl::SAC_RANSAC);
segmentation.setMaxIterations(1000);
segmentation.setDistanceThreshold(0.01);
segmentation.setInputCloud(cloud.makeShared());
segmentation.segment(*inliers, coefficients);
```

다음 단계는 내부점들과 모델 계수들을 변환하고 발행하는 것이다. 늘 그렇듯이 변환은 표준 함수로 수행되지만, 여러분은 변환함수의 이름공간과 서명이 포인트 클라우드 변환에서 사용된 것과는 다르다는 것을 알게 될 것이다. 이 예제를 좀 더 개선하기 위해 이 메시지들은 원래의 포인트 클라우드의 타임스탬프를 포함하는데, 그들을 서로 연결하기 위함이다. 또한 다른 노드에서 ROS 메시지 필터를 사용하여 함께 링크된 객체를 포함하는 콜백을 만들 수 있다.

```
pcl_msgs::ModelCoefficients ros_coefficients;
pcl_conversions::fromPCL(coefficients, ros_coefficients);
ros_coefficients.header.stamp = input.header.stamp;
coef_pub.publish(ros_coefficients);

pcl_msgs::PointIndices ros_inliers;
pcl_conversions::fromPCL(*inliers, ros_inliers);
ros_inliers.header.stamp = input.header.stamp;
ind_pub.publish(ros_inliers);
```

분할된 포인트 클라우드를 생성하기 위해, 우리는 포인트 클라우드에서 내부점들을 추출한다. 이렇게 하는 가장 쉬운 방법은 ExtractIndices 객체를 사용하는 것이지만, 간단히 인덱스를 반복하고 해당 점들을 새로운 포인트 클라우드로 밀어 넣으면 쉽게 수행할 수 있다.

```
pcl::ExtractIndices<pcl::PointXYZ> extract;
extract.setInputCloud(cloud.makeShared());
extract.setIndices(inliers);
extract.setNegative(false);
extract.filter(cloud_segmented);
```

마지막으로, 분할된 포인트 클라우드를 PointCloud2 메시지 타입으로 변환하고 이를 발행한다.

```
sensor_msgs::PointCloud2 output;
pcl::toROSMsg (cloud_segmented, output);
pcl_pub.publish(output)
```

그 결과는 다음 영상에서 볼 수 있으며, 원래의 포인트 클라우드는 흰색으로 표현되고 분할된 내부점들은 푸른 색으로 나타난다. 이 특별한 경우에 바닥은 가장 크고 평평한 표면인 것처럼 추출되었다. 이는 매우 편리한데, 바닥은 우리의 포인트 클라우드에서 항상 추출하기를 원하는 주성분 중 하나이기 때문이다.

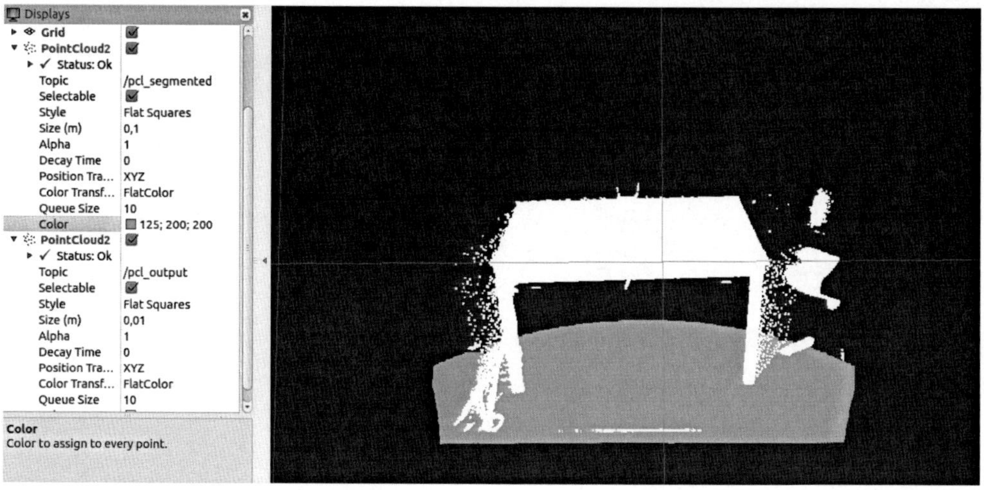

요약

이 장에서 우리는 ROS에서 포인트 클라우드를 이용하여 작업을 하는데 사용되는 몇 가지 툴과 알고리즘, 인터페이스들을 알아 봤다. 이러한 종류의 노드들이 어떻게 재사용 가능한지에 대한 통찰력을 조금 더 제공하기 위해 예제들을 함께 연결하려고 노력했다는 것을 독자는 알게 되었을 것이다. 어떤 경우에든, 어떤 종류의 아키텍처 설계도 지금 다루고 있는 시스템의 연산적 능력에 불가분하게 연결될 것이다.

예제들의 데이터 흐름은 모든 데이터 제작자(producer)로부터 시작되어야 하는데, 이들은 `pcl_create`와 `pcl_read`이다. 이 흐름은 데이터 필터인 `pcl_filter`와 `pcl_downsampling`까지 계속된다. 필터링이 끝난 후에 좀 더 복잡한 정보가 `pcl_planar_segmentation`과 `pcl_partitioning`, 그리고 `pcl_matching`을 통해 추출된다. 마지막으로 그 데이터는 `pcl_write`를 통해 디스크에 기록되거나 `pcl_visualize`를 통해 시각화된다.

이 특별한 장의 주목적은 **PCL** 라이브러리의 기본적인 능력과 ROS를 어떻게 통합하는지에 대한 명확하고 간결한 예제를 제공하는 것이지만, 메시지 및 변환 함수에 국한되었다고 할 수 있다. 이 목표를 성취하기 위해, 포인트 클라우드를 대상으로 데이터 처리를 수행하는 데 사용되는 기본적인 방법과 공통적인 알고리즘도 자유롭게 설명했는데, 이러한 종류의 지식의 중요성이 점점 증대하고 있다는 것을 알고 있기 때문이다.

찾아보기

숫자

A

B

C

D

E

F

G

H

I

K

L

M

N

O

P

R

S

T

U

V

W

X

Y

ㅂ

ㅅ

ㅇ

ㅈ

ㅊ

ㅋ

ㅌ

ㅍ

ㅎ

ROS로 효과적인 로봇 프로그래밍하기의 소스코드는
도서출판 홍릉(www.hongpub.co.kr) 홈페이지에서 해당도서 검색 후
내려 받을 수 있습니다(보조자료 다운).

정가 35,000원

ROS로 효과적인 로봇 프로그래밍 하기

2018년 1월 3일 초판 인쇄
2018년 1월 10일 초판 발행
저 자: Mahtani, Sánchez, Fernández, Martinez
역 자: 김종욱
발행자: 송 준
발행처: 홍릉과학출판사
주 소: 서울시 강북구 인수봉로 50길 10
01093
등 록: 1976년 10월 21일 제5-66호
전 화: (02) 999-2274~5, 903-7037
팩 스: (02) 905-6729
e-mail: hongpub@hongpub.co.kr
http://www.hongpub.co.kr
ISBN: 979-11-5600-546-9

역자와의 협의하에 인지생략

낙장 및 파본은 구입처나 본사에서 교환하여 드립니다.
판권 소유에 위배되는 사항(인쇄, 복제, 제본)은 법에 저촉됩니다.